हेमवती नन्दन बहुगुणा

भारतीय जनचेतना के संवाहक

हेमवती नन्दन बहुगुणा

भारतीय जनचेतना के संवाहक

रीता बहुगुणा जोशी
रामनरेश त्रिपाठी

वाणी प्रकाशन

वाणी प्रकाशन

4695, 21-ए, दरियागंज, नयी दिल्ली 110 002

फ़ोन : +91 11 23273167 फ़ैक्स : +91 11 23275710

शाखाएँ

अशोक राजपथ, पटना 800 004, बिहार

कॉफ़ी हाउस कैम्पस, महात्मा गांधी मार्ग, इलाहाबाद 211 001, उत्तर प्रदेश

महात्मा गांधी अन्तरराष्ट्रीय हिन्दी विश्वविद्यालय, वर्धा 442 001, महाराष्ट्र

www.vaniprakashan.com
marketing@vaniprakashan.in
sales@vaniprakashan.in

Hemwati Nandan Bahuguna : Bharatiya Janchetna Ke Samvahak
by Rita Bahuguna Joshi
Ram Naresh Tripathi

ISBN : 978-93-89915-71-6
Biography

प्रथम संस्करण 1999
द्वितीय संस्करण 2022
तृतीय संस्करण 2023

मूल्य : ₹ 895

आर. टेक ऑफ़सेट प्रिंटर्स, दिल्ली-110 032 में मुद्रित

वाणी प्रकाशन का लोगो मक़बूल फ़िदा हुसेन की कूची से

उन सब देशभक्तों की
स्मृति को समर्पित
जिन्होंने स्वतन्त्रता संग्राम के दौरान
यातनाएँ सहीं और
नये भारत के निर्माण में हाथ बँटाया।

अनुक्रम

एक तूफ़ानी ज़िन्दगी

चिन्तन के आयाम

बेटी की बात

बेहद भयावह थे वे क्षण। बेहद काली लग रही थी 16 मार्च, 1989 की वह रात! कितना दुखद था वह पल जब क्लीवलैंड, अमेरिका के अस्पताल में डॉक्टर ने ऑपरेशन थियेटर से निकलकर कहा था, "हम उन्हें बचा नहीं सके।" उस रात को एक वीरानगी–सी छा गयी थी। परिवार के सभी सदस्य जी मसोसकर बैठे थे। निराशा के गहरे समुद्र में गोते खा रहे थे। सभी की आँखों से आँसुओं की धार बह रही थी। उस रात ऐसा लगा कि सब कुछ ख़त्म हो गया। अमेरिका में दुख, निराशा और किंकर्त्तव्यविमूढ़ता के तीन दिन कैसे कटे, उसका बयान कर पाना कठिन है। पहले तो यह विश्वास ही नहीं हुआ कि–'पापा नहीं रहे।' तीन दिन बाद जब इलाहाबाद में संगम तट पर उनका पार्थिव शरीर पंचतत्त्व में विलीन हुआ, तब उस यथार्थ को स्वीकार करना पड़ा जिसे चाहकर भी हम स्वीकार नहीं कर सके थे।

जब से होश सँभाला, पिता का भरपूर प्यार मिला। संवेदनशील होने के बावजूद कठिन-से-कठिन राजनीतिक परिस्थिति में भी उन्हें हताश या मायूस नहीं पाया। परन्तु चट्टान जैसे उस कालपुरुष को अपने छोटे भाई की मृत्यु पर मैंने बिलख-बिलखकर रोते भी देखा था। वे धीरे-धीरे मेरे आदर्श बन गये। मैंने अपने जीवन के मूल्यों और अवधारणाओं को उनके अनुरूप ढालना शुरू कर दिया। मन में अक्सर यह बेचैनी होती है कि जिस व्यक्ति का जीवन आम आदमी के लिए था, जिसका निजी कुछ नहीं सब कुछ सार्वजनिक था, जिसकी राजनीति सत्ता की नहीं सिद्धान्त की बुनियाद पर टिकी थी, जिसे राजनीतिक अवसरवाद से गहरी घृणा थी, संकटों से जो जीवनशक्ति अर्जित करता था, मूल्यहीनता के दौर में जो मूल्यों की राजनीति का आग्रही था, उसे पूरी सफलता क्यों नहीं मिली? शायद यह हमारे समय और उनके जीवन की एक बड़ी विडम्बना है।

मैंने अपने पिता के जीवन के उतार-चढ़ाव को बहुत निकट से देखा था। अपने राजनीतिक निर्णय उन्होंने जिन परिस्थितियों में लिए, मैं उनकी मौन व सक्रिय साक्षी रही हूँ। उनके निर्णयों ने उन्हें भारतीय राजनीति का एक विवादित व्यक्तित्व बना दिया। दरअसल, स्वतन्त्र भारत की राजनीति का उस दिशा में विकास ही नहीं हुआ जो हमारे

राष्ट्रीय आन्दोलन की दिशा थी। बहुगुणा राष्ट्रीय आन्दोलन के संस्कार में पले थे, शायद इसीलिए मूल्यहीनता के राजनीतिक दौर में वे अपनी बात लोगों को समझा न सके।

उनकी मृत्यु के उपरान्त महीनों दर्जनों अलमारियों और बक्सों में बन्द उनके दस्तावेज़ों को उलटती रही। उनमें मिली जानकारी के भण्डार तथा अपनी स्मृतियों के आधार पर मैंने भारतीय राजनीति के सम्भवतः सबसे अधिक चर्चित व विवादित व्यक्तित्व श्री हेमवती नन्दन बहुगुणा की जीवनी लिखने का निर्णय लिया। यह कार्य कठिन था। पिता के राजनीतिक योगदान का ऐतिहासिक मूल्यांकन करते समय विषयपरकता से मुक्त होना सरल नहीं। मैंने इतिहास और राजनीति के एक सच्चे विद्यार्थी की तरह इस कार्य को पूरा किया है। हो सकता है कि घटनाक्रम एवं विवरण में कहीं कुछ कमियाँ रह गयी हों जिनके लिए मैं क्षमाप्रार्थी हूँ।

इस कृति के सृजन के लिए मैं अपने सभी सहयोगियों की आभारी हूँ, परन्तु इसके प्रेरणास्रोत दो प्रमुख व्यक्ति हैं : एक मेरी माँ स्वर्गीय कमला बहुगुणा, जो हर मायने में पति की अर्द्धांगिनी थीं। उन्होंने स्वतन्त्रता आन्दोलन में सक्रिय भागीदारी के साथ–साथ आज़ाद भारत में महत्त्वपूर्ण राजनीतिक भूमिका निभाते हुए अपने पति को राजनीति में ऊँची उड़ान लेने में सहयोग दिया। दूसरे थे स्वतन्त्रता संग्राम सेनानी, पत्रकार, लेखक एवं नेहरू परिवार के निकट सहयोगी और मेरे पिता के मित्र स्वर्गीय पी.डी. टण्डन।

अपने शोध छात्र डॉ. अखिलेश जायसवाल एवं मेरे सचिव देवदत्त वर्मा के सहयोग से मैंने अथक परिश्रम के प्रतिफल से अपने पिता के लगभग 20 हज़ार दस्तावेज़ को सूचीबद्ध किया। सैकड़ों पत्रों के माध्यम से उनके मित्रों, सहयोगियों आदि से उनके भाषण, पत्रों और ऑडियो और वीडियो कैसेट प्राप्त किये।

दिल्ली के तीन मूर्ति भवन में, जवाहरलाल नेहरू मेमोरियल लाइब्रेरी के निदेशक स्व. प्रो. रवीन्द्र कुमार ने सामग्री को संकलित करने में जो योगदान दिया, उसे हम भुला नहीं पायेंगे। संसद भवन लाइब्रेरी, विधानसभा लाइब्रेरी, उत्तर प्रदेश राजकीय पुस्तकालय; इलाहाबाद, हिन्दुस्तान टाइम्स रिकॉर्ड, संचार विभाग, पेट्रोलियम एवं रसायन मन्त्रालय, नयी दिल्ली तथा उत्तर प्रदेश के सूचना विभाग ने हमें सामग्री संकलन में काफ़ी सहयोग दिया। हम उनके आभारी हैं। शीर्ष नेताओं में पं. कमलापति त्रिपाठी, पी.वी. नरसिंहराव, चौधरी चरण सिंह, चन्द्रशेखर, मार्क्सवादी कम्युनिस्ट पार्टी के नेता हरिकिशन सिंह सुरजीत, नारायण दत्त तिवारी, के.सी. पन्त, रमेश सिन्हा के अतिरिक्त उनके निजी सचिवों में से एम.एल. हेलेन सहित ढेर सारे शहर तथा देश के कोने-कोने में स्थित इष्ट-मित्रों की स्मृतियों से हमें पग-पग पर सहयोग मिलता रहा है।

अन्त में मैं विशेष आभार प्रकट करती हूँ प्रो. राम प्रसाद बहुगुणा, विभागाध्यक्ष इतिहास विभाग, जामिया मिलिया इस्लामिया वि.वि. दिल्ली, अपने भाई विजय, शेखर एवं पति श्री पूरन चन्द्र जोशी के प्रति, जिन्होंने इस जीवनी को पूरा करने में समय–समय पर सहयोग प्रदान किया।

–रीता बहुगुणा जोशी

प्राक्कथन

भारतीय राजनीति के क्षितिज पर पाँच दशक तक एक जाज्वल्यमान नक्षत्र की भाँति चमकने वाले हेमवती नन्दन बहुगुणा की जीवनी लिखने से पूर्व यह निश्चित करना कठिन-सा रहा था कि उनके व्यक्तित्व के किस बिन्दु को पहले छुआ जाये और किसे बाद में, क्योंकि उनका व्यक्तित्व बहुआयामी और विषमताओं से ओत-प्रोत था।

उनका बचपन ही इस बात का प्रमाण है कि आत्मविश्वास उनके जीवन का आधार था। संकल्प एवं निर्भीकता में वे हिमालय की भाँति अडिग थे। उनकी वाक्पटुता, बौद्धिक क्षमता, उनकी सोच, उनकी राष्ट्रभक्ति, भारत के नवनिर्माण के लिए उनके स्वप्नों को जानकर सहज ही कोई व्यक्ति उनके विशाल व्यक्तित्व का अन्दाज़ा लगा सकता है। उनके चिन्तन में किसी भी तरह का उलझाव व बिखराव न था। वे धारा के साथ तैरते थे तो धारा के विरुद्ध तैरने का भी उनमें अद्भुत जीवट था। वे जहाँ एक उच्च कोटि के वक्ता थे, वहीं एक अच्छे लेखक एवं चिन्तक भी। दूसरों के दुख में दुखी होना, दूसरों के सुख में सुखी होना, सभी से मित्रवत्, परिवार की भाँति व्यवहार करना, ऊँच-नीच के भेदभाव को समाप्त कर भारतीयता के सर्वांगीण विकास को आत्मसात कर चलना उनके विशेष गुण थे।

चूड़ीदार पायजामा, ऊपर कुर्ता, उस पर जवाहर बंडी, सिर पर गाँधी टोपी और उसके नीचे झाँकते घुँघराले बाल, छरहरा बदन, चाल की फुर्ती, चेहरे पर तेजस्विता व संकल्प के प्रति अटूट आस्था, परिचय न होते हुए भी जिसके बारे में जानने की इच्छा हो, ऐसे महान व्यक्ति को भला कोई कैसे भूल सकता है? बहुगुणा अहर्निश देश के लिए समर्पित थे। विधाता ने उनकी जन्म-कुण्डली में विश्राम का योग नहीं लिखा था। वे विद्यार्थी रहे हों या मज़दूर नेता, विधायक रहे हों या राज्य अथवा केन्द्र में मन्त्री रहे हों या उत्तर प्रदेश के मुख्यमन्त्री—अठारह घण्टे काम करना उनकी प्रवृत्ति थी। डॉक्टरों ने विश्राम की सलाह भले ही क्यों न दी हो, उनका मस्तिष्क कभी विश्राम न लेता था। चलते-फिरते, उठते-बैठते वे देश की बेहतरी के ही बारे में सोचा करते। बहुगुणा के व्यक्तित्व की कुछ विशेषताएँ थीं। यही कारण था कि देश के किसी भी भाग में वे क्यों न हों, लोगों में आत्मीयता की भावना पैदा करने में उन्हें कोई कठिनाई नहीं होती थी। धर्म से लेकर भाषा तक उनकी उदारवादी भावना दृष्टिगत होती है।

बातचीत के दौरान उनकी वाक्पटुता बेजोड़ थी। उनके व्यक्तित्व की सबसे बड़ी विशेषता यह थी कि कभी भी वे अपनी आन्तरिक पीड़ा की अभिव्यक्ति सार्वजनिक रूप से नहीं होने देते थे। कठिन-से-कठिन परिस्थितियों में भी वे हताश नहीं होते थे। वे साहस के साथ कठिनाइयों का मुक़ाबला करते। जितनी कठिन चुनौती होती, उतने ही साहस से वे उसका मुक़ाबला करते। संकट के समय उनमें और अधिक निखार देखने को मिलता। इसलिए उनकी गणना संघर्षशील व्यक्तियों में की जाती थी। कतिपय राजनीतिज्ञों ने उन्हें ऐसे 'विद्युत प्रवाह' की संज्ञा दे रखी थी, जिसकी शक्ति विभिन्न दिशाओं में प्रवाहित होती है। उनमें लोगों को परखने की अद्भुत क्षमता थी। वे अपने अनुयायियों व सहयोगियों के साथ जिस आत्मीयता एवं सौहार्द से पेश आते थे वह बेमिसाल था। अपने विरोधियों से उनका सम्बन्ध आत्मीयता का रहता था। उन्होंने अपने निजी सम्बन्धों पर राजनीति को हावी नहीं होने दिया। लेकिन निजी सम्बन्धों को भी कभी राजनीति में हस्तक्षेप नहीं करने दिया। वे आचार्य नरेन्द्र देव के प्रशंसक, गोविन्द बल्लभ पन्त के अनुयायी तथा गाँधी-नेहरू की विचारधारा में अटूट विश्वास रखते थे। उनके व्यक्तित्व की गतिशीलता, स्पष्टवादिता तथा अद्भुत संगठन क्षमता के सभी क़ायल थे। राजनीति उनका शौक़ नहीं बल्कि उनकी सम्पृक्ति थी, उनके दैनिक जीवन का अंग थी। व्यक्तिगत मित्रता निभाने में उनका कोई जवाब न था। एक बार जिसे अपना मित्र माना, जीवन-पर्यन्त उससे मित्रता निभायी। जटिल समस्या को सुलझाने में उन्हें कभी अधिक समय नहीं लगता था। उनमें तुरन्त निर्णय लेने की अद्भुत क्षमता थी और उस निर्णय को कार्यान्वित करने की अपार शक्ति।

बहुगुणा आज हमारे बीच नहीं हैं, पर उनकी सोच, उनकी देशभक्ति, उनके आदर्श हमेशा जीवित रहकर नयी पीढ़ी का मार्गदर्शन करते रहेंगे। उनकी ज़िन्दगी की हर शाम और सुबह देश के लिए थी। वे यदा-कदा अपने भाषणों में कहते सुने जाते :

कुछ बात है कि हस्ती मिटती नहीं हमारी,
सदियों रहा है दुश्मन दौरे-जहाँ हमारा।

उनका जीवन देश के लिए समर्पित था। उन्हें मौत का ख़ौफ़ न था। उनके रग-रग में देशभक्ति थी, इसीलिए शायद वे कहा करते थे :

बहार चाहे तो ले जाय हमसे रंगे–हयात,
हमारा ख़ून–ए–जिगर है हर एक चमन के लिए।

आज़ादी की दास्तान, अंग्रेज़ों के जुल्म शायद उन्हें कभी भूले न थे। वे उसी हिम्मत से देश के लिए लड़ते रहे, जिस हिम्मत से आज़ादी के लिए लड़े थे। गाँधी-जवाहर तो उनके आदर्श थे ही, रवीन्द्रनाथ ठाकुर के 'एकला चलो रे' से भी वे प्रेरणा लेते रहे :

मैं अकेला ही चला था जानिबे–मंज़िल मगर,
लोग साथ आते गये और कारवाँ बनता गया।

स्वतन्त्रता मिलने पर बहुगुणा ने एक आलेख के माध्यम से अपने हृदय के विचारों को इन शब्दों में बांधा था, ''आज़ादी की सुबह बड़ी आशाएँ लेकर आयी है। आज समय आ गया है जब हमें आज़ादी के समय किये गये संकल्पों तथा वायदों को पूरा करना है। गतिरोध समाप्त हो चुके हैं, करोड़ों लोग आशा-भरी निगाहों से देख रहे हैं।''

जब उनका अन्तिम क्षण क़रीब था, उस समय भी वे देश के नवनिर्माण के लिए विकल थे। परिस्थितियाँ साथ नहीं दे रही थीं। एक के बाद एक मुसीबतों का झोंका उन्हें झकझोर रहा था।

बहुगुणा का सम्पूर्ण जीवन एक संघर्ष की दास्तान है। कभी-कभी मन में विचार उठता है कि यदि बहुगुणा में ज़िद न होती, और निर्णय लेने में उतावलापन न होता तो शायद उनके जीवन के कुछ वर्ष और बढ़ गये होते। 'समय कम है काम ज़्यादा है' की भावना ने उनकी ज़िन्दगी के कुछ वर्षों में निश्चय ही कटौती कर दी। बहुगुणा की मृत्यु के बाद उनके परिवार में थोड़े समय तक रिक्तता-सी आ गयी थी। परिवार में कोई ऐसा व्यक्ति न था जो उनकी विरासत को सँभाल सकता। यही कारण है कि उनके समर्थक भी बिखरकर छिन्न-भिन्न हो गये। आवश्यकता थी भावी पीढ़ी के लिए बहुगुणा पर एक सर्वांगीण पुस्तक की, उनकी जीवनी की। उनकी पुत्री प्रो. रीता बहुगुणा जोशी ने इस चुनौतीपूर्ण कार्य को प्रारम्भ किया और अथक परिश्रम से कार्य पूर्ण किया।

-रामनरेश त्रिपाठी

एक तूफ़ानी ज़िन्दगी

अध्याय 1

बचपन की कहानी

बहुगुणा के पूर्वज गौड़ देश से सम्बद्ध थे परन्तु कालान्तर में उत्तर प्रदेश के पर्वतांचल गढ़वाल में बस गये। बन्दोपाध्याय से बहुगुणा बनने तक की एक रोचक कहानी हमें बहुगुणा वंश में सुनने को मिलती है। गढ़वाल के विद्वानों में बहुगुणा वंश की उत्पत्ति को लेकर काफ़ी मतभेद रहा है, परन्तु हेमवती नन्दन बहुगुणा परिवार में उपलब्ध वंशावली एवं इस परिवार की मान्यता के अनुसार भारद्वाज गोत्र वाले इस उपजाति के वंशजों का निकास-स्थान गौड़ प्रदेश ही है। बहुगुणा वंश के उद्भव के विषय में यह कथा प्रचलित है– अच्युतानन्द अथवा कृष्णानन्द और ब्रह्मानन्द अपनी बद्रीनाथ यात्रा के दौरान नजीबाबाद से पौड़ी होते हुए चाँदपुर गढ़ी से गढ़वाल नरेश (बोलदा बद्रीनाथ) के दर्शनार्थ गये। उस समय राज-परिवार का कोई सदस्य बीमारी के कारण जीवन और मृत्यु के बीच संघर्ष कर रहा था। फलस्वरूप, राजा महल से बाहर नहीं निकलते थे। यात्री उनके दर्शन नहीं कर पाते थे। जब इन बन्धुओं को राजा के दर्शन नहीं देने के कारण का पता चला तो वैद्यक में निपुण यात्री-द्वय में से एक ने नाड़ी परीक्षा कर रोगी को औषधि दी। उनकी औषधि से रोगी को शीघ्र स्वास्थ्य लाभ हुआ। इससे राजा और राजमाता बहुत अधिक प्रसन्न हुए। उन्होंने वैद्यक में निपुण यात्री तथा उनके भाई से कुछ दिन ठहरकर उपचार करने का आग्रह किया। बाद में ज्योतिष शास्त्र में पारंगत दूसरे भाई ने दीर्घायु की भविष्यवाणी कर राजमाता को आश्वस्त किया। राजा भी उनकी विद्वत्ता से प्रभावित थे। उन्होंने दोनों भाइयों को बद्रीनाथ के दर्शनार्थ जाने की अनुमति देने के साथ-साथ वापसी में पुनः दर्शन देने और ठहरने का वचन ले लिया। कहते हैं कि यात्रा में शीत प्रधान क्षेत्र होने के कारण एक भाई ब्रह्मानन्द की मृत्यु हो गयी और दूसरे कृष्णानन्द को राजा ने सम्मानित मन्त्री पद प्रदान करके वहीं बसने का अनुरोध किया। बाद में राजमाता ने सभा पण्डित की कन्या से उनका विवाह सम्पन्न करा दिया और भूमिदान कर उन्हें वहीं का स्थायी निवासी बना लिया। कई विषयों का ज्ञान होने के कारण राजा ने उन्हें 'बहुगुणा' की उपाधि से विभूषित किया। कालान्तर में राजा अजय पाल की राजधानी देवलगढ़ के समीप

बहुगुणा वंश वृक्ष

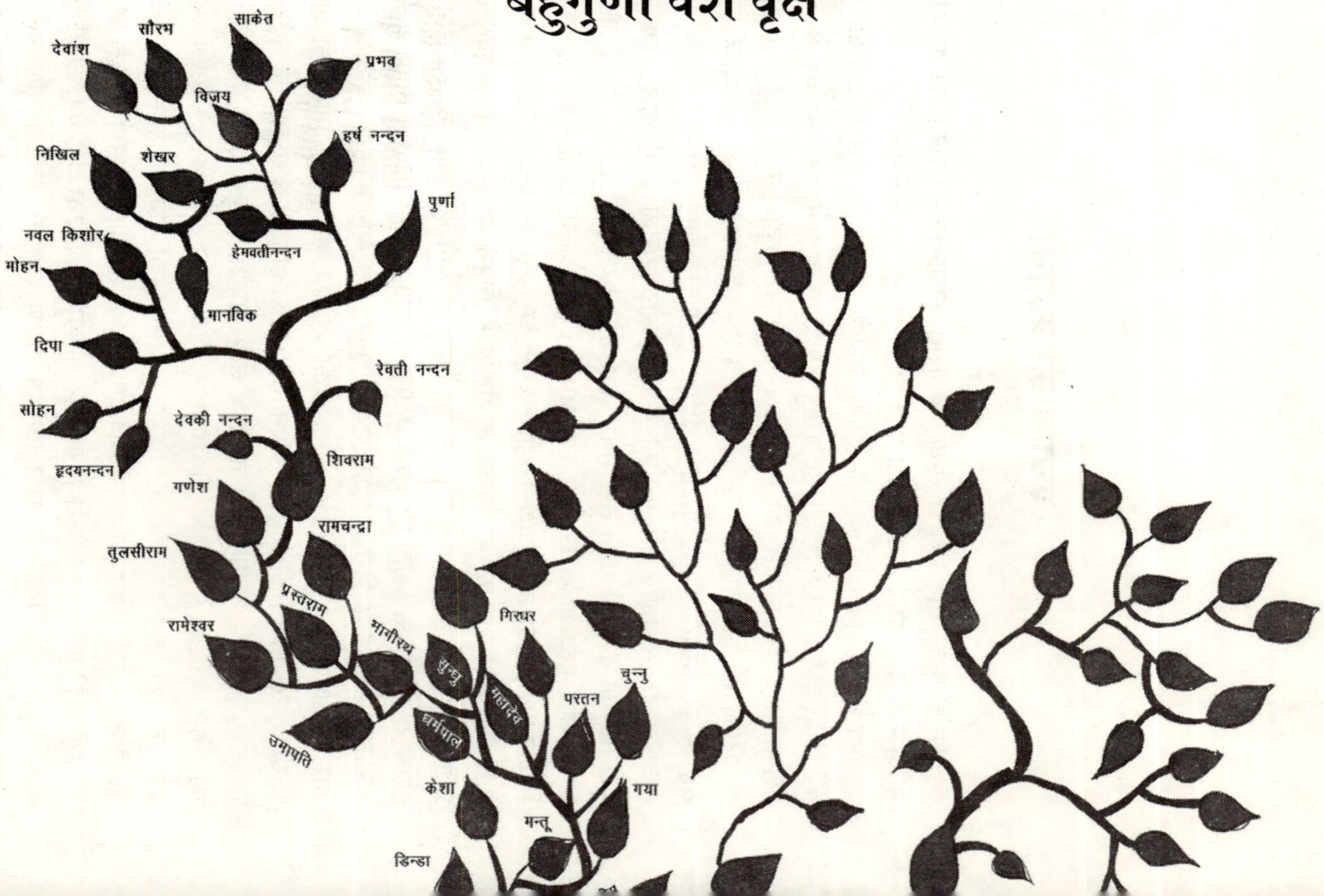

देवांश
सौरभ
साकेत
प्रभव
विजय
हर्ष नन्दन
निखिल
शेखर
पुर्णा
नवल किशोर
हेमवतीनन्दन
मोहन
मानविक
दिपा
रेवती नन्दन
सोहन
देवकी नन्दन
शिवराम
हृदयनन्दन
गणेश
रामचन्द्रा
तुलसीराम
प्रस्तराम
रामेश्वर
मानीरथ
गिरधर
सुन्धु
महादेव
चुन्नु
परतन
धर्मपाल
उमापति
केशा
गया
मन्तू
डिन्डा

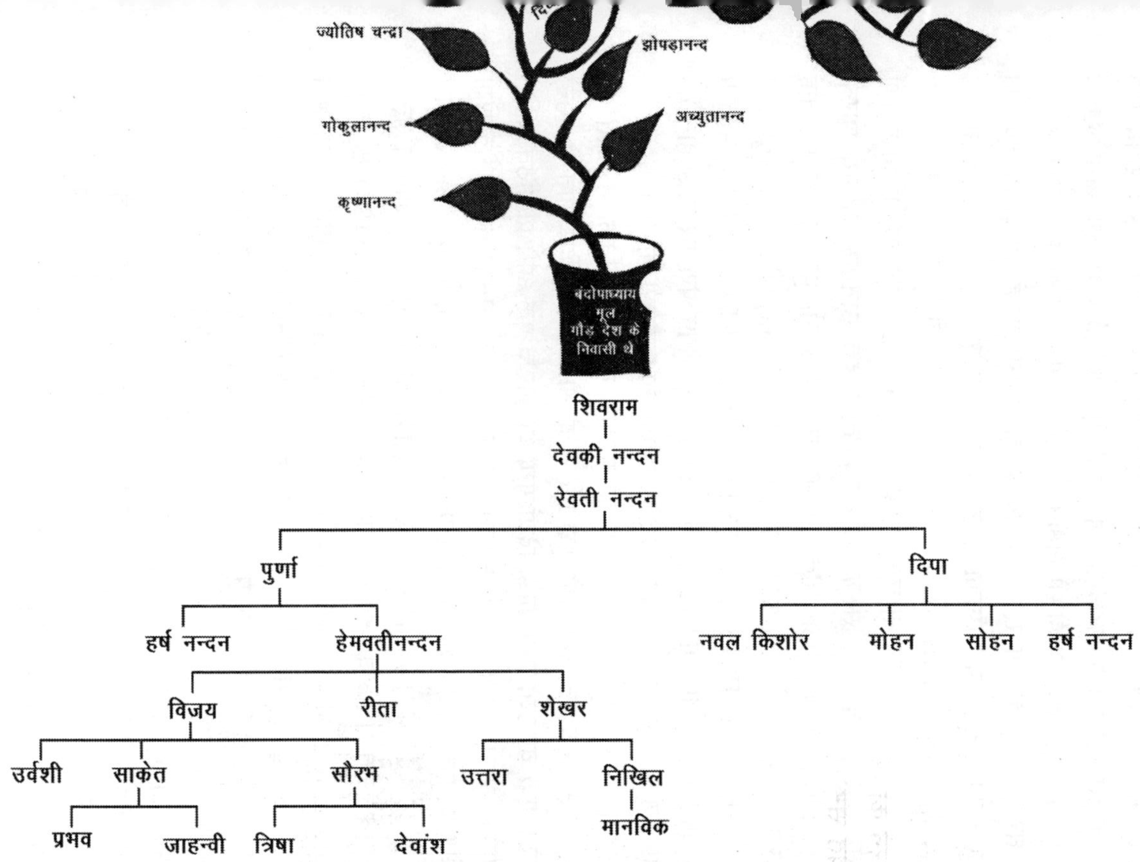
ज्योतिष चन्द्रा
झोपड़ानन्द
गोकुलानन्द
अच्युतानन्द
कृष्णानन्द
बंदोपाध्याय
मूल
गौड़ देश के
निवासी थे
शिवराम
देवकी नन्दन
रेवती नन्दन
पुर्णा
दिपा
हर्ष नन्दन
हेमवतीनन्दन
नवल किशोर
मोहन
सोहन
हर्ष नन्दन
विजय
रीता
शेखर
उर्वशी
साकेत
सौरभ
उत्तरा
निखिल
प्रभव
जाहन्वी
त्रिषा
देवांश
मानविक

बुघाणी, बहुगुणा परिवार का मूल स्थान बन गया। बहुगुणा वंश परम्परा में ही देवकी नन्दन बहुगुणा का जन्म हुआ। उनके पिता चार भाई थे। परन्तु वे अपने माता-पिता की अकेली सन्तान थे।

देवकी नन्दन के विवाह के बाद कन्याओं का ही जन्म हुआ। पुत्रों का अभाव रहा, जिसके कारण उन्हें तीन शादियाँ करनी पड़ीं। तीसरी शादी से रेवती नन्दन बहुगुणा का जन्म हुआ। आठ वर्ष की अल्पावस्था में ही उनके माता-पिता स्वर्गवासी हो गये। उनके पिता मृत्यु के समय मात्र सात सौ रुपये छोड़कर गये थे। उस समय एक रुपये का बत्तीस सेर गेहूँ बिका करता था। इसलिए सात सौ रुपये एक अच्छी-ख़ासी रक़म थी। इन रुपयों तथा थोड़ी-सी ज़मीन से होने वाली थोड़ी-बहुत पैदावार से तीन वर्ष तक घर का ख़र्च चलता रहा। तब तक रेवती नन्दन ग्यारह वर्ष के हो चुके थे। रेवती नन्दन का पालन-पोषण उनकी विधवा बुआ के हाथों हुआ। बुआ ने बड़े प्यार से बालक को पाल-पोसकर पढ़ाई की ओर उन्मुख किया। उनकी कुशल देख-रेख का ही परिणाम था कि चोपड़ा स्कूल से उन्होंने प्रथम श्रेणी में हाई स्कूल की परीक्षा उत्तीर्ण की। उसी स्कूल में कार्यरत संस्कृत अध्यापक तारा दत्त उनियाल आचार्य शास्त्री बालक की प्रतिभा से काफ़ी प्रभावित हुए और उन्होंने अपनी पुत्री पूर्णा का विवाह उनसे करने का निश्चय किया। शादी की बात चली और दोनों परिवारों की अनुकूलता से विधिवत सम्पन्न हो गयी। उस समय रेवती नन्दन बहुगुणा की आयु अट्ठारह तथा पूर्णा की आयु ग्यारह वर्ष थी। विवाह के पश्चात उन्हें अपने पैरों पर खड़े होने की चिन्ता हुई। उन्होंने अपनी बुआ की मदद से पटवारी की नौकरी पा ली।

हेमवती नन्दन बहुगुणा अपने पिता को पटवारी के रूप में निरूपित करते हुए कहते थे, ''उस समय पटवारियों को कुछ पुलिस के भी अधिकार दिये जाते थे। उन्हें दो हथकड़ी, एक चपरासी तथा कोड़ा दिया गया था और वे एक अति प्रतिष्ठित व्यक्ति समझे जाते।'' अपने चार दशकों के सेवाकाल में उन्होंने अपने समाज तथा अधिकारियों में अत्यधिक प्रतिष्ठा अर्जित की थी। सारे कार्यकाल में उनके कार्य-क्षेत्र के अन्दर केवल दो हत्याएँ हुई थीं। वे एक सामान्य स्तर के व्यक्ति थे, किन्तु अपने आपको इतना अधिक समर्थ रखते थे कि कई बार बड़े-बड़े वकील और पंचायत के मुखिया भी उनके पास सलाह के लिए आते थे। वादियों के लिए उनकी पहली सलाह होती, ''यदि आप मेरी मदद चाहते हैं, तो सच्चाई के प्रति दृढ़ रहें?'' कभी-कभी वे जिरह के माध्यम से ही मामले को हल कर नतीजे पर पहुँच जाते। कभी-कभी वे कुछ जानकार लोगों को विवाद के हल में न्यायविद् के रूप में शामिल करते। निर्णय तथ्यों तथा न्याय की सच्चाई पर खरा होता। उन्हें विवाद के हल में कभी किसी लिखित कानून के साक्ष्य की आवश्यकता नहीं पड़ती थी। विवाद के दायरे कभी-कभी इतने गम्भीर होते कि उनकी कोई कल्पना नहीं कर सकता, उदाहरण के लिए—दो या उससे अधिक लोगों के अधीन उपयोग में लायी जा रही सरकारी नियन्त्रण की ज़मीन पर किसका अधिकार होगा,

सरीखे निर्णय करने पड़ते थे। इस प्रकार की सार्वजनिक भूमि 'कैसरे हिन्द' राजा की भूमि कहलाती थी। कभी-कभी ऐसे विवादों को हल करना कठिन हो जाता था। वे ऐसे मामलों में कभी-कभी गाँव के उन वरिष्ठ लोगों को भी शामिल करते, जिनका उस ज़मीन से कोई सम्बन्ध न होता। जब उसका निर्णय दिया जाता तो वह सर्वमान्य होता।

ज़मीन-जायदाद के अलावा कभी वे व्यक्तिगत विवादों का शान्तिपूर्ण ढंग से निपटारा करते। कोई माता-पिता यदि अपने पुत्र की शिकायत करते कि वह उनके नियन्त्रण से बाहर हो गया है तो वे लड़के को बुलाते और अपनी निजी अदालत में पेश करते। मामला सुलझ जाता।

हेमवती नन्दन बहुगुणा कहते थे, "जब वे कभी इन बातों को याद करते हैं तो मन में आता है कि उनके पिता समाज में कितना ज़बरदस्त प्रभाव रखते थे। जिस सरल तरीक़े से वे समस्याओं का निदान करते थे, वह सचमुच अनुकरणीय था। आज के लम्बे तौर-तरीक़े सचमुच समाज की परिधि से बाहर हैं। वास्तव में बुघाणी गाँव में उनके पिता का प्रभाव था, सभी उन्हें मानते थे। उनके प्रभाव का ही प्रतिफल था कि उनके पिता इस बात के लिए काफ़ी सचेष्ट रहते थे कि उनके द्वारा जो मापदण्ड अपनाया जा रहा है उसका प्रभाव उनके व्यवहार पर पड़े। उनके अधिकारी तथा शुभचिन्तक उनकी इस भौतिक समृद्धि में भली-भाँति हिस्सा भी बँटाते थे। यहाँ तक कि उनकी माँ भी उनके इस कार्य में बराबर का हिस्सा बँटातीं, वह बड़ी विशाल हृदय वाली थीं। अगर चाय का समय है, तो वे सभी को चाय पिलातीं और इसी प्रकार खाने के समय भी वे आगन्तुकों का ध्यान रखती थीं। वह सदैव निर्धारित मात्रा से अधिक खाना बनातीं, परन्तु कोई इस बात का अन्दाज़ नहीं रख सकता था कि मेहमानों की वास्तविक संख्या कितनी होगी। जब दूसरे लोग खाने पर बैठे होते तो अन्तिम क्षण तक बाहर खड़े आगन्तुकों को खाने की पंक्ति में बैठाया जाता था। उन्हें बाहर इन्तज़ार करने का मौक़ा न दिया जाता। ऐसा बिना इस बात की परवाह किये किया जाता था कि घर में भोजन है अथवा नहीं। परम्परागत महिलाएँ सबसे अन्त में खाना खातीं, कभी-कभी ऐसा भी होता कि मेरी माँ बिना भोजन के ही रह जातीं। ऐसा उनके जीवन का एक अंग बन चुका था, इसलिए उन्हें कोई शिकवा-शिकायत न थी। मेरे पिताजी, घरेलू मामलों की परवाह किये बिना अपने कार्य में पूरी निष्ठा तथा बड़ों की आज्ञा को मानकर अपने दायित्व को पूरा करते अपने अधिकारियों के प्रति निष्ठावान रहते।''

बहुगुणा के इन संस्मरणों से स्पष्ट है कि उनके जीवन पर अपने माता-पिता तथा पारिवारिक वातावरण का विशेष प्रभाव पड़ा। न्याय के प्रति निष्ठावान बनने की प्रेरणा उन्हें अपने पिता के जीवन से तो दूसरों की भलाई करने की सीख उन्हें अपनी माँ से मिली थी। वे स्वयं कहा करते थे, ''माँ मुझे स्कूल भेजतीं, जब वापस लौटकर आता

तब पूछा करती थीं, आज तुमने रास्ते में से कितने काँटे हटाये? मैं माँ के निर्देश पर ऐसा करता रहा, परन्तु उस समय यह न समझ पाया कि वह ऐसा क्यों कहती हैं।'' एक बार पूछने पर उन्होंने कहा था, ''तुम तो जूता पहने रहते हो उन लोगों के बारे में सोचो जो जूते नहीं पहन सकते। रास्ते में पड़े काँटे उनको चुभ सकते हैं। तुम्हारे काँटों को हटा देने से उनका भला हो जायेगा। वे काँटों के चुभने से बच जायेंगे।'' माँ की इस बात को बहुगुणा ने अपने जीवन में गाँठ-सा बाँध रखा था। वे इस बात को कभी भूले नहीं बल्कि आजीवन पालन करते रहे।

माँ की तरह पालन-पोषण करने वाली बुआ का अट्ठासी वर्ष की अवस्था में निधन हो गया। रेवती नन्दन बहुगुणा की पत्नी ने शादी के बाद से ही पति के हर काम में हाथ बँटाना शुरू कर दिया था। पति-पत्नी के मधुर सम्बन्ध थे। रेवती नन्दन बहुगुणा तथा उनकी पत्नी दोनों ने अन्तिम समय में बुआ की काफ़ी सेवा की। एक दूसरी विधवा बुआ गंगोत्री देवी भी थीं, उनकी भी इस दम्पति ने भरपूर सेवा की थी। उनकी मृत्यु चौरासी वर्ष की उम्र में हुई।

रेवती नन्दन बहुगुणा के यहाँ विवाह के बाद एक-एक कर छह पुत्रियों ने जन्म लिया। उस ज़माने की सोच के अनुसार पुत्र का होना अनिवार्य समझा जाता था। गाँव के बुज़ुर्गों ने ज़िद करके उन्हें दूसरी शादी के लिए प्रेरित किया। पत्नी ने भी अपनी सहमति व्यक्त की। वे इसके लिए तैयार नहीं थे परन्तु सामाजिक दबाव के सामने उन्हें झुकना पड़ा। रेवती नन्दन का दूसरा विवाह एक साधारण काला परिवार में दीपा नाम की कन्या से कर दिया गया। विवाह के समय उनकी उम्र तैंतीस वर्ष थी, तथा पत्नी की आयु पन्द्रह वर्ष थी। ईश्वर का विधान कि दूसरे विवाह के दूसरे वर्ष ही उनकी पहली पत्नी से ही उनके प्रथम पुत्र हेमवती नन्दन बहुगुणा का जन्म हुआ। इसके बाद उनके गर्भ से एक और पुत्र हर्ष का भी जन्म हुआ, जिसकी ग्यारह वर्ष की आयु में मृत्यु हो गयी।

रेवती नन्दन बहुगुणा की पहली पत्नी पूर्णा एक सभ्य एवं सुसंस्कृत महिला थीं। उन्होंने उनकी दूसरी पत्नी को कभी भी सौत नहीं समझा, बड़े ही प्यार से रखा। दूसरी पत्नी से भी चार सन्तानें उत्पन्न हुईं।

हेमवती नन्दन का जन्म 25 अप्रैल, 1919 को अपने पैतृक गाँव बुघाणी में हुआ। बुघाणी श्रीनगर-पौड़ी गढ़वाल से सोलह किलोमीटर दूर है। आज बुघाणी तक सर्पाकार अधकच्ची मोटर रोड जाती है। इस छोटे से गाँव की आज भी जनसंख्या लगभग तीन सौ है। यहाँ से नन्दा देवी दिखाई देती है। गाँव में उतरते ही एक पक्का चबूतरा है जिसे कभी बहुगुणा ने बनवाया था। चबूतरे पर ही एक छोटा-सा अन्नपूर्णा देवी का मन्दिर है, वहाँ नतमस्तक हुए बिना कोई भी ग्रामवासी वहाँ से नहीं आ-जा सकता। गाँव से 3 किलोमीटर पर स्थित देवलगढ़ में बहुगुणा परिवार की कुलदेवी गौरा देवी–राज राजेश्वरी का मन्दिर है। 1919 में गाँव का सबसे अच्छा घर एवं सबसे

सम्पन्न परिवार रेवती नन्दन बहुगुणा का ही था। जिस समय हेमवती का जन्म हुआ सारे गाँव तथा आसपास के क्षेत्र में ख़ुशियाँ मनायी गयीं। एक लम्बे इन्तज़ार के बाद पुत्र जन्म होने से ख़ुशियों का होना स्वाभाविक था। जिस दिन हेमवती नन्दन बहुगुणा का जन्म हुआ, उस दिन रेवती नन्दन बहुगुणा 'पाबो ब्लॉक' में थे। उन्हें तुरन्त एक आदमी भेजकर सूचित किया गया। उन्होंने अपना काम पूरा किया और छुट्टी लेकर घर आये। परिवार में ख़ुशी का होना स्वाभाविक था क्योंकि हेमवती नन्दन बहुगुणा का जन्म काफ़ी पूजा-पाठ के बाद हुआ था। जाने कितने ही देवी-देवताओं की मनौती मानी गयी, जाने कितने देवताओं का पूजन-अर्चन हुआ। उन्हें प्रत्यक्ष शिव, पार्वती तथा कुलदेवी गौरा माता की ही देन समझा जाता था।

हेमवती नन्दन बहुगुणा के जन्म के साथ उनकी दूसरी पत्नी का भी सम्मान बढ़ गया था। मान्यता के अनुसार घर में उनके पैर पड़ना शुभ हुआ, यह बात सबके मन में घर कर गयी थी। काफ़ी मान-मनौती के बाद पुत्र पैदा होने के कारण उसके लालन-पालन पर पूरा-पूरा ध्यान दिया जाता था। उनके दीर्घायु होने की कामना के लिए वर्षों तक उनके प्रत्येक जन्मदिन पर तुलादान किया जाता रहा। हिन्दू रीति के अनुसार पूर्णिमा को तेल में बालक की छाया दिखाकर छायादान किया जाता था।

बचपन में हेमवती नन्दन बहुगुणा के कई नाम थे। वे सभी प्यार से घर में लिए जाने वाले नाम थे। मोहन, नत्थू, कातानू, हेमू, शिव प्रसाद, भगवती प्रसाद, नटखट, कालिया आदि नामों से उन्हें पुकारा जाता था। पिता के लोकप्रिय होने व सबके सुख-दुख में काम आने के कारण बालक हेमू को लोग बहुत प्यार करते थे। बालक के स्वास्थ्य की देख-रेख के लिए तीन वैद्य हमेशा लगे रहते। इन वैद्यों में से दो कमला दत्त बहुगुणा तथा गिरिजादत्त बहुगुणा बुघाणी गाँव के थे। तीसरे भोलादत्त जी खिरसू ब्लॉक के निवासी थे। वे समय-समय पर आकर बच्चे के स्वास्थ्य की जाँच-पड़ताल करते थे। बहनों ने बड़े दुलार से इन्हें पाला-पोसा था, खाने के लिए शहद, च्यवनप्राश, गाय का दूध, मछली का तेल आदि नियमित रूप से दिया जाता था।

पाँच वर्ष की अवस्था में हेमवती नन्दन बहुगुणा को पढ़ाई के लिए देवलगढ़ भेजा गया। इस स्कूल में पाँचवीं कक्षा तक की पढ़ाई होती थी। स्कूल घर से दूर होने के कारण उनके लिए किराये पर एक कमरा लिया गया। निकट के एक व्यक्ति तारा दत्त बड़ूनी को उनकी देख-रेख के लिए भेजा गया। छुट्टियों में जब बालक हेमवती नन्दन बहुगुणा घर आता तो घर के दूसरे बच्चों की तरह बालक हेमवती नन्दन का भी सभी लोग बड़ा दुलार करते, जब लौटने लगता तो दोनों माँ व बुआ गंगोत्री उसे गुलगुले बनाकर देतीं और कुछ पैसे भी देकर कहतीं कि वह स्कूल के ग़रीब बच्चों के साथ मिल-बैठकर खाये।

हेमवती एक जिज्ञासु बालक था। बाल्यकाल से ही उसके मन में तरह-तरह के प्रश्न उठते, वह अपने वातावरण को समझना चाहता था, उसके लिए कुछ करना चाहता था।

बाल्यकाल में देवलगढ़ प्राइमरी स्कूल में अपने अध्यापक के साथ

कक्षा पाँच में उसने बच्चों की 'ग्राम सुधार समिति' बनायी जो कि गाँव की सफ़ाई एवं साफ़ पेयजल की व्यवस्था करती थी। बचपन से ही उसमें नेतृत्व करने के लक्षण दिखाई देने लगे।

देवलगढ़ से पाँचवीं कक्षा उत्तीर्ण कर वे खिरसू स्कूल में पढ़ने के लिए गये, यह स्कूल आठवीं कक्षा तक था। उस समय उनकी आयु ग्यारह वर्ष की रही होगी। जब वे खिरसू के स्कूल में पढ़ रहे थे, उसी समय उन्हें एक दिन माँ की बीमारी की ख़बर मिली। बीस किलोमीटर का रास्ता पैदल चलकर जब वह घर पहुँचे तो उस समय माँ बेहोश थीं। काफ़ी रोये परन्तु माँ एक बार बेहोश हुईं तो फिर होश में नहीं आयीं, मृत्यु हो गयी। इस बात का ग़म उन्हें ज़िन्दगी-भर रहा कि अन्तिम समय में वह माँ से बात नहीं कर सके। बहुगुणा अपने जीवन में अपनी माँ को याद कर कहा करते, "माँ ने 'छोटी माँ' को कभी खेत में काम नहीं करने दिया। भले ही वे जब बोझ लेकर खेत से लौटतीं तो कुछ समय तक ठीक तरह से श्वास न ले पातीं। सम्भवतः उन्हें दिल की बीमारी थी और उपचार के अभाव में उन्होंने दम तोड़ दिया था।" बारह वर्ष की आयु में खिरसू के बाद हेमवती नन्दन बहुगुणा को पढ़ने के लिए पौड़ी भेजा गया। वह वहाँ अपनी बड़ी बहन दीपा के साथ रहे। उस समय पौड़ी के दो स्कूल प्रसिद्ध थे, मिशन स्कूल और डी.ए.वी. स्कूल। हेमवती नन्दन बहुगुणा का दाख़िला डी.ए.वी. स्कूल में कराया गया ताकि वे भारतीय संस्कृति के वातावरण में शिक्षा प्राप्त कर सकें।

डी.ए.वी. स्कूल से ही हेमवती नन्दन बहुगुणा में 'नेता' बनने के लक्षण स्पष्ट दिखाई देने लगे। एक दिन उन्होंने ग़रीब बच्चों से कहा था, "तुम लोग फ़ीस मत दो।" उन्होंने वायदा किया कि वे उन्हें अपनी पुस्तकें दे देंगे। स्कूल के प्रधानाचार्य राम सिंह भण्डारी को इस बात का पता चला तो उन्होंने हेमवती नन्दन बहुगुणा को बेंत से मारा और कहा, "नेतागिरी करता है।" घर वापस आकर उन्होंने अपनी दीदी से यह बात छिपा ली। किन्तु रात को जब वे नींद में कराहने लगे तो बहन दीपा ने देखा कि उनके हाथों में छाले पड़े हुए हैं। वे काफ़ी दुखी हुईं और नींद में ही दवा लगा दी।

बहुगुणा को घुड़सवारी का बेहद शौक़ था। एक बार उनके जीजा ने कहा कि वह घोड़े को पानी पिला लायें। जिधर उन्हें जाना था, उधर एक अंग्रेज़ साहब रहते थे और साफ़-सुथरी सड़क थी। स्वभाव से ही निर्भीक होने के कारण वे बिना किसी मदद के घोड़े पर बैठ गये परन्तु वे उसे क़ाबू में नहीं रख सके और गिर गये। बाद में राह चलने वालों ने घोड़े को पकड़ा। हेमवती नन्दन बहुगुणा ने हिम्मत नहीं हारी और घुड़सवारी का अभ्यास करते रहे। कालान्तर में वे एक अच्छे घुड़सवार बने। साहस एवं दृढ़संकल्प बचपन से ही उनके जीवन का अंग बन चुका था। बचपन की ये घटनाएँ बताती हैं कि असफलता ही उन्हें सफल होने की शक्ति देती थी।

ग्यारह वर्ष की आयु में एक दिन वे अपने पिता क़े साथ बुघाणी से गौचर जा रहे थे। पिता ने स्वयं पैदल चलने तथा उन्हें अपने घोड़े पर बैठकर चलने के लिए कहा।

रास्ते में एक मोड़ ऐसा था, जहाँ से दूसरी ओर से आने वाले व्यक्ति को नहीं देखा जा सकता था। अचानक पिता ने देखा कि रुद्रप्रयाग से उपायुक्त भोलादत्त पाण्डेय आ रहे हैं, जैसे ही पिता ने उन्हें देखा, उन्होंने तत्काल अपने पुत्र से घोड़े पर से उतरने के लिए कहा परन्तु उसने ऐसा करने से मना कर दिया। वे काफ़ी चीख़े-चिल्लाये, "नीचे उतरो। मेरे अफ़सर आ रहे हैं।" किन्तु बहुगुणा पर इसका कोई प्रभाव नहीं पड़ा। उनका सामान्य उत्तर था, "वह आपके साहब होंगे मेरे नहीं, फिर मैं घोड़े से नीचे क्यों उतरूँ?" पिता अपने आदेश का पालन कराने के लिए जब तक और कोई उपाय खोजते कि तब तक पटवारी और साहब आमने-सामने हो चुके थे। पिता ने अपने आदेश को दोहराया, परन्तु बालक हेमवती नन्दन उसका पालन करने के मूड में न था।

श्री पाण्डेय ने रेवती नन्दन से पूछा, "आप कैसे हैं, क्या बात है?" माफ़ी माँगते हुए उन्होंने कहा, "श्रीमान मैं इसे घोड़े से नीचे उतरने के लिए कह रहा हूँ, यह मेरी नहीं सुन रहा।"

पिता ने सोचा कि शायद बालक साहब की उपस्थिति में उनके आदेश का पालन करेगा। उन्होंने कहा, "साहब को सलूट करो।" किन्तु बालक ने उसी तरह उत्तर दिया, "मैं नहीं करूँगा, क्यों करूँ?"

श्री पाण्डेय ने कहा, "आप चिन्ता मत करें यह बच्चा है।"

बालक की ओर मुड़ते हुए श्री पाण्डेय ने पूछा, "तुम्हारा क्या नाम है?"

उत्तर मिला, "हेमवती नन्दन बहुगुणा।"

"तुम्हारे पिता का क्या नाम है?"

"रेवती नन्दन बहुगुणा।"

"तुम्हारे गाँव का क्या नाम है?"

"बुघाणी", उसने उसी स्वर में जवाब दिया।

श्री पाण्डेय ने रेवती नन्दन बहुगुणा को देखा और एक हलकी-सी मुस्कराहट के साथ कहा, "अच्छा, अब मैं चलूँगा। मैं यहाँ कुछ गाँवों की आकस्मिक जाँच के लिए आया था। आप भी जायें।"

दोनों वहाँ से आगे की ओर चल पड़े। पिता पैदल तथा बालक घोड़े पर था। लगभग दो किलोमीटर तक दोनों में कोई बातचीत न हुई। बालक कुछ घबराया हुआ था। डरते हुए उसने अपने पिता से कहा, "ऐसा लगता है कि मुझसे ग़लती हो गयी।" पिता कुछ नहीं बोले। कुछ क्षण तक इन्तज़ार के बाद वह फिर बोला, "क्या वे सचमुच एक अफ़सर थे।" जवाब था, "हाँ।" "वे कितने बड़े हैं?" सम्भवतः इस प्रश्न ने उन्हें कुछ झकझोर दिया और उन्होंने विनम्रता के साथ कहा, "वे एक बहुत बड़े अधिकारी हैं ऐसे अधिकारी जिनके अधिकार क्षेत्र में हम लोग रहते हैं।" "क्या इससे बड़ा कोई अफ़सर नहीं है?" समझाते हुए पिता ने कहा, "ज़िले में सबसे बड़ा अधिकारी कमिश्नर है,

वह अंग्रेज़ है। वह आई.सी.एस. है। विशेष परीक्षा पास करने के बाद ही कोई व्यक्ति आई.सी.एस. होता है, तब वह बड़ा अफ़सर बनता है।'' इस बात ने बालक को अन्दर ही अन्दर झकझोरा और उसने संकल्प किया, ''हेमवती नन्दन तुम्हें भी इस स्तर तक पहुँचना है। तब तुम्हें घोड़े से उतरने की आवश्यकता नहीं पड़ेगी।'' यह घटना 1929 की है। 1936 के मध्य तक बहुगुणा की इच्छा बराबर आई.सी.एस. बनने की रही। उन्होंने अपनी पुस्तकों में लिखना शुरू कर दिया था, ''हेमवती नन्दन बहुगुणा आई.सी.एस.।'' इसी चाह में उन्होंने अच्छी अंग्रेज़ी पुस्तकों की तलाश शुरू कर दी। परन्तु थोड़े ही दिनों में उन्हें आई.सी.एस. अधिकारी तथा एक सड़क के आदमी के बीच की दूरी समझ में आने लगी। फलस्वरूप 1929 में उपायुक्त के सामने जो विद्रोह की भावना पैदा हुई थी और उनके मन में आई.सी.एस. बनने की जो लालसा थी, उसमें परिवर्तन आ गया और उन्होंने अपने नाम के साथ आई.सी.एस. लिखना बन्द कर दिया। इसके बाद से ही बहुगुणा ज़मीन से जुड़ने लगे। उनकी बहन दुर्गा खण्डूरी देहरादून में रहती थीं। हेमवती नन्दन ने उन्हें पत्र लिखकर देहरादून में रहकर अपनी पढ़ाई करने की इच्छा व्यक्त की थी। हेमवती आठवीं कक्षा पास कर तेरह वर्ष की आयु में देहरादून आ गये और वहीं से उन्होंने हाई स्कूल की परीक्षा उत्तीर्ण की।

हेमवती में आज़ादी का अंकुर भी इसी शहर में पनपा। देहरादून गढ़वाल के सामाजिक जीवन का केन्द्र-बिन्दु है। देहरादून, ऋषिकेश, हरिद्वार आदि शहरों की पवित्रता, यहाँ की संस्कृति का अपना एक अलग अस्तित्व है। उसका प्रभाव पड़ना स्वाभाविक था। एक दिन वे अपने किसी मित्र से अमर शहीद भगत सिंह की पुस्तक ले आये और उसे पढ़ने के बाद कहा था, ''मैंने निर्णय लिया है कि मैं भारत की स्वतन्त्रता के लिए लड़ूँगा।'' जीवन में कभी-कभी कोई घटना ऐसी घटित होती है जो पूरी ज़िन्दगी को बदल देती है। इस पुस्तक ने उनकी समूची चेतना को बदल दिया। हेमवती नन्दन बहुगुणा के दिलोदिमाग़ में देश के लिए दीवानगी का जो अंकुर फूटा आगे चलकर वह एक वटवृक्ष बना। इसके बाद से उनकी प्रवृत्ति में इतना बदलाव आ गया कि वे बहन के बच्चों को महान नेताओं की कथाएँ सुनाने लगे। ऊँचे चरित्र की बातें करने लगे।

देहरादून से दसवीं कक्षा पास करने के बाद हेमवती को उच्च शिक्षा के लिए इलाहाबाद भेजा गया। इलाहाबाद में उनके फुफेरे भाई माया दत्त खण्डूरी रहते थे। गाँव छोड़ने के बाद भी हेमवती को अपनी जन्मभूमि से काफ़ी लगाव था। वे जब कभी गाँव जाते तो गाँव वालों की मदद करते। उनके मन में गाँव को बदलने की प्रबल इच्छा दिखाई देती। उस समय उनकी अवस्था सोलह-अट्ठारह वर्ष की रही होगी। वे अपने गाँव जाते, वहाँ उनसे पानी का अभाव न देखा जाता। गाँव की महिलाओं को दूर से पानी लाना पड़ता था। हेमवती नन्दन बहुगुणा गाँव के लड़कों को इकट्ठा करते और सबके घरों से घड़े इकट्ठा कराते, फिर हर घड़े पर नाम की पर्ची लगाई जाती।

वहाँ पर एकत्र सभी लड़के पानी भरकर लाते। वे सारे घड़ों के मुँह पर कपड़ा बाँधने की सीख देते ताकि पानी दूषित न हो। उनके मन में एक भावना थी कि गाँव के लोग भी शहरी लोगों की भाँति साफ़-सुथरे रहें। वे साबुन लेकर स्वयं गाँव के लड़कों के साथ झरनों पर पहुँच जाते और वहाँ अच्छे से कपड़ों की धुलाई करते। गाँव के दलितों के प्रति उनके मन में अगाध प्यार था। वे प्रायः दलितों को अपने आँगन में एकत्र कर भोजन कराते थे।

महिलाओं के प्रति उनके दृष्टिकोण की बुनियाद भी सम्भवतः इसी समय रखी गयी होगी। वे प्रायः अपने परिवार में ही पलने वाली एक असहाय महिला की कहानी सुनाया करते थे। वे स्वयं कहते थे, "यदि परिवार के सदस्य की भाँति रहने वाली उस महिला की कहानी, उसके योगदान को छोड़ दिया जाये, तो उनके माता-पिता की कहानी अधूरी रह जाती है। कहानी एक सोलह वर्षीया विधवा, असहाय युवती की है जो मेरे बाबा की मृत्यु के बाद हमारे गाँव में आयी थी। वह किसी दूसरे गाँव की रहने वाली थी। विधवा के रूप में उस पर तरह-तरह के सन्देह किये जाते थे। पति की मृत्यु के बाद उसके सास-ससुर उसे सताने लगे थे। उसने अपने पिता के घर वापस न लौटकर आत्महत्या करने तथा घर छोड़कर गंगा में कूद मरने का निश्चय कर लिया था। उसने गंगा में कूदने का मन तो बना लिया, परन्तु हिम्मत नहीं पड़ी। फलस्वरूप पहाड़ की चोटी पर इन्तज़ार करती रही और अन्त में आत्महत्या कर प्राण छोड़ने की इच्छा बदल दी। प्रश्न उठा वह कहाँ जाये और कैसे शरीर तथा आत्मा को एक साथ रख सके। भीख माँगना भी इतना आसान न था। असहाय बनकर घूमना एक दूसरी समस्या थी। उसकी उम्र उसके सामने अलग बाधक बनकर खड़ी थी। अपने अस्तित्व की तलाश करते-करते वह बुघाणी गाँव आ पहुँची। कुछ भले लोगों ने उसे शरण दी। उसने ऐसे परिवार में रहने की इच्छा प्रकट की जहाँ पर कोई सयाना पुरुष न हो। उस समय मेरे पिता लगभग बारह वर्ष के थे। मेरे पिता की बहन भी विधवा थीं। वह भी लगभग उसी उम्र की थीं और घर का काम-काज देख रही थीं। उसने हमारे घर में रहना स्वीकार कर लिया। कालान्तर में सम्बन्ध ऐसे बने कि वह परिवार की सदस्या बन गयी। उसका नाम गंगोत्री रखा गया। पिताजी उसे बुआ कहकर सम्बोधित करते और अपनी असली बुआ की भाँति सम्मान करते थे। वह भी सबको समान रूप से सम्मान देतीं और प्यार करतीं। इस बात से इनकार नहीं किया जा सकता कि वह घर की बहुओं पर भी अपना नियन्त्रण रखती थीं।"

गंगोत्री ने न केवल बहुगुणा पर बल्कि पूरे परिवार पर अपनी छाप डाली थी। इसीलिए बहुगुणा कहते थे कि वह सही अर्थों में 'गंगोत्री' थीं। वह 1923 तक बहुगुणा परिवार में परिवार की सदस्या बनकर रहीं। यहाँ बहुगुणा की छोटी माँ से उत्पन्न भाई हृदय नन्दन (सन्तू) की चर्चा भी आवश्यक है क्योंकि सभी भाई-बहनों में वह उन्हें सबसे प्रिय थे। बारह वर्ष का बालक सन्तू अपने बड़े भाई के साथ रहकर पढ़ाई

करने इलाहाबाद आया और आजीवन उनके साथ रहा। बड़ा भाई उसके साथ पुत्र जैसा प्यार व व्यवहार करता था। सन्तू की भ्रातृ भक्ति भी उल्लेखनीय थी। वे सच्चे अर्थों में अपने भाई-भाभी की आराधना करते थे। बहुगुणा को उन पर अपने पुत्रों से अधिक विश्वास था।

क़ानून की पढ़ाई पूरी करने के बाद उन्होंने 1962 में टेक्समेको फैक्टरी, कलकत्ता में तीन सौ रुपये प्रतिमाह पर सेल्स (बिक्री) विभाग में काम शुरू किया। इसकी भी एक रोचक कहानी है। जब सन्तू साक्षात्कार के लिए कलकत्ता रवाना हुए तो बड़े भाई ने स्पष्ट निर्देश दिया था कि वह अपने नाम के साथ बहुगुणा नहीं लगायेंगे। क्योंकि उस समय वे उत्तर प्रदेश सरकार में मन्त्री थे और नहीं चाहते थे कि उनके पद का लाभ उनके भाई को मिले। अपनी योग्यता से ही नौकरी मिले और श्रम से पदोन्नति, यही सीख दी थी बहुगुणा ने अपने लाड़ले भाई को। हृदय नन्दन अपनी मेहनत से ऊँचे चले गये। 1967 में वे त्रिवेणी स्ट्रक्चरल्स लिमिटेड, इलाहाबाद में सेल्स अफ़सर के पद पर नियुक्त हुए और अन्ततोगत्वा उसी कम्पनी में महाप्रबन्धक (वाणिज्य) हुए। 5 जनवरी, 1987 को सन्तू की अड़तालीस वर्ष की आयु में ही कैंसर से मृत्यु हो गयी, जिससे बहुगुणा को गहरा सदमा पहुँचा था। उनके पिता रेवती नन्दन जी का निधन पचासी वर्ष की आयु में 1970 में और दो ही वर्ष पश्चात 1972 में छोटी माँ का स्वर्गवास हो गया।

अध्याय 2

कर्मभूमि में प्रवेश

1857 से 1947 तक आज़ादी के आन्दोलन के कई चरण हैं। प्रत्येक चरण की अपनी-अपनी विशेषता रही है। 1942 तक भारत छोड़ो आन्दोलन आज़ादी के आन्दोलन का अन्तिम चरण था। राष्ट्रपिता महात्मा गाँधी के 'करो या मरो' के आह्वान पर देश के न जाने कितने युवजन अपनी पढ़ाई-लिखाई छोड़कर इस आन्दोलन में कूद पड़े। देश के लिए जीना, देश के लिए मरना ही उनका जीवन दर्शन था। अंग्रेज़ी राज का अन्त कर देने के लिए वे कटिबद्ध थे। उत्तर प्रदेश हमारे राष्ट्रीय आन्दोलन की एक प्रमुख रणस्थली था इसलिए यहाँ के युवजनों में माँ भारती के लिए कुछ कर गुज़रने की प्रबल भावना थी। इलाहाबाद उस समय आज़ादी की लड़ाई की धड़कन था। भारतीय राष्ट्रीय कांग्रेस का राष्ट्रीय कार्यालय इलाहाबाद के 'स्वराज भवन' में था। देश के चोटी के नेता इलाहाबाद आते, यहाँ वैचारिक मन्थन होता और यहाँ से जो चिनगारी उठती देखते-देखते समूचे देश में फैल जाती। आज़ादी के अन्तिम चरण में गाँधी और जवाहर की ललकार सुनकर माँ भारती की पुकार पर गढ़वाल की धरती पर पैदा हुआ सपूत जंगे आज़ादी में कूद पड़ा था, वह था हेमवती नन्दन बहुगुणा। बहुगुणा देश के उन सेनानियों में थे जिन्होंने बचपन से राष्ट्रभक्ति का बाना पहन रखा था और ऐसा हो भी तो क्यों न हो। गढ़वाल के गौरव को बढ़ाने वाली अनेक विभूतियाँ हैं जिनके प्रभाव से वे अछूते नहीं रहे। वीरों के व्यक्तित्व एवं कृतित्व से गढ़वाल का इतिहास भरा पड़ा है। गढ़वाल में स्वतन्त्रता आन्दोलन के दौरान पहली बग़ावत 1886 में लक्ष्मण सिंह कठैत ने बेगार प्रथा के विरुद्ध आवाज़ उठा कर की। 20वीं सदी के प्रारम्भ में गढ़वाल में राजनीतिक एवं सामाजिक चेतना को जाग्रत करने में बैरिस्टर मुकुन्दी लाल की अहम भूमिका रही। इसी समय गढ़वाल में कांग्रेस की भी सक्रियता बढ़ी। 1916 में मुकुन्दी लाल एवं अनसूया प्रसाद बहुगुणा के प्रभाव से कुली बेगार आन्दोलन को सफलता मिली। यह गढ़वाल में कांग्रेस की पहली विजय थी। 1930 से लेकर 1942 तक गढ़वाल में बराबर आन्दोलन चलते रहे। क्रान्ति की चर्चा करते ही वीर चन्द्र सिंह गढ़वाली का नाम जिह्वा पर नाचने लगता है। वे पेशावर विद्रोह

के नेता एवं जनक थे। 1930 में इस बहादुर ने सेना में बग़ावत की भावना पैदा कर राष्ट्रभक्तों के सामने एक नयी मिसाल रखी थी। देखा जाये तो 1942 की क्रान्ति में आज़ाद हिन्द फ़ौज का सबसे बड़ा योगदान रहा है। क्योंकि अंग्रेज़ों की हुकूमत पेशावर क्रान्ति तथा आज़ाद हिन्द फ़ौज से भयभीत थी। नेताजी सुभाष चन्द्र बोस की आज़ाद हिन्द फ़ौज में कुल 23,566 भारतीय थे, जिनमें 2,500 गढ़वाली थे। उनमें से 600 युद्ध में शहीद हुए। इस विरासत को सँजोये बहुगुणा ने स्वतन्त्रता आन्दोलन के केन्द्र-बिन्दु के रूप में विकसित इलाहाबाद की धरती पर पैर रखा।

इलाहाबाद में आन्दोलन की चिनगारी एक लम्बे अर्से से धधक रही थी परन्तु 1857 में अचानक आग उस समय उठी जब मौलवी लियाकत अली ने क्रान्ति का बिगुल बजाकर खुशरू बाग़ में भारतीय झण्डा लहराया। 1888 में यहाँ सर्वप्रथम भारतीय राष्ट्रीय कांग्रेस का चौथा अधिवेशन हुआ, जिसके कारण यहाँ सक्रियता बढ़ी। अयोध्या नाथ, पं. मदन मोहन मालवीय, राजर्षि पुरुषोत्तम दास टण्डन, मोतीलाल नेहरू, सर तेज बहादुर सप्रू, पं. जवाहरलाल नेहरू सरीखे नेता एक के बाद एक आते गये और युवजनों को राष्ट्रीय आन्दोलन से जोड़ते गये। यह एक हक़ीक़त है कि यदि इलाहाबाद के साहित्यकारों, लेखकों, पत्रकारों, इलाहाबाद विश्वविद्यालय, उच्च न्यायालय तथा आनन्द भवन का उल्लेख न किया जाय तो राष्ट्रीय आन्दोलन का इतिहास अधूरा रह जायेगा। अमर शहीद चन्द्रशेखर आज़ाद और रोशन सिंह की शहादत आज भी गवाह है कि इलाहाबाद की धरती क्रान्तिकारियों के ख़ून से किस तरह से रँगी गयी थी।

1942 के बग़ावती दिन आते-आते तो कांग्रेस के पैर काफ़ी जम चुके थे। 1931 से 47 तक अखिल भारतीय कांग्रेस कमेटी का कार्यालय इलाहाबाद में था। लाला लाजपत राय, लोकमान्य तिलक, विपिन चन्द्र पाल, महात्मा गाँधी, सुभाष चन्द्र बोस सहित देश का शायद ही कोई ऐसा ख्याति प्राप्त नेता रहा हो जो इलाहाबाद न आया हो। उस समय इलाहाबाद राष्ट्रीय चेतना का ऐसा संगम था जिसमें डुबकी लगाये बिना आज़ादी का रंग गाढ़ा नहीं होता था। देश के स्वतन्त्र होने तक इलाहाबाद आज़ादी की लड़ाई का केन्द्र बिन्दु बना रहा।

आज़ादी के आन्दोलन का अन्तिम चरण था। माहौल काफ़ी गर्म था। गाँधी और जवाहर की ललकार सुनकर हज़ारों युवजन जंगे-आज़ादी में कूद रहे थे। ऐसे ही माहौल में बहुगुणा ने जुलाई 1938 में इलाहाबाद के 'राजकीय इंटर कॉलेज' में दाख़िला लिया। वे यहाँ आये, उच्च शिक्षा के लिए। परन्तु उस समय के माहौल में देश के प्रति समर्पित युवजनों की टोली में ऐसे घुले-मिले कि अन्तिम साँस तक उससे निकल ही नहीं पाये। अपने समाज और देश के लिए कुछ करने का जो अंकुर उनके दिलोदिमाग़ में देहरादून में फूटा था, इलाहाबाद आकर वह बिरवे का रूप लेने लगा। राजकीय इंटर कॉलेज में उस समय जवाहरलाल नेहरू के चचेरे भाई विजय वांचू

विद्यार्थी बहुगुणा, राजकीय इंटर कॉलेज, इलाहाबाद (1938)

ने भी उनकी कक्षा में दाख़िला लिया था। उस समय विद्यार्थियों में अद्‌भुत जोश था। वे अपनी पढ़ाई के साथ-साथ देश के लिए कुछ करना चाहते थे। छात्रों को नेतृत्व चाहिए था और बहुगुणा को माहौल। दोनों का सामंजस्य हुआ और क्रान्ति की लौ जल उठी। बहुगुणा ने कॉलेज में एक छात्र संसद का गठन किया जिससे इलाहाबाद की छात्र राजनीति में एक उफान पैदा हो गया। संसद का गठन बहुगुणा के मस्तिष्क की उपज थी। उसके गठन के साथ ही बहुगुणा को आवश्यकता थी एक ऐसे व्यक्ति की जो उसका विधिवत उद्‌घाटन कर सके। उस समय की राजनीति में नेहरू परिवार का बोलबाला था। आनन्द भवन जहाँ देश की लड़ाई का केन्द्र-बिन्दु था, वहीं नेहरू देश के लिए एक आशा की किरण। हेमवती अपने मित्र विजय वांचू के साथ आनन्द भवन गये। वहाँ नेहरू जी से भेंट की। उनसे आग्रह किया कि वे नवगठित छात्र संसद का उद्‌घाटन करें। नेहरू जी हेमवती नन्दन बहुगुणा के विचारों और उत्साह से आह्लादित हुए और बताया कि दौरे पर जाने के कारण इस कार्य को करने में असमर्थ हैं। नेहरू जी ने इस कार्य के लिए विजय लक्ष्मी पण्डित के पति रणजीत पण्डित को ले जाने का सुझाव दिया। नेहरू जी ने रणजीत पण्डित की विद्वत्ता की काफ़ी सराहना की। वे उस समय प्रदेश की राजनीति में काफ़ी अग्रणी थे। नेहरू जी के अनुरोध को शिरोधार्य कर वे विद्वान नेता रणजीत पण्डित को उद्‌घाटन के लिए ले गये। उनके पहुँचने से बहुगुणा की नेतृत्व क्षमता की धाक जम गयी। रणजीत पण्डित लगभग दो घण्टे तक छात्रों के बीच रहे और ज़ोरदार तकरीर की। इस संसद में बहुगुणा स्वयं प्रधानमन्त्री बने तथा संसद की कार्यप्रणाली को सुनिश्चित करने के लिए विपक्ष का गठन किया। बहुगुणा के लिए श्री रणजीत पण्डित से मिलने का यह पहला अवसर था। इस प्रथम मिलन ने उनके जीवन पर एक अमिट छाप छोड़ दी।

एक साधारण परिवार का होने के नाते उनके घर से सीमित ख़र्च आता था। बड़ी मुश्किल से उनके छात्रावास तथा शुल्क आदि का ख़र्च पूरा होता था। परन्तु जैसे-जैसे उनका प्रभामण्डल बढ़ता गया वैसे-वैसे मित्रों का सहयोग बढ़ता गया। धनी परिवारों के मित्र उनकी बुनियादी आवश्यकताओं को पूरा करने में सहयोग देते थे। मित्रों के इस सहयोग के कारण ही उन्होंने अपने छात्र जीवन में किसी अभाव का अनुभव नहीं किया। उस समय कॉलेज के गेट पर एक फलवाला बैठा करता था, वह उन्हें प्रतिदिन निःशुल्क फल खिलाया करता था। सम्भवतया वह छात्र आन्दोलन से काफ़ी प्रभावित था और अपनी सामर्थ्य के अनुसार इसी ढंग से छात्रों को कार्य बढ़ाने के लिए प्रोत्साहित करता था।

राजकीय इंटर कॉलेज की उस समय एक प्रतिष्ठा थी। वहाँ सम्पन्न परिवारों के बच्चे पढ़ते थे। बहुगुणा के लिए उनके दिल में इतना प्यार था कि वे जब अपने घरों से आते तो कुछ-न-कुछ उनके लिए लेकर आते थे। इतना स्नेह था कि रात में उन्हें

जगा-जगाकर खिलाया करते थे। अपने मित्रों व सहपाठियों में उस समय बहुगुणा ऐसे लोकप्रिय थे। उस दौर में इलाहाबाद का आलम ही कुछ और था। आम विद्यार्थी से लेकर बड़े-बड़े घरानों के लड़के आज़ादी के लिए दिवाने थे। वकील, शिक्षक, लेखक, पत्रकार, सभी के दिलों में ग़ुलामी से मुक्ति की आग धधक रही थी। बहुगुणा इस वातावरण के एक महत्त्वपूर्ण अंग बन चुके थे। नेहरू परिवार का त्याग भी शायद उन्हें अपनी ओर खींच रहा था। मोतीलाल, जवाहरलाल, कमला नेहरू, इन्दिरा गाँधी के देश के लिए जेल जाने, विदेशी वस्त्रों की होली जलाने, जनमत तैयार करने की कहानियाँ उन्हें बराबर अपनी ओर खींच रही थीं। महात्मा गाँधी, राजर्षि टण्डन, जवाहरलाल नेहरू, लाल बहादुर शास्त्री आदि के पदचिह्नों पर चलने के लिए उनकी अन्तरात्मा उन्हें झकझोर रही थी। यही कारण है कि उन्हें घर-परिवार का मोह भी नहीं खींच सका और न ही वे अपने में बदलाव ला सके।

राजकीय इंटर कॉलेज की परीक्षा पास करने के बाद 1941 में उन्होंने इलाहाबाद विश्वविद्यालय में दाख़िला लिया। 1941-42 के आसपास विश्वविद्यालय का माहौल काफ़ी गर्म था। विद्यार्थी जम कर राष्ट्रीय आन्दोलन की गतिविधियों में सक्रिय हिस्सा लिया करते। ये विद्यार्थी राष्ट्रीय आन्दोलन की हर धारा से जुड़े थे। क्रान्तिकारियों की गतिविधियों में भाग लेते थे। धरने देते, जेल जाते, कक्षाओं का बहिष्कार करते। अंग्रेज़ समर्थक विचारधारा को ललकारते। छात्राएँ भी इस आन्दोलन की मुख्यधारा में शामिल थीं।

इलाहाबाद विश्वविद्यालय के शताब्दी समारोह के अवसर पर बहुगुणा जी ने 'शताब्दी समारोह समिति' को दिये साक्षात्कार में उस समय विश्वविद्यालय के वातावरण व गौरवशाली परम्परा की विस्तार से चर्चा की थी। उनका कहना था, "उस समय के छात्र संघ की अपनी मर्यादा थी। छात्र संघ चुनाव से पूर्व विशेष दक्षता भाषण की परम्परा थी। अध्यापक तथा छात्र सभी आते। छात्र नेता भी इस बात के लिए गौरव का अनुभव करते थे कि उनका भाषण गुरुजन भी सुन रहे हैं। उस समय विश्वविद्यालय में नक़ल का नामोनिशान तक न था। पूर्णिमा बनर्जी, सुचेता कृपलानी, विजय लक्ष्मी पण्डित, प्रायः बोर्डिंग हाउस में स्वयंसेवकों की तलाश में आती थीं।

स्वराज भवन में गाँधी, लेनिन-समाजवाद और साम्राज्यवाद आदि विषयों पर गोष्ठियाँ आयोजित होती थीं, जिसमें छात्र-छात्राओं को आमन्त्रित किया जाता था।

बहुगुणा तथा अन्य छात्रों ने भी मिलकर सर सुन्दरलाल छात्रावास में एक क्लब बनाया था। उसकी सदस्यता सबको नहीं मिलती थी। पढ़ाई में अच्छे छात्र ही उस क्लब के सदस्य हो सकते थे। इन छात्र क्लबों में प्रोफ़ेसर तक आया करते थे। बहुगुणा ने एक बार–'प्रॉब्लम्स ऑफ़ वर्ल्ड पीस' पर एक लेख लिखा था। उस समय जर्मनी के बारे में बहस चल रही थी। बहुगुणा ने छात्रावास में इस पर आयोजित बहस में प्रसिद्ध इतिहासकार डॉ. बेनी प्रसाद को आमन्त्रित किया था।

हेमवती नन्दन बहुगुणा के छात्र जीवन की फ़ोटो, इलाहाबाद विश्वविद्यालय (1942)

उनके पुत्र मोहन लाल उनकी कक्षा में थे। डॉ. बेनी प्रसाद को जिस दिन आना था, बहुगुणा ने उन्हें घर से लेने का वायदा किया था परन्तु वे भूल गये और खाना खाकर सो गये। जब डॉ. प्रसाद स्वतः वहाँ पहुँच गये तो वहाँ उनका कोई स्वागत करने वाला न था। जब बहुगुणा को पता चला तो वे बहुत शर्मिन्दा हुए। बहुगुणा ने उनके घर जाकर अपनी ग़लती के लिए क्षमा माँगी। डॉ. प्रसाद का बड़प्पन था कि उन्होंने एक शब्द भी नाराज़गी का नहीं कहा और बोले, ''हो जाता है, कोई बात नहीं,'' बहुगुणा ने कहा था कि वे तभी समझें कि क्षमा मिल गयी जब वे फिर से छात्रावास आयें। बहुगुणा के अनुरोध पर वे दुबारा गये और छात्रों को सम्बोधित भी किया। यह उनकी महानता ही थी कि उन्होंने पिछली घटना के बारे में एक शब्द भी नहीं कहा। इस बात का छात्रों पर ऐसा असर हुआ कि उन्होंने हफ़्तों चर्चा की और जीवन भर के लिए उन्हें सबक मिल गया। यह वह दौर था जब विद्यार्थी एक-दूसरे को नीचा दिखाने का प्रयास नहीं करते थे बल्कि एक-दूसरे का क़द नाप कर अपना क़द बढ़ाने की कोशिश करते थे। सर सुन्दर लाल छात्रावास में जब बहुगुणा ने प्रवेश लिया था तब वहाँ यूनियन की सामाजिक एवं सांस्कृतिक गतिविधियाँ काफ़ी अच्छी चल रही थीं। वाद-विवाद प्रतियोगिताएँ होती थीं। मंच पर बोलने वाले आते, पर्ची उठाते और बोलना शुरू कर देते। प्रोफ़ेसर भी श्रोता बनकर बैठते थे। 1941 में जब बहुगुणा बी. एससी. प्रथम वर्ष के छात्र थे, उन्हें निःशस्त्रीकरण पर बोलने को मिला। विज्ञान का छात्र होते हुए उनकी विश्व इतिहास और राजनीति में गहरी रुचि थी। अपनी प्रतिभा के कारण बहुगुणा इस प्रतियोगिता में पुरस्कृत हुए। एक निबन्ध प्रतियोगिता उस समय के अग्रणी छात्र हरिहर सरन तथा बहुगुणा के बीच हुई थी। सरन, एम.ए. (उत्तरार्द्ध) तथा बहुगुणा बी.एससी. प्रथम वर्ष के छात्र थे–विषय 'प्रॉब्लम ऑफ़ वर्ल्ड प्रोग्रेस' था। एक सप्ताह तक विशेष परिश्रम के बाद बहुगुणा को प्रतियोगिता में प्रथम पुरस्कार मिला। हरिहर बोला, ''तुमने तो सबको पीट दिया।'' बहुगुणा का उत्तर था, ''मैंने प्रतियोगिता नहीं की केवल अपना क़द नापने की कोशिश की है।''

1940 में डॉ. आर.पी. त्रिपाठी इतिहास विभाग के अध्यक्ष थे। बहुगुणा उनसे काफ़ी प्रभावित थे। उनका कहना था कि डॉक्टर त्रिपाठी से मिलने पर उन्होंने अपने आपको 'मिलियन वाट्स' के बल्ब के प्रकाश में पाया था। सोचता कितना छोटा हूँ मैं। उस समय विश्वविद्यालय में ऐसा ज्ञान का सागर था कि विद्यार्थी देखकर आश्चर्यचकित रह जाते थे। उन्हें प्रोत्साहन मिलता था। प्रोफ़ेसर के पास विद्यार्थी जब चाहे जा सकते थे, वे बहुत प्यार से मिलते थे। एक बार की घटना है प्रोफ़ेसर अमरनाथ झा सुबह-सुबह छात्रावास पहुँच गये। सात बजे थे। बाथरूम, कमरों तथा कैंटीन में सब जगह गये। जो लड़के सोये थे, उनसे कहा, ''उठो–कसरत करो, घूमने जाओ, सेहत का ख़याल रखो।'' उन्होंने विद्यार्थियों से सीधा सम्पर्क क़ायम किया था। एक बार बहुगुणा को प्रोफ़ेसर झा मसूरी में मिले तो पूछा, ''तुम्हारे पिताजी का क्या हाल है?

तुम कह रहे थे कि पिछली गर्मी में वे बीमार थे।'' वे छात्रों की आत्मा थे और स्वयं को पूरे विश्वविद्यालय का उत्तरदायी मानते थे। इसी प्रकार सर सुन्दरलाल छात्रावास के अधीक्षक राम सरन दास एक आचार-विचार वाले व्यक्ति थे। वे स्वयं शाकाहारी थे। किन्तु छात्रों की रसोई में अण्डा, गोश्त सब बनने के बाद भी वे रसोई का निरीक्षण किया करते थे। वे मानसिकता तथा दिखावों से दूर हटकर छात्रों का हित सोचते थे। उनके सुख के दो तराजू थे, अपने लिए अलग और दूसरों के लिए अलग। बहुगुणा इसे प्रेम और उदारता का अनोखा नमूना मानते थे। विद्यार्थी समझता था कि वह समाज का दर्पण है और उसे नये समाज की रचना करनी है।

बहुगुणा अपने विद्यार्थी जीवन की एक घटना को याद कर काफ़ी दुखी होते थे। एक बार उन्होंने छात्रों के साथ मिलकर झा साहब के विरुद्ध बहुत उत्तेजक नारे लगाये थे। उस पर झा साहब ने कहा था, ''आइरन्स पियर्स माई हार्ट, बहुगुणा हैड टू से दिस'' इस वाक्य को सुनकर बहुगुणा बहुत शर्मिन्दा हुए थे। बहुगुणा बाद में उनके पास गये और माफ़ी माँगी।

1942 में बहुगुणा बी.एससी. में भौतिक शास्त्र, रसायन शास्त्र तथा गणित विषय के छात्र थे किन्तु जेल जाने के कारण वे परीक्षा नहीं दे सके। 1945 में जेल से छूटने के बाद वे प्रो. अमरनाथ झा के पास गये, वह बोले, ''बी.एससी. की परीक्षा दे दो।'' बहुगुणा ने कहा, ''डिवीज़न ख़राब हो जायेगी। आप मुझे बी.ए. फ़ाइनल की परीक्षा देने की अनुमति दे दें।'' प्रो. बोले, ''बहुगुणा, मेरा कोई अधिकार नहीं है लेकिन मैं तुम्हें अनुमति देने के लिए कार्य परिषद को सुझाव दूँगा। यदि वह सहमत हो जाती है, तो मैं प्रवेश दे दूँगा। मैं जानता हूँ कि तुम बहुत ही अच्छे एवं सक्षम विद्यार्थी हो।'' उन्हीं के प्रयत्न से बहुगुणा को बी.ए. की परीक्षा देने की अनुमति मिली थी। जेल में उन्हें प्लूरसी की बीमारी हो गयी थी। वे बहुत कमज़ोर थे इसलिए उन्होंने प्रो. झा से कहा था कि वे पहाड़ चले जायेंगे और क्लास नहीं कर पायेंगे। इस पर उन्होंने बहुगुणा की उपस्थिति भी माफ़ कर दी थी। उस ज़माने में बहुगुणा ही नहीं सारे छात्रों को विश्वास था कि उनके शिक्षक उनके लिए जो कर सकेंगे, अवश्य करेंगे। ऐसे विश्वास के वातावरण में बहुगुणा के मानसिक क्षितिज का विकास हुआ था। सम्बन्धों की शुचिता में उनकी आस्था इसी दौर में परिपक्व हुई।

एक बार की घटना है कि विश्वविद्यालय के छात्रों ने 'पैलेस सिनेमाघर' में आग लगा दी, क्योंकि किसी विद्यार्थी को परिचय–पत्र न होने के कारण टिकट नहीं दिया गया था। बहुगुणा को जब इस बात का पता चला तो उन्होंने एक बैठक बुलायी और बाद में छात्रों की लाइन बनवाकर सिनेमाघर के मालिक के घर गये और उनसे माफ़ी माँगी। इस बात के लिए किसी ने उन्हें प्रेरित नहीं किया था। इस घटना ने ही विद्यार्थियों को आत्मालोचन एवं प्रायश्चित्त करने के लिए उनकी अन्तरात्मा को झकझोरा। बहुगुणा के अनुसार उस समय छात्र नेता विश्वविद्यालय एवं छात्रों के

सर्वांगीण विकास को अपनी ज़िम्मेदारी समझते थे। उन्होंने भी कुछ ऐसे ग़रीब लड़कों को चुन लिया था जो पढ़ने में बहुत अच्छे थे। रईस विद्यार्थियों पर वे टैक्स लगाकर दो से दस ग़रीब छात्रों को उनसे पैसे दिलाते ताकि होनहार विद्यार्थी पढ़ सकें। उस समय एक विद्यार्थी का वाज़िब ख़र्च लगभग 40 रुपये होता था। छात्रवृत्ति केवल 18 या 20 रुपये थी। इसलिए जब ग़रीब छात्र अतिरिक्त पैसा पाता तो वह मन लगाकर अपनी पढ़ाई पूरी करता था।

बहुगुणा बताते थे, ''वे जब आपस में बात करते तो सिनेमा, लड़कियों आदि की भी बातें होती थीं, पर यह सब दाल में नमक के बराबर। कक्षा से वे लोग भी भागते थे पर कई छात्र ऐसे थे, जो अपमान के भय से कक्षा नहीं छोड़ते थे, यदि प्रोफ़ेसर पूछते, 'कक्षा में रहोगे कि बाहर जाना चाहते हो।' तो लड़के क्लास में ही रुकते ताकि लेक्चर न छूटे। प्रो. देव तथा प्रो. आर.पी. त्रिपाठी तो छात्रों को बेंच पर खड़ा कर दिया करते थे।'' उसी ज़माने में पं. सुन्दर लाल ने एक किताब लिखी थी, 'भारत में अंग्रेज़ी राज'। बहुगुणा तथा उनके सहयोगी छात्र इस पर ख़ूब बहस किया करते थे। ऐसा प्रायः हर प्रकाशन के साथ होता था। बहुगुणा जब अपने बीते दिनों को याद करते तो इस निष्कर्ष पर पहुँचते कि 'इंटरैक्शन' शक्ति की जननी है। कालान्तर में 1973 में मुख्यमन्त्री बनने के बाद 'इलस्ट्रेटिड वीकली' में 17 मार्च को दिये गये एक साक्षात्कार में बहुगुणा ने बताया था कि वह प्रारम्भ में 'स्टूडेंट्स फ़ेडरेशन' के सदस्य थे किन्तु नागपुर सम्मेलन में उसका विभाजन हो जाने के बाद वह स्टूडेंट्स कांग्रेस में शामिल हो गये। उनका कहना था, ''मैंने महसूस किया कि गाँधीजी का मार्ग ही सही है।'' भारत के बाहर के जिन महान नेताओं ने उन्हें प्रभावित एवं प्रेरित किया उनमें लेनिन प्रमुख थे। परन्तु गाँधीजी उनके लिए एक ऐसे प्रकाशवान सूर्य थे जिसका अस्त कभी नहीं होता। नेहरू को वह उस सूर्य की रोशनी मानते थे।

बहुगुणा इलाहाबाद आकर तहेदिल से राष्ट्रीय आन्दोलन में जुट गये। पिता को जब यह अनुभव हुआ कि बेटा उनके नियन्त्रण से बाहर जा रहा है तो उन्होंने उसे विवाह के बन्धन में बाँधने का निर्णय लिया। हालाँकि बहुगुणा इसके लिए राजी न थे, परन्तु वे घर के बुज़ुर्गों का तिरस्कार और उनके आदेश की अवमानना नहीं कर सके। उनका विवाह पौड़ी गढ़वाल के पट्टी नादलस्यू के निवासी प्रतिष्ठित चन्दोला परिवार की कन्या धनेश्वरी देवी के साथ कर दिया गया। नारायण दत्त चन्दोला उस समय राजकीय हाई स्कूल में प्राचार्य थे। उनकी पुत्री धनेश्वरी देवी, चार भाई तथा दो बहनें थीं। उनके एक भाई धरणी धर चन्दोला ने चित्रकला के क्षेत्र में राष्ट्रीय स्तर की ख्याति अर्जित की थी। धनेश्वरी देवी सुशील स्वभाव की साधारण घरेलू महिला थीं। दबाव में बहुगुणा ने विवाह तो कर लिया किन्तु वे मन के स्तर पर कभी उस सम्बन्ध को न निभा सके। उनसे कोई सन्तान भी नहीं हुई। वह बुघाणी में उनके

पैतृक निवास में निवास करती थीं। सन् 1997 में वे इलाहाबाद आयीं और बहुगुणा की पुत्री रीता के साथ रहीं। सन् 2007 में उनका देहान्त हुआ। बहुगुणा की द्वितीय पत्नी से उत्पन्न बच्चों से उनका विशेष लगाव था।

विवाह का बन्धन बहुगुणा को राष्ट्रीय आन्दोलन से विमुख नहीं कर पाया। सम्भवतः इलाहाबाद उस समय जिस तरह से आज़ादी के रंग में रँगा हुआ था, उस रंग से अपने को अलग रख पाना उनके लिए सम्भव नहीं था। 1942 के विद्यार्थी आन्दोलन में तो वे विद्यार्थी राजनीति के नायक बनकर सामने आ गये थे। उस दौर में बहुगुणा की सक्रियता का उल्लेख करते हुए उनके निकट सहयोगी सुशील वर्मा का कहना है, "बहुगुणा से उनकी मुलाक़ात भारत छोड़ो आन्दोलन के सिलसिले में लखनऊ में बुलाई बैठक में हुई थी। बहुगुणा उस समय इलाहाबाद विश्वविद्यालय छात्र संघ के सचिव थे। बैठक में रोहन लाल चतुर्वेदी, नारायण दत्त तिवारी तथा छात्र संघ के अध्यक्ष एवं उपाध्यक्ष शामिल थे। बहुगुणा की गतिशीलता को देखते हुए ही उन्हें बावन तकिये के गिलाफ़ बनवाने का इन्तज़ाम करने का निर्देश दिया गया था। उस समय उत्तर प्रदेश में बावन ज़िले थे। बहुगुणा ने बावन तकियों तथा गिलाफ़ों का इन्तज़ाम किया था। बहुगुणा का उस समय मुख्य कार्य हथियारों की आपूर्ति करना था। तकियों में हथियार भरकर सभी ज़िलों में भेजे गये थे।"

1942 के आन्दोलन में सक्रिय भूमिका अदा करने वाले सुशील वर्मा उस समय इलाहाबाद के जॉर्ज टाउन में रहते थे। उनके पिता सालिगराम वर्मा 'सरस्वती पब्लिशिंग हाउस' चलाते थे। बाद में पं. जवाहरलाल नेहरू के कहने पर वे 'नेशनल हैरल्ड' के प्रथम महाप्रबन्धक हुए। वे उसके संस्थापक सदस्यों में से एक थे। लगभग छह माह तक उन्होंने प्रबन्धक के दायित्व का निर्वाह किया था।

सुशील वर्मा 1942 के आन्दोलन में श्रीधर मालवीय, सुशीला रोहतगी और सनद कुमार मालवीय के काफ़ी निकट थे। केशव देव मालवीय उस समय उत्तर प्रदेश कांग्रेस कमेटी के महामन्त्री थे। श्री मालवीय के निर्देश पर नेताओं की दूसरी सशक्त पंक्ति तैयार की जा रही थी ताकि जब बड़े नेता पकड़े जायें, तो उसकी निरन्तरता बनी रहे।

सुशील वर्मा तथा बहुगुणा एक-दूसरे से मिलने के बाद काफ़ी घनिष्ठ हो गये। वे धन इकट्ठा करते, बहुगुणा शस्त्र इकट्ठा करते और क्रान्तिकारियों को भेजते। इन्हें उस समय आश्रय तथा धन 'व्हीलर्स कम्पनी' के मालिक श्री तीन कौड़ी बनर्जी तथा कुछ अन्य विशिष्ट व्यक्तियों के यहाँ से मिलता था। सामान यशोदा नन्दन के यहाँ रखा जाता था क्योंकि उनके पिता हरनन्दन प्रसाद उस समय कायस्थ पाठशाला के अध्यक्ष थे। उनकी गणना उस समय सम्भ्रान्त नागरिकों में की जाती थी।

महात्मा गाँधी ने 9 अगस्त, 1942 में मुम्बई कांग्रेस अधिवेशन में पहली बार, 'करो या मरो', 'अंग्रेज़ो भारत छोड़ो' के नारे के साथ-साथ विद्यार्थियों को आन्दोलन में आगे आने का आह्वान किया था। उस आह्वान ने देश के विद्यार्थियों को झकझोर दिया था।

अंग्रेज़ सरकार ने गिरफ़्तारियाँ शुरू कर दीं। मुम्बई अधिवेशन में गये कांग्रेस के सभी शीर्ष नेता गिरफ़्तार कर लिए गये। किसी प्रकार लाल बहादुर शास्त्री और अलगूराय शास्त्री मुम्बई पुलिस को चकमा देकर रेल द्वारा इलाहाबाद आ गये। जो साहित्य मुम्बई से वे अपने साथ लाये थे, वह टाइप तो हो गया था पर उसे उत्तर प्रदेश के हर ज़िले में पहुँचाने के लिए हज़ारों रुपये चाहिए थे। समस्या थी वे रुपये कहाँ से आयें?

लाल बहादुर शास्त्री ने तरुण साथी बहुगुणा से पूछा, "क्या पन्द्रह हज़ार रुपयों का कोई प्रबन्ध हो सकता है", बहुगुणा का उत्तर था, "रुपया अवश्य मिलेगा।" यह उत्तर उस छात्र नेता का था, जो स्वयं रात में कभी किसी के घर सोता था तो कभी किसी के घर। जिसे विश्वविद्यालय का चपरासी भी रोटी दे देता तो उसकी भूख मिट जाती।

एक शाम के झुटपुटे में वे अपने एक बंगाली मित्र के द्वार पर पहुँचे। उस मित्र ने उनसे कई बार अपने घर आने का आग्रह किया था। बहुगुणा पुलिस की 'वांटेड' सूची में थे। पुलिस से आँखमिचौली खेलते बहुगुणा जैसे-तैसे उसके घर पहुँच गये और पैसे का सवाल उठाया तो वह झिझककर बोला, "मैं पिताजी से पूछता हूँ।"

'षट् कर्णो भिद्यते मन्त्रः'—छह कानों में बात पड़ी कि रहस्य फूटा, यह तो हथकड़ियों की राह थी। इस बात की मन में आशंका तो थी ही पर करते ही क्या! छात्र भीतर गया, पूछा, "पिताजी, मेरा एक मित्र आज मेरे पास सो जाये।" पिताजी की आवाज़ कड़की, "कौन है तुम्हारा मित्र।"

हड़बड़ाया-सा छात्र बहुगुणा को भीतर ले जाने के लिए बाहर आया, उस समय किसी के घर में जाना तो स्वयं जेल के सीखचों में घुसना था। भीतर न जाये, तो दौड़ कर पहुँचने के लिए किस माँ का आँगन खुला था। वे भीतर गये। वहाँ अत्यधिक चैतन्य पैनी नज़र से देखते हुए उसके पिता बोले, "तुमी बहुगुणा?" बहुगुणाजी ने सिर हिला कर स्वीकृति दे दी। रुपयों की बात तो उनके कान तक पहुँच चुकी थी। इसलिए उन्होंने तपाक से पूछा, "तुमी रुपी लेगा।" बहुगुणा न जान सके कि यह उपहास है या उपहार की प्रस्तुति। वे चुप रहे। छात्र मित्र के पिता उठकर जैसे ही भीतर दूसरे कमरे में गये, वैसे ही टेलीफ़ोन की घण्टी बजी। बहुगुणा का दिल काँप उठा, कहीं पुलिस की घण्टी तो नहीं। वे सहमे हुए खड़े रहे और कुछ ही क्षणों बाद उनके छात्र मित्र के पिता ने भीतर से आकर नोटों की गड्डियाँ उन्हें सौंप दीं, "लो बेटा, ख़ूब काम करो, अंग्रेज़ को भगाना है।" ये थे व्हीलर कम्पनी के स्वामी तीन कौड़ी बैनर्जी बाबू और रुपये थे पूरे अट्ठारह हज़ार। जब ये रुपये बहुगुणा ने दूसरे दिन लाल बहादुर को दिये, तो वे देखते ही रह गये। यह घटना इस तथ्य को प्रस्तावित करती है कि उनकी निष्ठा व समर्पण की साख इलाहाबाद में 1942 के दौर में ही बन चुकी थी। इस निष्ठा को उन्होंने आजीवन बनाये रखा। उनका कट्टर राजनीतिक विरोधी भी कभी उनकी निष्ठा को प्रश्नों के घेरे में नहीं रख पाया।

इस घटना का लाल बहादुर के मन पर अन्त तक प्रभाव रहा और बहुगुणा के जुझारू व्यक्तित्व की जो रेखाएँ उनके मन में उस दिन खिंचीं, वे पानी की धार पर खिंची लकीरें नहीं थीं कि अपने आप ही मिट जायें, काग़ज़ पर खिंची पेन्सिल की लाइनें नहीं कि रबड़ के दो घस्सों में मिट जायें, ये तो पत्थर की लकीरें थीं जो कि खिंची नहीं बल्कि अंकित हो गयी थीं। वो भी विश्वास की लकीरें।

1942 में इलाहाबाद विश्वविद्यालय के छात्र संघ का अध्यक्ष कमलेश्वर था। हेमवती नन्दन बहुगुणा, यदुवीर सिंह, प्रकाश मेहरोत्रा, मानस बिहारी मुखर्जी, यशोदा नन्दन, राजमंगल पाण्डेय आदि अनेक छात्र आन्दोलन में सक्रिय हिस्सा ले रहे थे। छात्रों के साथ ही कमला बहुगुणा, चाँद, तारा, चिन्ता मालवीय, कान्ता कोचर, कान्ति सरगा, कुमुद मालवीय, दया मालवीय, सरीखी छात्राएँ भी छात्रों के साथ कन्धे से कन्धा मिलाकर चल रही थीं। हालाँकि उस समय विश्वविद्यालय में छात्राओं की संख्या बहुत अधिक नहीं थी। परन्तु जो थीं उनमें से अधिकतर जुलूसों में हिस्सा लेतीं और लुक-छिपकर विद्रोही छात्रों की मदद करतीं। भारत छोड़ो आन्दोलन के नारे को लेकर इलाहाबाद विश्वविद्यालय के छात्रों ने जो जुलूस निकाले थे, उनमें छात्राओं ने खुलकर हिस्सा लिया। वे जुलूस की अगली पंक्ति में रहती थीं। सन् 1942 में इलाहाबाद विश्वविद्यालय की अपनी गरिमा थी। आज़ादी के लिए लड़ाई लड़ने वाले छात्र-छात्राओं की अपनी अनोखी संघर्षपूर्ण ज़िन्दगी थी। छात्र नेता छात्र-छात्राओं को उत्साहित करने के लिए ओजस्वी भाषण दिया करते थे तथा शिक्षक उन्हें संरक्षण एवं दिशा-निर्देश देते। बहुगुणा इलाहाबाद विश्वविद्यालय की इन गतिविधियों के एक प्रमुख सूत्रधार थे।

बहुगुणा ने छात्र संघ भवन में बुलायी छात्र-छात्राओं की एक बैठक में कहा था, ''पीछे जो लड़कियाँ बैठी हैं, उनसे मुझे कहना है कि हमें लिपस्टिक लगाने वाली तितलियाँ नहीं चाहिए। जो लड़कियाँ सचमुच कुछ करना चाहती हैं, वे आगे आयें?'' बी.ए. प्रथम वर्ष की छात्रा कमला भी उस बैठक में शामिल थीं, उनके मन में आया था, ''लड़का बहुत अहंकारी है।'' जब बहुगुणा को किसी ने बताया कि कमला आन्दोलन में सक्रिय हैं तो उन्होंने उनसे मिलने की इच्छा ज़ाहिर की थी। कमला से कहा गया कि वह पाँच बजे यशोदा नन्दन के घर पर मिलें। कमला निर्धारित समय पर वहाँ पहुँचीं। उस समय वहाँ कई लड़के बहुगुणा का इन्तज़ार कर रहे थे। थोड़ी देर बाद बहुगुणा ने बड़ी तेज़ी से सीढ़ी चढ़ते हुए बरामदे में प्रवेश किया। कमला को देखकर वे बोले, ''कहिए आपको क्या कहना है?'' कमला का उत्तर था, ''मुझे कुछ नहीं कहना आप मुझसे मिलना चाहते थे तो मैं आ गयी।'' इतने में कमला के भाई हरप्रसाद त्रिपाठी आ गये और कहा, ''यही है मेरी बहन कमला त्रिपाठी।'' बस इसी मुलाक़ात के बाद कमला उनके साथ काम करने लगीं। कमला के अनुसार ऊँची कक्षाओं की क्रान्तिकारी लड़कियों में कान्ति शर्मा, कान्ता कोचर, मिस दास आदि पहले से ही बहुगुणा के साथ काम कर रही थीं।

विश्वविद्यालय के शिक्षक डॉ. बेनी प्रसाद, डॉ. ताराचन्द, के.के. भट्टाचार्य, डॉ. आर. पी. त्रिपाठी, सभी छात्रों को आज़ादी के आन्दोलन में शामिल होने के लिए प्रोत्साहित करते थे। सुशील वर्मा आन्दोलन की एक रोचक घटना इस प्रकार बताते हैं, ''उन लोगों के एक मित्र मानस मुखर्जी थे, जो जॉर्ज टाउन में रहते थे। उनका घर बड़ा था और पुलिस की नज़र में न था। इसलिए उन्होंने उनके घर के पिछवाड़े में बिना बताये एक 'ट्रांसमीटर' लगा दिया था। यह ट्रांसमीटर एम.एससी. के छात्र पीताम्बर पन्त के सहयोग से लगाया गया था। पीताम्बर पन्त वह थे, जिन्हें बाद में नेहरू जी ने योजना आयोग का सदस्य बनाया था। ट्रांसमीटर विश्वविद्यालय से चुराया गया था। इसकी रेंज काफ़ी थी। पूरे हिन्दुस्तान में कहीं भी पहुँच सकता था। यहाँ से ट्रांसमीटर के ज़रिये नेताजी सुभाष चन्द्र बोस से भी सम्पर्क करने की कोशिश की गयी थी। सभी रेडियो उसे 'शॉर्ट वेव' पर पकड़ते थे। कुछ समय बाद उस ट्रांसमीटर को राय अमरनाथ के बेसमेंट (तहखाना) में ले जाकर इस्तेमाल किया गया। अंग्रेज़ों के पास एक ऐसा संयन्त्र था जिससे वे 'ट्रांसमीटर' की सीमा एवं परिचालन शक्ति की जानकारी कर लेते थे। उसके ज़रिये उन्हें पता चल गया। मानस बिहारी मुखर्जी तथा राय अमरनाथ ट्रांसमीटर के आरोप में गिरफ़्तार कर लिए गये।''

बहुगुणा के साथ काम करने वाले एक अन्य सेनानी जगदीश राजवंशी थे। वे इलाहाबाद विश्वविद्यालय में बहुगुणा के वरिष्ठ थे। बहुगुणा से उनकी भेंट 1942 में उस समय हुई जब वे छात्र संघ का चुनाव लड़ रहे थे। राजवंशी कर्नलगंज के एक लॉज में रहते थे। बहुगुणा उनके पास 'वोट' के लिए गये थे। पहले वे बहुगुणा को समर्थन देने के पक्ष में न थे परन्तु बाद में बहुगुणा ने अपनी तर्क क्षमता से उन्हें अपने पक्ष में कर लिया। लॉज के छात्रों ने तय कर लिया कि बहुगुणा को चुनाव जीतना चाहिए। उस समय विश्वविद्यालय में ढाई हज़ार के क़रीब छात्र-छात्राएँ थे। बहुगुणा चुनाव में विजयी हुए और बाद में छात्र संघ के अध्यक्ष के भूमिगत हो जाने पर अगस्त 1942 के आन्दोलन का नेतृत्व भी किया। बहुगुणा के सहयोगी एवं सहपाठी, जो अभी जीवित हैं, अपनी आँखों देखी कहानी बताते हैं। उनकी पत्नी एवं सहयोगी श्रीमती कमला बहुगुणा जो 12 अगस्त, 1942 के जुलूस में स्वयं शामिल थीं, कहती हैं, ''उस समय इलाहाबाद के कलेक्टर डिक्सन, एस.एस.पी. एंथोनी और कोतवाल रशीद अली थे। विद्यार्थियों ने सीनेट हॉल से जुलूस निकाला और सहगल, ढिल्लों, शहनवाज़, इन्क़लाब ज़िन्दाबाद के नारे लगाता मुहम्मद अली पार्क की ओर चला। इतना बड़ा और अनुशासित जुलूस पहले कभी नहीं देखा था। विद्यार्थी कचहरी पहुँचे उस समय एक अजीब-सा माहौल था। अंग्रेज़ी हुकूमत पूरी तरह से बर्बरता पर उतारू थी और हर एक विद्यार्थी सीने में गोली खाने की तमन्ना लिए आज़ादी के कारवाँ में शामिल था। आज़ादी के परवानों का जुलूस आगे बढ़ता जा रहा था। प्रत्येक छात्र-छात्रा के हृदय से वन्देमातरम, भारत माता की जय, अंग्रेज़ो भारत छोड़ो की आवाज़ उठ रही थी।

जुलूस जैसे ही कचहरी के पास पहुँचा, रोक दिया गया। लड़के रेलिंग पार करके कलेक्ट्रेट के अन्दर घुस गये। बहुगुणा जुलूस के आगे-आगे तथा कुछ अधिक तेज-तर्रार लग रहे थे। उनकी भाव-भंगिमा और उनके साहस को देखते हुए कलेक्टर डिक्सन ने पूछा था, ''यू आर आल एलोन (तुम अकेले हो)'', बस उसका इतना पूछना था कि लाल पद्मधर ने आगे बढ़कर कहा, ''ही इज़ नॉट एलोन, वी आर थाउज़ेंड्स बिहाइंड हिम (वह अकेला नहीं है हम हज़ारों उसके पीछे हैं।)'' बहुगुणा ने पीछे हटने का इशारा भी किया, परन्तु तब तक डिक्सन 'फायर' शब्द अपने मुँह से निकाल चुका था। लाल पद्मधर के वाक्य ख़त्म भी न हो पाये थे कि गोली उनके सीने में आ लगी।'' सेनानी नारायण कहते हैं, उस दिन छह चक्र गोलियाँ चली थीं। विद्यार्थियों में हाहाकार मच गया था। गोली चलने के बाद से ही जुलूस तितर-बितर होने लगा था। आँसू गैस छोड़ी गयी तो भगदड़ मच गयी। परन्तु जुलूस का एक हिस्सा आनन्द भवन की ओर होता हुआ मुहम्मद अली पार्क पहुँच चुका था। पार्क खचा-खच भरा हुआ था। गोलीबारी के पश्चात बहुगुणा किसी प्रकार वहाँ पहुँच गये और सभा हुई।

उस दिन की घटना को स्मरण करते कमला ने बताया, ''कुछ छात्र पद्मधर का पार्थिव शरीर लेकर किसी प्रकार विष्वविद्यालय पहुँचे जहाँ सीनेट हॉल के सामने बागीचे में उसे दर्शनार्थ रखा गया। सभी उपस्थित छात्र-छात्राओं ने उनके ख़ून में हाथ डुबोकर अपने सीने पर छाप लगायी तथा कसम खायी कि जब तक भारत आज़ाद नहीं होगा वे संघर्ष करते रहेंगे।

12 अगस्त, 1942 की घटना के बाद इलाहाबाद विश्वविद्यालय एवं छात्रावासों से राजनीतिक गतिविधियाँ कम करने एवं पुलिस की घुसपैठ रोकने के लिए इलाहाबाद विश्वविद्यालय बन्द कर दिया गया और छात्रावास खाली करा दिया गया। विद्यार्थियों की धर-पकड़ तेज़ हो गयी थी। सभी क्रान्तिकारी विद्यार्थी इधर-उधर छिपते, अपने अड्डे बनाते और पुलिस की दबिश पर किसी-न-किसी प्रकार छिपकर भाग निकलते थे। हेमवती नन्दन बहुगुणा भूमिगत हो गये। उनके सहयोगी प्रो. दामोदर खन्ना उस समय की याद करते हुए कहते हैं, ''बहुगुणा ने शहर के विभिन्न क्षेत्रों में रहने वाले विश्वविद्यालय के लगभग पचास विद्यार्थियों का एक दल बनाया था जिसमें वह भी शामिल थे। हमारे सामने सबसे कठिन कार्य यह था कि हम किसी प्रकार शहर के विभिन्न क्षेत्रों में सरकार विरोधी कार्यक्रम चलायें और इस कार्यक्रम का सन्देश उस क्षेत्र के लोगों तक कैसे पहुँचे क्योंकि तनिक भी सन्देह होने पर सन्देशवाहक गिरफ़्तार हो जाता था। उससे पुलिस बहुगुणा के छिपने का स्थान पूछती थी। प्रारम्भिक कुछ दिनों तक बहुगुणा ने अपनी गतिविधियों का केन्द्र डॉ. रामप्रसाद त्रिपाठी के यहाँ बनाया क्योंकि उनकी द्वितीय पत्नी अंग्रेज़ थी। पुलिस को यह आशा नहीं थी कि उनका निवास राजनीतिक गतिविधियों का एक केन्द्र हो सकता है। कुछ दिनों बाद पुलिस ने इस स्थान पर भी छापा मारा इसलिए वह स्थान बदल-बदल कर छिपने लगे।''

उनके छिपने के अड्डे गंगानाथ झा छात्रावास, जॉर्ज टाउन में सहयोगी यशोदा नन्दन का आवास, अहियापुर में अनड परिवार, लोकनाथ में दामोदर खन्ना का घर तथा व्हीलर कम्पनी के बनर्जी परिवार का घर था। प्रोफ़ेसर खन्ना कहते हैं, "अगस्त के अन्तिम सप्ताह तक आन्दोलन ने दो दिशाएँ ले ली थीं, पहली अहिंसात्मक और दूसरी हिंसात्मक। बहुगुणा ने दोनों गतिविधियों को बड़ी कुशलता से चलाया। वे कार्यकर्ताओं में ऐसा जोश भर देते थे कि वे जान जोखिम में डालकर भी उनके द्वारा सौंपे गये काम को पूरा करते थे। उनकी स्मरण शक्ति छाया चित्र के समान थी और वह प्रायः सभी को उनके घर या मोहल्ले के नाम से पुकारते थे। वह स्मरण शक्ति जादू की तरह कार्यकर्ताओं को प्रभावित करती थी तथा प्रत्येक कार्यकर्ता यह समझता था कि वह बहुगुणा के निकटतम सहयोगियों में से एक है।" यह गुण बहुगुणा के अन्तिम समय तक उनका साथी रहा और आज भी जब उनके गुणों की चर्चा होती है तो सबसे पहले उनकी स्मरण शक्ति को ही याद किया जाता है।

अध्याय 3

स्वतन्त्रता आन्दोलन से आज़ादी तक

1942 में अंग्रेज़ी हुकूमत ने बहुगुणा को ज़िन्दा या मुर्दा पकड़ने या पकड़वाने वाले को दो हज़ार रुपये का पुरस्कार देने की घोषणा की थी। फलस्वरूप बहुगुणा भूमिगत हो गये परन्तु उनकी क्रान्तिकारी गतिविधियाँ निरन्तर चलती रहीं। बहुगुणा के सम्पर्क में उन दिनों छात्र व मज़दूर सभी थे परन्तु उनकी अन्तरंग टोली में पाँच या छह व्यक्ति ही थे। पुलिस उन्हें खोजती और गाँव में बहुगुणा परिवार को विशेष रूप से तंग करती। उनकी बहन दुर्गा बताती हैं, ''उनके पिता को रोज़-रोज़ पुलिस का घर आना अच्छा न लगता। उन्होंने लड़कियों की इज़्ज़त को देखते हुए यह कह दिया था कि वे अपने बेटे को त्याग चुके हैं। जेल से जब भी वे घर के लिए पत्र डालते तो अपना नाम बदल कर 'मदन' लिखा करते थे। अपने पत्रों में लिखते 'या तो देश को स्वतन्त्र करवायेंगे या फिर प्राण त्याग देंगे।' पत्र का जवाब उनकी बहन दुर्गा 'आनन्दी' के नाम से दिया करती थी।'' जगदीश राजवंशी रोचक घटना का उल्लेख करते हुए कहते हैं, ''1942 अक्टूबर के महीने में क्रिश्चियन कॉलेज में एक बैठक रखी गयी थी जिसमें बहुगुणा भी शामिल हुए थे। परन्तु वे वहाँ से यह कहकर शीघ्र चले गये कि यहाँ बैठक करना ठीक नहीं है, ख़तरे की आशंका है।'' उनकी आशंका सही थी क्योंकि राजाराम नाम का एक छात्र पुलिस द्वारा पकड़ लिया गया था। पुलिस ने उसकी पिटाई की और उसने सारे ठिकाने बता दिये। बहुगुणा की इस सूझबूझ और निर्णय लेने की क्षमता ने ही उन्हें अपने साथियों में अद्वितीय बना दिया।

पुलिस ने राजाराम के साथ ही बेसिक ट्रेनिंग कॉलेज के एक प्रवक्ता जो गुजराती थे, और 'भाईजी' के नाम से प्रसिद्ध थे, को भी हिरासत में ले लिया था। उन्होंने विश्वविद्यालय के निकट कटरा में चल रही छात्रों की गुप्त बैठक के स्थान को पुलिस को बता दिया। फलस्वरूप पुलिस वहाँ भी पहुँच गयी। बहुगुणा को जब पता चला कि पुलिस आ गयी है, तो वे मकान के पिछले हिस्से से कूदकर भाग निकले और पुलिस हाथ मलती रह गयी। कर्नलगंज क्षेत्र में शेर सिंह पहाड़ी तथा गिरिजा शंकर मेहरोत्रा के घर में भी बहुगुणा प्रायः छिपते थे।

बहुगुणा ने सर सुन्दरलाल छात्रावास के चपरासी बम बहादुर को रिवॉल्वर तथा कुछ शस्त्र दे रखे थे। राजाराम पुलिस को लेकर वहाँ भी पहुँच गया था। रिवॉल्वर उसके पास थी किन्तु उसने पुलिस को देखते ही उसे ज़मीन पर रख दिया और उस पर बैठ गया। बाद में उसकी पत्नी चुपके से रिवॉल्वर को पैर से दबाकर उस पर खड़ी रही। पति के पकड़े जाने के बाद उसने उस रिवॉल्वर को बहुगुणा के आन्दोलन की सहकर्मी कमला को दे दिया। इसी रिवॉल्वर को एक अन्य क्रान्तिकारी महेश चन्द्र जौहरी ने कमला से ले लिया और उसने उसी से एक सिपाही की हत्या कर दी, बाद में वह खुशरू बाग़ में हत्या के आरोप में पकड़ा गया। बहुगुणा अक्सर अपने छात्र जीवन की याद करते हुए बम बहादुर का ज़िक्र करते और कहते थे, "वह इसलिए स्वराज की लड़ाई में जुटा था कि, भईया लोग लगे हैं–तो उसे भी मदद करनी चाहिए। छात्रों के साथ उसने भी नैनी जेल में यातनाएँ झेली थीं।" बम बहादुर जैसे कितने ही लोगों को बहुगुणा ने जंगे-आज़ादी का सिपाही बनाया। इलाहाबाद विश्वविद्यालय की उस दौर की एक-एक ईंट आज़ादी की लड़ाई में विश्वविद्यालय के विद्यार्थियों की गौरव गाथा कहती है।

24 अक्टूबर, 1942 को बहुगुणा प्रो. रामप्रसाद त्रिपाठी के मकान में छिपे थे। पुलिस को इस बात का पता चल गया और छापा डाल दिया। बहुगुणा मकान के पिछले दरवाज़े से साधू का वेश बदलकर निकल गये। उस छापे में पुलिस के बहत्तर सशस्त्र जवान थे। पुलिस ने पूरा घर घेर रखा था। 8 घण्टे तक घर की तलाशी होती रही। घर के बिस्तरों में रखे तकियों तक को फाड़-फाड़ कर देखा गया। घर की महराजिन (खाना बनाने वाली) ने एक हज़ार क्रान्तिकारी बुलेटिन रसोईघर में छिपा दिये थे। बड़ी सावधानी से उसने रसोई बन्द कर लकड़ी का चूल्हा जलाया। नल खोल दिया, ताकि किसी तरह की आवाज़ न सुनाई दे और सारी की सारी बुलेटिन जला दीं। हेमवती ड्रमंड रोड से होकर बैंक रोड स्थित इतिहास के एक अन्य प्रोफ़ेसर डॉ. ईश्वरी प्रसाद के घर जा पहुँचे और वहाँ से वे बनारस चले गये। नवम्बर के महीने में वे एक दिन अचानक सैनिक अधिकारी के वेश में इलाहाबाद आये और प्रो. रामप्रसाद त्रिपाठी के घर पहुँचे। घर के लोग उन्हें तब तक नहीं पहचान सके जब तक कि उन्होंने अपना परिचय नहीं दिया।

आन्दोलन के दौरान बहुगुणा कई स्थानों पर छिपते और अपनी रणनीति तैयार करते-करते अचानक एक दिन अपने साथियों के साथ दिल्ली पहुँच गये। इलाहाबाद के अन्य सेनानी श्रीपत नारायण उस समय न्यू कटरा, बेली रोड पर रहते थे। उनके यहाँ से पूर्वी उत्तर प्रदेश के क्रान्तिकारियों के लिए धन तथा अन्य सामग्री की आपूर्ति की जाती थी। यह सामग्री दिल्ली के सादिक अली, जो बाद में अखिल भारतीय कांग्रेस कमेटी के महामन्त्री हुए एवं आचार्य कृपलानी के माध्यम से भेजी जाती थी। बहुगुणा भी फरारी के दौर में दिल्ली से सामग्री लेकर यहाँ आया करते थे।

सूचना, साहित्य, धन आदि सामग्री के साथ एक निर्देश पत्र भी हुआ करता था, जिसे पढ़ने के बाद फाड़ दिया जाता था। सामग्री भेजने की विधि इतनी सुदृढ़ एवं अच्छी थी कि सामग्री पहुँचने के बारह घण्टे में ही उसे वितरित कर दिया जाता था। पूर्वी ज़िलों में बाबा राघवदास, सुचेता कृपलानी और चन्द्रशेखर इस कार्य के लिए सर्वमान्य नेता थे। 1943 में पुलिस को इस अड्डे का पता चल गया और छापा मारकर श्रीपत नारायण गुप्त को गिरफ़्तार कर लिया। पुलिस का कहना था कि उसे अड्डे के बारे में पहले से ही पता था, परन्तु वह बड़े-बड़े क्रान्तिकारियों को पकड़ने में व्यस्त थी, इसलिए वहाँ छापा नहीं मार सकी। बहुगुणा की चालाकी और सावधानी का ही प्रतिफल था कि वे एक बार फिर पुलिस के हाथों पड़ने से बच गये।

दिल्ली में बहुगुणा अपने साथियों के साथ कुछ दिन फतेहपुरी के कारोनेशन होटल, जिसे कालान्तर में सट्टा बाज़ार बना दिया गया था, में रहे। बाद में वह सब्ज़ी मण्डी स्थित एक स्थान पर चले गये जहाँ केवल तीन-चार आने प्रतिदिन में ही ख़र्च चल जाता था। उनके बहुत से साथी पैसे के अभाव में इलाहाबाद वापस भेज दिये गये थे। केवल जगदीश राजवंशी उनके साथ थे। राजवंशी के अनुसार दिल्ली प्रवास के दौरान एक दिन उनकी क्रान्तिकारी महिला अरुणा आसफ़ अली से मिलने की बात तय हुई। जिस शाम को उनसे मिलने की बात निश्चित हुई, उसी दिन राजवंशी और बहुगुणा मिलने के समय की इन्तज़ारी को कम करने के उद्देश्य से जामा मस्जिद घूमने चले गये। वहाँ की एक दिलचस्प घटना यह थी कि दोनों लोग जूता रखने वाले स्थान पर जूता रखकर मस्जिद के अन्दर चले गये। पैसे पास में थे नहीं। वापस आने पर जूते रखने वाले ने पैसे माँगे तो बहुगुणा बोले, ''अरे भाई मियाँ भाइयों से भी पैसे लेते हो?'' जूता पहना और निकल गये। राजवंशी के पास दो पैसे थे। सो उन्होंने उसे दे दिये।

अरुणा आसफ़ अली इलाहाबाद के आन्दोलन से जुड़ी थीं। वे पूर्णिमा बनर्जी की बहन थीं। दिल्ली के आन्दोलन में सक्रिय थीं। अरुणा आसफ़ अली से जब ये लोग मिले, तब उन्होंने उनसे जानना चाहा कि आख़िर वे दिल्ली में क्या काम करेंगे? ''आपके लोगों के आमन्त्रण पर ही हम लोग यहाँ आये हैं।'' वार्तालाप चल ही रहा था कि अकस्मात उन्हें कहीं जाना पड़ा और बात आगे नहीं बढ़ सकी, कुछ दिन के बाद जब फिर अरुणा आसफ़ अली से बातचीत हुई तो उस बार भी उन्होंने वही प्रश्न पूछा। जवाब में बहुगुणा ने कहा था, ''हम यहाँ काम करने के लिए आये हैं।'' जिस समय बहुगुणा तथा अरुणा आसफ़ अली से बातचीत हो रही थी उस कमरे में एक दुबला-पतला नौजवान खड़ा था। मिलने से पूर्व बहुगुणा ने उससे एक घण्टे तक बातचीत की थी और वह उनसे प्रभावित था। बहुगुणा तथा अरुणा जी के बीच में हस्तक्षेप करते हुए वह बोल उठा, ''मैडम इनसे हमारी बातचीत हो गयी है, इन्हें काम करने दीजिए।'' बस इसी के बाद 'मैडम' शान्त हो गयीं। वह दुबला-पतला

व्यक्ति और कोई न था मनुभाई शाह था जो स्वतन्त्रता के बाद भारत सरकार में मन्त्री बना। बातचीत समाप्त होने के बाद मनुभाई ने कहा, ''आप में से एक व्यक्ति यहाँ से इलाहाबाद चला जाये और वहाँ से अपने लोगों को साथ ले आये।'' उन्होंने अपनी जेब से एक हज़ार रुपये भी निकालकर दिये। राजवंशी उनके निर्देश पर कार्यकर्ताओं को दिल्ली ले जाने के लिए इलाहाबाद चले गये।

प्रोफ़ेसर अम्बा दत्त पन्त, विख्यात समाजशास्त्री व बहुगुणा के मित्र वामपन्थी सोच से प्रभावित थे। 1942 का स्मरण करते उन्होंने लिखा है कि, ''कम्युनिस्ट पार्टी ने 1942 के आन्दोलन में भाग नहीं लिया था जो मैं आज कह सकता हूँ एक बड़ी भूल थी। दिल्ली में पकड़े जाने से 2 दिन पूर्व बहुगुणा इलाहाबाद छात्रावास आये थे। उन्होंने हमसे कहा, 'तुम सभी एक सुनहरे अवसर को गँवा रहे हो। हमारे संघर्ष का यह अन्तिम दौर है; हमें अवश्य आज़ादी मिलेगी। इतिहास तुमको कभी माफ़ नहीं करेगा।'

उस समय बीजू पटनायक कार्यकर्ताओं को अंग्रेज़ों के ख़िलाफ़ लड़ाई लड़ने का प्रशिक्षण दिया करते थे। बीजू ने बहुगुणा को भी 'सेबोटाज' करने आदि का प्रशिक्षण दिया था। इसी का प्रतिफल था कि कनॉट प्लेस में दुकान तोड़ने का काम बहुगुणा ने बड़ी कुशलता से किया। प्रशिक्षणार्थियों के खाना खाने की व्यवस्था दिल्ली क्लॉथ मिल में थी। पुलिस को उसकी तलाश थी। उसने किसी तरह कुछ प्रशिक्षणार्थियों को मिलाकर रहस्य जान लिया और गुप्तचरी के कारण मनुभाई शाह, बहुगुणा तथा बीजू पटनायक पकड़ लिए गये। मनुभाई शाह, बहुगुणा तथा बीजू एक रात इंडिया गेट पर स्थित जॉर्ज पंचम की मूर्ति की नाक तोड़ने गये। वहीं से पुलिस ने उनका पीछा किया। वे मूर्ति तोड़ने में विफल रहे लेकिन भागने से पूर्व मूर्ति का चेहरा काले कपड़े से ढँक दिया। बहुगुणा जामा मस्जिद के पास पकड़े गये। बहुगुणा को एक महीने तक हौज ख़ास में रखा गया। उनकी गिरफ़्तारी फ़रवरी के महीने में हुई थी। राजवंशी एक माह बाद 13 मार्च को पकड़े गये।

दिल्ली से बहुगुणा नैनी सेंट्रल जेल लाये गये, जहाँ के माहौल की चर्चा करते हुए श्री गुप्त कहते हैं कि सेक्युलर बैरेक, जिसे 'लीडर बैरेक' के नाम से जाना जाता था, में रफ़ी अहमद क़िदवई, लाल बहादुर शास्त्री, कमलापति त्रिपाठी, आर.एस. पण्डित, कैलाश नाथ काटजू, पी.डी. टण्डन, राय अमरनाथ, राय रामचरण आदि रहते थे। बहुगुणा इसी बैरेक में लाये गये। प्रत्येक नेता का अलग-अलग सेल था, परन्तु भीड़ होने पर चार लोग एक साथ रखे जा सकते थे। 'डेटिन्यूज' (बन्धकों) को एक खाना पकाने तथा एक अन्य काम करने वाला मिलता था। दोनों मुजरिम अथवा क़ैदी हुआ करते थे। नियमानुसार बन्दियों को शाम आठ बजे अन्दर, सायं पाँच बजे बाहर निकाला जाता था। एक रुपये छह आना भोजन के लिए निर्धारित था, जिसमें से एक रुपये दो आने भोजन के लिए काट लिए जाते, तथा चार आने का जो चाहे मँगा कर खाया जाता था। सभी ने मिलकर बैरेक में एक रेस्तराँ खोल दिया था। राय अमरनाथ के

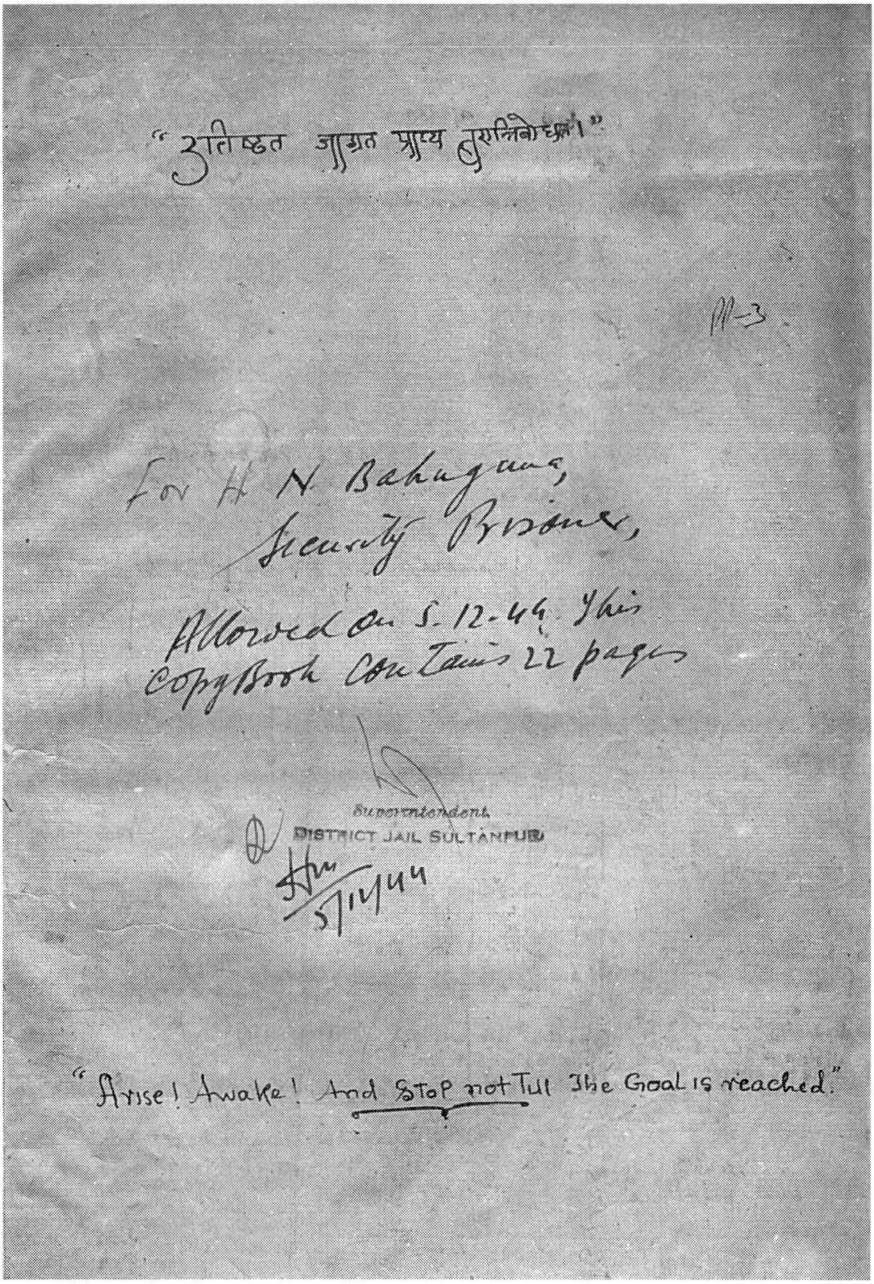

सन् 1944 में स्वतन्त्रता आन्दोलन के दौरान जेल में बहुगुणा द्वारा लिखी गयी नोट बुक का कवर पृष्ठ

घर से प्रायः अच्छा खाना आता था जिसे सभी लोग आपस में बाँटकर खाते थे। बैरेक में दो रसोई थीं। लाल बहादुर शास्त्री, कमलापति त्रिपाठी, राय बन्धु, हेमवती नन्दन बहुगुणा, अमीर रज़ा (डिप्टी कलेक्टर, इलाहाबाद), बी.के. शर्मा, सत्यदेव (देवरिया) आदि का खाना एक साथ बनता था। जॉन बिल्की उनके रसोइया थे। दूसरी रसोई में बाईस लोगों का खाना बनता था जिसमें श्रीपत नारायण गुप्त स्वयं तथा सरदार नर्मदा प्रसाद आदि शामिल थे। क़ैदियों में अमीर रज़ा इसलिए एक महत्त्वपूर्ण व्यक्ति थे क्योंकि वे उस समय डिप्टी कलेक्टर थे और उन्होंने तेरह अगस्त को चौक क्षेत्र में क्रान्तिकारियों पर गोली चलाने से इनकार कर त्याग-पत्र दे दिया था। क़ैदियों को सोने के लिए लोहे की चारपाइयाँ दी जाती थीं, बन्दी क्रान्तिकारी अपना कुछ समय पढ़ने-लिखने आदि में व्यतीत करते थे। बैडमिंटन, वॉलीबाल आदि प्रमुख खेल थे। जन्माष्टमी पर एक बार जेल अधीक्षक की अनुमति से तीन घण्टे का नाटक किया गया था। ड्रामा पण्डित कन्हैया लाल मिश्र ने लिखा था जो बाद में राष्ट्रीय स्तर के अधिवक्ता हुए। उस रात क्रान्तिकारी बन्दी नहीं किये गये थे।

श्री सुशील वर्मा बताते हैं, ''ए क्लास बैरेक में तीन सौ क़ैदी थे जिनमें प्रतापगढ़, गोरखपुर तथा कानपुर के भी क़ैदी थे। शाम के समय सभाएँ हुआ करतीं जहाँ हर क्लास के क़ैदी मिला करते थे। अख़बार पढ़ने की इजाज़त नहीं थी। उसे चोरी से मँगाया जाता था। वहाँ केवल दो लोगों के पास पैसा था, एक मैं स्वयं जो दो सौ पचास रुपये अपनी पेशावरी चादर में छिपाकर किसी तरह ले गया था। दूसरे फिरोज़ गाँधी थे। उन्होंने भी मुझे अख़बार के इन्तज़ाम के लिए पैसा दे रखा था। जेल में एक अफ़सर था उससे जब अख़बार के लिए कहा गया तो वह बोला, 'अगर मेरी जेब में पैसे डाल कर कोई अख़बार निकाल ले तो मैं क्या करूँ।' यह उसकी सांकेतिक भाषा थी। बस अख़बार आने लगा। उस समय सर्किल 'ए' में 26 लोग थे जिनमें मुज़फ़्फ़र हसन, असद मदनी भी शामिल थे। नम्बर दो में प्रतापगढ़ तथा लखनऊ के क़ैदी थे। नम्बर एक में लाल बहादुर शास्त्री, हेमवती नन्दन बहुगुणा, रोहन लाल चतुर्वेदी, राय बन्धु आदि क़ैद थे। फिरोज़ गाँधी बाद में इसी बैरेक में आ गये थे। यहीं प्रगाढ़ परिचय के रूप में बहुगुणा और पी.डी. टण्डन के बीच जो बन्धुत्व स्थापित हुआ वह आजीवन चला। बहुगुणा के मन की व्यथा उनसे बेहतर कोई नहीं जानता था। वह उनके 'कॉन्शस कीपर' थे।'' बहुगुणा नैनी जेल में सख़्त बीमार हो गये थे। पी.डी. टण्डन ने अपने संस्मरण में उनकी बीमारी का विवरण देते हुए लिखा है, ''बहुगुणा जेल में सख़्त बीमार थे। उनकी हालत दिन-ब-दिन बिगड़ती जा रही थी, जेल का डॉक्टर उनकी कोई परवाह नहीं करता था। एक दिन ग़ुस्से में आकर मैं ज़ोर से चिल्लाया, 'डॉक्टर साहब, आप बैरेक के बाहर एकदम निकल जाइए। आप बहुगुणा को मार डालेंगे।' डॉक्टर एकदम ग़ुस्सा होकर जेल अधीक्षक के पास गये और हमारी शिकायत की। कमलापति त्रिपाठी ने जब यह क़िस्सा सुना तो कहा कि हमें ऐसा नहीं

करना चाहिए था। हमारे हथकड़ी पड़ सकती है और तनहाई में रखे जा सकते हैं। हम कुछ घबराये ज़रूर मगर मेरे ख़िलाफ़ कोई कार्यवाही नहीं की गय़ी।"

"दूसरे दिन ही बहुगुणा जेल अस्पताल में भर्ती किये गये। हमने जेल वार्डन के हाथों छिपाकर एक ख़त श्रीमती विजय लक्ष्मी पण्डित को भिजवाया जो उन दिनों जेल से बाहर थीं। हमने लिखा था, 'बहुगुणा की जान ख़तरे में है, कृपा कर स्कॉटलैंडी सिविल सर्जन कर्नल लाई, जो जेल के प्रभारी हैं, उससे बहुगुणा को दिखलाने की कृपा की जाये।' मिसेज़ पण्डित ने बहुत मदद की और दो दिन बाद सिविल सर्जन बहुगुणा को देखने आ गये।" अधीक्षक गार्डनर उन्हें सबसे मिलाता, किन्तु बहुगुणा का नाम भी न लेता था जबकि अधीक्षक बार-बार पूछता था। 'भगौना कहाँ है?' जैसे ही बहुगुणा को यह भनक मिली, वह अपनी खाट पर खड़े हो गये और कहने लगे, 'सर ये हमें मारे डाल रहे हैं।' डॉक्टर उनके पास गया और जाँच के बाद कहा, 'इसके फेफड़े में बेहद पानी भरा है। इसको मेरी मोटर में बिठाओ। इसे अस्पताल ले जाऊँगा।' बहुगुणा अस्पताल गये। चार बोतल पानी उनके फेफड़ों से निकाला गया। कुछ दिन बाद वे सुल्तानपुर जेल भेज दिये गये, जहाँ की आबोहवा इस तरह के मरीज़ों के अनुकूल है। जाते समय उन्होंने कमला के पत्रों का पुलिन्दा (इसे प्रेम का पुलिन्दा कहना अधिक उचित होगा) हमारे हवाले कर दिया, हिफ़ाज़त से रखने के लिए। जेल के कुछ साथी उनके ख़तों को पढ़ना भी चाहते थे, किन्तु मैंने उन पत्रों की किसी को हवा भी नहीं लगने दी। उनके जाने के बाद मैं कुछ अकेला महसूस करने लगा। कुछ खाली लगने लगा था क्योंकि उनकी तीमारदारी का काम अब बचा नहीं था। हम उन दिनों अक्सर गाया करते थे :

'तुमसे छूटकर फरागत है,
अब मुझे कोई कामकाज नहीं।'

वह बहुत कमज़ोर हो गये थे और पूरी तरह स्वस्थ भी नहीं थे। उनके दाहिने फेफड़े का निचला भाग पूरी तरह ख़राब हो गया था। 1945 के मध्याह्न में गम्भीर अस्वस्थता के आधार पर उन्हें क़ैद से मुक्त कर दिया गया। कुछ दिन इलाहाबाद में रहकर वे अपने घर बुघाणी चले गये।

1946 में बहुगुणा का कमला के साथ विवाह हुआ। 1942 के आन्दोलन में कमला भी सक्रिय रूप से भाग ले रही थीं। उनके माता-पिता भी आज़ादी के रंग में रँगे हुए थे। आज़ादी की लड़ाई लड़ने वालों को तरह-तरह से प्रोत्साहित किया करते थे। इसी का परिणाम था कि कमला भी राजनीति में आ गयी थीं।

इलाहाबाद की महिलाएँ 1932 के विदेशी वस्त्र बहिष्कार आन्दोलन में सर्वप्रथम निकली थीं। कमला नेहरू तथा विजय लक्ष्मी पण्डित के नेतृत्व में उनकी माँ सुखराज देवी ने भी पी.डी. टण्डन पार्क में आयोजित विदेशी वस्त्रों के बहिष्कार के लिए 'पिकेटिंग' की थी। वह विदेशी जॉर्जेट की साड़ियाँ पहना करती थीं किन्तु स्वदेशी से प्रभावित

होकर अपनी सभी विदेशी साड़ियों की होली जलाई थी। इन्दिरा गाँधी के आह्वान पर बालिका कमला 'वानर सेना' में सम्मिलित होकर पार्क में नमक बनाने गयी थीं। उन्हें स्मरण है कि वह एक सफ़ेद फ्रॉक पहने थीं और जब पुलिस ने थप्पड़ मारा, तो वह नंगे पैर भागी तथा रास्ते में ताँगा पकड़कर अपने घर लूकरगंज़ पहुँचीं। उन्हें रोता देखकर माँ ने भी थप्पड़ दिया और कहा, 'लोग गोली खा रहे हैं तू थप्पड़ से रोती है।' माँ की यह बात ही कमला के जीवन में प्रेरणा का स्रोत बनी और वह भी खुलकर सामने आ गयीं।

12 अगस्त, 1942 की घटना के बाद उन्होंने अपने पिता प्रो. रामप्रसाद त्रिपाठी की सलाह पर पन्द्रह-बीस छात्राओं को इकट्ठा कर एक 'रिलीफ़ सोसायटी' बनाई थी, जिसमें वर्मा परिवार की लड़कियाँ भी शामिल थीं। उस समय शहर में धर-पकड़ काफ़ी तेज़ थी। आनन्द भवन से भी लोग पकड़े जा चुके थे और सारा आनन्द भवन खाली था। उन्होंने इलाहाबाद में 210 ऐसे घरों की पहचान की जिनके घर के लोग या तो भूमिगत थे, या फिर जेल जा चुके थे। उनके लिए आवश्यक वस्तुएँ पहुँचाई जाती थीं। इससे क्रान्तिकारियों तथा उनके परिवारों का काफ़ी मनोबल बढ़ता था। छात्राएँ सहायता पहुँचाने के साथ-साथ बुलेटिन तथा अस्त्र-शस्त्र ठिकानों पर पहुँचातीं, साथ ही ख़रीदने का भी काम किया करती थीं। बुलेटिन मोहत्सिम गंज में श्याम बिहारी वर्मा के घर पर रखी जाती थीं जिन्हें रात-रात भर लुक-छिपकर लड़के चिपकाया करते थे।

कमला बताती हैं, "बहुगुणा के अलावा और भी क्रान्तिकारी उनके घर छिपा करते थे। उनमें से महेश चन्द्र जौहरी नाम का भी एक क्रान्तिकारी छात्र था। वह प्रतापगढ़ के रेलवे स्टेशन मास्टर का पुत्र था। 1942 के मई माह में वह एक दिन देर रात उनके घर आया और उनकी पिस्तौल माँगकर ले गया। अगले दिन दोपहर दो बजे के लगभग घर पर सभी लोग बैठकर बात कर रहे थे। बातचीत में राजमंगल पाण्डेय, पी.के. शामन आदि क्रान्तिकारी छात्र शामिल थे। उसी समय उन्हें कुछ आवाज़-सी सुनाई दी और ऐसा लगा कि उन्हें कोई बुला रहा है। बातचीत में आगे छात्रों ने कहा, 'हम लोग हर क्षण शक में रहते हैं। इसलिए हर समय लगा रहता है कोई बुला रहा है।' इस बात को अनसुनी कर मैंने पीछे निकलकर देखा तो जौहरी नंगे पैर पैंट-शर्ट पहने हुए घर की ओर आ रहा था। वह घबड़ाकर बोला, 'मैंने पुलिसवाले को मार दिया है।' मैंने उससे कहा, 'तुम पिस्तौल छोड़कर भागो ताकि तुम्हारे पास कोई सबूत न रहे।' वह घबराहट में भाग गया। परन्तु कुछ ही घण्टों के बाद ड्रमंड रोड पर पकड़ लिया गया। बाद में जेल ले जाते हुए हम लोगों ने उसे देखा था। मैंने जैसे ही यह घटना अन्दर आकर बतायी तो वहाँ उपस्थित सभी क्रान्तिकारी भाग निकले। क्योंकि पुलिस किसी भी क्षण वहाँ पहुँच सकती थी। मैं दोनों छोटे भाइयों तथा दोनों बहनों को लेकर बिना कपड़े बदले ताँगे में बैठकर सिनेमा देखने चली गयी। वापस आने पर देखा कि उनके पिता प्रो. त्रिपाठी के साथ 20-25 पुलिस वाले लॉन में बैठे बात कर रहे थे।

कमला त्रिपाठी, इलाहाबाद विश्वविद्यालय की छात्रा (हेमवती नन्दन बहुगुणा की पत्नी)

पुलिस वालों के साथ शहर कोतवाल रशीद अली थी थे। जौहरी ने जिस सफ़ेद रंग की पिस्तौल से पुलिस वाले की हत्या की थी, वह किसी सेना के जवान के यहाँ से चोरी होकर आयी थी और उन्हें अपनी हिफ़ाज़त के लिए दी गयी थी। मैं उसे विश्वविद्यालय भी ले जाया करती थी।''

जौहरी के पकड़ लिए जाने के बाद कमला के घर में दबिश पड़ी पर पुलिस को कुछ नहीं मिला। शहर कोतवाल रशीद अली ने कहा था, ''हम लोग तो बहुत कुछ सोच कर आये थे।'' कमला ने जवाब दिया था, ''आप मूर्ख हैं। सामान ऐसी जगह होता है जहाँ आप सोच भी नहीं सकते हैं।''

कमला कहती हैं, ''उनके घर वापस आने पर उन्हें देखते ही शहर कोतवाल रशीद अली ने कहा था, 'आइए हम आपका ही इन्तज़ार कर रहे हैं।' मैंने जवाब में कहा था, 'मेरा?' वे बोले, 'हाँ, जौहरी पकड़ा गया है। उसने आपका नाम भी लिया है।' मैंने कहा, 'कौन जौहरी?' उनका जवाब था, 'चलिए हम सब जानते हैं।' मुझसे पूछताछ हुई, परन्तु मैंने कुछ नहीं कबूला। छापे में कुछ मिला न था इसलिए वे कुछ कर भी नहीं सकते थे और चले गये।''

जौहरी जिस दिन पकड़ा गया, उसके अगले दिन एक छोटा-सा लड़का आया और बोला कि उसे कमला त्रिपाठी से मिलना है। यह सोचकर कि न जाने कौन है, कमला ने अपनी छोटी बहन को उससे मिलने के लिए कहा। बहन ने जाकर कहा, 'मैं ही कमला हूँ बताइए क्या काम है?' उसने कहा कि वह बायाँ हाथ दिखायें। हाथ देखकर वह बोला, 'आप कमला नहीं हैं।' फिर उन्होंने दूसरी बहन को भेजा। उसके साथ भी वैसा ही हुआ। बाद में जब वे निकलीं तो उस बच्चे ने उनके हाथ को देखा और कहा, 'आपके हाथ में चोट का निशान है। आप ही कमला हैं।' उसने जेब से निकालकर एक छोटी-सी चिट्ठी दी जिसे जौहरी ने जेल से लिखा था। पत्र लाने वाला केनिंगटन थाने के थानाध्यक्ष का लड़का था। कई पुलिस वाले भी उस ज़माने में क्रान्तिकारियों से सम्बन्ध रखते थे।

जौहरी ने पत्र में लिखा था कि पुलिस ने उसे बहुत मारा है और मलाका जेल ले जा रही है। उसने सन्देह व्यक्त किया कि उस पर संगीन दफाएँ लगाई जायेंगी। उसने कमला को भी सभी शस्त्र हटा देने की सलाह दी थी। वह कहती हैं, ''पत्र मिलने के बाद उन्होंने जौहरी के पिता से सम्पर्क किया। वे अपनी पत्नी तथा बड़े बेटे की बहू के साथ यहाँ आये। उनका भी जौहरी से मिलना ज़रूरी था परन्तु मिलें तो कैसे मिलें। उन्हें एक उपाय सूझा। वे जौहरी की भाभी के साथ तैयार हुईं और घूँघट कर उसके भाई, पिता और माँ के साथ मलाका जेल गयीं। नियमानुसार मिलने के समय जेल का अधीक्षक सामने ही बैठता था। इसलिए वह उसकी तरफ़ पीठ कर बैठ गयीं। जौहरी देखकर चौंक पड़ा। जैसे ही अधीक्षक से मिलने के लिए कोई आया और उसका ध्यान बँटा तो उन्होंने जौहरी से पूछा, 'घर में रखे शस्त्रों को क्या करूँ?'

उसने कहा, 'सब गंगा जी में फेंक दो।' कुछ ही क्षणों तक वहाँ रुकने के बाद वे वापस लौट आयीं और अपने भाई के साथ मिलकर शस्त्रों को गंगा में न फेंक कर सन्दूक़ सहित बगीचे में गाड़ दिया। दो वर्षों के बाद जौहरी जेल से छूटा। पुलिस ने रिकॉर्ड में उसका नाम हमेशा जौहरी लिख रखा था। जबकि उसका नाम महेश चन्द्र जौहरी था। यही उसके बचाव का कारण था।''

श्रीमती कमला बहुगुणा (विवाहोपरान्त)

हेमवती नन्दन बहुगुणा प्रो. रामप्रसाद त्रिपाठी से काफ़ी प्रभावित थे और प्रो. त्रिपाठी भी उन्हें बेहद चाहते थे। उनकी पुत्री कमला तथा बहुगुणा के सम्बन्ध दिनोदिन प्रगाढ़ होते गये थे। जेल से बराबर उनका पत्राचार होता रहा। यह पत्राचार केवल व्यक्तिगत जीवन तक सीमित न था बल्कि आन्दोलन से जुड़ा था। एक बार जेल से बहुगुणा ने कमला को एक पोस्टकार्ड लिखकर भेजा जिसमें निर्देश था, सेब तथा आम की पेटियाँ कहाँ-कहाँ पहुँचानी हैं। कमला समझ नहीं पायीं और कुंजड़े का ख़त समझकर उन्होंने उसे फाड़ दिया। बाद में जगदीश राजवंशी जब जेल से बहुगुणा से मिलकर आये और पूछा कि बहुगुणा ने जो पत्र लिखा था, उस सम्बन्ध में उन्होंने क्या किया? तब वे समझ सकीं कि उस पत्र का आशय क्या था। दरअसल सेब तथा आम की पेटियों से तात्पर्य शस्त्रों से था।

1946 में बहुगुणा ने कमला से विवाह का प्रस्ताव किया। कमला के लिए विवाह के कई प्रस्ताव थे। उन दिनों ब्राह्मण परिवारों में सुशिक्षित एवं सुन्दर लड़कियाँ कम ही थीं और फिर प्रो. रामप्रसाद त्रिपाठी का शिक्षा जगत में विशिष्ट स्थान भी था। आज़ाद ख़याल के पिता चाहते थे कि बेटी की सहमति से ही उसका विवाह हो परन्तु बहुगुणा से विवाह में उन्हें आपत्ति थी। फिर भी जब उन्हें आभास हुआ कि कमला अपना मन बना चुकी हैं तो

उन्होंने विवाह की अनुमति दे दी। प्रो. त्रिपाठी को यह ज्ञात था कि बहुगुणा का पहले एक विवाह हो चुका है। परन्तु वे अपनी पुत्री को निराश नहीं कर सके। सम्भवतः इस सहमति का एक कारण यह भी रहा होगा कि उस समय के समाज में दो विवाह एक आम बात थी। प्रो. त्रिपाठी एक उदारमना व्यक्ति थे। वे स्थितियों को भली-भाँति जानते-समझते थे। उन्हें अपनी पुत्री के विवेक पर भरोसा था अतएव वे विवाह के लिए राजी हो गये। उन्होंने इस प्रस्ताव के बाद बहुगुणा से मिलने की इच्छा ज़ाहिर की। बहुगुणा के आने पर उन्होंने पूछा था, ''विवाह तो मैं कर दूँगा पर खिलाओगे क्या?'' बहुगुणा ने वायदा किया कि वे उन्हें निराश नहीं करेंगे। फ़िलहाल विवाह के बाद कुछ समय तक तो बहुत ही कठिन परीक्षा की घड़ी से उन्हें गुज़रना पड़ा, परन्तु बाद में उन्होंने प्रो. त्रिपाठी को दिये गये वचन का पूरी तरह से निर्वाह किया।

बहुगुणा के परिवार ने उनके दूसरे विवाह का भरपूर विरोध किया और उसमें कोई भी शामिल नहीं हुआ। इसका एक कारण यह भी था कि बहुगुणा ने दूसरी शादी गैर-पहाड़ी परिवार में की थी। घर वालों को यह भी अहसास हुआ कि एक प्रोफ़ेसर की लड़की से शादी करने के बाद लड़का उनके हाथ से निकल गया। रूढ़िवादी परिवार होने के नाते प्रेम विवाह भी परिवार के लोगों को अच्छा नहीं लगा। इस विवाह के बाद लगभग 6 वर्ष तक परिवार वालों का आना-जाना बन्द रहा। 1952 में जब बहुगुणा विधायक चुने गये तब से सम्बन्ध कुछ मधुर होने लगे। शादी धूमधाम से हुई। उनकी बारात हरनन्दन प्रसाद, अध्यक्ष कायस्थ पाठशाला ट्रस्ट के घर से चली थी। डॉ. सम्पूर्णानन्द जो 1952 के बाद उत्तर प्रदेश के द्वितीय मुख्यमन्त्री हुए, बारात में आये थे। बाद में हरनन्दन प्रसाद पुत्र यशोदा नन्दन के साथ कमला की छोटी बहन लीला का विवाह हो गया। कमला तीन बहनें तथा एक भाई थे। तीसरी बहन का नाम सुशीला है जिनका विवाह कानपुर के पास स्थित उरई के एक बड़े ज़मींदार परिवार में राजनारायण मिश्र के साथ हुआ।

17 मई, 1946 में कमला से विवाह के बाद बहुगुणा, सरोजिनी नायडू मार्ग स्थित एक किराये के मकान में रहने लगे। जिस घर में वे रह रहे थे, वह एक बड़े घर का हिस्सा था, किन्तु उसका किराया 52 रुपये प्रतिमाह था। किराया उस ज़माने के हिसाब से काफ़ी था। प्रो. त्रिपाठी ने विवाह के उपलक्ष्य में कपड़े तथा ज़ेवर के अलावा फ़र्नीचर आदि न देकर नक़द पैसे दिये थे। शायद वे इस बात को जानते थे कि उन्हें पैसे की ज़्यादा ज़रूरत होगी। प्रो. त्रिपाठी की दूरदर्शिता के परिणामस्वरूप बहुगुणा-कमला को कुछ समय तक कोई कष्ट नहीं हुआ। उन्होंने काफ़ी अच्छी तरह से दिन गुज़ारे। कालान्तर में उन्होंने 'हिन्द ट्रेडिंग कम्पनी' के माध्यम से परिवार चलाने के लिए धन अर्जित किया।

2 जनवरी, 1948 को बहुगुणा को पुत्र की प्राप्ति हुई। डॉ. स्थालकर की देख-रेख में बालक का जन्म हुआ। देश आज़ाद हो चुका था। भारत ने ब्रिटिश हुकूमत पर

विजय पायी थी। बहुगुणा तथा कमला दोनों का संयोग आज़ादी की लड़ाई के कारण बना था इसलिए बालक का नाम 'विजय' रखा गया। विजय का तात्पर्य भारत की विजय से था। 15 अगस्त, 1947 को भारत की धरती पर तिरंगा फहरा चुका था। सर्वत्र विजय की खुशियाँ मनायी जा रही थीं। ऐसे अवसर पर दोनों सेनानियों ने ख़ुशी का इज़हार पुत्ररत्न की प्राप्ति से किया। आज़ादी की स्मृतियों को अक्षुण्ण रखने के उद्देश्य से विजय नामकरण किया गया। वे अपने पुत्र से काफ़ी प्यार करते थे। उसकी देखरेख में पूरी भागीदारी निभाते थे। वे चौक से एक बेंत का पालना ख़रीदकर लाये थे जिसे अपने हाथों से हरे रंग में रँगा था। वे एक स्नेही पिता थे।

विजय के जन्म के कुछ माह बाद ही बहुगुणा 12सी, हेस्टिंग रोड पर रहने लगे थे। यह मकान अंग्रेज़ों से खाली हुआ था। उस समय के ज़िलाधीश प्रो. त्रिपाठी के शिष्यों में से थे। प्रो. त्रिपाठी की सिफ़ारिश पर उन्होंने वह बंगला बहुगुणा को 'एलॉट' कर दिया। उस समय उस मकान का किराया 45 रुपये था परन्तु घर की हालत अच्छी न थी। बहुगुणा काफ़ी सफ़ाई पसन्द थे। इसलिए वे पहले दिन से ही घर की सफ़ाई में लग गये थे। घर के आगे-पीछे जो जंगल था उन्होंने उसकी सफ़ाई की। तरह-तरह के पेड़-पौधे लगाये। कुछ ही महीनों के बाद उस घर का बगीचा अच्छे बगीचों में गिना जाने लगा। प्रो. त्रिपाठी उस समय 12ए, हेस्टिंग रोड पर रह रहे थे। वे बहुगुणा के मकान में लगे बगीचे को 'हैंगिंग गार्डेन' कहा करते थे। बहुगुणा अपने घर में मौसमी सब्ज़ियाँ उगाने के शौक़ीन थे। जब कमला या बहुगुणा इन सब्ज़ियों को प्रो. त्रिपाठी के यहाँ भेजते, तो वे बड़े प्रसन्न होते थे। परन्तु उस दिन वे अपने घर के माली को ख़ूब खरी-खोटी सुनाते।

बहुगुणा की दूसरी सन्तान 'रीता' का जन्म 22 जुलाई, 1949 को कमला नेहरू अस्पताल में डॉ. स्यालकर की देख-रेख में हुआ। रीता के जन्म की एक रोचक कहानी है। कन्या जन्म के बाद, कमला को तीसरे दिन अस्पताल से छुट्टी मिलनी थी, परन्तु उस दिन बहुगुणा अस्पताल पहुँचे और बोले, "आज का दिन ठीक नहीं है। कल चलेंगे।" चेहरे पर तनाव-सा देखकर कमला ने पूछा, "क्या बात है। पैसे नहीं हैं क्या?" उत्तर मिला, "नहीं।" बात समझ में आ गयी। दिन क्यों ठीक न था। दरअसल बहुगुणा ने उस समय ठेकेदारी छोड़ दी थी। उन्हें उस काम में घुटन महसूस हो रही थी। पैसे का अभाव था। वे अस्पताल का बिल तक चुकता न कर सकते थे। कमला ने विवशता को देखते हुए अपने हाथ की दो सोने की चूड़ियाँ उतारकर बहुगुणा को दे दीं, जिसे बेचकर वे पैसा लाये और अगले दिन अस्पताल से छुट्टी करवाई।

रीता के जन्म से कुछ माह पहले बहुगुणा 12बी, हेस्टिंग रोड पर रहने लगे थे। 12सी, हेस्टिंग रोड से यह घर काफ़ी बड़ा और सुन्दर था। इस मकान में पहले एक अविवाहिता अंग्रेज़ महिला मिस ओब्रायन रहती थी। उसका केवल एक भाई था जिसकी द्वितीय विश्वयुद्ध में मृत्यु हो गयी थी। अंग्रेज़ों की भारत से वापसी के साथ ही वह भी स्वदेश चली गयी। उसके जाने के बाद उस मकान को बहुगुणा

बहुगुणा, कमला व उनकी छोटी बहन सुशीला भ्रमण के दौरान

ने 50 रुपये प्रतिमाह पर एलॉट कराया। मिस ओब्रायन के भाई शिकार करके दो बारहसिंहे लाये थे। जिनके सींग उन्होंने तख़्ती पर लगवाकर घर के प्रवेश-द्वार पर लगा रखे थे। जाते समय उस महिला ने बहुगुणा से वचन लिया था कि वे उसकी हमेशा देखभाल करेंगे। बहुगुणा ने आजीवन उस वचन का पालन किया। प्रतिवर्ष उन्हें होली के समय उतारा जाता, उन पर तेल तथा रंग लगाया जाता और फिर उन्हें उसी जगह लगा दिया जाता था। वे सींग आज भी बहुगुणा के छोटे पुत्र शेखर के घर के प्रवेश–द्वार को सुसज्जित कर रहे हैं। बहुगुणा की तीसरी सन्तान शेखर का जन्म 25 मई, 1951 को हुआ। बहुगुणा शेखर के जन्म को काफ़ी शुभ मानते थे क्योंकि उसी समय उन्हें कड़े संघर्ष के बाद गवर्नमेंट प्रेस की यूनियन में अध्यक्ष के पद पर विजय मिली थी। शेखर का जन्म होने के बाद ही बहुगुणा ने परिवार नियोजन का व्रत लिया और कमला ने नसबन्दी करा ली।

बहुगुणा हमेशा कमला के रहन-सहन एवं सुख-सुविधा की ओर अधिक ध्यान दिया करते थे। शायद उनके मन में यह बात थी कि कमला काफ़ी सुखमय वातावरण में पली थीं। कभी-कभी वे अपनी सीमा से बाहर घर की व्यवस्था करने का प्रयास करते थे। कमला ने अपनी ओर से कभी न तो किसी चीज़ की माँग की और न ही

उन पर अनावश्यक आर्थिक बोझ डालने की कभी कोशिश की। आर्थिक स्थिति यह थी कि कई-कई माह बीत जाते, परन्तु वे घर का किराया तक न दे पाते थे। बहुगुणा अपने जीवन में तीन व्यक्तियों का बड़ा अहसान मानते थे। उनमें से एक मकान मालिक विश्वम्भर नाथ कपूर थे। श्री कपूर के पास 12ए, 12बी, 12सी और 12डी, ये चार मकान थे। छोटे क़द वाले कपूर धोती-कुर्ता पहनकर हाथ में बेटन लिए हर माह की पहली तारीख़ को किराया वसूलने के लिए पहुँचते थे। बहुगुणा से पता नहीं क्यों उन्हें इतना अधिक प्रेम था कि उन्हें बेटे की तरह मानते थे। बहुगुणा से प्यार दिखाने का उनका बड़ा विचित्र तरीक़ा था। बहुगुणा बाहर के बरामदे में लगे तख़्त पर बैठकर रोज़ सुबह दाढ़ी बनाते थे। गेट में घुसते ही लाला जी ज़ोर से बहुगुणा का नाम पुकारते, "कहो बहुगुणा क्या हाल-चाल है?" बहुगुणा क्या उत्तर देते, क्या न देते परन्तु वे चेहरे से ही समझ जाते कि किराया मिलने वाला नहीं है। यदि बहुगुणा कहते आइये लाला जी बैठिए तो वे यह कहकर अगले घर की ओर बढ़ जाते, "आज समय नहीं है फिर आऊँगा। कमला कैसी है?" किराये की वे कोई चर्चा ही नहीं करते।

श्री कपूर से ऐसा रिश्ता जीवन-पर्यन्त रहा और बाद में जब वे बहुत बीमार हुए तो अपने लड़कों को बुलाकर कहा, "बहुगुणा मेरा सबसे बड़ा लड़का है कभी आपसी मतभेद हो तो इसी को मध्यस्थ बनाना।"

दूसरा व्यक्ति, जिसका बहुगुणा अहसान मानते थे, वह किशनु नाम का एक दुकानदार था। ड्रमंड रोड पर उसकी एक छोटी-सी किराना की दुकान थी। उसकी दुकान से कमला की रसोई का सारा सामान आता था, उसने कभी पैसों का तकाज़ा नहीं किया। बहुगुणा एक साथ उसका बिल कभी नहीं चुका सके। जैसे सुविधा होती वैसे ही वे धीरे-धीरे पैसे देते रहते। तीसरा व्यक्ति था एक फेरीवाला। वह कपड़े लेकर आता और उधार कपड़े दे जाता था, जब उसे पैसे दिये जाते, तब पैसा ले जाता। तकाज़ा कभी नहीं करता था।

अध्याय 4

श्रमिकों के बीच

1945 में जेल से छूटने तथा कमला के साथ विवाह हो जाने के बाद बहुगुणा का पारिवारिक दायरा तो बढ़ा, परन्तु उनकी आर्थिक स्थिति पूर्ववत रही। विवाह के बाद इतना अवश्य हो गया कि उनका इलाहाबाद में एक परिवार हो गया। प्रो. रामप्रसाद त्रिपाठी सरीखे प्रसिद्ध इतिहासकार का उन पर खुला वरदहस्त हो गया। किराये का ही सही, उनका अपना एक घर था और घर में पत्नी थी। जहाँ वे पहले अकेले बैठकर राजनीति तथा देश के बारे में सोचा करते थे, वहाँ एक से दो हो गये। जो कभी अन्तर्मन से देश के लिए अलग-अलग कार्य करते, आन्दोलनों में भाग लेते, क्रान्तिकारियों के लिए शस्त्र बटोरते, उनकी सहायता करते, वे अब प्रणय-सूत्र में बँधकर साथ-साथ कार्य कर रहे थे। गुलामी की अँधेरी रात बीतने वाली थी। हर भारतीय के मन में यह बात धीरे-धीरे घर करती जा रही थी कि अब वह दिन दूर नहीं जब अंग्रेज़ भारत छोड़कर चले जायेंगे और आज़ाद भारत में साँस ले सकेंगे।

15 अगस्त, 1947 को वह दिन आया जो बहुगुणा की पीढ़ी का सपना था। एक लम्बे अरसे बाद भारतीयों ने अपना भाग्य विधाता स्वयं को पाया। राष्ट्रीय नेतृत्व ने एक नये राष्ट्र को विकास की नयी मंज़िलों तक पहुँचाने का संकल्प लिया। बहुगुणा को लगा कि नये भारत के निर्माण के लिए और अधिक निष्ठा और लगन से प्रयास करने होंगे। यह अहसास ही स्वाधीन भारत में बहुगुणा का मूल मन्त्र बना।

शादी के बाद ज़िम्मेदारियों का बढ़ जाना स्वाभाविक था। आर्थिक मदद की दृष्टि से उनके एक मित्र राजा सूरज पूरा (बिहार) ने दो हज़ार रुपये से कुछ रिक्शे दिलवा दिये थे परन्तु उनसे आमदनी बहुत कम थी। बहुगुणा इतने मेहनती तथा स्वावलम्बी थे कि वे स्वयं रिक्शे का पंचर लगाया करते थे। उनके न रहने पर इस कार्य को कमला भी सम्पन्न करती थीं। कितने संघर्ष भरे दिन थे। ऐसा संघर्ष ही उनकी जीवन-शक्ति था। प्रतिकूल परिस्थितियों से जूझने वाले वह ऐसे नायक थे जिन्हें नव-स्वाधीन राष्ट्र आशा से निहार रहा था।

सन् 1947 में स्वतन्त्रता प्राप्ति के बाद कांग्रेस सरकार ने राष्ट्रीय आन्दोलन के सेनानियों को कुछ सुविधाएँ देने का निर्णय लिया। उत्तर प्रदेश की प्रान्तीय सरकार ने यह

घोषणा की कि कुछ युवजन स्वतन्त्रता सेनानियों को केवल साक्षात्कार के आधार पर पुलिस विभाग में उप-अधीक्षक के पद पर नियुक्त किया जायेगा। बहुगुणा के मित्रों और सहयोगियों ने उन पर दबाव डाला कि वह इन विज्ञापित पदों के लिए अपना 'जीवन वृत्त' भेजें। बहुगुणा को लगा कि ऐसा करना सर्वथा अनुचित है। उन्होंने इस सुझाव का विरोध किया। मित्रों और सहयोगियों के दबाव के कारण उन्होंने बड़े अनमने भाव से आपका 'जीवन वृत्त' भेज दिया। जब साक्षात्कार के लिए लखनऊ बुलाया गया तो बहुगुणा फिर आनाकानी करने लगे। उनका कहना था कि उन्हें सक्रिय राजनीति में जाना है। किसी प्रकार की सरकारी नौकरी अथवा अन्य कोई बन्धन उन्हें सह्य नहीं है। सबके बार-बार आग्रह करने पर बड़ी कठिनाई से वे लखनऊ जाने को तैयार हुए। उनके मित्र सी.बी. त्रिपाठी बताते हैं, "तीसरे दिन शाम तक लौटने की बात थी। मैं एक घण्टा पहले ही उनके घर पहुँच गया। और शुभ समाचार की प्रतीक्षा करने लगा। आज भी वह शाम मेरी आँखों के सामने सजीव है। अभी अँधेरा नहीं हुआ था कि बहुगुणा जी का रिक्शा आकर रुका। उनके चेहरे की मुस्कान देखकर कमला जी सहित सभी लोग बड़े आशान्वित हो उठे। मैंने ही बात शुरू की, लगता है आप चुन लिए गये? बहुगुणा जी ने अपने स्वाभाविक ढंग से अट्टहास किया और बोले, 'अरे भाई, उन सबों ने पहचान लिया कि यह हमारा भावी मुख्यमन्त्री है उसे पुलिस विभाग का साधारण कर्मचारी कैसे बनायें।' हम लोग एक-दूसरे का मुँह देखते रह गये। अभाव के क्षणों में भी उनकी महत्वाकांक्षा, आत्मविश्वास एवं दृढ़ संकल्प में किसी प्रकार की कमी नहीं आने पायी।"

बाद में बहुगुणा ने कमला को बताया कि ट्रेन में उन्होंने स्वप्न देखा कि लाल बहादुर शास्त्री खड़े हैं और पुलिस की वर्दी पहने वह उन्हें सलामी दे रहे हैं। उनकी नींद टूट गयी और उन्होंने शास्त्री जी से जाकर कह दिया कि पुलिस की नौकरी उनसे नहीं होगी और वह राजनीति में रहना चाहते हैं। 1948 में उन्होंने अपने एक मित्र जे.एन. सिन्हा के साथ मिलकर ठेकेदारी का कार्य भी शुरू किया था। उस समय मोहन लाल नेहरू इलाहाबाद 'इम्प्रूवमेंट ट्रस्ट' के अध्यक्ष थे। उन्होंने बहुगुणा को पत्थर की पट्टियों का ठेका दिया था। बहुगुणा स्वयं ट्रक पर बैठकर शहर से 50 किमी. दूर शंकरगढ़ जाते और पट्टियाँ लाते थे। उन्होंने इस काम में भी बड़ी मेहनत की। इस काम में उनका मन नहीं लगता था। पारिवारिक दायित्व के निर्वाह के लिए मन मारकर काम करना पड़ता था। ठेकेदारी के दौर की एक रोचक घटना यह है कि ठेकेदारी शुरू करने से पहले वे इलाहाबाद के प्रसिद्ध रईस राय अमरनाथ के पास गये। राय साहब का बहुगुणा के प्रति पितृतुल्य स्नेह था। भारत छोड़ो आन्दोलन के दौरान उन्होंने बहुगुणा की प्रत्यक्ष एवं अप्रत्यक्ष दोनों ढंग से बहुत सहायता की थी। बहुगुणा ने राय साहब से कहा कि वे उनसे कुछ मदद चाहते हैं। उनके पूछने पर उन्होंने स्पष्ट किया कि ठेकेदारी करने के लिए उन्हें पाँच हज़ार रुपये बतौर क़र्ज़ चाहिए।

राय अमरनाथ ने कहा, बस इतनी-सी बात, और पैसा दे दिया। बाद में काम से पैसा मिलने पर बहुगुणा उनके पास एक प्रतिशत का ब्याज लगाकर पैसा लौटाने गये। राय साहब ने कहा, कोई पिता अपने पुत्र को दिया पैसा वापस लेता है। बहुगुणा ने कहा कि जब पुत्र, पिता से बतौर क़र्ज़ पैसा ले तो पिता का वापस लेना नीतिसम्मत है। राय अमरनाथ ने लेने से इनकार कर दिया। राय अमरनाथ ने बिना ब्याज लिए मूलधन स्वीकार कर लिया। बहुगुणा की रुचि ठेकेदारी में नहीं बल्कि राजनीति में थी। जुलाई 1948 से जुलाई 1949 तक उन्होंने ठेकेदारी तो केवल पैरों पर खड़ा होने के लिए की थी। पत्नी कमला उनकी इस मनःस्थिति को अच्छी तरह समझती थीं। एक दिन उनसे नहीं रुका गया और पूछ बैठीं, "आप क्यों इतने परेशान रहते हैं?" बहुगुणा ने कहा, "मैं व्यापार नहीं करना चाहता। मैं तो राजनीतिक कार्यकर्ता बनकर देश के लिए कुछ करना चाहता हूँ।" इस पर उनकी पत्नी कमला ने कहा, "बस इतनी-सी बात, आप वही करिए जो आपका मन चाहता है।" कमला के इस कथन से बहुगुणा की जीवन-शैली ही बदल गयी। उन्होंने उस दिन व्यापार से ऐसी नमस्ते की कि फिर कभी मुड़कर नहीं देखा।

कुछ समय उपरान्त अलीगढ़ मुस्लिम विश्वविद्यालय के इतिहास विभाग में कुछ प्राध्यापकों की नियुक्तियाँ हुईं। कमला ने इंटरव्यू दिया और उनका चयन भी हो गया। मित्रों ने सुझाव दिया कि बहुगुणा भी अलीगढ़ में ही राजनीति करें। लेकिन उनका इलाहाबाद से ऐसा लगाव हो गया था कि वह इस नगर (गंगा, जमुना और सरस्वती के संगम) को छोड़ने के लिए तैयार न थे। इलाहाबाद में रहकर वह स्वयं को गंगा-जमुनी संस्कृति का वारिस समझने लगे थे। उनका मानना था इलाहाबाद में रहना एक गौरवशाली परम्परा से जुड़ना है। काफ़ी सोच-विचार के उपरान्त कमला ने भी नौकरी करने का विचार त्याग दिया। अपने पति के कार्य में ही हाथ बँटाने का निर्णय लिया।

सन् 1946 में इलाहाबाद की युवा कांग्रेस की डोर बहुगुणा के हाथ आयी। उस समय युवा कांग्रेस के इंचार्ज मोहन लाल गौतम थे। अशोक वर्मा, सुन्दरलाल आदि नेताओं ने उन्हीं दिनों देहरादून में एक सम्मेलन बुलाया था जिसमें बहुगुणा भी शामिल हुए थे। बलराम सिंह आदि कई नेताओं ने इस सम्मेलन में शिरकत की थी। मोहन लाल गौतम से युवा कांग्रेस की लगाम बहुगुणा के हाथ में आ गयी थी। युवा कांग्रेस को जुझारू और समर्पित नौजवानों का समूह बनाने के लिए बहुगुणा ने अथक प्रयास किये। उन्होंने नारायण दत्त तिवारी आदि ऐसे कई युवजनों को युवा कांग्रेस का सदस्य बनाया जो बाद में राज्य की ही नहीं वरन् केन्द्र की राजनीति में महत्त्वपूर्ण हुए। उस दौर में इलाहाबाद के कांग्रेसी एक-दूसरे की टाँग खींचते रहते थे। नेता कई खेमों में बँटे हुए थे। रफ़ी अहमद क़िदवई, लाल बहादुर शास्त्री व इलाहाबाद में विश्वम्भर नाथ पाण्डेय, मंगला प्रसाद, मुज़फ़्फ़र हसन आदि के अपने अलग-अलग खेमे थे। 1947 में बहुगुणा युवा कांग्रेस से कांग्रेस की ओर तेज़ी से बढ़ने लगे थे। परन्तु कांग्रेस की अन्दरूनी खींचतान उन्हें आगे बढ़ने से लगातार रोक रही थी।

इलाहाबाद के कर्नलगंज निवासी शारदा प्रसाद गुप्त उस समय शहर कांग्रेस कमेटी के सदस्य तथा कर्नलगंज वार्ड के कांग्रेस के अध्यक्ष थे। उनकी पहल पर वार्ड के 21 सदस्यों ने बहुगुणा को कर्नलगंज वार्ड का सचिव बनाये जाने का निर्णय लिया था। बाबा गणेश दत्त, मुज़फ़्फ़र हसन और मंगला प्रसाद ने शारदा प्रसाद गुप्त को बहुगुणा को सचिव बनाने के लिए मना किया। यही नहीं जिस दिन वार्ड कार्यकारिणी का चुनाव था, वे सारे नेता वहाँ पहुँच गये और बहुगुणा का विरोध किया। जिस प्रकार बादलों का यह समूह सूर्योदय को नहीं रोक सकता, उसी प्रकार गुटबाज़ी में माहिर नेतागण बहुगुणा को कांग्रेस में महत्त्वपूर्ण होने से न रोक सके। चुनाव जीत जाने के बाद बहुगुणा ने काफ़ी मेहनत की। वे प्रतिदिन सुबह अपनी साइकिल से कर्नलगंज पहुँच जाया करते थे और लड़कों को इकट्ठा कर प्रभातफेरी निकाला करते थे। यहाँ तक कि सफ़ाई अभियान में सड़कों पर झाड़ू आदि भी स्वयं तथा लड़कों से लगवाया करते थे। उनके पास साधन का अभाव देखते हुए शारदा प्रसाद गुप्त ने उन्हें दो पायजामे बनवाकर दिये थे। एक वह पहनते थे और दूसरे को श्री गुप्त धुलवाकर रख दिया करते थे जिसे वह दूसरे दिन पहना करते थे। कांग्रेस पार्टी के प्रति अपनी निष्ठा और जन सेवा के कार्यों से वह धीरे-धीरे इलाहाबाद में काफ़ी लोकप्रिय हो गये। बहुगुणा का व्यक्तित्व, कांग्रेसी नेता तथा एक मज़दूर नेता दोनों ही रूपों में एक साथ उभरना शुरू हो गया था। पहाड़ के बेटे पर संगम के शहर ने ममत्व लुटाना शुरू कर दिया था। पहाड़ के बेटे की पहचान गंगा-जमुना के लाल के रूप में उभरने लगी थी।

बहुगुणा समझ गये थे कि कांग्रेस की जड़ ग़रीब जनता, खेतिहर किसानों तथा मज़दूरों के बीच है। यदि कांग्रेस का सच्चा सिपाही बनना है तो पहले मज़दूरों, किसानों तथा आम जनता से जुड़ना होगा। इस हक़ीक़त को बहुगुणा ने अपने जीवन के पहले दौर में ही समझ लिया। वह मज़दूरों की लड़ाई लड़ने से कभी घबराते न थे। मज़दूरों की भी उनमें गहरी आस्था पनप जाती थी। 1947 में बहुगुणा पं. जवाहरलाल नेहरू की सभा के लिए एक बार बिजलीघर अस्थायी कनेक्शन के लिए पहुँचे। बहुगुणा की कार्य शैली और कर्मठता से बिजली कर्मचारी बहुत प्रभावित हुए। बिजलीघर के स्थानीय अभियन्ता ने तत्कालीन यूनियन के ख़िलाफ़ अपने पिट्ठू काशीनाथ वर्मा को अध्यक्ष बनाकर एक समानान्तर यूनियन खड़ी कर दी थी। वास्तविक यूनियन के ख़िलाफ़ पुलिस को तरह-तरह की सूचनाएँ दीं। पुलिस को यह समझाया गया कि वहाँ कार्यरत यूनियन कम्युनिस्ट यूनियन है, बिजलीघर में आग लगा देगी। पुलिस के भय से सारे कर्मचारी आतंकित थे। बहुगुणा को कनेक्शन के लिए बिजलीघर में आया देखकर चर्चा शुरू हो गयी कि कोई तेज़-तर्रार नौजवान बिजली कनेक्शन के लिए आया है। मज़दूरों और उनके नेताओं जे.सी. जोशी तथा यू.एस. दुबे के बीच बातचीत हुई। पहले तो 'भगौना' नाम लिया जाता रहा। वे सब उन्हें पश्चिमी पंजाब (पाकिस्तान)

से आया शरणार्थी समझते थे। जब बहुगुणा से सम्पर्क हुआ तो वे सब तुरन्त पहचान गये कि यह कोई 'भगौना' नहीं बल्कि वह बहुगुणा है जिसने 1942 में छात्र आन्दोलन की अगुवाई की थी। फिर भी कुछ लोगों का सन्देह क़ायम रहा। उन्होंने आवेदन-पत्र पढ़कर अपनी बात की पुष्टि की।

कुछ समय बाद बहुगुणा जब दुबारा बिजलीघर आये तो जे.सी. जोशी तथा अन्य नेताओं ने उन्हें बताया, "एक पुलिस वाला हम लोगों को लगातार तंग कर रहा है। इस कारण हमारे सभी साथियों में भय और आतंक व्याप्त है।" बहुगुणा ने यह सुनकर कहा, "आप सब कल जवाहर स्क्वायर स्थित कांग्रेस कमेटी में आ जायें।" कांग्रेस कमेटी में उन्होंने बाकायदा 'लेबर कक्ष' बना रखा था जहाँ मज़दूरों की समस्याओं पर विचार होता और उनके हल का प्रयास किया जाता था। दूसरे दिन जब बिजली कर्मचारी नेता निर्धारित समय पर वहाँ पहुँचे तो उन्होंने दो मिनट फ़ाइल देखने के बाद तत्काल कहा, "कोतवाली चलो।" सुनील चटर्जी धीरे-से बोले, "पुलिस वाला पीछा कर रहा है, तुम कोतवाली का नाम ले रहे हो।" "कुछ नहीं होता तुम लोग चलो", बहुगुणा ने विश्वास के साथ कहा, उठे और बड़ी तेज़ी के साथ कोतवाली पहुँचे। उनके वहाँ पहुँचते ही तत्कालीन कोतवाल के. दीक्षित सहित सारे अधिकारी कुर्सी छोड़कर उठ खड़े हुए। दीक्षित बोले, "कहिए बहुगुणा जी।" बहुगुणा बोले, "देखो दीक्षित, ऐसा है कि यह तीनों शुद्ध कांग्रेसी हैं और तुम्हारा कोई पुलिस वाला इन्हें तंग कर रहा है।" नेताओं ने सिर घुमाकर देखा तो वह पुलिस वाला पीछे खड़ा था। नेताओं ने उसकी ओर इशारा किया। पता चला कि वह पुलिस वाला एक सब-इंस्पेक्टर था। सब-इंस्पेक्टर ने घबराते हुए अपनी जेब से काग़ज़ निकाला और दीक्षित को दिया। दीक्षित पढ़ने के बाद बोला, "कैसी चिट्ठी है? मैंने तो नहीं दी।" उसने कहा, "काशीनाथ वर्मा की है।" दीक्षित अपनी नाराज़गी ज़ाहिर करते हुए बोले, "वह तुम्हारा अफ़सर है कि मैं? अगर फिर कोई तंग करने गया तो अच्छा नहीं होगा।" कर्मचारी वहाँ से ख़ुश होकर निकले। तुरन्त निर्णय लेना और उस पर अमल करना बहुगुणा का ऐसा गुण था जो लोगों को उनकी ओर खींचता था। मज़दूरों से बहुगुणा की पहली मुलाक़ात होने पर भी वे तीन घण्टे तक बड़ी आत्मीयता के साथ बातचीत करते रहे। उसके बाद पन्द्रह दिन तक कर्मचारियों का बहुगुणा से कोई सम्पर्क नहीं हुआ। बाद में सुशील चटर्जी एक दिन हेस्टिंग रोड स्थित उनके घर गये। चटर्जी मायूस स्वर में बोले, "आप हमारे दोस्त तो बने पर हमारी कोई ख़बर नहीं ली।" बहुगुणा ने अपनी भूल का तुरन्त अहसास किया और उसके बाद उनकी मज़दूर राजनीति का एक नया सिलसिला शुरू हुआ। वह बिजलीघर के नेताओं व मज़दूरों के साथ और आत्मीयता से बँध गये।

पूरे उत्तर प्रदेश की लगभग सभी ट्रेड यूनियन कम्युनिस्टों के हाथों में थीं। वेतन वृद्धि तथा बोनस की माँग को लेकर हड़ताल होने पर कम्युनिस्ट नेता प्रबन्धकों से मिल गये और मज़दूरों को धोखा दे दिया। उसी के विरोध स्वरूप मज़दूरों ने बहुगुणा को अपना नेता

चुनने का निर्णय लिया। यूनियन नेता सुशील चटर्जी, श्री शारदा प्रसाद गुप्त के मित्र थे। उन्होंने बहुगुणा को यूनियन का अध्यक्ष बनाये जाने के लिए शारदा प्रसाद को राजी किया। बहुगुणा ने उनके आग्रह को स्वीकार कर लिया और 1948 में अध्यक्ष पद सँभाला। बस यहीं से उन्होंने एक कांग्रेसी नेता के साथ-साथ ट्रेड यूनियन में प्रवेश किया। वे पहले ऐसे कांग्रेसी नेता थे जिन्होंने कम्युनिस्टों से यूनियन छीनी थी। उस समय 'इंटक' उत्तर प्रदेश के अध्यक्ष काशीनाथ पाण्डेय थे। उनसे अनुरोध कर यूनियन ने बहुगुणा को 'इंटक' का सदस्य भी बनवा दिया था। 1948 में बहुगुणा ने इलाहाबाद की दस-बारह यूनियनों को मिलाकर एक बड़ी यूनियन बनायी। इस यूनियन में बिजली मज़दूर संघ, गवर्नमेंट प्रेस यूनियन, स्टील वर्कर यूनियन आदि यूनियनें शामिल थीं। लीडर रोड पर 'मज़दूर सभा' के नाम से कार्यालय खोला गया। बहुगुणा इस मज़दूर सभा के अध्यक्ष, यू.एस. दुबे तथा जे.सी. जोशी उपाध्यक्ष, सुशील चटर्जी कोषाध्यक्ष तथा अब्दुल हमीद महामन्त्री चुने गये।

बहुगुणा ने अपने समय में चन्दा माँगने का एक नया तरीक़ा निकाला था। वे चादर फैला देते थे और जिसका जितना दिल होता उतना उस पर डाल देता था। कभी-कभी दो-चार आने ही आते थे। बाद में बिजलीघर की यूनियन ने यह तय किया कि पचास रुपये वेतन पाने वाला आठ आने, सौ रुपये वेतन पाने वाला बारह आने तथा उससे अधिक वेतन पाने वाला एक रुपया चन्दे के रूप में देगा। कानपुर, मेरठ, बनारस आदि ज़िलों, जहाँ-जहाँ मार्टिन बर्न के बिजलीघर थे, उन सबको मिलाकर यू.पी. बिजली मज़दूर संघ का गठन हुआ था। बहुगुणा उसके नेता थे। बिजली कर्मचारी उन्हें अपना 'रहनुमा' मानते थे। मज़दूर उन्हें इतना प्यार करते थे कि किसी बात पर एक बार मज़दूर ने कहा था, ''आरे तोहरे पास बनियान न हो तो मोर बनियान पहन लो।''

बहुगुणा ने कर्मचारियों की लड़ाई पूरी निष्ठा से लड़ी। उस समय के मुक़दमों में बिजलीघर कर्मचारियों के मुक़दमे बड़े पेचीदे थे। कर्मचारियों की बोनस सम्बन्धी अपील काफ़ी दिनों से विचाराधीन थी। बिजलीघर निजी क्षेत्र (प्राइवेट सेक्टर) में थे। मार्टिन बर्न इसका मालिक था। उसने बिजली मज़दूरों की यूनियन के पूर्व अध्यक्ष डॉ. ज़ेड.ए. अहमद को मिला लिया था। उन्होंने मुक़दमे की पैरवी नहीं की और मुक़दमा मालिकान के पक्ष में एकपक्षीय हो गया था। कर्मचारी हार जाने के कारण काफ़ी निराश थे। बहुगुणा ने अध्यक्ष बनने के बाद बोनस का मुक़दमा फिर दायर किया। 1948 में बिजलीघर में हड़ताल हुई। तीन दिन तक हड़ताल चलती रही। इसके बाद नेता घबराने लगे। लेकिन उन्हें अपने नेता पर पूरा भरोसा था। बाद में स्थानीय अभियन्ता से बातचीत कर समझौता हो गया। बहुगुणा के जुड़ने के बाद तो मज़दूर संगठन पूरी तरह अपने पैरों पर खड़ा हो गया और हर स्तर पर लड़ाई लड़ने के लिए तैयार था। बहुगुणा ने न तो क़ानून की पढ़ाई की थी और न ही वे वकील थे फिर भी उन्होंने इलाहाबाद, कानपुर, लखनऊ के बाद मुम्बई तक की अदालतों में मज़दूरों के मुक़दमे लड़े। वे अपनी प्रतिभा के कारण शायद ही कोई मुक़दमा हारे हों। इसका कारण यह है

कि वे सदा प्राकृतिक न्याय का सहारा लेकर तर्कसंगत ढंग से अपना पक्ष रखते थे। उस ज़माने में 'लेबर ट्रिब्यूनल' में बहस के लिए क़ानून की डिग्री की आवश्यकता नहीं थी। उस समय क्षेत्रीय पीठासीन अधिकारी (रीजनल कन्सलिडेशन ऑफ़िसर) का दफ़्तर इलाहाबाद में था, समझौता न होने पर मुक़दमा कानपुर जाता और फिर 'यू.पी. लेबर ट्रिब्यूनल' में इलाहाबाद आता था। बिजली कर्मचारी तथा मज़दूर नेता जे.सी. जोशी अपने मुक़दमे का उल्लेख करते हुए कहते थे, "बिजली अधिकारियों ने उनकी 6 अक्टूबर, 1952 को पदावनति कर दी थी। बहुगुणा इलाहाबाद आये और तत्काल विरोध स्वरूप आसपास के ज़िलों में हड़ताल करा दी। अधिकारी डर गये। रॉबिन मार्टिन उस समय बिजलीघरों का सबसे बड़ा अधिकारी था। मेरी ओर से बहुगुणा जी ने मुक़दमा दायर किया और वह 'लेबर कोर्ट' को भेज दिया गया। गोपाल बिहारी तथा एम.पी. सिन्हा 'मार्टिन बर्न' के अधिकारी थे, उन्होंने कम्पनी की ओर से तथा बहुगुणा ने मेरी ओर से बहस की। हफ़्तों मुक़दमा चला और मुझे मेरा हक़ मिला। मार्टिन बर्न पर सौ रुपये जुर्माना किया गया। मैं तीन माह तक ऑफ़िस नहीं गया था, लेकिन बहुगुणा जी के प्रयासों से मुझे पूरा वेतन मिला।"

बहुगुणा ने मुम्बई में बिजली कर्मचारियों का 'बोनस सम्बन्धी प्रसिद्ध मुक़दमा' विधायक होने के बाद अगस्त 1955 में लड़ा था। उस समय वे अखिल भारतीय बिजली कर्मचारी संघ के अध्यक्ष थे। मुम्बई में इस बहुचर्चित मुक़दमे की सुनवाई एफ.जी.जी. (चेयरमैन) डी.ई. रियूवेन, विन्ध्यवासिनी प्रसाद, एम.डी. लाल काका, सैयद मतीन अहमद (सभी सदस्य) के समक्ष हुई थी। मार्टिन बर्न की ओर से प्रसिद्ध अधिवक्ता एस.डी. नीमा दलाल, बैरिस्टर, एफ.पी. पारिख तथा कर्मचारियों की ओर से बहस हेमवती नन्दन बहुगुणा ने की थी। इस मुक़दमे से बहुगुणा को बहुत ख्याति मिली। निर्णय में कई स्थानों पर बहुगुणा का उल्लेख किया गया है। बहुगुणा के लिए भी यह सबसे चुनौती भरा मुक़दमा था। बहुगुणा जिस समय बिजली कर्मचारियों के बोनस के मुद्दे पर बहस कर रहे थे उस समय की एक रोचक घटना जे.सी. जोशी के शब्दों में इस प्रकार है, "चेयरमैन जज ने जैसे ही बोला, 'यस मिस्टर बहुगुणा?' सारे जजों के कान खड़े हो गये। सारे के सारे जज जो सुस्ती से बैठे थे चौकन्ना होकर बैठ गये। उनमें से विन्ध्यवासिनी कानपुर के थे। वे कई बार बहुगुणा को झेल चुके थे। ऐसा लगता है कि उन्होंने जजों को पहले से बता रखा था कि बहुगुणा बहुत ख़तरनाक वकील हैं। बहुगुणा ने तीन दिन तक लगातार बहस की। न्यायमूर्ति जी ने मुक़दमे के दौरान एक ऐसा सवाल बहुगुणा से किया था जिसके लिए बहुगुणा को पहली बार परेशान देखा गया। बहुगुणा ने इसके लिए पुस्तकों, ग्राफ़ पेपर आदि की माँग की थी। पुस्तकें कुछ तो 'इंटक' के दफ़्तर से मिल गयी थीं और कुछ को धनाभाव के कारण बड़ी कठिनाई से बाज़ार से ख़रीदा गया। मरीन ड्राइव स्थित जॉर्ज विंडसर होटल के एक छोटे-से कमरे में वे रात भर बैठे किताबें पलटते रहे। सुबह किताबें बन्द कीं और कहा,

बहुगुणा मज़दूर साथी श्री सुशील चटर्जी, जे.सी. जोशी, श्री कल्याण चन्द बाल्मीकि, श्री ललित मोहन टण्डन व यूनियन के अन्य सदस्यों के साथ (बायें से दायें)

बस अब ठीक है। छह दिन की बहस के उपरान्त उन्होंने मुक़दमा जीत लिया।'' फ़ैसले के बाद की रोचक घटना यह थी कि एक जज ने पूछा, ''सो मिस्टर बहुगुणा, फ्रॉम व्हेयर हैव यू डन योर बार एट लॉ (बहुगुणा आपने वकालत कहाँ से पास की है?'') बहुगुणा ने उत्तर दिया, ''बार एट लॉ सर! आई एम ए प्लेन बी.ए. फ्रॉम इलाहाबाद यूनिवर्सिटी (वकालत! श्रीमन्, मैंने तो इलाहाबाद विश्वविद्यालय से साधारण स्नातक की परीक्षा पास की है।'') यह सुनकर जज आश्चर्यचकित रह गये और कहा, ''आई कैन नॉट बिलीव इट, यू हैव बीन आर्गूइंग लाइक ए प्रोफ़ेशनल लॉयर (मुझे विश्वास नहीं हो रहा क्योंकि आपने एक व्यावसायिक अधिवक्ता की ही भाँति बहस की है।'')

बहुगुणा की आर्थिक स्थिति अच्छी न थी और उनके जीवनयापन का कोई स्थायी बन्दोबस्त न था। इसके बावजूद अपने कार्य के प्रति निष्ठा और ईमानदारी पर कभी आँच नहीं आने दी। इस कारण बिजली कम्पनी मार्टिन बर्न उनसे काफ़ी डरने लगी थी। मार्टिन बर्न को इस क़िस्म के समर्पित मज़दूर नेता से पहली बार सामना करना पड़ा। एक बार मुक़दमे से पहले उसने बहुगुणा को घूस देनी चाही पर उन्होंने उसे लेने से इनकार कर दिया था।

बिजली मज़दूरों के पक्ष में फ़ैसला करवाने के बाद बहुगुणा ने 'उत्तर प्रदेश बिजली कर्मचारी संघ' का गठन किया और उसके मुक़दमे को भी प्राथमिकता के आधार पर तय कराया। मेरठ, मुरादाबाद, लखनऊ, जौनपुर, फ़ैज़ाबाद, बनारस आदि के औद्योगिक मुक़दमे में इलाहाबाद स्थित इंडस्ट्रियल ट्रिब्यूनल में तत्कालीन जज, राधा मोहन के समक्ष पेश हुए थे, जिनमें बहुगुणा ने बड़ी बुद्धिमत्ता से बहस की थी। सबसे बड़ी बात तो यह है कि बहुगुणा 1952 में विधायक हो जाने के बाद भी मज़दूरों के मुक़दमे लड़ते रहे। वे अपनी ज़मीन से कभी नहीं कटे, इसलिए आजीवन मज़दूरों के हक़ों और हितों के लिए लड़ते रहे।

बहुगुणा ट्रेड यूनियन में मज़दूरों के ही होकर रह गये थे। कैसा भी मज़दूर क्यों न हो वे उसकी मदद करने के लिए तैयार रहते थे। इलाहाबाद में कीडगंज, अटाला, खुल्दाबाद आदि स्थानों में टिन का बक्सा बनाने वालों की दशा अत्यन्त शोचनीय थी। उन्हें केवल चार आना प्रतिदिन मिलता था। बहुगुणा ने 20 स्टील कम्पनियों को मिलाकर मज़दूरों की एक यूनियन बनायी, उनका मुक़दमा लड़ा। मुक़दमा 'लेबर कोर्ट' में 6 माह तक चला। इस बीच उन्हें जान से मारने की कई धमकियाँ आयीं, परन्तु वे डरे नहीं। मज़दूर नेता उन्हें साइकिल पर छोड़ने के लिए जाया करते थे। बहुगुणा इन स्टील मज़दूरों को ढाई से तीन रुपये तक वेतन दिलाने में सफल रहे।

उन्होंने मज़दूरों के लिए अपना जीवन दाँव पर लगा दिया। मज़दूरों को सदा वे अपनों में से एक लगते थे। वे मज़दूरों के बीच रहते, जैसा वे पहनते, वैसा ही स्वयं पहनते। जो मज़दूर खाते स्वयं भी वही खाते। इसलिए मज़दूर भी उनके आह्वान पर कभी पीछे नहीं हटते थे। अपने प्राणों की बाजी लगाकर मज़दूर उनकी रक्षा करते थे। मज़दूरों के हितों की सुरक्षा और संरक्षण के लिए उन्होंने जीवन-भर कोई अनुचित दबाव नहीं सहा।

बहुगुणा ने अपने संघर्षपूर्ण जीवन और कमज़ोर आर्थिक स्थिति के बावजूद यूनियन से कभी कुछ माँगा नहीं, भले ही उनके प्रयासों से मज़दूरों को कितना ही लाभ हुआ हो। यूनियन के सभी सदस्यों ने अपनी ज़िद पर उनके परिवार के लिए तीन रुपया मासिक देने का फ़ैसला लिया था। उनके घर में पंखा तक न था। 1949 में यूनियन ने एक पंखा उन्हें तोहफ़े में दिया। 1952 में चुनाव लड़ने के लिए मज़दूरों ने चन्दे से उन्हें चार हज़ार रुपये में एक पुरानी जीप ख़रीदकर भेंट की थी। वे स्वयं उस जीप को चलाते थे। मज़दूरों और नेता के बीच ऐसे पारदर्शी सम्बन्धों के दूसरे उदाहरण गिने-चुने ही मिलते हैं।

1952 में प्रथम आम चुनाव से पूर्व बहुगुणा को एक और महत्त्वपूर्ण यूनियन 'गवर्नमेंट प्रेस इलाहाबाद' का अध्यक्ष चुना गया। बहुगुणा का चुनाव में काफ़ी विरोध हुआ। चुनाव में ईंट-पत्थर तक चले थे। बहुगुणा के विरोध में 'शुगर लॉबी' के नेता केदारनाथ पाण्डेय कानपुर से आकर जमे हुए थे। अन्त में बहुगुणा रिकॉर्ड मतों से

'गवर्नमेंट प्रेस यूनियन' के अध्यक्ष चुने गये और उन्हीं द्वारा समर्थित उम्मीदवारों ने अन्य पदों पर विजय प्राप्त की।

1952 में भारत का प्रथम आम चुनाव होना था। कांग्रेस के नेता हर लोकसभा एवं विधानसभा की सीट के लिए उम्मीदवारों की सूची तैयार कर रहे थे। इलाहाबाद का स्वतन्त्रता संग्राम में एक विशिष्ट स्थान था। कई दशकों तक कांग्रेस का केन्द्रीय कार्यालय एवं नेहरू जी का पैतृक आवास यहाँ होने के कारण इलाहाबाद का उत्तर प्रदेश एवं देश में अपना अलग ही स्थान था। फिर यहाँ नेताओं की कमी भी न थी। एक ईंट उखाड़ो तो एक नेता मिलता था। समस्या थी तो केवल यह कि उस समय 'सोशलिस्ट पार्टी' का इलाहाबाद में काफ़ी दबदबा था। सालिग्राम जायसवाल, पं. शीतलादीन द्विवेदी सरीखे दिग्गज सोशलिस्ट नेता इलाहाबाद की राजनीति में सक्रिय थे। चुनाव में कांग्रेस और सोशलिस्ट पार्टी का ही संघर्ष होना था। बहुत सूझ-बूझ से चयन किया जा रहा था। पण्डित जवाहरलाल नेहरू ने स्वयं इलाहाबाद संसदीय क्षेत्र से चुनाव लड़ने का निर्णय लिया। लाल बहादुर शास्त्री जी उन दिनों अखिल भारतीय कांग्रेस कमेटी के महामन्त्री थे और नेहरू जी के विश्वासपात्रों में से थे। शास्त्री जी सन् 1942 में बहुगुणा द्वारा प्रदर्शित कार्यकुशलता से अभिभूत थे। उनकी निष्ठा एवं निःस्वार्थ भावना से प्रभावित होकर उन्हें उत्तर प्रदेश विधानसभा का कांग्रेस का टिकट दिलाने के लिए प्रयत्नशील थे। बहुगुणा उस समय इलाहाबाद से दूर हिमाचल में थे। इलाहाबाद में यह ख़बर तेज़ी से फैली कि उनका टिकट कट रहा है। अन्ततोगत्वा उन्हें टिकट कैसे मिला इसकी एक रोचक कहानी उनके मज़दूर साथी सुनाते हैं।

बिजली मज़दूर नेता अब्दुल हमीद के अनुसार, मज़दूरों को जब पता चला कि बहुगुणा का टिकट कट रहा है तो दस-पन्द्रह मज़दूर इशहाक मियाँ के नेतृत्व में दिल्ली गये। उन्होंने वहाँ पण्डित नेहरू, लाल बहादुर शास्त्री तथा गोविन्द बल्लभ पन्त जी से मुलाक़ात करके बहुगुणा के टिकट के लिए अनुरोध किया। जे.सी. जोशी उस समय की एक मज़ेदार घटना इस प्रकार बताते हैं, "बिजली कर्मचारी नेता जब कांग्रेस ऑफ़िस में शास्त्री जी से मिले, तो वे बोले, 'कहिए इशहाक मियाँ' जवाब में इशहाक ने कहा, 'बहुगुणा को मिम्बर बनायें।' शास्त्री जी ने कहा, 'ठीक है, आप लोग गोविन्द बल्लभ पन्त जी के पास चले जाइए।' पन्त जी दिल्ली में पं. जवाहरलाल नेहरू के आवास पर ही मिलते थे। नेता लोग वहीं चले गये। वहाँ स्वागत कक्ष में मेज़ पर पैर चढ़ाये एक लड़की बैठी थी। पीछे की ओर उसकी चोटी थी– यू.एस. दुबे ने समझा यही पन्त जी हैं–उन्होंने कहा, 'पन्त जी नमस्कार'। जे.सी. जोशी को सुनकर हँसी आयी और वे बात को टालते हुए बोले, 'जी हमें पन्त जी से मिलना है।' उस लड़की ने 'अच्छा' कह कर अन्दर फ़ोन किया। पन्त जी के सचिव ने टेलीफ़ोन उठाया और पन्त जी से पूछने के बाद अन्दर भेज दिया। पन्त जी अपने कमरे में उनसे मिले।

वे जाँघिया और बनियान पहने हुए थे। पन्त जी ने वही सवाल किया, 'कहो इशहाक मियाँ कैसे आये?' वह बोला, 'जी हुजूर हम यह लाये हैं', और यह कहकर एक प्रार्थना-पत्र आगे बढ़ा दिया। 'हमारा बहुगुणा मिम्बर बनना चाहिए नहीं तो हम मर जायेंगे।' पन्त जी बोले, 'भाई मैं तो तुमको ज़िन्दा देख रहा हूँ।' इशहाक मियाँ हाज़िर-जवाब थे, 'हुजूर इसी उम्मीद में तो ज़िन्दा हूँ कि हमारे लीडर को सीट मिल जाये।'

पन्त जी ने सचिव मोहन लाल गौतम के पास भेजा और उन्होंने कहा, 'अच्छा हम देखेंगे'। बहुगुणा उस समय हिमाचल में थे। कुछ ही समय बाद बहुगुणा दिल्ली पहुँच गये और उन्हें वहाँ देखकर पूछा, 'तुम लोग यहाँ क्या कर रहे हो।' नेताओं का उत्तर था, 'घूमने आये हैं।' उस समय दिल्ली में कांग्रेस का अधिवेशन चल रहा था। बहुगुणा सब लोगों को वहाँ ले गये। अधिवेशन में देश के सभी बड़े नेता थे। वे लोग पण्डित जी से भी मिले। बिजली नेताओं ने पण्डित जी से भी साफ़-साफ़ कहा था, 'बहुगुणा को टिकट नहीं मिला तो अनर्थ हो जायेगा।' उस समय नेहरू लॉन में लोगों से मिल रहे थे। नेहरू जी ने कहा, 'मैं बहुगुणा को जानता हूँ उसे टिकट ज़रूर मिलेगा। तुम लोग जाओ मैंने कह दिया।' स्व. लाल बहादुर शास्त्री तथा राय अमर नाथ ने भी बहुगुणा की टिकट के लिए जी-जान से प्रयास किया। फलस्वरूप बहुगुणा को करछना विधानसभा से टिकट मिल गया और वे इलाहाबाद वापस लौट आये। बहुगुणा इलाहाबाद आने पर सीधे जे.सी. जोशी के घर गये और बोले, 'कुछ पैसे हैं?' जे.सी. ने पूछा, 'कितने?' वे बोले, 'तीन सौ रुपये।' 'हाँ हैं,' का उत्तर पाकर उन्हें राहत मिली। उस समय नामांकन के 245 रुपये जमानत राशि के रूप में जमा कराये जाते थे। वहीं से वे सब सुशील चटर्जी के घर गये क्योंकि नामांकन के लिए क्षेत्र के दो व्यक्ति प्रस्तावक चाहिए थे। बहुगुणा के मामा देवीदत्त उनियाल उन दिनों वकील थे। उन्हीं से फार्म भरवाया गया। रात भर करछना, चायल में प्रस्तावकों की खोज होती रही। उनके पास उस क्षेत्र के दो प्रस्तावक भी नहीं थे। बहरहाल किसी तरह नामांकन हुआ। बहुगुणा ने अपनी पहली चुनावी कार्यकर्ता सभा अपने पुराने मित्र और कटरा निवासी शारदा प्रसाद गुप्त के घर पर की। वहीं उनका चुनाव कार्यालय भी बना। भविष्य में प्रत्येक आम चुनाव में बहुगुणा अपनी पहली सभा यहीं करते थे। उन दिनों इलाहाबाद संसदीय क्षेत्र के अन्तर्गत करछना विधानसभा क्षेत्र में चायल (कौशाम्बी में, अब स्वतन्त्र विधानसभा है) भी शामिल था। क्षेत्र बड़ा था और उनका संघर्ष शीतलादीन द्विवेदी से था। पण्डित जी को क्षेत्र का एक-एक ग्रामवासी जानता था। बहुगुणा की राजनीति शहर तक ही सीमित थी, ग्रामीण क्षेत्र से तो यह उनका पहला परिचय था, इसलिए उनके लिए यह चुनाव चुनौती भरा था। करछना में द्विवेदी जी तथा सालिगराम दोनों का ज़बरदस्त प्रभाव था। ये दोनों कांग्रेस छोड़ चुके थे। सालिगराम को लोग 'मन्त्री जी' कहकर बुलाते थे क्योंकि वे चौदह वर्षों तक कांग्रेस कमेटी के महामन्त्री रहे थे। दोनों का काफ़ी सम्मान था। अमरनाथ अग्रवाल का कहना था

कि बहुगुणा को सीट मिलने का एक कारण यह भी था कि शीतलादीन द्विवेदी के विरुद्ध कोई भी लड़ने को तैयार नहीं था जबकि यह विधानसभा नेहरू जी के संसदीय क्षेत्र में थी। बहुगुणा को चुनाव लड़ने के लिए कहीं से पैसा नहीं मिला था। यूनियन ने इसके लिए चन्दा किया और अत्यन्त सीमित साधनों से बहुगुणा ने यह चुनाव लड़ा। अन्ततः बहुगुणा चुनाव में भारी मतों से विजयी हुए।

इस चुनाव में बहुगुणा ने विचित्र रूप से प्रचार किया। उनके मित्र श्री ललित मोहन टण्डन के पास एक बेबी मौरिस गाड़ी थी उसे उन्होंने बहुगुणा के चुनाव प्रचार में लगा दिया था। उस पर अलग-अलग इलाक़ों के प्रभावशाली व्यक्तियों को घुमाया गया और बहुगुणा स्वयं साइकिल अथवा पैदल दौरा करते रहे। उनके मज़दूर साथी चार-पाँच की टोली में गाँव-गाँव प्रचार में जुट गये थे। ग्रामीण अंचलों में अलग-अलग स्थानों पर अलग-अलग दिन बाज़ार लगते हैं जहाँ आसपास के क़रीब-क़रीब सभी गाँवों के लोग इकट्ठे होते हैं। बस बहुगुणा हर बाज़ार के दिन वहाँ पहुँचकर स्वयं को मतदाताओं से परिचित करवाते थे। इनके पास लाउडस्पीकर आदि जुटाने का धन नहीं था इसलिए सभा आयोजित करना असम्भव था। शीतलादीन जी भी कहीं-कहीं बहुगुणा से टकरा जाते। उन बड़े नेताओं में हृदय की विशालता थी इसलिए जिस सभा में उनकी निगाह बहुगुणा पर पड़ जाती वह उन्हें बुलाते और अपनी सभा की समाप्ति पर मंच उन्हें सौंप देते। बहुगुणा जमकर 'मीटिंग' करते।

इस चुनाव में कमला ने भी महत्त्वपूर्ण योगदान दिया। उन दिनों ग्रामीण क्षेत्रों में महिलाएँ अधिक नहीं निकलती थीं। कमला एक सम्भ्रान्त परिवार की शिक्षित महिला थीं। लम्बी, दुबली-पतली, गोरी और सुन्दर कमला ने दिन और रात एक कर दिया। वह गाँव-गाँव में पैदल घूमकर घरों के अन्दर महिलाओं से सम्पर्क करती रहीं। पूरे क्षेत्र में तहलका मच गया और आम चर्चा हुई, 'राजकुमारी जैसी लड़की गाँव-गाँव घूम रही है।' उनके प्रचार का अत्यधिक लाभ मिला बहुगुणा को। एक दिन की बात याद करते कमला कहती हैं, "करछना में नेहरू जी की सभा थी। उनके लिए प्रचार की आवश्यकता नहीं होती थी और दूर-दूर से लोग स्वतः ही पहुँचते थे। सार्वजनिक सभाओं में महिलाएँ कम ही निकलती थीं। वह बड़ा परिश्रम कर सैकड़ों की संख्या में महिलाओं को एकत्रित करके वहाँ गयीं। यह देखकर इन्दिरा गाँधी जी चकित हुईं। उन्होंने उसका कारण जानने की इच्छा व्यक्त की। जब उन्हें पता चला कि यह चमत्कार बहुगुणा की पत्नी का है तो उन्हें पास बुलाकर शाबाशी दी। यह थी कमला की इन्दिरा गाँधी से पहली प्रत्यक्ष भेंट। इसके बाद इन्दिरा जी ने उन्हें अनेक स्वैच्छिक संगठनों से सम्बद्ध किया और उनके संरक्षण में कमला ने भी जी-भरकर समाज सेवा की। चुनाव में बहुगुणा की विजय हुई। हार के बाद पं. शीतलादीन ने कहा था, "मुझे हराने में कमला की बहुत बड़ी भूमिका है।"

हेमवती नन्दन बहुगुणा ने 'इंटक' के माध्यम से मज़दूरों की जो सेवा की वह स्वर्णाक्षरों में अंकित रहेगी। उन्होंने न केवल समस्याओं के हल किये, अपितु मज़दूर

आन्दोलन को गति प्रदान की। लखनऊ में 'इंटक' का दफ़्तर उस समय शहंशाही मंज़िल बारूदखाना में था। पहले यहाँ सी.पी.आई. का ऑफ़िस था। सी.पी.आई. नेता ज़ेड.ए. अहमद आदि वहीं रहा करते थे। बाद में वे उसे छोड़कर चले गये और वह दफ़्तर 'इंटक' को मिल गया। इंटक के नेता बहुगुणा, काशी नाथ पाण्डेय आदि वहीं रहा करते थे। नीचे की मंज़िल में दफ़्तर था और ऊपर रहने का इन्तज़ाम था। भोजन संयुक्त 'मेस' में हुआ करता था। 1953 में 'इंटक' के अध्यक्ष हरिहर नाथ शास्त्री थे। एक हवाई दुर्घटना में उनकी मृत्यु हो जाने के बाद काशी नाथ पाण्डेय उसके अध्यक्ष बने। अजीबोग़रीब इतिहास है औद्योगिक संगठनों का। इस क्षेत्र में उस समय कोई दिशा-निर्देश के प्रतिमान उपलब्ध नहीं थे। निजी क्षेत्र का बोलबाला था। मज़दूर तथा मालिक के सम्बन्ध कैसे हों? औद्योगिक विवादों का निपटारा कैसे किया जाये? इस दिशा में उस समय कई मज़दूर नेता महारथी बनकर काम कर रहे थे। उनमें से बहुगुणा भी एक थे। उस समय इंटक के प्रयासों से ही केन्द्रीय विवाद अधिनियम और यू.पी. विवाद अधिनियम लागू किये गये। इसी के तहत यह निश्चय किया गया था कि मुंसिफ़ न्यायालयों का गठन होगा।

बहुगुणा जब भी मज़दूरों को अधिक सुविधाएँ देने की माँग करते तो मालिक मुनाफ़ा न होने की दुहाई देते थे। लेकिन वे भला कहाँ सन्तुष्ट होने वाले थे। बहुगुणा ने इन उपायों के लाभ और हानि को जानने का जो तरीक़ा निकाला था, वह नया था। उन्होंने सभी इकाइयों की 10 वर्षों की बैलेंस शीट मँगवायी। 'थ्योरी ऑफ़ सीक्रेट रिज़र्व' क्या है? इसका अध्ययन किया। मालिकान 'सीक्रेट रिज़र्व' बनाकर 'बफर स्टॉक' के बहाने सारा लाभ उसमें स्थानान्तरित कर दिया करते थे। दस वर्षों की 'बैलेंस शीट' को प्राप्त करना बड़ा ही कठिन काम था क्योंकि इस पर न्यायालय में बहस होती थी। मार्टिन तो इसका प्रबल विरोधी था परन्तु बहुगुणा अपनी बहस के दौरान उसे प्राप्त करवाने में हमेशा सफल हुआ करते थे। बोनस के क्षेत्र में जो कार्य बहुगुणा ने किया, किसी ने नहीं किया। श्रमिकों को 6 माह तक का बोनस दिलवाया यानीकि एक वर्ष में 18 माह का वेतन दिलाने की क्षमता उसी व्यक्ति में थी।

उस समय न्यायालय दो तरह के थे। एक तो औद्योगिक न्यायालय दूसरे लेबर अपीलियेंट ट्रिब्यूनल। लेबर अपीलियेंट ट्रिब्यूनल हर तीन या चार माह में घूम-घूमकर पूरे देश में कोर्ट करते थे। लखनऊ भी आया करते थे। इसमें मालिक तथा मज़दूर दोनों जा सकते थे। बहुगुणा ने मूल बोनस के मुद्दे पर उत्तर प्रदेश की चीनी मिलों की बैलेंस शीटों का भी अध्ययन किया। यह प्रदेश का सबसे महत्त्वपूर्ण उद्योग था। उस समय इनकी संख्या 50 या 60 रही होगी। एक-एक चीज़ को बारीक़ी से पढ़ना, उसमें जहाँ मालिकान ने तिकड़म की है, उसे समझना बड़ा कठिन काम था। रिज़र्व, लायबिलिटी, कच्चा माल, लागत तथा लाभ को निकालना आसान न था। बहुगुणा ने बी.एससी. प्रथम वर्ष में गणित विषय लेकर पढ़ाई की थी इसलिए उन्हें सब कुछ

खोज निकालने में कोई कठिनाई नहीं होती। बहुगुणा के मन में एक बार आया कि इतनी सारी बैलेंस शीट का प्रतिवर्ष अध्ययन करना, फिर बोनस निकालना कठिन काम है। उन्होंने सोचा कोई ऐसी विधि निकाली जाये, जिससे मालिकों के लाभ का पता चल जाये और बैलेंस शीट न देखनी पड़े। फलस्वरूप विशेषज्ञों, मज़दूरों तथा चीनी उद्योग के कर्मचारियों से बातचीत कर और एक फ़ार्मूला निकाला। एक क्विंटल गन्ने से अगर 9.5 किलो चीनी मिलती है और 90 दिन तक फैक्टरी चलती है तो मालिक अपनी लागत निकाल लेता है। उसके बाद उसने जो कुछ कमाया वह उसकी बचत है। यह 'बहुगुणा फ़ार्मूला' वर्षों चलता रहा। वे अपने सारे मुक़दमे इसी आधार पर तय कराते रहे।

बहुगुणा के परिश्रम का ही प्रतिफल था कि उत्तर प्रदेश और भारतवर्ष में औद्योगिक सम्बन्धों का एक स्वरूप विकसित हुआ। उत्तर प्रदेश 'इंटक' शाखा की ओर से जो प्रस्ताव केन्द्र को भेजे गये, उनमें बहुगुणा का विशिष्ट योगदान था। मूल कार्य उन्हीं का था।

उस समय के अन्य श्रमिक संगठन कम्युनिस्टों के हाथ थे। हिन्द मज़दूर सभा में सोशलिस्टों का वर्चस्व था। इसमें विमल मेहरोत्रा आदि नेता लगे थे। परन्तु सभी की दृष्टि बहुगुणा पर टिकी रहती थी कि बहुगुणा क्या कर रहे हैं। बहुगुणा की आदत थी कि वे मुक़दमों को ढूँढ़ते रहते थे कोई रास्ते से भी गुज़र रहा हो तो बुलाकर उसका मुक़दमा किया करते। बहुगुणा अपनी सक्रियता के फलस्वरूप प्रदेश में मज़दूरों के बीच छा गये। उन्होंने मोहन ब्रूरीज़, गवर्नमेंट प्रेस लखनऊ, बिजली उद्योग, कार्बाइड फैक्ट्री, कपड़ा मिलों, पेपर मिल, यू.पी. बिजली कर्मचारी संघ, इंडियन नेशनल शुगर मिल फ़ेडरेशन आदि संगठनों का गठन किया और उनसे सम्बद्ध मज़दूरों के हक़ के लिए लड़ाई लड़ी।

घटना 1952 की है, बहुगुणा एम.एल.ए. हो चुके थे। गवर्नमेंट प्रेस के कर्मचारियों के वेतन, जीवन बीमा तथा कैंटीन आदि की सुविधा के बारे में कुछ माँगें चल रही थीं। तत्कालीन मुख्यमन्त्री गोविन्द बल्लभ पन्त ने कर्मचारियों की माँग के विपरीत कुछ निर्णय कर दिये थे। नियुक्तियाँ कर दीं। जिसे लेकर बहुगुणा ने लखनऊ तथा इलाहाबाद दोनों गवर्नमेंट प्रेसों में हड़ताल करा दी। हड़ताल का समय बहुगुणा ने जानबूझकर ऐसा चुना था जब सरकारी गजट प्रकाशित होने थे। कई लोगों ने पन्त जी से बहुगुणा की शिकायत की और कहा कि वे कम्युनिस्टों से मिल गये हैं, अपनी पार्टी के ख़िलाफ़ काम कर रहे हैं। पन्त जी ने बहुगुणा को बुलवाया और बोले, "भाई ये तुम क्या कर रहे हो बहुगुणा? तुमने हमारा ही प्रेस बन्द करा दिया। सुना है तुम कम्युनिस्ट हो।" बहुगुणा ने उत्तर दिया, "अगर आप चाहते हैं कि आने वाले भारत में मज़दूरों के प्रश्न पर सभी हड़तालें कम्युनिस्टों के झण्डे के नीचे हों तो निर्देश दीजिए मैं हाथ खींच लेता हूँ। आप हमारे नेता हैं जो कहिए सो करूँ।

एक आम सभा में पं. नेहरू के साथ (1952)

लेकिन कर्मचारियों की माँगें न्यायोचित हैं।'' इसके बाद ही तीन-पक्षीय बैठक हुई। बहुगुणा ने अधिकारियों से बहस की और पन्त जी ने सभी माँगें मान लीं। बहुगुणा जिस भी काम को करते बड़े ही योजनाबद्ध तरीक़े से करते थे। इस मामले में वे इसीलिए सफल हुए क्योंकि इस हड़ताल से पूर्व उनके पास हर प्रान्त के गवर्नमेंट प्रेसों के सारे आँकड़े मौजूद थे। सारे प्रेसों का उन्होंने एक तुलनात्मक चार्ट भी तैयार किया था। इसके लिए उन्होंने 'इंटक' प्रतिनिधियों को पंजाब, महाराष्ट्र, तमिलनाडु, असम आदि प्रान्तों में भेजकर आँकड़े तैयार कराये थे। अधिकारियों की ओर से ऐसी कोई तैयारी न थी। वे बहुगुणा की तैयारी से आश्चर्य में पड़ गये। बहुगुणा ने नौकरशाही पर अपनी विलक्षण प्रतिभा की अमिट छाप छोड़ दी।

बहुगुणा की इस प्रतिभा के कारण अगले मुख्यमन्त्री डॉ. सम्पूर्णानन्द भी उनसे काफ़ी प्रभावित थे। इस क्षेत्र में उन्होंने बहुगुणा की काफ़ी मदद की थी। वे समय-समय पर उनसे सलाह लेते और उनके सुझावों को कार्यान्वित करते थे। बहुगुणा ने विधानसभा में भी कई महत्त्वपूर्ण सुझाव दिये थे। वे अपने से बड़ों को सम्मान देते थे। इस गुण तथा आचरण के कारण उनसे ईर्ष्या रखने वाला व्यक्ति भी पिघल जाता था। एक बार की घटना है। रानीखेत में एक अधिवेशन हो रहा था। कानपुर के गणेश दत्त बाजपेयी ने, जो बहुगुणा से उम्र में काफ़ी बड़े थे, अपने भाषण में चि. बहुगुणा कहकर उनपर कुछ कटाक्ष किया। उस समय बहुगुणा उत्तर प्रदेश मन्त्रिमण्डल में उद्योग एवं श्रम उपमन्त्री बन चुके थे। इसके विपरीत बहुगुणा ने अपने भाषण में उनकी इतनी तारीफ़ की कि वे पानी-पानी हो गये। वे ऐसे थे कि

एक बार उनके समक्ष उनका विरोधी भी नतमस्तक हो जाता था। जैसा कि हम पहले कह चुके हैं कि बहुगुणा का व्यक्तित्व एक ओर जहाँ मज़दूर नेता के रूप में सामने आ रहा था, वहीं एक प्रतिभाशाली कांग्रेसी नेता के रूप में तेज़ी से उभरकर सामने आया था। कांग्रेस के नेताओं को उनकी क्षमता को देखते हुए उन पर भरोसा बढ़ रहा था। 1946 से 1952 के बीच इलाहाबाद की कांग्रेस मंगला-मुज़फ़्फ़र के नाम से जानी जाती थी। स्वतन्त्र संग्राम सेनानी व वरिष्ठ मन्त्री मंगला प्रसाद एवं मुज़फ़्फ़र हसन दोनों इलाहाबाद की कांग्रेस पर हावी थे। इस गुटबाज़ी में बहुगुणा का निकलकर ऊपर आना एक कठिन कार्य था। महावीर शुक्ल तथा शिवमूर्ति सिंह के गुट से उनकी ज़बरदस्त चल रही थी। यदि देखा जाये तो बहुगुणा को आगे बढ़ाने का श्रेय स्व. लाल बहादुर शास्त्री को जाता है। शास्त्री जी ने एक बार राय अमरनाथ से बहुगणा के प्रति अपना दृष्टिकोण ज़ाहिर करते हुए कहा था, ''भईया (राय अमरनाथ) यह जो बहुगुणा नामक लड़का गढ़वाल से आया है बड़े काम का है। इनकी देखभाल कीजिएगा अन्यथा मंगला-मुज़फ़्फ़र इसे पनपने नहीं देंगे।'' शास्त्री जी बराबर उन पर नज़र रखते थे। यहाँ तक कि उत्तर प्रदेश मन्त्रिमण्डल में शामिल कराने में भी उनकी अहम भूमिका रही।

बहुगुणा की प्रतिभा की धाक कांग्रेस नेता के रूप में 1952 में दिल्ली तक छा गयी थी। 1952 के चुनाव से दो माह पूर्व हिमाचल से रानी अमृत कौर का संसद के लिए चुनाव हुआ था। पं. जवाहरलाल नेहरू ने शास्त्री जी से कहा था, ''इलाहाबाद से किसी तेज़-तर्रार व्यक्ति को भेजिए जो चुनाव को व्यवस्थित कर सके।'' शास्त्री जी ने इस कार्य के लिए बहुगुणा को उपयुक्त समझा और पण्डित जी की सलाह से उन्हें हिमाचल भेजा गया। दरअसल वहाँ छोटे-छोटे रजवाड़े थे। कांग्रेस अपनी जीत के लिए काफ़ी चिन्तित थी। शास्त्री जी ने राय अमर नाथ के यहाँ से मज़दूर नेता जे.सी. जोशी को टेलीफ़ोन किया और कहा, ''क्यों भाई तुम अपने नेता को कुछ दिन के लिए छोड़ सकते हो।'' उस समय बिजली कर्मचारियों के बोनस के कई मुक़दमे चल रहे थे। जे.सी. ने कहा, ''हम बहुगुणा को कैसे छोड़ सकते हैं। हमारे बोनस के मुक़दमे कई लगे हैं।'' बाद में शाम को जब मज़दूर नेता बहुगुणा के घर बैठे तो वहाँ भी जाने और न जाने की चर्चा चली। सुशील चटर्जी का साफ़ कहना था कि वे नहीं जा सकते। यू.एस. दुबे का मत भिन्न रहा। वे बोले, ''मुक़दमे तो फिर भी हो जायेंगे पर ऐसा मौक़ा फिर नहीं मिलेगा। पण्डित जी बुला रहे हैं और शास्त्री जी कह रहे हैं, मेरी राय है कि आपको जाना चाहिए।'' सारे नेता इस बात से सहमत हो गये। बहुगुणा दिल्ली गये और चार दिनों तक वहीं रहे। पण्डित जी जब पूरी तरह से आश्वस्त हो गये कि वह सही व्यक्ति हैं तो उन्हें हिमाचल भेजा गया। वहाँ उनके परिश्रम के फलस्वरूप कांग्रेस जीती और दिल्ली में उनका काफ़ी नाम हुआ। इसी का प्रतिफल था कि विरोध के बावजूद उनका टिकट नहीं काटा जा सका। यह सब कुछ शास्त्री जी की दूरदृष्टि का परिचायक था।

बहुगुणा विधायक चुने जाने के बाद 25बी ब्लॉक दारुल शफ़ा में रहते थे। बहुगुणा के विधायक बनने का सबसे अधिक लाभ मज़दूरों को ही हुआ। उन्होंने कांग्रेस नेता की हैसियत से केन्द्र तथा प्रान्त के तमाम नेताओं के साथ मज़दूरों की समस्याओं की ओर से मध्यस्थता की। वे कर्मचारियों तथा श्रमिकों को कांग्रेस से जोड़ना चाहते थे। उनका दृष्टिकोण था कि श्रमिकों की जायज़ माँगें कांग्रेस पार्टी के माध्यम से पूरी हों। यही कारण है कि उन्होंने 1952 से लेकर 1955 तक बोनस, बकाया वेतन, स्थायीकरण, निलम्बन तथा कार्य सुविधाओं के बारे में तत्कालीन मन्त्रियों को अनेक पत्र लिखे। बहुगुणा एकता, शान्ति एवं प्रगति को दृष्टि में रखकर आगे बढ़ना चाहते थे। इसीलिए शायद उनके 'लेटर हैड' पर सबसे ऊपर लिखा रहता था–'यूनिटी, पीस, प्रोग्रेस।'

जिस प्रकार मज़दूरों तथा मज़दूर नेताओं का बहुगुणा के प्रति समर्पण था उसी प्रकार बहुगुणा का मज़दूरों के प्रति लगाव था। इस बात का प्रमाण मार्टिन बर्न वाले मुक़दमे से ही मिल जाता है। मुम्बई में मुक़दमा जीतने के बाद मार्टिन बर्न ने उस समय के मुख्यमन्त्री पं. गोविन्द बल्लभ पन्त से अपील की थी कि 50 लाख का अतिरिक्त भार जो कि उनकी कम्पनी पर पड़ रहा है, उसके लिए उन्हें बिजली की दरें बढ़ाने की अनुमति दी जाये। पन्त जी ने बहुगुणा को बुलाया और लगभग 1 घण्टे तक बातचीत की। बहुगुणा ने बातचीत के दौरान सिद्ध कर दिया कि बिजली बनाने, वेतन तथा रख-रखाव का कुल ख़र्च 2 पैसा प्रति यूनिट पड़ता था। इसलिए बिजली की दरों में वृद्धि अनुचित थी। अन्ततोगत्वा उनकी बात मान ली गयी। वे नहीं चाहते थे कि मज़दूरों की वजह से बिजली का दाम बढ़े और जनता को कष्ट मिले। बहुगुणा हड़ताल के भी ख़िलाफ़ थे। वे बिना हड़ताल के ही माँगें मनवाते रहे।

हेमवती नन्दन बहुगुणा आजीवन मज़दूरों के लिए समर्पित रहे। 1948 में बहुगुणा मज़दूर संघ में शामिल हुए तो 1957 तक बराबर बने रहे।

1952 में गवर्नमेंट प्रेस का चुनाव लड़ा, तो वे तब तक अध्यक्ष बनते रहे जब तक वे चाहते रहे। 1950 में इंडियन नेशनल ट्रेड यूनियन कांग्रेस से जुड़े तो 1956 तक बराबर उसके माध्यम से मज़दूरों की समस्याओं को हल करने की दिशा में अहम भूमिका अदा करते रहे। अखिल भारतीय प्रतिरक्षा कर्मचारी संघ के 1952 से 54 तक उपाध्यक्ष पद पर रहकर मज़दूरों को अनेक प्रकार की समस्याओं से राहत दिलायी। उत्तर प्रदेश बिजली कर्मचारी संघ के 1949 से 1953 तक वे महामन्त्री तथा अखिल भारतीय बिजली कर्मचारी संघ के वे 1953 से 57 तक अध्यक्ष रहे। 1957 में उत्तर प्रदेश मन्त्रिमण्डल में शामिल होने के उपरान्त उन्हें यूनियन के पदों से त्यागपत्र देना पड़ा। परन्तु वे सदैव श्रमिकों के हक में कार्य करते रहे। इलाहाबाद के श्रमिक आन्दोलन में कमला बहुगुणा ने बागडोर सँभाल ली थी।

उत्तर प्रदेश के मुख्यमन्त्री बनने के बाद भी उन्होंने मज़दूरों व मज़दूर नेताओं को काफ़ी सम्मान दिया। उनके मुख्यमन्त्रित्व काल की घटना है कि उस समय

हिमाचल प्रदेश : राजकुमारी अमृत कौर, पं. जवाहरलाल नेहरू एवं बहुगुणा (नेहरू के पीछे) (1952)

इलाहाबाद में आर.के. जैन मुख्य अभियन्ता थे। उन्होंने मज़दूरों में फूट डालने की कोशिश की थी। कमला बहुगुणा ने नाराज़ होकर उनका स्थानान्तरण करा दिया। जैन ने सुशील चटर्जी से माफ़ी माँगी और स्थानान्तरण रुकवाने की अपील की। श्री चटर्जी ने बहुगुणा को स्थानान्तरण रोकने के लिए टेलीफ़ोन किया और उन्होंने यह कहकर स्थानान्तरण रोक दिया कि मज़दूरों के हितों की चिन्ता उनसे अधिक किसे होगी? ''जैसा आप चाहेंगे वैसा ही होगा।'' ऐसे ही कारण थे जिन्होंने उनको एक मज़दूर नेता से देश का महान नेता बना दिया।

पहली बार विधायक निर्वाचित होने पर हेमवती नन्दन बहुगुणा (1952)

अध्याय 5

सत्ता के गलियारे में

1942 से 1947 तक के बीच आज़ादी के आन्दोलन से जुड़े देशभक्त भारत द्वारा अंग्रेज़ों के विरुद्ध लड़ी जंगे-आज़ादी के आख़िरी सिपाही थे। भारत में अपनी हुकूमत को क़ायम रखने के लिए अंग्रेज़ों ने अपनी सारी ताक़त लगा दी थी। उनकी ताक़त का स्वतन्त्रता सेनानियों ने डटकर सामना किया और न जाने कितनी कुर्बानियाँ दीं। उनकी दीवानगी और साहस की कल्पना भी आज सम्भव नहीं है। उस दौर का हर भारतीय जानता था और जानता है कि स्वतन्त्रता अंग्रेज़ों ने प्लेट में रखकर नहीं दी। लाखों युवजनों ने इसके लिए संघर्ष किये, यातनाएँ और जुल्म सहे। सीनों पर लाठियाँ और गोलियाँ खायीं, फाँसी के फन्दों को चूमा। जेल की काली कोठरियों में अपने यौवन को गलाया। संघर्षों की लम्बी सुरंग पार करके ही स्वतन्त्रता का सूर्योदय हुआ। जिन नौजवानों ने स्वतन्त्रता आन्दोलन में भाग लिया था जब उन्हें देश बनाने और चलाने की ज़िम्मेदारी मिली तो उसे भी शिद्दत के साथ निभाने की कोशिश की। वे सत्ता में रहे हों अथवा सत्ता से बाहर उनके मन में था कि हमारे देश की धरती हरी-भरी हो, देश ख़ुशहाल रहे, विदेश के सामने हमें हाथ न पसारना पड़े। उस सपने को पूरा किया जाये जो आज़ादी की लड़ाई के दौर में देखा था। वह सपना जो एक ऐसे समाज का था जहाँ ग़ैर-बराबरी, अन्याय और शोषण न होगा।

हेमवती नन्दन बहुगुणा आज़ादी के आन्दोलन में अन्तिम चरण के सिपाही थे। उन्होंने अंग्रेज़ी हुकूमत को ललकारा था। जेल की तन्हाइयों को भोगा था। अपने देश और समाज के लिए कुछ कर गुज़रना ही उनके जीवन का मक़सद था। यही कारण है कि वे अपने राजनीतिक जीवन में हर तूफ़ान को झेलने के लिए तैयार थे। जिसने विद्यार्थी आन्दोलन को नयी दिशा दी हो, जिसने मज़दूरों की लड़ाई लड़कर मालिकान के काले कारनामों का पर्दाफ़ाश किया हो, उस बहुगुणा के लिए शासन संचालन कोई कठिन काम नहीं था। यही कारण है कि वे जिस पद पर भी रहे, सफल रहे। असफलता भी यदि हाथ लगी तो वह किसी सफलता से कम न थी।

आज़ादी के आन्दोलन के सिपाही, विद्यार्थियों के नायक, मज़दूरों के रहनुमा तथा कांग्रेस के चिन्तन को अपनी जीवन-शैली में ढालने वाले बहुगुणा ने 1957 में सत्ता की

हेमवती नन्दन बहुगुणा

बागडोर सँभाल ली थी। वे सम्पूर्णानन्द के मन्त्रिमण्डल में श्रम एवं उद्योग मन्त्री के पद पर पहुँच चुके थे। सम्भवतः सत्ता की ओर अग्रसर होने, राष्ट्रीय स्तर के नेता बनने की दिशा में यह पहला क़दम था। बहुगुणा एक बार पं. गोविन्द बल्लभ पन्त से मिलने गये थे। मुख्यमन्त्री कक्ष से बाहर निकलते समय वे काफ़ी देर तक मुख्यमन्त्री की कुर्सी की ओर देखते रहे और दोस्तों ने जब पूछा, "क्या बात है? आप टकटकी लगाकर उस कुर्सी की ओर क्यों देख रहे हैं?" उन्होंने कहा था, "मैं देख रहा हूँ कि एक दिन इस कुर्सी पर मुझे भी बैठना है।"

बहुगुणा जब श्रम एवं उद्योग मन्त्री हुए तब मज़दूरों को ऐसा लगा कि वे स्वयं सत्ता के भागीदार हो गये। बहुगुणा को शायद इसीलिए इस पद का दायित्व भी सौंपा गया था। बहुगुणा की एक विशेषता यह थी कि सत्ता में आने के बाद उन्होंने सारे मज़दूर संगठनों से इस्तीफ़ा अवश्य दे दिया परन्तु वे हमेशा मज़दूरों के बनकर रहे। हमेशा उन्होंने किसानों तथा मज़दूरों का ध्यान रखा। उनके हितों को उन्होंने अपने एजेंडे में सर्वोपरि रखा। औद्योगिक घराने यह जानते थे कि बहुगुणा के होते हुए उनकी मनमानी नहीं चल सकती। इस सम्बन्ध में इंटक नेता पी.के. शर्मन ने एक दिलचस्प घटना इस प्रकार सुनायी, "एक बार फ़ैज़ाबाद के मसौधा नामक स्थान पर मज़दूरों ने एक सभा रखी। लक्ष्मीकान्त झुनझुनवाला वहाँ के चीनी मिल मालिक थे। कुछ माँगों के सिलसिले में मज़दूरों से उनका टकराव चल रहा था। जिस मैदान में बहुगुणा की

सभा रखी गयी, वह ज़मीन उन्हीं की थी। उन्होंने सभा से पूर्व वहाँ पानी भरवा दिया ताकि दलदल हो जाये और सभा न होने पाये। बहुगुणा जैसे ही वहाँ पहुँचे, उन्हें वस्तुस्थिति से अवगत कराया गया। वे बोले, ''अब तो मैं आ गया हूँ सभा तो होगी ही। चलो गेट पर तैयारी करो।'' उस समय का दृश्य कुछ अजीबोग़रीब था। कुछ मज़दूर गेट के बाहर थे तो कुछ गेट के भीतर। बहुगुणा जब बोलने के लिए खड़े हुए तो उन्होंने साफ़ शब्दों में कहा, ''आज जब मैं सरकार में हूँ तो ऐसा करना किसी भी मालिक के लिए उचित नहीं है। अगर वे चाहते थे कि सभा न हो तो मुझसे कहना चाहिए था, परन्तु ऐसा करना ठीक नहीं था।'' बहुगुणा के इस भाषण का ऐसा प्रभाव पड़ा कि सारे मज़दूर एक हो गये और मालिकान भी भागकर बहुगुणा के पास आये।

बहुगुणा के सामने मालिक तथा मज़दूरों ने अपनी-अपनी समस्याएँ रखीं। मज़दूरों ने उनसे सारी माँगें पूरी करा देने की बात कही, परन्तु बहुगुणा ने किसी का पक्षपात नहीं किया। वे बोले, ''भाई वही मिलेगा जो उचित होगा। क्योंकि सवाल एक चीनी मिल का नहीं है जो यहाँ होगा, वही सारी चीनी मिलों के मज़दूर माँगेंगे इसलिए न्यायपूर्ण माँगों पर ही विचार किया जाना उचित होगा।'' दोनों पक्षों को बैठाकर समझौता करवाया।

बहुगुणा उत्तर प्रदेश की राजनीति में डॉ. सम्पूर्णानन्द के समर्थक थे। वे चन्द्रभानु गुप्त के विरोधी थे। गुप्त जी दक्षिणपन्थी विचारधारा के समर्थक थे। वे किसी भी प्रकार के सामाजिक बदलाव के हिमायती नहीं थे। बहुगुणा, गाँधी जी को अपना आदर्श और नेहरू को अपना मार्गदर्शक मानते थे। आचार्य विनोबा भावे, जयप्रकाश नारायण, द्वितीय पंक्ति के नेताओं में लाल बहादुर शास्त्री और इन्दिरा गाँधी का प्रभाव उन पर प्रकट दिखाई देता था।

विधानसभा में पहुँचने के बाद हेमवती नन्दन बहुगुणा के कार्यक्षेत्र का बहुआयामी विस्तार हो गया था। विधानसभा की हर कार्यवाही में वे सक्रिय भाग लेते थे तथा देश की समस्याओं को उठाते। मज़दूरों की समस्याओं को उठाना, उनका हल कराना उनका प्रमुख उद्देश्य होता, क्योंकि वे उस क्षेत्र से भली-भाँति परिचित थे। उन्हें मज़दूरों की आवाज़ को सत्ता के गलियारे तक पहुँचाने का एक अच्छा-ख़ासा अवसर मिला था। 23 मई, 1952 को विधानसभा में राज्यपाल ने अपने अभिभाषण के चौदहवें परिच्छेद में उत्तर प्रदेश के मज़दूरों की स्थिति पर सन्तोष व्यक्त किया। परन्तु धन्यवाद प्रस्ताव पर बोलते हुए बहुगुणा ने सरकार को आड़े हाथ लिया और राज्यपाल से कहा, ''आपकी आज्ञा से मैं इस सदन तथा आपके माननीय मन्त्रिमण्डल से यह कहना चाहता हूँ कि आज मज़दूर भयानक दौर से गुज़र रहा है। मज़दूर तरह-तरह से परेशान है, चाहे महँगाई की बात हो, चाहे छँटनी की परेशानी हो, चाहे उत्पादन बढ़ाओ के नाम पर उससे अधिक काम लिया जाता हो, चाहे बिना पैसा बढ़ाये हुए काम करने की परेशानी हो और चाहे लम्बी-चौड़ी अदालती कार्यवाही द्वारा माँगें पूरी कराने की तजबीज़ हो।

आज मज़दूर वर्ग केवल देशप्रेम के कारण महात्मा गाँधी के बताये आदर्शों पर राष्ट्रीय कांग्रेस के नेतृत्व के कारण उनकी तरफ़ आँखें लगा कर सब्र के साथ देख रहा है वरन् मज़दूरों की क्रान्ति की लहर मालूम नहीं कितने थपेड़े अब तक प्रान्त को लगा चुकी होती।''

उस समय उत्तर प्रदेश तथा देश के मज़दूर किस प्रकार से बढ़ती हुई महँगाई से त्रस्त थे। किस तरह से वह घुट-घुट कर जी रहे थे। इस आशय का चित्र खींचते हुए बहुगुणा ने कहा था, ''बाज़ारों में चीज़ें सस्ती नहीं हैं। इसके बावजूद मज़दूरों का महँगाई भत्ता घटता जा रहा है, जिससे यह स्पष्ट होता है कि जीवन स्तर को नापने, महँगाई नापने तथा कॉस्ट ऑफ़ इंडेक्स बनाने की विधि सही नहीं है और उस स्तर पर मज़दूर जीवित नहीं रह सकते हैं।''

बहुगुणा ने इसी दौरान 'इंडस्ट्रियल डिस्प्यूट्स सैटलमेंट ट्रिब्यूनल एक्ट' के अनुसार बिजली कम्पनी के मालिक मार्टिन बर्न के मुद्दे को उठाते हुए उसके फ़ैसले को बदलने के सम्बन्ध में सूचना जारी करने और 6 दिसम्बर, 1948 को शासन द्वारा जारी आदेश के अनुसार पैसा न देने की जाँच की माँग को ज़ोरदार ढंग से उठाया था। बिजली मज़दूरों का अवकाश कम करने व कर बढ़ाये जाने, उन पर हो रही ज़्यादतियों को कम कराने की माँग के साथ बहुगुणा ने मुख्यमन्त्री से इस आशय की माँग की थी कि 'वैयक्तिक मज़दूरी (पर्सनल पे)' तथा महँगाई में एक जो बड़ा हिस्सा है उसे मूल मज़दूरी में (बुनियादी तनख़्वाह) मिलाने का आदेश दिया जाये। अस्थायी कर्मचारियों की स्थिति का रेखांकन उस समय बहुगुणा ने इस प्रकार किया था, आज 43 साल पुराने मज़दूर अस्थायी हैं। सरकारी क़ानून के अनुसार छह माह के अन्दर हर निजी कारख़ाने में काम करने वाला मज़दूर पक्का हो जाना चाहिए।

लखनऊ के ऐश बाग में उस समय नया-नया गवर्नमेंट प्रेस स्थापित किया गया था। इसमें इलाहाबाद से स्थानान्तरित होकर जाने वाले मज़दूरों की उन्हें चिन्ता थी। बहुगुणा ने सदन में इस बात को उठाते हुए कहा था, ''यहाँ ऐश बाग में हमारे सदन के आराम के लिए और शायद जल्दी के लिए एक नया प्रेस शुरू किया गया है। कम-से-कम छह सौ मज़दूर इलाहाबाद से स्थानान्तरित होकर यहाँ आने वाले हैं। पच्चीस रुपये आठ आने उनका वेतन है, लेकिन उनके रहने के लिए घर नहीं हैं।''

राज्यपाल के अभिभाषण में 'मज़दूरों में शान्ति' की बात कही गयी थी। पर बहुगुणा का साफ़ कहना था, ''जिस ढंग से हम आज चले हैं, उससे मज़दूरों को तरक़्क़ी हासिल नहीं हुई है। मज़दूर आज शान्ति चाहता है मगर आपको आगे क़दम उठाना पड़ेगा। यह जो लम्बी-चौड़ी 'कानसिलिएशन बोर्ड' की मशीनरी है इस सिलसिले में मैं दो लफ़्ज़ कहना चाहूँगा। यह मानते हुए भी कि सारे देश में हमारा प्रान्त प्रोग्रेसिव या तरक़्क़ी वाला प्रान्त है और हमारे प्रान्त ने मज़दूरों की भलाई के लिए काफ़ी काम किया है लेकिन यह कोई सन्तोषजनक बात नहीं है। कोई चीज़ कितनी अच्छी होनी

दंगल कमेटी, गवर्नमेंट प्रेस, इलाहाबाद के ग्रुप फ़ोटो (1953),
संरक्षक पं. गोविन्द बल्लभ पन्त (मुख्यमन्त्री, उ.प्र.), हेमवती नन्दन बहुगुणा (दायें से दूसरे)

चाहिए यह मापदण्ड तो इस वास्ते हैं कि जिन लोगों के लिए यह बनाई गयी है वे उससे कितने सन्तुष्ट हैं।'' बहुगुणा ने उस समय मज़दूरों के वर्षों से लम्बित मुक़दमों की समस्या को उठाते हुए मुख्यमन्त्री को सुझाव दिया था कि जिस प्रकार इलाहाबाद हाई कोर्ट में 'इनकम टैक्स' के मामलों के लिए एक अलग बेंच है उसी प्रकार मज़दूरों के मुक़दमों के लिए एक अलग बेंच दी जानी चाहिए।

बहुगुणा को मज़दूरों के प्रति कितना अगाध प्रेम था इसका अन्दाज़ा हमें उनके इन वाक्यों से लग जाता है, ''मज़दूर आज बड़ी-से-बड़ी चुनौती के लिए तैयार है। लेकिन मज़दूर चाहता है कि उस कुर्बानी की एक झलक दूसरी ओर भी दिखाई दे। हम अपने मज़दूरों पर तरह-तरह का बोझ लादते चलें। लेकिन क्या होगा उन बड़ी-बड़ी

रक़मों का जो मिल मालिक आज अपने घर ले जाता है। वह दूसरों की मेहनत से अपनी सम्पत्ति बनाता है। हम चाहते हैं कि मिल मालिकों के ऊपर सख़्ती हो। आज वह ताला और चाभी दिखाता है, बात-बात पर वह मिलों में ताला लगा देता है। इसे बन्द किया जाये। मुझे आशा है हमारे मन्त्रिमण्डल में बैठे हुए प्रान्त के पुराने नेता इन बातों की ओर ध्यान देकर मेरे जैसे बच्चे की बात समझने की कोशिश करेंगे।''

बहुगुणा, मज़दूरों की समस्या हो अथवा आम जनता की, तथ्यों को उजागर करने में हिचकते न थे। बजट जैसे गम्भीर विषय पर उनकी गहरी पैठ थी। सदन में चाहे कांग्रेस पार्टी का बजट हो अथवा विपक्ष का, यदि उन्हें कोई बात ग़लत दिखाई देती, तो वे उस पर बोले बिना नहीं मानते थे। वर्ष 1952-53 के आय-व्यय के सामान्य विवाद पर उन्होंने जमकर हिस्सा लिया था। किसी मुद्दे पर विपक्ष को आड़े हाथ लेते हुए उन्होंने कहा था कि विपक्षी सदस्यों की बात सुनकर लगता है कि बजट के ख़िलाफ़ सैद्धान्तिक तौर पर कोई बात किसी के पास कहने के लिए नहीं रही। कुछ सदस्यों ने अपने भाषणों में चीन का हवाला देते हुए उसकी तरह काम करने का सुझाव दिया। इस पर बहुगुणा को सख़्त आपत्ति थी। उनका कहना था, ''जिस दिन तक हमारा मौजूदा संविधान है तब तक यहाँ चीन का तरीक़ा राज करने अथवा चलाने के लिए इस्तेमाल नहीं किया जा सकता। हमारे यहाँ किसी सिद्धान्त को मनवाने के लिए जनता की राय काम करती है।''

13 जुलाई को 1952-53 के आय-व्यय में अनुदानों के लिए माँगों के मतदान पर बहस करते हुए बहुगुणा ने जिस तरीक़े से गवर्नमेंट प्रेस के कर्मचारियों की माँगों को उठाया उससे ज़ाहिर होता है कि सत्ता में उनका प्रमुख संघर्ष मज़दूरों तथा कर्मचारियों के लिए था। सरकार द्वारा मौक़े पर छपाई के लिए काग़ज़ न देने के परिणामस्वरूप निजी क्षेत्र में नये-नये छापेखाने खुलने और उन्हें अधिक पैसा देकर काम कराने का बहुगुणा ने तीव्र विरोध किया था। उनका साफ़-साफ़ कहना था कि गवर्नमेंट प्रेस में काम करने वाले कर्मचारियों की हालत के बारे में किसी को कोई परवाह नहीं है। उनके ये शब्द कितने मार्मिक हैं, ''जो राज्य अपने को 'वेलफेयर स्टेट' (लोककल्याण राज्य) कहता हो उस राज्य के शासकों को यह पता नहीं है कि सन् 1938 में कितने मज़दूर उनके यहाँ मौजूद थे, उनकी संख्या आज कितनी है और आज भी उनमें से कितने अस्थायी हैं। आप देखेंगे, 1367 आदमी अस्थायी हैं। उनमें से अस्सी फ़ीसदी ऐसे हैं जो पाँच साल से ऊपर काम करने वाले हैं, 1941 में भी मौजूद थे और अब अवकाश प्राप्त करने के निकट आ गये हैं। सत्तर फ़ीसदी इन आदमियों में से ऐसे हैं जिन्हें अगले दो वर्षों में रिटायर होना है। आज भी माननीय मन्त्री कहते हैं कि इस सदन के सामने 'एक्सपर्ट कमेटी' (विशेषज्ञ समिति) की रिपोर्ट आ जाये तब हम आप को बतायेंगे कि क्या करेंगे। आपने बड़ी-बड़ी 'बिग पैलेसियल बिल्डिंग' (भव्य इमारतें), वहाँ पर बना दी हैं, लेकिन क्या आपने कभी उनके बगल में ही खड़ी हुई झोंपड़ी को

देखा है जिनकी छतें नीचे आना चाहती हैं और मज़दूर को दबा डालना चाहती हैं।'' बहुगुणा का इशारा मज़दूरों की आवास समस्या की ओर था।

बहुगुणा चाहते थे कि मज़दूरों को उनके जीवन निर्वाह के लिए न्यूनतम मज़दूरी का निर्धारण हो। इसके लिए विशेषज्ञ समिति गठित की जाये। वे मज़दूरों के कितने हिमायती थे इस बात का अन्दाज़ा आप उनके इन शब्दों से लगा सकते हैं, ''ज़िन्दगी के 43 साल बीतने के बाद उसको आप आठ सौ रुपया देकर कह देंगे कि अपने घर चले जाओ। जवानी उसने छापेखाने में बितायी उसके बुढ़ापे का क्या सहारा होगा? आप क्यों ऐसे लोगों को रखते हैं, जिनके लिए आपके पास काम नहीं है। यदि 1938 में इन मज़दूरों के लिए काम नहीं था तो आज वे नौकरी में मौजूद क्यों हैं? ...हमको बजट न दिखाइए क्योंकि मज़दूर बजटों को बना-बिगाड़ सकने की ताक़त रखते हैं।'' मज़दूरों की आवासीय समस्याओं पर बहुगुणा निरन्तर सदन में लड़ते रहे। 1952-53 के बजट में जब मज़दूरों के मकान बनवाने के लिए पचहत्तर लाख रुपयों का प्रावधान किया गया तो बहुगुणा ने सदन को धन्यवाद देते हुए यह विश्वास व्यक्त किया कि सरकार के इस निर्णय से निश्चय ही मज़दूरों की दशा में सुधार होगा।

बहुगुणा में प्रशासनिक पकड़ तो पहले से ही थी, वह श्रम उपमन्त्री के बाद और तेज़ हो गयी। उनके सवाल-जवाब में एक अजीब गरिमा, व्यापकता तथा राष्ट्रहित की दृष्टि देखने को मिलती है। श्रम मन्त्री होते हुए वह केवल मज़दूरों की समस्याओं तक सीमित न थे। वे जनहित की अन्य समस्याओं को भी मुस्तैदी के साथ उठाते थे। 21 जुलाई, 1952 को उन्होंने विद्यार्थियों की आवाज़ को सदन में उठाया था। उनका कहना था, ''सरकार अपने को तभी क़ायम रख सकती है जब वह अपने बनाये हुए क़ानून को चला सके। उन लोगों को रोक सके जिन्होंने संविधान की धाराओं के विरुद्ध आवाज़ उठाई है।'' उनका मानना था कि विद्यार्थी यूनियन की सदस्यता ग्रहण करे, तभी उसे विश्वविद्यालय में प्रवेश मिले, यह बात तर्कसंगत नहीं है। विरोधी दलों की कड़ी आलोचना करते हुए बहुगुणा ने कहा, ''हमें जनतन्त्र की मर्यादा को तो क़ायम रखना ही पड़ेगा।'' उस समय के छात्र संगठनों में प्रजा सोशलिस्ट पार्टी का वर्चस्व था। उस पर टिप्पणी करते हुए बहुगुणा ने कहा था, ''जहाँ तक प्रजा सोशलिस्ट पार्टी का सम्बन्ध है, वह विद्यार्थियों में एक संगठन, एक यूनियन ऊपर से लादकर विद्यार्थियों के हितों का चैम्पियन बनने का दावा कैसे कर सकती है? हममें से इस सदन का ऐसा कोई सदस्य नहीं है कि विद्यार्थियों में निरंकुशता और अनुशासन की अवहेलना की भावनाओं को बढ़ावा देने की इच्छा रखता हो। देश पर कांग्रेस पार्टी आज राज करती है, तो कल किसी दूसरी पार्टी का राज इस देश में हो सकता है। कांग्रेस पार्टी के शासनकाल में यहाँ के विरोधी दल के नेता इस तरह की भावनाओं को प्रोत्साहन देंगे कि क़ानून को तोड़ना ही शक्ति की निशानी है। क़ानून के विरुद्ध चलना ही शक्ति की निशानी है, तो यह उचित नहीं होगा। किन्तु अगर उन्हें आशा

ही नहीं है कि उनकी पार्टी भी कभी राज कर सकेगी, तब तो बात दूसरी है, फिर मुझे उनसे कोई शिकायत नहीं।''

उन्होंने सदन के समक्ष प्रदर्शनकारी शिक्षकों पर पुलिस बल के प्रयोग पर बोलते हुए सदन में कहा था, ''हमारे वे अध्यापक जिन्होंने हमें, हमारे वित्तमन्त्री तथा मुख्यमन्त्री को इस क़ाबिल बनाया कि आज वे इस समाज के अन्दर अपना एक स्थान रखते हैं, आज उनके साथ मनुष्यों का-सा बर्ताव नहीं हो रहा है। यद्यपि वे अपने हाथ में झण्डा लिए हमारे विधान भवन के समक्ष प्रदर्शन कर रहे थे। किन्तु वे अन्दर घुसने वाले नहीं थे। उन्हें डराना, दरवाज़ा बन्द कर पुलिस का भय दिखाना, मैं समझता हूँ उचित नहीं है। आशा है किसी विरोधी दल के कहने पर भविष्य में शिक्षकों के साथ सरकार ऐसा बर्ताव नहीं करेगी।'' यह बहुगुणा जैसे युवजन का ही साहस था कि विधानसभा में जितनी विरोधी दल के सदस्यों की आलोचना करते, उतनी ही सरकार की भी। बहुगुणा अध्यापकों को सम्मानित वेतनमान दिलाने के लिए हमेशा संघर्ष करते रहे। उनका कहना था कि अध्यापकों का वेतनमान ऐसा होना चाहिए कि प्रथम श्रेणी पाने वाले विद्यार्थी सरकारी नौकरियों के पीछे न दौड़ें बल्कि अध्यापक बनना पसन्द करें। उन्हें ऐसा वेतन मिलना चाहिए जिससे समाज के अन्दर उनकी इज़्ज़त और उनका उचित स्थान बना रहे क्योंकि अध्यापक भविष्य के सृजन का काम करते हैं।

बहुगुणा उच्च शिक्षा के लिए हमेशा प्रयत्नशील थे। आगरा विश्वविद्यालय संशोधन विधेयक, 1953 में उन्होंने विश्वविद्यालय शिक्षा की समुन्नति पर काफ़ी बल दिया था। उनका मत था, ''शिक्षा प्रणाली में ऐसा आमूल परिवर्तन होना चाहिए जिससे हम क्लर्क, बाबू पैदा न कर ऐसे नागरिक पैदा करें जो स्वावलम्बी हों और देश के उत्थान में हिस्सा ले सकें। इसके लिए सरकार को चाहिए कि वह वर्तमान शिक्षा के स्तर को ऐसा स्वरूप दे जिससे कल्याणकारी राज्य क़ी संकल्पना साकार हो सके।''

विश्वविद्यालय कार्यप्रणाली की स्वायत्तता को वे बरकरार रखना चाहते थे। इसीलिए उन्होंने बहस के दौरान कहा था, ''कहीं-कहीं पर यह भी कहा जाता है कि विश्वविद्यालयों की स्वायत्तता का हनन हो रहा है क्योंकि चांसलर (कुलपति) की 'पर्सनेलिटी' (व्यक्तित्व) को गवर्नर की 'पर्सनेलिटी' से मिक्स किया जा रहा है।'' उनका सुझाव था, ''जब कभी शिक्षा प्रणाली में कोई बड़ा परिवर्तन हो तो राज्यपाल को कुलपति न बनाकर किसी ऐसे व्यक्ति को बनाया जाये जिसका सम्बन्ध सरकार से न हो। विश्वविद्यालय की कार्यकारिणी को अपने क़ानून व प्रशासनिक नियम बनाने का पूरा अधिकार होना चाहिए और सरकार के नुमाइंदे प्रसिद्ध शिक्षक ही होने चाहिए। विद्यार्थियों से सम्बन्धित सभी मसले विश्वविद्यालय कार्यकारिणी पर ही छोड़ दिये जाने चाहिए।'' बहुगुणा विश्वविद्यालय के शिक्षकों तथा वहाँ की प्रशासनिक व्यवस्था को सक्षम देखना चाहते थे। शिक्षकों के वेतन भत्ते के बारे में उन्होंने कहा था, ''प्रान्त के अन्दर जितने भी विश्वविद्यालय हैं, और उनमें जितने भी अध्यापक हैं, उन सभी अध्यापकों का वेतन भत्ता भी निश्चित किया जाये। सभी के लिए कोई स्तरीय मापदण्ड हों तो अच्छा होगा।''

इलाहाबाद विश्वविद्यालय संशोधन विधेयक पर 30 सितम्बर, 1954 को बहुगुणा ने इलाहाबाद विश्वविद्यालय के छात्रों, शिक्षकों तथा विश्वविद्यालयों के हित में एक ऐतिहासिक वक्तव्य दिया था। कांग्रेस के विधायक होते हुए नवयुवक बहुगुणा ने शिक्षा मन्त्री द्वारा सदन में प्रथम रिपोर्ट के आधार पर प्रस्तुत किये गये 'संशोधन विधेयक' की कड़ी आलोचना की थी क्योंकि उसमें सरकार द्वारा विश्वविद्यालय के कार्यों का सीधा निरीक्षण करने का प्रस्ताव था। उन्होंने अपना दृष्टिकोण यह कहकर रखना प्रारम्भ किया था, "खेद का विषय है कि हमारे वयोवृद्ध मुख्यमन्त्री गोविन्द बल्लभ पन्त, जिनका नवीन भारत के निर्माण में महान योगदान है, की सरकार ने विश्वविद्यालय की गतिविधियों का सीधा निरीक्षण करने हेतु संशोधन विधेयक प्रस्तुत किया है। उन्हीं महान नेता ने हमें वह संविधान भी दिया है जिसके अनुसार हमें सदन में टीका करने का अधिकार है। बड़े अदब के साथ मैं कहना चाहता हूँ कि यह विधेयक विश्वविद्यालय की स्वायत्तता पर प्रहार है और विश्वविद्यालयों की स्वायत्तता का हनन हितकर नहीं है।" उन्होंने आश्चर्य व्यक्त किया कि "सरकार का ध्यान प्रथम रिपोर्ट के अन्य विषयों जैसे भवन, छात्रावास, लाइब्रेरी, वैज्ञानिक उपकरणों आदि को नज़रअन्दाज़ कर केवल एक ही अध्याय की ओर गया है।"

बहुगुणा सदन और सदन से बाहर लगातार मज़दूरों की लड़ाई लड़ रहे थे। देश तथा प्रदेश की समस्याओं को सदन में रखते और उन्हें मनवाने का प्रयास करते थे। 1956 का वर्ष आते-आते काफ़ी काम हो चुका था इसलिए उनके बोलचाल के तेवर में बदलाव आ गया था। उन्होंने तभी 23 मार्च, 1956 को सदन में कहा था, "मुझे इस बात की बेहद ख़ुशी है कि 1938 से लेकर 1956 तक जब-जब कांग्रेस सरकार अपना बजट बनाती रही है तब-तब इस प्रदेश के मज़दूरों के उत्थान के लिए, उनकी बेहतरी के लिए अनेक कार्य करती रही है।" जहाँ मज़दूरों की ओर से सरकार को सहयोग देने का प्रश्न उठता, वे आत्मविश्वास के साथ स्वयं कह देते कि प्रदेश का मज़दूर हर तरह से सरकार का सहयोग करेगा। पर उनकी शर्त वही होती कि मज़दूर के हित में क़दम उठाये जायें और फ़िज़ूलख़र्ची रोकी जाये। बात-बात में श्रमिक समस्या को छू लेते। मालिकान के शोषणपरक रवैये, सरकार द्वारा उठाये जाने वाले क़दम, उनकी ज़बान पर थे। सुझाव देने से वे कभी न चूकते थे। 1953 में बहुगुणा ने योजना आयोग की रिपोर्ट का समर्थन करते हुए कहा था, "इस रिपोर्ट से ऐसा प्रतीत होता है कि हिन्दुस्तान में ऐसे राज्य की स्थापना होने वाली है जिसके अन्तर्गत हमारे देश में शोषण का अन्त हो सकेगा। वितरण की ऐसी कोई व्यवस्था विकसित होगी जिससे सहकारिता की बुनियाद मज़बूत होगी। कृषि तथा उद्योगों का विकेन्द्रीकरण हो सकेगा।" बहुगुणा ग्रामों में सहकारिता आन्दोलन चलाने के पक्षधर थे। उनका मत था कि ज़मींदारी उन्मूलन के बाद भूमि व्यवस्था के लिए सहकारिता उपयोगी सिद्ध हो सकेगी। राज्यपाल के अभिभाषण के बाद धन्यवाद प्रस्ताव पर बोलते हुए बहुगुणा ने कहा था,

"हमें अपने लक्ष्य के प्रति निष्ठा है... हम ऐसे समाज की स्थापना और रचना कर सकते हैं, जिससे शोषण का अन्त हो जायेगा और एक ऐसे राज्य की स्थापना हो जायेगी जिसे बापू राम-राज्य कहा करते थे। जिसमें दैहिक, दैविक एवं भौतिक तापों का अन्त करने की शक्ति समाज में स्वयं उत्पन्न हो जायेगी।" आगे चलकर अपने मुख्यमन्त्रित्व काल में उन्होंने सहकारिता को काफ़ी बढ़ावा दिया और प्रत्येक ज़िले में सहकारिता के माध्यम से किसानों, बुनकरों आदि को स्वावलम्बी बनाने की पहल की।

बहुगुणा की तर्कशक्ति इतनी प्रबल थी कि उसमें सर्वमान्य प्रतिबिम्ब परिलक्षित होता था। हिन्दुस्तान का नक़्शा खींचते हुए बहुगुणा ने कहा था, "नारे अच्छे मालूम होते हैं और लगाये भी जाते हैं लेकिन ऐसी जगह बैठकर जहाँ बुद्धि से, तर्क से विवेचना करनी है, समस्याओं का हल ढूँढ़ना है और जहाँ पर आने वाली सन्तति के भाग्य का निर्णय होने वाला है वहाँ महज़ कोरे नारों से हमारे मज़दूरों को सुख हो, हमारे ग़रीब सुखी हों, कहने से काम चलने वाला नहीं है। आज हमें अपनी कमर कसने की ज़रूरत है क्योंकि आज हम सदियों से ग़ुलाम हिन्दुस्तान का फिर से निर्माण करने वाले हैं। हमारा यह दबा हुआ ग़ुलाम हिन्दुस्तान आज नयी करवट लेना चाहता है। इसमें नयी स्फूर्ति आयेगी।" अपने इसी विचार को पुनः अभिव्यक्त करते हुए कहा था कि सबको मिलकर भारत में एक ऐसा कल्याणकारी राज्य स्थापित करना चाहिए जो कि सामाजिक, आर्थिक एवं राजनीतिक न्याय से राष्ट्रीय जीवन की सभी संस्थाओं को ओत-प्रोत कर दे।

इलाहाबाद उनका निर्वाचन क्षेत्र था। शहर तथा ज़िले दोनों में उनकी कर्मभूमि थी। वे वहाँ के लिए भी कुछ करना चाहते थे। सदन में जब कभी भी अवसर आया उन्होंने इलाहाबाद के अपने निर्वाचन क्षेत्र के किसानों की दिक़्क़तों को भी उठाया। इलाहाबाद के जमना पार क्षेत्र में हर किसान के खेत तक पानी पहुँचाने के लिए नहरों का जाल बिछवाने में महत्त्वपूर्ण भूमिका अदा की।

इलाहाबाद को एक औद्योगिक शहर बनाने का विचार बहुगुणा के मन में पहले से ही था। वे नैनी को औद्योगिक नगर बनाना चाहते थे। 24 सितम्बर, 1953 को उन्होंने सदन में बहस के दौरान सवाल उठाया था, "क्या सरकार बतायेगी कि नैनी इंडस्ट्रिल कॉलोनी, इलाहाबाद का कितना कार्य पूरा हो चुका है। कौन-कौन उद्योगपति किस-किस व्यवसाय को वहाँ पर चलाने के लिए राजी हो चुके हैं... कॉलोनी में उद्योग आरम्भ करने वाले शरणार्थियों को कितनी सहायता अब तक दी गयी है।" सच तो यह है कि उन्होंने सन् 1953 से नैनी इलाहाबाद को औद्योगिक नगर बनाने का जो प्रयास शुरू किया था उसे वह आजीवन करते रहे।

बहुगुणा मानव शक्ति के होते हुए मशीनीकरण के विरुद्ध थे। रैक्स रिकॉर्डर डिक्टेटिंग एंड ट्रांसक्राइबिंग मशीन के प्रयोग करने के सवाल पर उन्होंने साफ़-साफ़ शब्दों में कहा था, "मेरी बदक़िस्मती है कि मैं सरकार की सब बातों से सहमत न

होते हुए भी उसके विरुद्ध नहीं हूँ। मेरी भावना इस प्रदेश को बैलगाड़ी की तरफ़ ले जाने की नहीं है। इस मशीन से स्टेनो टाइपिस्ट कम होने वाले हैं। मैं समझता हूँ कि इससे सरकार की अर्थव्यवस्था का कोई बहुत बड़ा लाभ होने वाला नहीं है। सबसे बड़ी सेवायोजक हमारी गवर्नमेंट है और यदि यह सरकार ख़ुद इस तरह के ग़ैर-ज़रूरी यन्त्रों का इस्तेमाल करने लगती है तो हमारे जो पूँजीपति बराबर 'रेशनालाइजेशन' और 'छँटनी' करते हैं, उनको प्रोत्साहन मिलेगा। अपने यहाँ जो मज़दूर संख्या है उसे कम करने के लिए, इस तरह की मशीन से लाभ उठाने की कोशिश करेंगे और निश्चय ही एक भयावह परिस्थिति हमें और इस सरकार को झेलनी पड़ेगी। मैं समझता हूँ हमारे जैसे मुल्कों के लिए जहाँ आदमी बहुत हैं, बेकारी ज़्यादा है, तनख़्वाहें कम हैं, उत्पादकता दूसरे देशों की तुलना में बहुत कम नहीं है, वहाँ इस तरह की मशीनों का इस्तेमाल करना ठीक न होगा।''

बेरोज़गारी तथा रोज़गार की प्राप्ति पर उनके अपने सिद्धान्त थे। उनका तर्क था, ''यह तो सर्वमान्य सिद्धान्त है कि 'कम्पलीट सेचुरेशन' पर 'एम्प्लायमेंट' (अन्तिम बिन्दु रोज़गार) आता नहीं, कुछ-न-कुछ फ़र्क़ रह जाता है। यदि हर आदमी को रोज़गार मिल भी जाये तब भी लाभप्रद रोज़गार का प्रश्न आता है। लाभप्रद रोज़गार मिलने पर ही रोज़गार की समस्या का हल निकलता है।'' उन्होंने सरकार को सुझाव दिया था कि वह अपना ख़र्च ऐसे क्षेत्र में न करे जिन क्षेत्रों में व्यक्तिगत पूँजी लग सकती है ताकि सरकारी रुपया आर्थिक गतिविधि को बढ़ाने के काम आये और देश की पूँजी व्यर्थ न हो।

बहुगुणा देश में अनिवार्य एवं जन जीवन से जुड़े उत्पादनों की लगाम सरकार के हाथ में रखने के पक्षधर थे। वे बिजली के उत्पादन के राष्ट्रीयकरण पर बल देते थे। निजी स्वामित्व के वे ख़िलाफ़ थे। इसीलिए 1953-54 के आय-व्यय अनुदानों पर बहस के दौरान उन्होंने कहा था, ''ऐसा लगता है कि बहुत-सी जगहों पर धीरे-धीरे और काफ़ी दायरे में सरकार बिजली का काम निजी कम्पनियों के माध्यम से कराना चाहती हैं। जहाँ तक मुझे याद है हमेशा कहा गया है कि बिजली एक ऐसी चीज़ है जिस पर उत्पादन की सारी समस्याओं का भार है, इसलिए उसका राष्ट्रीयकरण होना चाहिए... कम-से-कम सरकार आगे बिजली के फैलाव के सम्बन्ध में यह नज़र रखे कि इस क्षेत्र में बिचौलिए न आ जायें। अगर सरकार के पास धन की कमी है तो उसे चाहिए कि वह 'मैनेजमेंट' पर अपना क़ब्ज़ा रखे और उसमें अपना पूरा-पूरा दख़ल रखे।'' मार्टिन बर्न जैसी कम्पनी द्वारा राष्ट्रीय हितों पर अधिकाधिक कमाने के अपने हित को तरजीह देने की प्रक्रिया को बहुगुणा ने निकट से देखा था। इसलिए उनकी समूची चिन्तन धारा प्रत्यक्ष अनुभव से उत्पन्न थी।

बहुगुणा का अर्थशास्त्र पर अधिकार था। इसलिए उन्होंने बजट का समर्थन करते हुए और विपक्षी सदस्यों को तानाशाही आचरण की संज्ञा देते हुए कहा था,

''यह हमारे प्रान्त के ही नहीं या देश के ही नहीं बल्कि दुनिया-भर के सर्वमान्य अर्थशास्त्रियों का मत है कि विकास प्रक्रिया के दौर में मुल्क का बजट घाटे का हो सकता है। लेकिन दस वर्ष की मियाद से ज़्यादा नहीं जाना चाहिए। दस वर्ष के 'एग्रीगेट' (जोड़) में किसी मुल्क का बजट (घाटे का) नहीं होना चाहिए।'' वित्त व्यवस्था में माहिर वे बजट का घाटा कम-से-कम होने के पक्ष में थे। 16 फ़रवरी, 1954 में वित्तीय अनुपूरक अनुदानों पर बहस करते हुए कुम्भ मेले पर लगाये गये टैक्स को उन्होंने उचित बताया था। उनका कहना था कि घाटे को कम-से-कम करना और इस सरकार का और हर सरकार का सिद्धान्त व लक्ष्य होता है। घाटे को जिस क़दर हम कम कर सकें, उतना ही अच्छा है। हज़ारों यात्रियों से राज्य सरकार के सहयोग की राशि प्राप्त करने पर उनका मत था, हज़ारों मील से आने वाले यात्री जब उतना ख़र्च करते हैं, तो कुछ सरकार को देकर उसका बोझ कम करना भी उनका कर्तव्य है और जनप्रिय सरकार को अपनी जनता से इतनी माँग करने का पूरा अधिकार है।

उत्तर प्रदेश पंचायत राज (संशोधन) विधेयक, 1954 पर बहुगुणा ने सुझाव दिया था, ''आदमी की हैसियत के अनुकूल उस पर कर लगाना चाहिए। इसके लिए हमें अलग-अलग तरह से कर लगाना ही होगा। अगर वह नहीं लगेगा तो कराधान के लिए उस सिद्धान्त को चोट पहुँचेगी जिसके ऊपर किसी भी कल्याणकारी राज्य में कर लगाने की परम्परा क़ायम होती है।'' अर्थव्यवस्था के परिप्रेक्ष्य से बहुगुणा का दृष्टिकोण व्यापक था। उनका कहना था कि जिस वक़्त किसी मुल्क की अर्थव्यवस्था फैलती और बढ़ती है, उस वक़्त जब कोई ख़र्च या व्यवस्था छोटी पड़ती है तो उसको बदल कर आवश्यकतानुसार नयी बातें ग्रहण करनी पड़ती हैं। यह तो अर्थ शासन का सर्वमान्य सिद्धान्त है। अच्छी सरकार की यह पहचान है कि उसके जो ख़र्च होते हैं, उनमें उत्पादकता (प्रोडक्टिविटी) हो और उत्पादक योजना अपने साथ आर्थिक देयता अवश्य लाती है जिसके लिए अनुपूरक अनुदान आवश्यक होते हैं।

बहुगुणा ने 1954 में उत्तर प्रदेश औद्योगिक गृह व्यवस्था विधेयक की तरह मज़दूरों के आवासीय निर्माण कार्य के बारे में प्रश्न उठाया था। वे बराबर मज़दूरों की समस्याओं को लेकर सरकार से लड़ते रहते थे। उनकी आवासीय स्थिति का चित्र खींचते हुए उन्होंने कहा था, ''उनकी छतों में इस क़दर पानी और सीलन है कि दुर्गन्ध के मारे वहाँ रहना कठिन है। दीवार को अगर आप अँगूठा लगा दीजिए तो मालूम पड़ेगा कि सीमेंट और बालू का रिश्ता 1:12 और 1:25 का है। 1:4 और 1:6 का तो कहीं नाम नहीं है।'' उनका सुझाव था कि आप जो मकान बनवायें वे ज़रा ठीक बने हों और इस क़ाबिल हों कि उनमें रहने वालों के स्वास्थ्य पर बुरा असर न पड़े। उन्होंने इसी विधेयक के तहत 15 सितम्बर, 1955 को चीनी मिल मज़दूरों के आवास, मज़दूरों से अधिक किराया लेने, उनकी वेतन वृद्धि, शोषण, न्यायालय में लम्बित मुक़दमों के निस्तारण, बोनस आदि की माँग को उठाया था। इससे यह प्रमाणित होता है कि इस देश के मज़दूरों की बेहतरी उनकी चिन्ता में रच-बस गयी थी।

15 मार्च, 1955 की बहस के दौरान दुर्भिक्ष सहायता के अन्तर्गत गंगा की बाढ़ से इलाहाबाद में हुई क्षति के सवाल पर बहुगुणा ने नागरिक निर्माण कार्यों का विवेचन करते हुए कहा था, "हमारे प्रान्त में सार्वजनिक निर्माण विभाग के स्थापना व्यय का मुक़ाबला देश के किसी भी दूसरे प्रदेश के साथ किया जा सकता है। सीधा-सादा मन्तव्य था कि देश में अधिक-से-अधिक सड़कों का निर्माण हो। 18 मार्च की बहस के दौरान उन्होंने पर्यटन उद्योग को बढ़ावा देने का सुझाव दिया और दावे के साथ कह दिया था कि जब तक पहाड़ में बिजली की व्यवस्था नहीं की जाती वहाँ पर किसी प्रकार का विकास नहीं हो सकता। कोई-न-कोई आकर्षण सुविधा पहाड़ों में पैदा की जानी चाहिए जिससे पहाड़ों में लोग पर्यटक के रूप में या दूसरे आकर्षण के नाते आ सकें।" यही एक दिशा है जिसमें पहाड़ों में क़दम उठाया जा सकता है, वरन् वहाँ न तो अनाज पैदा किया जा सकता है न वहाँ कल-कारख़ाने चल सकते हैं, न जीवनयापन के दूसरे ज़रिये ही जुटाये जा सकते हैं। वे यातायात को सुधारने के साथ ही परिवहन को चुस्त-दुरुस्त तथा उसके राष्ट्रीयकरण के समर्थक थे।

29 अक्टूबर, 1956 को उन्होंने उत्तर प्रदेश औद्योगिक विधेयक पर बहस करते हुए प्रबन्ध में मज़दूरों की भागीदारी पर बल दिया था। वे ट्रेड यूनियनों के आम तौर से राजनीति में भागीदारी के पक्षधर न थे क्योंकि वे जानते थे कि उससे उनका संगठन कमज़ोर पड़ सकता है। वे समाजवाद के पोषक थे। समाजवाद की स्थापना उनका अन्तिम लक्ष्य था। 29 से 31 अक्टूबर तक सदन में चलने वाली बहस में बहुगुणा ने जिन मूलभूत तथ्यों को उठाया उससे उनकी दूरदृष्टि का अन्दाज़ा लगता है। बहुगुणा अपने मौलिक विचार रखते थे। वे किसी का अन्धानुकरण नहीं करते थे, चाहे वह कितना ही बड़ा नेता क्यों न हो। यही कारण है कि राज्य पुनर्गठन के आलेख्य तथा संविधान के संशोधन के निमित्त सम्बद्ध प्रस्तावों पर उन्होंने साफ़-साफ़ कहा था, "स्वतन्त्रता प्राप्ति के बाद केन्द्रीय सरकार ने जिस बहुत बड़ी समस्या को जवाहरलाल नेहरू के नेतृत्व में समझने की कोशिश की थी उसका सम्बन्ध राज्यों के पुनर्गठन से है। यह सर्वविदित है कि हमारे देश में भाषा के आधार पर राज्यों के पुनर्गठन की बात कांग्रेस ने बहुत पहले कही थी। यह भी सत्य है कि आज जब इस प्रश्न का हल करने का समय आया तो नयी हक़ीक़तों के सामने आने से हमारे विचारों, हमारे दृष्टिकोण में थोड़ा-सा अन्तर आया है। बुनियादी तौर पर आज केन्द्रीय सरकार ने जो कुछ भी कहा है, वह किसी मायने में ऐसा नहीं कहा जा सकता कि सरकार ने भाषावार प्रान्तों के पुनर्गठन के विरुद्ध कोई नयी दलील या नयी बात पेश करके उस सारे सिद्धान्त को ही ठुकरा दिया है। ऐसा सोचना कि भाषावार प्रान्तों के पुनर्गठन का विचार एक राक्षस के रूप में बनकर खड़ा हो जायेगा और वह देश में झगड़े, वैमनस्य, घृणा और नफ़रत का वातावरण पैदा कर देगा, न्यायसंगत न होगा।" व्यक्तिगत तौर पर बहुगुणा राज्यों का पुनर्गठन आर्थिक आधार पर करना चाहते थे। उनका मत था कि पुनर्गठन करते समय जनता की इच्छा का विशेष ध्यान रखा जाना चाहिए।

7 मई, 1957 के उत्तर प्रदेश श्रम कल्याण निधि (संशोधन) विधेयक का प्रश्न हो अथवा 14 सितम्बर, 1957 को प्रदेश में भिखमंगों का समुचित प्रबन्ध करने के सम्बन्ध में संकल्प लेने का प्रश्न हो, बहुगुणा हमेशा बहस के दौरान अगली पंक्ति में नज़र आये। उन्होंने भिखारियों की समस्या को एक सामाजिक समस्या माना था और उनका तर्क था कि इस समस्या के हल हेतु कई विचार हो सकते हैं। उनका मत था कि भिखारियों के अन्दर जो भय है उसे दूर करने का प्रयास किया जाना चाहिए। ज़रूरत है कि देश में भिक्षा देने की सामाजिक रीति में परिवर्तन किया जाये। भिक्षा बजाय किसी व्यक्ति विशेष को देने के समाज के किसी अंग (संस्था) को देने की चेष्टा की जाये।

13 मार्च, 1958 को बहस के दौरान बहुगुणा ने जहाँ विपक्षी सदस्यों को आड़े हाथों लेते हुए स्पष्ट किया कि विपक्ष निराधार बात कहने में माहिर है वहीं 26 अगस्त, 1958 को उनके द्वारा नैतिकता और जनतन्त्र के बारे में की गयी टिप्पणियाँ उल्लेखनीय हैं। उस समय तक बहुगुणा के विचार काफ़ी परिपक्व हो चुके थे। सदन के पटल पर जब वे बोलते तो मात्र वही दिखाई पड़ते थे। उन्हें सदन का प्रत्येक सदस्य गम्भीरता के साथ सुनता था। 14 सितम्बर, 1958 को मन्त्रिपरिषद के विरुद्ध लाये गये अविश्वास प्रस्ताव का जवाब देते हुए हरिजन कल्याण मन्त्री के संसदीय सचिव की हैसियत से बहुगुणा ने कहा था, ''देश की जनता के हितों की रक्षा करने के कामों में जिस किसी दल ने त्याग से काम किया है उस दल को हमेशा विजय मिली है।'' प्रदेश में उस समय की आर्थिक स्थिति, भ्रष्टाचार तथा मज़दूरों के हितकारी कार्यों की चर्चा करते हुए बहुगुणा ने विपक्षी सदस्यों के छक्के छुड़ा दिये थे। बहुगुणा प्रदेश की राजनीति तक सीमित न थे उनकी पैनी दृष्टि देश की राजनीति पर भी थी। इसलिए उन्होंने बहस के दौरान केरल में मुस्लिम लीग और कांग्रेस के बीच हुई दोस्ती की चर्चा करते हुए कहा था, ''केरल में मुस्लिम लीग ने एक चुनाव के सिलसिले में कहा था कि एक ही प्लेटफ़ॉर्म पर कांग्रेस और मुस्लिम लीग की सभा हो तो कांग्रेस का जवाब था कि उनके रास्ते अलग हैं पर यदि मुस्लिम लीग कांग्रेस के पक्ष में मत दिलाना चाहे तो दिला सकती है। कौन चाहेगा शैतान भगवान के साथ रहे? पर यदि किसी दिन शैतान भगवान की शरण में आ जाये तो इनकार किसे होगा।''

बहुगुणा में राष्ट्रीयता कूट-कूट कर भरी थी जो व्यक्ति जितना ही तेज़ होता है, उसे समझने में उतना ही फ़ासला रह जाता है। बहुगुणा को समझ पाना बड़ा ही कठिन काम था। बहुगुणा देश में समाजवाद लाना चाहते थे। परन्तु वे अहिंसा के माध्यम से समाजवाद की स्थापना करने के पक्ष में थे। 12 मार्च, 1959 को आय-व्यय की अनुदान माँगों पर बहस करते हुए कहा था, ''हमारे देश में बहुत सारे लोग आज ऐसे हैं जो समझते हैं कि इस रास्ते समाजवाद आने वाला नहीं है। लेकिन यह पहली बार नहीं है कि जब अहिंसा के सम्बन्ध में इस तरह की बात कुछ लोगों के दिलों में उठी हो।

गाँधी जी का ज़माना था, बापू के हाथ में झण्डा था, उस समय बहुत से लोगों के दिलों में खलबली मची थी कि अहिंसा के रास्ते स्वराज्य आने वाला है। अहिंसा के अस्त्र-शस्त्र की विजय होने के बाद भी यदि हमारे बहुत से भाई आज उसे सन्देह (शक) की नज़र से देखते हैं तो आश्चर्य की बात है।''

बहुगुणा राष्ट्रीयता की भावना के कितने प्रबल पोषक थे, इसका अन्दाज़ा हमें उनके इन विचारों से लगता है, ''इस देश में न तो कोई सार्वजनिक क्षेत्र मायने रखता है और न ही 'निजी'। इस देश में एक ही क्षेत्र है और वह है राष्ट्रीय क्षेत्र।'' औद्योगीकरण, हिमाचल की उपयोगिता, पर्वतीय क्षेत्र में उत्पादन बढ़ाने, चीनी मिलों, गन्ना तथा तेल उद्योग, लघु उद्योगों के बारे में बहुगुणा ने जो विचार रखे, उससे उनकी व्यापक दृष्टि का पता चलता है।

22 दिसम्बर, 1959 को उत्तर प्रदेश गन्ना उपकर (संशोधन) अध्यादेश पर बहुगुणा ने गन्ना उत्पादन पर बल दिया था, परन्तु उनका मत था कि चीनी और खांडसारी उद्योग तेज़ी के साथ फैल रहा है, कहीं ऐसा न हो कि अपनी पैदावार के कारण ही वह अपने बोझ से दब कर मर जाये। उनका यह सवाल गन्ना उत्पादन का नहीं परन्तु एक सोच का है। बहुगुणा अपने तथा सरकार के कामकाज में समाजवादी छवि को क़ायम रखना चाहते थे।

बहुगुणा 1958 में सभा सचिव के पश्चात 1958-59 में उपमन्त्री की हैसियत से सत्ता में प्रवेश कर चुके थे। दोनों बार वे श्रम एवं उद्योग विभाग के मन्त्री थे। उन्होंने देश के औद्योगिक विकास के लिए अनेक कार्य किये। इस अवधि में वे सवाल पूछने के बजाय, सवाल का जवाब देने की स्थिति में थे। श्रम उपमन्त्री की हैसियत से उन्हें विपक्षी सदस्यों को सन्तुष्ट करना पड़ता था, सवालों की बौछार झेलनी पड़ती थी। श्रम मन्त्री के रूप में बहुगुणा ने सरकारी समितियों तथा लघु उद्योगों के श्रमिकों की समस्याओं का निपटारा करवाया। गवर्नमेंट प्रेस, खादी, ग्रामोद्योग, गाँधी आश्रम की समस्याओं तथा उनके विकास की पहल बहुगुणा ने कैसे की, इस बात का पता हमें 19 मार्च, 1960 के आय-व्यय की अनुदान माँगों पर मतदान तथा 6 अप्रैल, 1960 के 'खादी तथा ग्रामोद्योग विधेयक' से पता चलता है। लगभग वही समय था बहुगुणा ने तकनीकी शिक्षा पर अधिक ध्यान देना शुरू कर दिया था। वे जानते थे कि तकनीकी शिक्षा पर ध्यान नहीं दिया जायेगा तो उद्योगों की मूलभूत समस्या बनी रहेगी। इसी के मद्देनज़र 13 अप्रैल, 1960 को उन्होंने इस आशय के प्रस्ताव को लेकर विपक्ष पर करारा प्रहार किया था। विपक्ष का प्रस्ताव था कि प्रदेश में तकनीकी शिक्षा की आवश्यकता है और लखनऊ शहर के बढ़ते हुए महत्त्व को ध्यान में रखते हुए सदन सरकार से सिफ़ारिश करता है कि 'गवर्नमेंट टेक्निकल इंस्टीट्यूट' लखनऊ में इंजीनियरिंग का डिग्री कोर्स पढ़ाने की व्यवस्था करे। इस पर बहुगुणा ने टिप्पणी की थी, ''प्रस्ताव ने ऐसा कर दिया है कि सरकार के हाथ-पैर बँध गये हैं और मुँह और आँखों पर पट्टी बाँधकर उसे गोमती नदी में डाल दिया गया है,

प्रधानमन्त्री श्री लाल बहादुर शास्त्री के साथ हेमवती नन्दन बहुगुणा एवं पत्नी कमला (इलाहाबाद, 1965)

कि तैर कर दिखाओ। प्रस्ताव यह हो सकता है कि 'टेक्निकल शिक्षा' की व्यवस्था की जाये। विपक्ष ने ज़रूरत के असीमित दायरे को सीमित कर दिया है।''

श्रम मन्त्री के रूप में बहुगुणा ने जो कुछ कार्य किया वह उत्तर प्रदेश सरकार के दस्तावेज़ों में आज भी अंकित है। 16 अप्रैल, 1962 रिहन्द पावर हाउस से उत्पादित बिजली का उपयोग न होने के कारण राज्यकोष को हानि, 19 अप्रैल, 1962 को आय-व्यय पर सामान्य विवाद, 20 अगस्त, 1962 को जे.के. रेयॉन मिल कानपुर की हड़ताल से उत्पन्न परिस्थिति के सम्बन्ध में दिये गये वक्तव्य, 1 नवम्बर, 1962 के उत्तर प्रदेश मालगुजारी तथा लगान विधेयक जैसे कई महत्त्वपूर्ण मुद्दों पर बहुगुणा ने चर्चा की थी, जिसे राज्य सरकार के दस्तावेज़ों में देखा जा सकता है।

1967-68 में बहुगुणा ने वित्तमन्त्री की हैसियत से बजट पेश किया था। उस समय बहुगुणा सदन की कार्यवाही में काफ़ी दक्ष हो चुके थे। उनका मत था, ग़रीबी का बजट छोटा होता है, लेकिन बढ़ती हुई अर्थव्यवस्था में ख़र्च का बढ़ावा शुभ है और राज्य कार्यों का फैलाव होना निश्चित है। सदन में वे किसी भी समस्या की गहराई तक जाते, एक-एक शब्द पर बहुत बहस करते और जो कुछ भी बोलते पूरे प्रमाण के साथ बोलते थे। उन्हें आँकड़ों का माहिर समझा जाता था। उन्होंने भ्रष्टाचार व अपव्यय की जमकर ख़िलाफ़त की थी। गवर्नमेंट प्रेस से बाहर सरकारी छपाई कराकर फ़िज़ूलख़र्ची करने का उन्होंने सदन में विरोध किया था। उनका मानना था कि किसी भी प्रदेश या देश का बजट किसी ख़ास वर्ग के लिए नहीं बनाया जाता है। उन्होंने कहा, खेत में जो किसान काम करता है या फैक्टरी में जो मज़दूर काम करता है उसमें देशप्रेम की

भावना जगा कर निर्माण की योजनाओं में सहयोग देने की भावना पैदा करनी होगी। केवल इसी के द्वारा देश प्रगति कर सकता है। बहुगुणा देश में कृषि विकास के पक्षधर थे। बहुत कम लोग जानते हैं कि बहुगुणा आचार्य विनोबा भावे के भूदान आन्दोलन के समर्थक थे और उन्होंने उत्तर प्रदेश को भूदान आन्दोलन से जोड़ने का प्रयत्न भी किया था।

इस सन्दर्भ में बहुगुणा की विचारधारा में कभी परिवर्तन नहीं आया। 1986 में पुलिस द्वारा काशी विद्यापीठ में घुसकर छात्रों को मारने की ज़बरदस्त निन्दा करते हुए उन्होंने बयान दिया था कि उनका राजनीतिक जन्म ही छात्र राजनीति में हुआ है, परम्परा के अनुसार बिना कुलपति की अनुमति के परिसर में पुलिस का प्रवेश नहीं होना चाहिए। इससे इस बात का पता चलता है कि एक लम्बी राजनीतिक यात्रा के बाद भी विश्वविद्यालयों तथा शिक्षकों को सम्मान दिये जाने के प्रति उनकी धारणा पूर्ववत थी।

1966-67 में ही चौधरी चरण सिंह के कांग्रेस से हटकर संविद सरकार बना लेने के बाद बहुगुणा कांग्रेस के प्रखर वक्ता के रूप में उभरे थे। 16, 19, 26, 29 और 30 जून; 6, 12, 21 और 27 जुलाई तथा 18, 19, 20 और 22 दिसम्बर, 1967 को सदन में विभिन्न मुद्दों पर हुई बहस में बहुगुणा ने एक परिवक्व विचारों वाले कांग्रेसी नेता के रूप में अपने विचार रखे थे। 27 जुलाई, 1967 को उन्होंने चन्द्रभानु गुप्त द्वारा सरकार के विरुद्ध लाये गये अविश्वास प्रस्ताव का समर्थन किया था। उन्होंने कहा कि वे सरकार में अविश्वास इसलिए करते हैं क्योंकि सरकार की रचना ही अविश्वास के आधार पर हुई। जिस राज्य में अनीति हो और नीति न हो, जिस शासन में बुनियादी नीतियों का कोई मूल्य न हो, वह वैसे ही होता है जैसे मरे आदमी को खड़ा कर दो। 'राजनीति बिनु धन बिनु धर्मा प्रभूहि समर्पित बिनु सतकर्मा।'

बहुगुणा सदन में सक्रिय भाग लेते रहे। यही कारण है कि 1965-66 के आय-व्यय पर सामान्य विवाद की चर्चा के लिए 17 फ़रवरी, 1965 को उनका नाम पुकारा गया तब इटावा के विजय शंकर ने कहा था, "जो इस सदन में कम बोलते हैं, उनको भी कभी-कभी मौक़ा दिया जाना चाहिए।"

बहुगुणा ने सभा और सदन का सार्थक इस्तेमाल उन वर्गों के हितों में किया जो उनकी राजनीतिक विचारधारा के बुनियादी घटक थे। इससे उनकी राजनीतिक विश्वसनीयता कम हुई। वे एक कुशल राजनेता और प्रखर विधायक के रूप में देश के सामने उभरकर आये।

अध्याय 6

कांग्रेस के अन्तर्विरोध

1942 के छात्र आन्दोलन के नायक, बाद में मज़दूरों के रहनुमा, फिर विधानसभा के सदस्य के रूप में उन्होंने कांग्रेस के अन्दर अपना विशेष स्थान बनाया। उत्तर प्रदेश के राजनीतिक क्षितिज पर बहुगुणा एक ऐसी शख़्सियत के रूप में उभरे जिसने भविष्य की अनेक सम्भावनाओं को जन्म दिया। इससे उनकी उस प्रतिभा का अहसास होता है जो आगे चलकर राष्ट्रीय नेता के रूप में उभरकर सामने आती है। बहुगुणा ने इस अवधि में न जाने कितने उतार-चढ़ाव देखे। कितने ही राष्ट्रीय नेताओं के सम्पर्क में आये। उन्होंने सम्पूर्णानन्द, चन्द्रभानु गुप्त, कमलापति त्रिपाठी, चौधरी चरण सिंह सरीखे नेताओं की राजनीति को बहुत निकट से देखा था। उनके राजनीतिक दाँव-पेंचों को कांग्रेस पार्टी के परिप्रेक्ष्य में देखने का प्रयास किया था।

इलाहाबाद की राजनीति इस देश की संस्कृति का बेमिसाल उदाहरण है। वहाँ हर प्रकार के नेताओं, विचारधाराओं तथा आपसी गुटबाज़ी का समन्वय था। बहुगुणा पैदा चाहे बुघाणी में हुए थे लेकिन उनकी परवरिश में इलाहाबाद के संस्कार रचे-बसे थे। वे इलाहाबाद के मानस पुत्र थे। बहुगुणा इलाहाबाद की राजनीति में पले थे, यहाँ की राष्ट्रीय स्तर की राजनीति में उन्हें प्रशिक्षण मिला था। इसलिए कहीं असफल होने का कोई सवाल ही न उठता था। फिर पं. जवाहरलाल नेहरू, लाल बहादुर शास्त्री, पं. गोविन्द बल्लभ पन्त, डॉ. सम्पूर्णानन्द सरीखे नेताओं का उन पर वरदहस्त था, इसलिए उनकी पराजय अथवा उनके मार्ग अवरोध का कोई प्रश्न ही न था। केन्द्र में पं. जवाहरलाल के नेतृत्व में जहाँ देश के विकास का नारा दिया जा रहा था वहीं कांग्रेस को सुसंगठित करने के प्रयास जारी थे। परन्तु कांग्रेस के अन्तर्विरोध भी तेज़ी से उभर रहे थे।

इन अन्तर्विरोधों और आज़ादी के पूर्व कांग्रेस पार्टी में उभरे मतभेद एवं विचारधाराओं के कारण ही अनेक राजनीतिक दलों का जन्म हुआ। जिसका सिलसिला आज़ादी के बाद आज तक जारी है। आज़ादी के पूर्व के अन्तर्विरोधों को इतिहास प्रमाणित करता है कि अनेक शीर्षस्थ नेताओं ने वैचारिक मतभेद के कारण कांग्रेस पार्टी को छोड़ा।

आचार्य कृपलानी, आचार्य नरेन्द्र देव, जयप्रकाश नारायण, राजगोपालाचारी, डॉ. राम मनोहर लोहिया सरीखें नेताओं ने कांग्रेस से अपने आपको पहले ही अलग कर लिया था। पुरुषोत्तम दास टण्डन जैसे नेताओं ने कांग्रेस संगठन के प्रति उदासीनता का भाव अपना लिया था। नेहरू जी का व्यक्तित्व वटवृक्ष के समान था, उनके सामने अन्तर्विरोधों की सुगबुगाहट भर थी, पर मुखर नहीं हुए।

राजनीतिक स्तर पर कांग्रेस में आपसी टकराव 1907 से ही दिखाई देता है। कांग्रेस नरम व गरम दल के बीच सबसे निचले स्तर के कार्यकर्ता के बीच तक विभाजित थी। एक लक्ष्य प्राप्ति के ध्येय ने इस विभाजन को प्रत्यक्ष नहीं होने दिया। 1920 में लोकमान्य तिलक की मृत्यु के बाद कांग्रेस पर महात्मा गाँधी का प्रभुत्व हुआ। 1938 में नेता जी सुभाष चन्द्र बोस ने गाँधी जी को चुनौती देने का साहस किया और डॉ. पट्टाभिसीतारमैया को हराकर कांग्रेस के अध्यक्ष हो गये। उसी समय गाँधी जी ने कहा था, "रमैया की हार मेरी हार है।" गाँधी जी के इस कथन पर न तो कांग्रेस आन्दोलित हुई और न ही विद्रोह भड़का। सुभाष चन्द्र बोस फारवर्ड ब्लॉक को जन्म देकर भारत छोड़कर बाहर चले गये। उन्होंने वहाँ आज़ाद हिन्द फ़ौज की स्थापना की।

आज़ादी के बाद लगभग दो दशक तक देश में कांग्रेस लोकप्रिय रही। गाँवों में कहीं भी चले जाइए, 'दो बैलों की जोड़ी' ही सुनने को मिलती थी, हालाँकि लोकतान्त्रिक व्यवस्था पूरी तरह से स्थापित नहीं हो सकी थी। अस्सी प्रतिशत मतदाता अशिक्षित था, फिर भी उनके मन में कांग्रेस के प्रति एक निष्ठा थी। जनसंघ, प्रजा सोशलिस्ट पार्टी, संयुक्त सोशलिस्ट पार्टी तथा स्वतन्त्र पार्टी सरीखी पार्टियाँ मैदान में आ गयी थीं। कम्युनिस्ट पार्टी पहले से ही मौजूद थी। परन्तु जनता उन्हें बहुत अधिक महत्त्व नहीं देती थी। शनैः-शनैः कांग्रेस का कारवाँ बढ़ता गया और आपसी गुटबाज़ी भी बढ़ती गयी। इलाहाबाद जैसी खींचतान कांग्रेस की केन्द्रीय राजनीति में भी शुरू हो गयी थी।

1948 में गाँधी जी की मृत्यु के बाद कांग्रेस पर पं. जवाहरलाल नेहरू का वर्चस्व हो गया था। नेहरू जी को भी एक बार ज़बरदस्त झटका उस समय लगा जब उनकी इच्छा के विरुद्ध राजर्षि पुरुषोत्तमदास टण्डन, आचार्य कृपलानी को हराकर कांग्रेस अध्यक्ष हो गये। नेहरू जी ने इसे अपनी व्यक्तिगत हार के रूप में देखा और टण्डन जी की कार्य-समिति में शामिल होने से इनकार कर दिया था। राजर्षि टण्डन ने 1950 में दिल्ली के विशेष अधिवेशन में नेहरू जी को अध्यक्ष का पद सौंप दिया था। 1962 में भारत पर हुए चीनी आक्रमण के बाद के घटनाचक्र से यह धारणा बलवती हुई कि नेहरू जी की न केवल कांग्रेस संगठन पर वरन् सरकार पर भी पहले जैसे पकड़ नहीं रही। क्योंकि अपनी इच्छा के विपरीत उन्हें श्री कृष्णा मेनन को मन्त्रिमण्डल से हटाना पड़ा था। उसी समय यह अहसास प्रबल होने लगा था कि कांग्रेस पर दक्षिणपन्थी विचारधारा का दबदबा बढ़ा है। नेहरू जी के नेतृत्व को कोई

चुनौती दे पाता कि 'कामराज योजना' के तहत केन्द्रीय एवं राज्य सरकारों की शुद्धि का आन्दोलन शुरू हो गया। मोरारजी देसाई, एस.के. पाटिल, बाबू जगजीवन राम सहित आधा दर्जन केन्द्रीय मन्त्रियों एवं कितने ही मुख्यमन्त्रियों को संगठन की सेवा के नाम पर सरकार छोड़नी पड़ी। बाद की राजनीतिक परिस्थितियाँ सिद्ध करती हैं कि 1963 में यदि 'कामराज योजना' न लागू होती और मोरारजी देसाई मन्त्रिमण्डल में बने रहते तो 1964 में नेहरू की मृत्यु के बाद प्रधानमन्त्री पद की शपथ गुलजारी लाल नन्दा की जगह मोरारजी देसाई को दिलाई गयी होती। गुलजारी लाल नन्दा के बाद लाल बहादुर शास्त्री के कार्यकाल में कांग्रेस के अन्तर्द्वन्द्व बहुत अधिक प्रभावी न हुए। शास्त्री जी शान्तिप्रिय एवं पं. नेहरू की नीतियों के अनुयायी थे। उनके विरोधी भी उनका सम्मान करते थे। उनके कार्यकाल में पाकिस्तान से हुए युद्ध के समय, उनके दृढ़ संकल्प तथा 'जय जवान जय किसान' के नारे ने देश को हिला दिया था। श्रीमती गाँधी तथा शास्त्री जी के बीच भले ही अन्दर ही अन्दर विरोध की झलक परिलक्षित होती रही परन्तु खुलकर सामने नहीं आयी। श्रीमती गाँधी के समय में अन्तर्विरोध अपनी चरम सीमा पर पहुँच गये थे।

बहुगुणा इतने लम्बे अन्तराल से चले आ रहे द्वन्द्व के मध्यकाल में आये। कांग्रेस में उभरी यथास्थितिवादी एवं परिवर्तनवादी विचारधाराओं में से बहुगुणा ने परिवर्तनवादी विचारधारा का प्रतिनिधित्व किया। इसका बीजारोपण उनकी इलाहाबाद की राजनीति में ही हो चुका था। इलाहाबाद की राजनीति में हावी यथास्थितिवादी मंगला-मुज़फ़्फ़र गुट के शिकार वे 1946 से थे। 1952 में दोनों आमने-सामने हो गये थे। मंगला-मुज़फ़्फर गुट ने पूरा प्रयास किया कि बहुगुणा को विधानसभा का टिकट न मिले, परन्तु उनकी एक भी नहीं चली जिसकी चर्चा हम पिछले पृष्ठों में कर चुके हैं। इलाहाबाद की राजनीति में मंगला-मुज़फ़्फ़र को मात देने वाले बहुगुणा 1952-69 तक उत्तर प्रदेश की राजनीति पर हावी रहे। वे बड़े नेताओं के अन्तर्द्वन्द्व तथा गुटबाज़ी को झेलने के आदी हो चुके थे। कभी-कभी उनकी भूमिका देखने लायक होती थी। मंगला-मुज़फ़्फ़र का गुट प्रदेश में सीधे चन्द्रभानु गुप्त से और केन्द्र में वह मोरारजी भाई के साथ जुड़ गया। दूसरी ओर प्रदेश की राजनीति में बहुगुणा, डॉ. सम्पूर्णानन्द तथा कमलापति त्रिपाठी के अनुयायी थे जो सीधे पं. नेहरू, लाल बहादुर शास्त्री और कालान्तर में इन्दिरा गाँधी से जुड़े रहे। हालाँकि इस गुटबाज़ी का खमियाज़ा बहुगुणा को 1957 के चुनाव में झेलना पड़ा। परन्तु वे बड़ी ही कुशलता एवं सूझ-बूझ के साथ निकल गये। इलाहाबाद में उस समय सोशलिस्ट पार्टी का बोलबाला था। सालिग्राम जायसवाल पार्टी के अगुवा थे। सिरायू क्षेत्र में सोशलिस्ट पार्टी का ही दबदबा था। मंगला-मुज़फ़्फ़र ने एक ऐसी रणनीति तैयार की कि बहुगुणा को सिरायू से चुनाव लड़ाया जाये ताकि वे हार जायें। वे उन्हें नौजवान और कर्मठ नेता कहकर 1957 के चुनाव में करछना से सिरायू भेजने में सफल रहे।

उनको उम्मीद थी कि उनके ख़िलाफ़ सालिग्राम जायसवाल चुनाव में खड़े होंगे और हार जायेंगे क्योंकि सालिग्राम जायसवाल ने 1952 के चुनाव में कांग्रेस प्रत्याशी को भारी मतों से पराजित किया था।

बहुगुणा टिकट मिलने से पूर्व उस चुनौती का सामना करने के लिए तैयार हो गये। उन्होंने सिरायू क्षेत्र का दौरा किया और वहाँ के प्रमुख समाजवादियों से मिले जो कि उन्हें अपनी पीठ पर हाथ नहीं रखने दे रहे थे। उस समय उस क्षेत्र में एक ही प्रमुख शिक्षण संस्था थी, जिसका नाम दुर्गा देवी इंटर कॉलेज था। यह कॉलेज आज भी ओसा में चल रहा है। कॉलेज के प्रधानाचार्य राधाकृष्ण गोस्वामी थे। गोस्वामी बाँदा ज़िले के राजापुर गाँव के निवासी तथा सोशलिस्ट पार्टी में सालिग्राम जायसवाल के समर्थक थे। बहुगुणा ने उनसे भेंट की और अपने वाक्चातुर्य से उन्हें पक्ष में होने के लिए राजी कर लिया। इस बीच सालिग्राम जायसवाल मेजा से मंगला प्रसाद के ख़िलाफ़ लड़ने का निर्णय ले चुके थे। फिर क्या था पासा पलट गया। सालिगराम के हटते ही सोशलिस्ट पार्टी का खेमा टूट कर बहुगुणा के साथ आने लगा और बहुगुणा ने इलाहाबाद के समाजवादियों को कांग्रेस से जोड़कर एक नया खेमा तैयार कर लिया। 1957 के चुनाव में सिरायू से लड़े और बैरमपुर के ज़मींदार घराने के भानु प्रताप सिंह को पराजित किया। बहुगुणा का इतना प्रभाव था कि भानु प्रताप के पिता तक ने चुनाव में अपने बेटे का साथ नहीं दिया। बहुगुणा से अनुमति लेकर ही उन्होंने अपना वोट अपने पुत्र को दिया था। समाजवादियों के बहुगुणा के साथ आने से संगठन में यथास्थितिवादियों और परिवर्तन के पक्षधरों के बीच सीधा टकराव हो गया था। बहुगुणा चाहते थे कि कांग्रेस राष्ट्रीय आन्दोलन के दौरान बनी छवि के अनुरूप समाज के सभी वर्गों के हितों की प्रवक्ता व पक्षधर हो। जबकि कांग्रेस में यथास्थितिवादी उन वर्गों के हितों के पक्षधर थे, जिनसे उनके हित जुड़े थे।

इस चुनाव के बाद बहुगुणा का इलाहाबाद की कांग्रेस में अपना दबदबा बन गया था। समाजवादियों को तोड़कर कांग्रेस में शामिल करने का सूत्रपात उत्तर प्रदेश में बहुगुणा ने ही किया था। 1957 के पश्चात उत्तर प्रदेश की कांग्रेस दो स्पष्ट खेमों में बँट गयी थी– सम्पूर्णानन्द, कमलापति व चन्द्रभानु गुप्त। बहुगुणा ने डटकर सम्पूर्णानन्द व कमलापति का साथ दिया। वरिष्ठ पत्रकार श्री कन्हैया लाल मिश्र 'प्रभाकर' की एक दिन पण्डित कमलापति त्रिपाठी के यहाँ बहुगुणा से अचानक भेंट हुई। उन दिनों उत्तर प्रदेश के मुख्यमन्त्री डॉ. सम्पूर्णानन्द थे। चन्द्रभानु गुप्त से उनका खुला टकराव चल रहा था। श्री प्रभाकर, डॉ. सम्पूर्णानन्द के समर्थन में लेख लिख रहे थे और उसी सिलसिले में पं. कमलापति त्रिपाठी से मिलने गये थे। पहली बार बहुगुणा से भेंट में उस युवजन ने जो प्रभाव उन पर छोड़ा उसका उल्लेख उन्होंने 1974 में 'बहुगुणा जी : परिचय की रेखाएँ' शीर्षक से प्रकाशित अपने लेख में किया है, "बहुगुणा कमलापति जी के यहाँ सोफ़े पर बैठे थे। पूजा के तत्काल बाद मुझे उनके साथ चाय पीने का निमन्त्रण था।

वह युवक मेरे पास सोफ़े पर आ बैठा। चेहरे पर आत्मविश्वास की झलक दूर से दिखी थी। बैठने के ढंग से आत्मविश्वास का स्पर्श मिला, मेरी जिज्ञासा जागी तभी मैंने सुना, 'प्रभाकर जी, नमस्कार, मैं हेमवती नन्दन बहुगुणा हूँ।' आपके लेख बराबर पढ़ रहा हूँ। आपने इस संघर्ष में ग़ज़ब का काम किया है।''

श्री प्रभाकर आगे लिखते हैं, ''हम दोनों अनायास सरक कर पास-पास हो गये और बातें करने लगे। जब मुझे भीतर से बुलावा आया तो मैं उठ गया पर इसी बीच मेरे मन पर जो भाव रेखाएँ खिंच गयी थीं उनकी प्रतिध्वनि थी, बहुगुणा नयी पीढ़ी के श्रेष्ठ राजनीतिज्ञ हैं। उनमें राजनीतिक सूझ-बूझ है। विभिन्न विषयों पर निजी सम्मति है और उनकी क्षमता कुछ कर गुज़रने को आकुल है।''

1962 के आम चुनाव की चर्चा करते हुए श्री प्रभाकर कहते हैं, ''उस चुनाव की उनकी सभी भविष्यवाणियाँ सही उतरी थीं परन्तु नेहरू के फूलपुर निर्वाचन क्षेत्र के बारे में एक जगह कही उनकी बात कसौटी पर खरी नहीं उतरी थी। उन्होंने इसके कारणों की खोज के लिए इलाहाबाद जाने का निश्चय किया। इसी बीच जब उनकी भेंट हेमवती नन्दन बहुगुणा से हुई और उन्होंने उनसे अपनी शंका का समाधान पूछा तो बहुगुणा ने तत्काल उत्तर दिया था, ''मैंने भी इस प्रश्न पर सोचा है और मेरा विचार है कि गुप्त जी के कार्यकाल में बाग़ों पर जो टैक्स लगा था वह जनभावना के विरुद्ध था। उसी का असर वोटों पर पड़ा है।'' बहुगुणा के इस कथन की पुष्टि श्री प्रभाकर को फूलपुर क्षेत्र का दौरा करते समय एक देहाती बूढ़े की ज़ुबानी हुई। उसी समय वे बहुगुणा की सूक्ष्म दृष्टि के क़ायल हो गये। कहानी कुछ इस प्रकार थी, ''जब नेहरू अपने चुनाव क्षेत्र में गये तो लोगों ने शिकायत की कि बाग़ों पर कभी टैक्स नहीं लगा था, लग गया है, अब शायद मन्दिर-मस्जिदों पर भी लगेगा। नेहरू ख़ूब भड़के, सभा में टैक्स को बेहूदा बताया और उसके हटने का आश्वासन दिया। मुख्यमन्त्री चन्द्रभानु गुप्त नेहरू जी के साथ ही थे। नेहरू जी ने मान लिया कि टैक्स हट भी जायेगा, पर वह हटा नहीं। चुनाव से पहले नेहरू फिर अपने निर्वाचन क्षेत्र में गये, तो लोगों ने सभा के बीच उन्हें टोका और उनका वायदा याद दिलाया। उन्होंने सभा में ही बेहद नाराज़गी ज़ाहिर की। उत्तर प्रदेश सरकार को भला-बुरा कहा और यह भी कहा कि देखता हूँ यह कैसे नहीं हटता। पर उनके देखते रहने पर भी वह नहीं हटा और यह जनभावना बनी, नेहरू भला आदमी है पर वह कुछ कर नहीं सकता।''

बहुगुणा का अध्ययन शत-प्रतिशत ठीक था। उस समय बहुगुणा से प्रश्नवार ने कहा था, ''प्रधानमन्त्री को चाहिए कि आपको, राजनीति से हटाकर जनगणना अध्ययन संस्थान का निदेशक बना दें।'' बहुगुणा का उत्तर था, ''राजनीतिज्ञ का नम्बर एक कार्य ही जनगणना का अध्ययन है। इसके बिना वह निर्माण का कार्य कर ही नहीं सकता।'' बहुगुणा की बात सही थी। वे साथियों, नेताओं और जनता का अध्ययन करते थे

और उनके अनुसार अपनी योजना बनाते थे। इसी कारण उनकी योजनाएँ काल्पनिक नहीं, पूरी तरह व्यावहारिक होती थीं। कोरा आदर्शवाद उन्हें नहीं सुहाता था। नक़ली प्रशंसा के मुक़ाबले वे असली निन्दा पसन्द करते थे। इस आशय के अनुभव का उल्लेख करते हुए प्रभाकर कहते हैं, कांग्रेस तब तक बँटी न थी। चन्द्रभानु गुप्त और कमलापति दोनों ही कांग्रेस के नेता थे, पर दोनों में गहरा तनाव था। एक की आँख को दूसरा सुहाता न था। तुम रहोगे या मैं, ऐसी भावना थी। गुप्त का प्रभाव शासन पर था, त्रिपाठी का संगठन पर। दोनों जूझ रहे थे। इन्हीं परिस्थितियों में मध्यावधि चुनाव सामने आ गये। गुप्त को उनकी पैंसठवीं वर्षगाँठ पर पैंसठ लाख की थैली मिल चुकी थी। जो कांग्रेसी भीतरी स्थिति को जानते थे, वे यह मानते थे कि कांग्रेस का टिकट गुप्त गुट से सम्बद्ध जिन लोगों को मिलेगा, उनको जिताने के लिए तो रुपया बरसेगा ही, दूसरे लोगों को हराने के लिए भी रुपया बहेगा। स्थिति विस्फोटक थी। इस स्थिति के घने कुहासे में पराजय की मुस्कान बहुतों ने देखी पर विजय का स्वप्न देखा सबसे पहले बहुगुणा ने।

दोनों नेताओं के बीच उन्होंने समझौता कराने का इरादा बाँधा। दोनों को एक–दूसरे के प्रति मुलायम किया तब गुप्ता जी को पहला झटका दिया, ''क्या आप चुनाव में हारी हुई कांग्रेस के नेता रहकर मुख्यमन्त्री बन सकते हैं?'' अब गुप्त जी की दुखती नस उनकी उँगली के नीचे थी। ''क्या गुप्ता जी को मुख्यमन्त्री बनाना स्वीकार कर कांग्रेस की विजय सुरक्षित करना हमारे लिए महँगा सौदा है?'' यह पासा उन्होंने कमला त्रिपाठी के सामने फेंका। त्रिपाठी जी का विवेक सदा जाग्रत रहता था। वे तो कांग्रेस की जीत के लिए कुछ भी करने को तैयार थे। बहुगुणा को बहुतों ने भला-बुरा कहा, पर वे अपनी जगह टिके रहे। चुनाव में कांग्रेस जीत गयी। प्रभाकर कहते हैं, ''ऐसे समय ही नहीं, मैंने बहुत बार बहुगुणा को निकट से देखा-परखा था कि उनमें अपने को झटककर भीड़ से अलग खड़े हो जाने और उलटी धार में तैरने की अद्भुत क्षमता थी। वे राजनीति के स्वयंसेवक थे। वे राजनीति के संचालक और राजनीति के चिन्तक थे। उनके निर्णयों में गम्भीरता थी, उनमें निर्णयों को कार्यान्वित करने की सजगता थी। श्रम करना, जुट जाना, जुटे रहना उनका स्वभाव था। ख़ास बात यह है कि वे हार में अधीर नहीं होते थे, कल की विजय का विश्वास नहीं खोते थे। यदि मैं यह कहूँ कि वे राजनीतिक अखाड़े के ऐसे पहलवान थे, जिन्हें वहीं की कुश्ती के दोनों दाँव (जोड़ और तोड़) पूरी तरह से मालूम थे, तो अतिशयोक्ति न होगी। तभी तो उनके पैर उन्हें कहाँ से कहाँ ले गये।''

''वे खुलकर बातें करते थे, खिलकर बातें कहते थे। उनकी बातों में लोहिया जी की चौपाल का मज़ा भी होता था और रफ़ी साहब की मन्त्रणा का सार भी। मतलब यह कि वे घण्टों बातें करते थे और मिनटों में भी। अपनी बातों में वे सरस भी थे और सजग भी।

कहीं वे मंच वालों में भी अपनी जगह पहचानते थे और मंच के नीचे वाले मज़दूरों में भी। वे अपने कपड़े देखकर अपनी जगह चुनते थे, वे अपनी जेब देखकर सौदा करते थे। ज़्यादा क़ीमत का सामान सामने हो, तो उस पर ललचाते नहीं थे, उसे बाद में ख़रीदने की चीज़ मानकर काम में लग जाते थे।''

पद्मश्री कन्हैया लाल मिश्र 'प्रभाकर' की क़लम से बहुगुणा के गुणों का वर्णन एक बात तो पूरी तरह स्पष्ट कर देता है कि उनके व्यक्तित्व में एक आकर्षण था और वे असाधारण व्यक्ति थे। वे समन्वय के पक्षधर थे, लेकिन ऐसे समन्वय के विरोधी थे जो सिद्धान्तों के साथ समझौता करने पर विवश करे।

अध्याय 7

इन्दिरा कांग्रेस और बहुगुणा

पं. जवाहरलाल नेहरू की मृत्यु के बाद यदि श्रीमती इन्दिरा गाँधी चाहतीं तो प्रधानमन्त्री की कुर्सी पर क़ाबिज़ हो सकती थीं क्योंकि बहुमत उनके पक्ष में था और नेहरू जी ने उन्हें ऐसे साँचे में ढाला था कि वे उनके न रहने पर उनकी कुर्सी को सँभाल सकें। कांग्रेस पार्टी ने लोकतान्त्रिक मर्यादा और परम्परा का निर्वाह करते हुए लाल बहादुर शास्त्री जी को संसदीय दल का नेता चुना। कहते हैं कि पं. जवाहरलाल की भी यही इच्छा थी। शास्त्री जी केवल अट्ठारह महीने देश के प्रधानमन्त्री रहे लेकिन उन्होंने इस अल्पावधि में जो छाप भारतीय राजनीति पर छोड़ी, उसकी कोई उपेक्षा नहीं कर सकता। लाल बहादुर शास्त्री के आकस्मिक निधन के साथ ही श्रीमती इन्दिरा गाँधी को प्रधानमन्त्री की वह कुर्सी मिल गयी जो उन्हें 1964 में ही मिल सकती थी।

इस पद के लिए उनका चुनाव सर्वसम्मत नहीं था बल्कि वे श्री मोरारजी देसाई को हराकर पार्टी की नेता बनी थीं। उन्हें उन नेताओं का समर्थन मिला था जो अपने नेहरू विरोध के कारण प्रसिद्ध थे। इन नेताओं को यह आशा थी कि श्रीमती गाँधी उनके हाथों की कठपुतली बनकर रहेंगी। 1966 से 1969 तक का घटनाक्रम बताता है कि श्रीमती गाँधी इन यथास्थितिवादियों के चंगुल से शीघ्र छूटने के लिए कुलबुलाने लगी थीं। दरअसल श्रीमती गाँधी 1966 से 1969 तक शतरंज की वह बादशाह थीं, जो हर तरफ़ से अर्दब में हो। विरोधियों से कहीं अधिक कांग्रेसी दिग्गजों ने उन्हें घेर रखा था। उप-प्रधानमन्त्री मोरारजी देसाई से उनका टकराव बना हुआ था। कामराज ख़ुश थे क्योंकि उनके समर्थन से इन्दिरा गाँधी प्रधानमन्त्री बनी थीं।

1969 में राष्ट्रपति ज़ाकिर हुसैन की आकस्मिक मृत्यु हो गयी। कांग्रेस के तमाम अन्तर्विरोध सतह पर आ गये। यह मौत कांग्रेस के सिपहसालारों के लिए एक पैगाम लेकर आयी थी, 'अपना फ़ैसला कर लो।' वे इस कार्य में जुट गये और जुलाई में बंगलौर में बुलाई गयी कांग्रेस महासमिति की बैठक में संसदीय बोर्ड में यह सवाल उठा दिया कि राष्ट्रपति पद के लिए पार्टी का उम्मीदवार कौन हो? श्रीमती इन्दिरा गाँधी चाहती थीं कि राष्ट्रपति ऐसा हो जिससे उनका तालमेल ठीक रहे, वरना संविधान

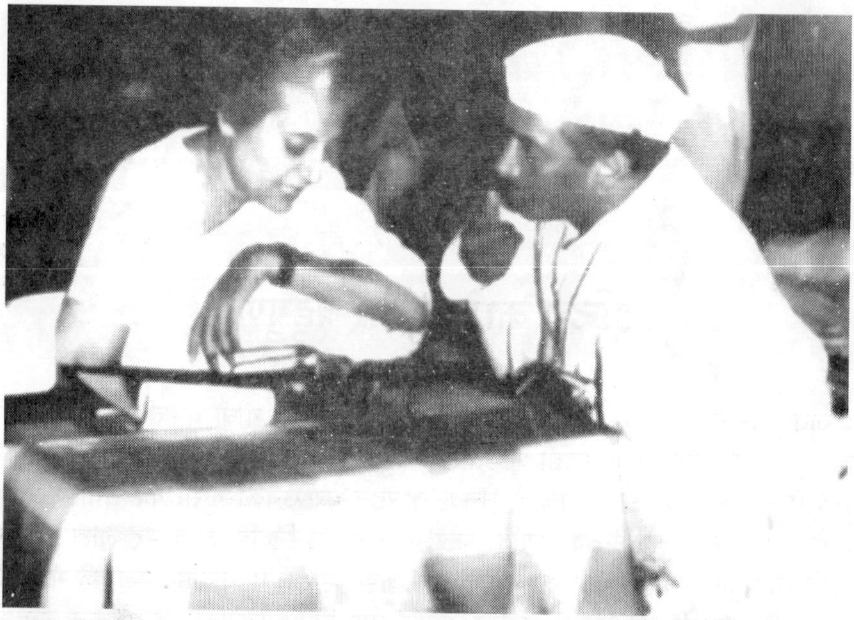

सन् 1971 कांग्रेस अधिवेशन में : बहुगुणा श्रीमती इन्दिरा गाँधी के साथ

सन् 1970 के एक कार्यक्रम में : पं. कमलापति त्रिपाठी, हेमवती नन्दन बहुगुणा, श्री जगजीवन राम एवं फख़रुद्दीन अली अहमद के साथ (बायें से दायें)

में लिखित व्यवस्था के अनुसार राष्ट्रपति को जो अधिकार दिये गये हैं, उनका प्रयोग वह न जाने कैसे करेगा। इस बात की चिन्ता होना स्वाभाविक था। उस समय के कांग्रेस अध्यक्ष निजलिंगप्पा, के. कामराज, अतुल्य घोष, एस.के. पाटिल, चन्द्रभानु गुप्त सहित कुछ वरिष्ठ कांग्रेसियों का समूह 'सिंडीकेट' के नाम से जाना जाता था। श्रीमती गाँधी संगठन में अल्पमत में थीं। सरकार पर भी उनका पूरा नियन्त्रण न था। ऐसे में मनोनुकूल राष्ट्रपति के न होने से वे तरह-तरह की आशंकाओं से घिर गयीं। श्रीमती गाँधी यह ख़तरा मोल लेने को तैयार न थीं। 15 जुलाई, 1969 को आठ सदस्यों के संसदीय बोर्ड में जब मतदान की नौबत आयी, तो देखा गया कि श्रीमती इन्दिरा गाँधी के साथ जगजीवन राम और फख़रुद्दीन अली अहमद हैं। जिन पाँच सदस्यों के बहुमत से संजीव रेड्डी का नाम तय हुआ उनमें यशवन्त राव चव्हाण भी निकल आये। श्रीमती गाँधी का चव्हाण पर बहुत भरोसा था। उन्हें विश्वास था कि वे बाबू जगजीवन राम के नाम का समर्थन करेंगे। इससे कम-से-कम दोनों ओर चार-चार सदस्य हो जाते और तत्काल फ़ैसला हो जाता। सिंडीकेट के बहुमत के कारण कांग्रेस संसदीय बोर्ड ने संजीव रेड्डी को राष्ट्रपति पद के लिए अपना उम्मीदवार घोषित कर दिया।

ऐसी परिस्थिति नेहरू जी के समय में भी दो बार उत्पन्न हुई थी। एक बार जब वे राजगोपालाचारी को तथा दूसरी बार जब डॉ. राधाकृष्णन को राष्ट्रपति बनाना चाहते थे। परन्तु उन्होंने दोनों बार अपने सहयोगियों की भावनाओं को शिरोधार्य किया। उन्होंने यह कभी नहीं सोचा था कि कोई भी राष्ट्रपति उनके प्रधानमन्त्रित्व के लिए संकट पैदा कर सकता है। इस पर उन्हें न कभी अपमान महसूस हुआ और न ही कभी अपनी कुर्सी हिलती दिखाई दी।

इसमें एक दिलचस्प तथ्य यह था कि मोरारजी देसाई कभी भी सिंडीकेट की पसन्द नहीं थे परन्तु इन्दिरा जी के विरोधी होने के कारण हमेशा सिंडीकेट के साथ ही खड़े पाये गये। चन्द्रशेखर के नेतृत्व में अपेक्षाकृत छोटी आयु के नेताओं का समूह मोरारजी देसाई पर पार्टी के अन्दर ही रहकर भरपूर वार कर रहा था। श्रीमती गाँधी उन पर भीतर और बाहर से हो रहे आक्रमण का पूरा लाभ उठाना चाहती थीं। संसदीय बोर्ड में यशवन्त राव चव्हाण के अतिरिक्त जिन चार सदस्यों ने प्रधानमन्त्री के प्रस्ताव को ठुकराया, वे थे, निजलिंगप्पा, के. कामराज, एस.के. पाटिल और मोरारजी देसाई। उस बैठक में श्रीमती गाँधी यह कहकर उठी थीं, "आप लोग इसके परिणाम के लिए तैयार रहिए।"

संसदीय बोर्ड द्वारा श्री संजीव रेड्डी की उम्मीदवारी की घोषणा को दुर्भाग्यपूर्ण बताते हुए श्रीमती इन्दिरा गाँधी की प्रतिक्रिया थी कि कांग्रेस एवं विपक्षी दलों की सहमति वी.वी. गिरि के लिए थी। इसलिए कांग्रेस को राष्ट्रपति पद हेतु उन्हीं को उम्मीदवार घोषित करना चाहिए था। कांग्रेस के अन्दर विस्फोटक स्थिति थी। पुराने नेताओं, के. कामराज, अतुल्य घोष, एस.के. पाटिल आदि, जिनके सहयोग से

श्रीमती इन्दिरा गाँधी प्रधानमन्त्री बनी थीं, को यह विश्वास था कि वे उन्हें नष्ट करना चाहती हैं। इन्दिरा जी महसूस करती थीं कि पुराने नेता उन्हें कुर्सी से गिराना चाहते हैं। ऐसा आपसी अविश्वास कांग्रेस में सदा से ही था, लेकिन आम आदमी ने उसका खुलेआम स्वाद पहली बार चखा। दोनों पक्ष अपने अस्तित्व के लिए संघर्षरत थे। इस संघर्ष का प्रारम्भ श्रीमती इन्दिरा गाँधी द्वारा बैंकों के राष्ट्रीयकरण प्रस्ताव से हुआ। इस पर जुलाई 1969 में बंगलौर कांग्रेस अधिवेशन में संसदीय बोर्ड में गम्भीर चर्चा हुई थी। एस. निजलिंगप्पा, एस.के. पाटिल एवं मोरारजी देसाई ने विशेष रूप से प्रस्ताव का विरोध किया था। अन्ततोगत्वा 15 जुलाई को अखिल भारतीय कांग्रेस कमेटी ने प्रस्ताव को संस्तुति दे दी और कांग्रेस ने समाजवाद के मार्ग को अपनाने की घोषणा की। श्रीमती इन्दिरा गाँधी ने सिंडीकेट के नेताओं को दरकिनार करने के लिए वामपन्थी तेवर अपनाये और स्वयं को आम आदमी के रहनुमा के रूप में प्रस्तुत किया।

बहुगुणा पहले ही समाजवादी विचारधारा के थे। उन्होंने प्रधानमन्त्री की आर्थिक नीतियों की सराहना करते हुए लखनऊ से वक्तव्य दिया कि इसका स्वागत देश के सभी नागरिकों को करना चाहिए। इन्दिरा जी को भेजे बधाई-पत्र में उन्होंने आशा एवं विश्वास व्यक्त किया कि उनके नेतृत्व में कांग्रेस एवं देश एक प्रगतिशील सामाजिक व्यवस्था की ओर अग्रसर होगा। उन्होंने कहा, ''इन्दिरा जी ने सही समय पर सही क़दम उठाया है क्योंकि यह नितान्त आवश्यक था कि अर्थव्यवस्था पर चन्द लोगों के एकाधिकार को समाप्त कर एक ऐसे नये समाज की स्थापना हो जो देश के ग़रीबों की आकांक्षाओं के अनुरूप हो।''

लोगों का अनुमान था कि बंगलौर से लौटने पर इन्दिरा गाँधी पहला वार चव्हाण पर करेंगी, पर उन्होंने देसाई से वित्त मन्त्रालय ले लिया, साथ ही राष्ट्रीयकरण एवं रजवाड़ों की थैलियाँ समाप्त करने का बिगुल बजाया। 19 जुलाई, 1969 को राष्ट्रपति ने चौदह बैंकों का राष्ट्रीयकरण अध्यादेश जारी किया। श्री जयप्रकाश नारायण ने उसे श्रीमती इन्दिरा गाँधी का एक ऐसा 'मास्टर स्ट्रोक' (गहरा वार) बताया जिसने 1971 में होने वाले चुनाव तक उनकी स्थिति सुरक्षित कर दी। लेकिन सारा दारोमदार राष्ट्रपति के चुनाव पर था। संजीव रेड्डी और वी.वी. गिरि दोनों ने नामांकन पत्र भरा। चुनाव 16 अगस्त को था। सभी प्रान्तों में कांग्रेसियों ने पक्ष लेना प्रारम्भ कर दिया। गुजरात, महाराष्ट्र, उत्तर प्रदेश आदि ने संजीव रेड्डी को समर्थन की घोषणा कर दी। उत्तर प्रदेश में चन्द्रभानु गुप्त एवं कमलापति त्रिपाठी ने कांग्रेस के संयुक्त संसदीय दल की बैठक में संजीव रेड्डी को समर्थन देने की घोषणा की।

श्रीमती इन्दिरा गाँधी एवं जगजीवन राम ने संजीव रेड्डी का नामांकन प्रस्तावित किया था किन्तु पूरा देश जानता था कि सिंडीकेट को सबक सिखाने के लिए वे वी.वी. गिरि का साथ देंगी। चुनाव के कुछ दिनों पहले श्रीमती इन्दिरा गाँधी ने 'आत्मा की आवाज़' पर वोट देने का आह्वान किया जबकि कांग्रेस अध्यक्ष निजलिंगप्पा ने

सभी कांग्रेसियों को संजीव रेड्डी को वोट देने का निर्देश जारी कर दिया। शायद यह श्रीमती इन्दिरा गाँधी का सबसे महत्त्वपूर्ण संघर्ष था। समस्त विश्व की निगाहें भारत में होने वाले राष्ट्रपति के चुनाव पर लगी हुई थीं। बैंकों के राष्ट्रीयकरण के कारण सभी वामपन्थी दल एवं व्यक्ति इन्दिरा जी के साथ थे। वी.वी. गिरि की पराजय का अर्थ था श्रीमती गाँधी का इस्तीफ़ा। कांग्रेस के दोनों पक्षों में डटकर संघर्ष हुआ।

उत्तर प्रदेश न केवल इन्दिरा गाँधी का अपना गृह प्रान्त था बल्कि यहाँ सर्वाधिक वोट भी थे जो चुनाव के रुख़ को निर्धारित कर सकते थे। कांग्रेस विघटन के कगार पर थी। निष्ठावान, अनुशासित एवं पुराने कांग्रेसी दुखी एवं दुविधा की स्थिति में थे। उत्तर प्रदेश की कांग्रेस में उस समय दो ही गुट थे। चन्द्रभानु गुप्त, मुख्यमन्त्री एवं कमलापति त्रिपाठी कांग्रेस अध्यक्ष, दोनों ने उत्तर प्रदेश के सभी सांसदों एवं विधानसभा सदस्यों से संजीव रेड्डी को ही वोट देने की अपील की। बयान में कहा गया कि रेड्डी एक योग्य एवं अनुभवी नेता हैं और उस चुनाव पर अखिल भारतीय कांग्रेस कमेटी एवं उत्तर प्रदेश कांग्रेस कमेटी की प्रतिष्ठा निर्भर है। उन्होंने राष्ट्रीय महत्त्व के इस चुनाव में सतर्क रहने का आह्वान किया।

उत्तर प्रदेश में अगर उस समय कोई व्यक्ति खुलेआम श्रीमती गाँधी के साथ था– तो वह था हेमवती नन्दन बहुगुणा। उस समय वे उत्तर प्रदेश कांग्रेस कमेटी के महामन्त्री थे। समाजवादी विचारधारा से ओत-प्रोत बहुगुणा की मान्यता थी कि यह चुनाव व्यक्तियों के बीच नहीं बल्कि प्रगतिशील एवं प्रतिगामी विचारधाराओं के बीच था। श्रीमती इन्दिरा गाँधी ने उनसे सम्पर्क कर गिरि के पक्ष में माहौल बनाने का अनुरोध किया। उस समय वे एक दुर्घटना में घायल होकर बलरामपुर अस्पताल, लखनऊ में भर्ती थे। पूरे पैर पर प्लास्टर चढ़ा था किन्तु वे शान्त बैठने वाले व्यक्ति नहीं थे। बाबू (कमलापति त्रिपाठी) का पुत्रसम स्नेह बहुगुणा को प्राप्त था। उन्होंने कमलापति त्रिपाठी को नीतिगत आधार पर काफ़ी प्रयास के बाद वी.वी. गिरि का समर्थन करने के लिए राजी कर लिया। उनके आग्रह पर त्रिपाठी जी ने कई बार श्रीमती इन्दिरा गाँधी से फ़ोन पर बात भी की। परिणामस्वरूप चुनाव के एक दिन पूर्व 15 अगस्त को पं. कमलापति त्रिपाठी ने कांग्रेस के राष्ट्रीय अध्यक्ष निजलिंगप्पा को तार भेजा कि वे कांग्रेसियों को स्वतन्त्र रूप से वोट देने का अधिकार प्रदान कर कांग्रेस पार्टी को टूटने से बचा लें। उन्होंने आत्मा की आवाज़ पर मत देने का आह्वान किया। फलस्वरूप उत्तर प्रदेश के मतों से ही वी.वी. गिरि की विजय सुनिश्चित हुई।

उत्तर प्रदेश के परिणाम ने सम्पूर्ण राष्ट्र को चकित कर दिया। संजीव रेड्डी को यहाँ से जीत का पूरा विश्वास था, यहाँ का मुख्यमन्त्री उनके साथ था। गिनती शुरू हुई तो वी.वी. गिरि के समर्थकों को हताशा दिखाई दी किन्तु पहले चक्र की गिनती की समाप्ति पर गिरि की स्थिति में सुधार आया। उत्तर प्रदेश से वी.वी. गिरि को 181 मत और संजीव रेड्डी को 139 मत मिले जिसने उनकी विजय सुनिश्चित कर दी।

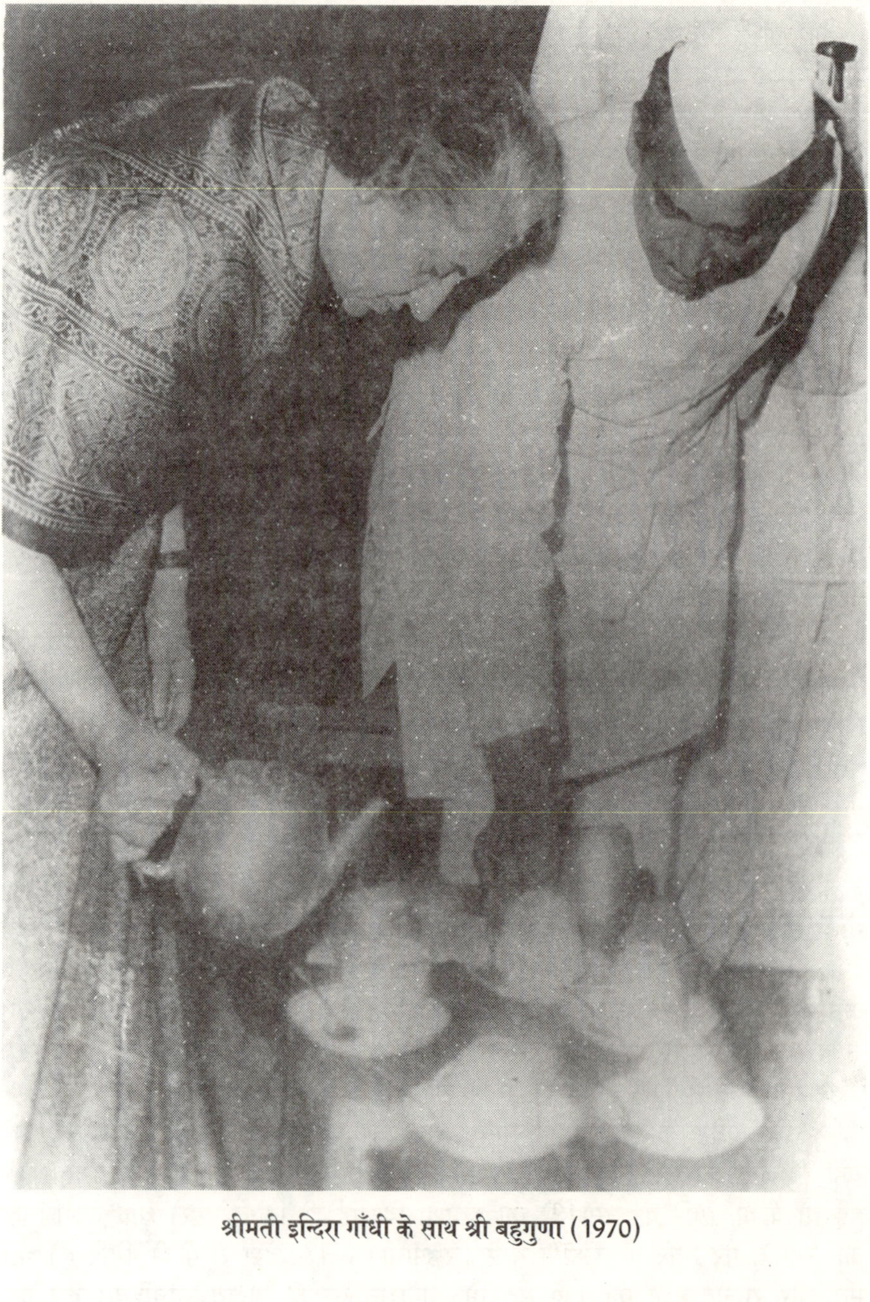

श्रीमती इन्दिरा गाँधी के साथ श्री बहुगुणा (1970)

अगले दिन के अख़बारों में रोचक प्रतिक्रियाएँ प्रकाशित हुईं। राजनीतिक पण्डित चकित रह गये और सभी समाचार-पत्रों ने स्वीकार किया कि सबसे आश्चर्यजनक परिणाम उत्तर प्रदेश का था। संजीव सेड्डी के समर्थकों ने कुछ कांग्रेसियों को विश्वासघाती कहकर पुकारा जिस पर बहुगुणा की तीखी प्रतिक्रिया थी। उनका कहना था कि इस पर कांग्रेस को गम्भीरता से विचार करना चाहिए कि दल में ऐसी स्थिति क्यों उत्पन्न हुई ताकि भविष्य में दुबारा ऐसा संकट पैदा न हो। उन्होंने खेद व्यक्त किया कि मुद्दे पर गम्भीर विचार करने के स्थान पर दल के कुछ सदस्य युद्ध का बिगुल बजा रहे हैं जो अत्यन्त दुखदायी है। अन्ततोगत्वा वी.वी. गिरि की विजय सिंडीकेट की पराजय और श्रीमती इन्दिरा गाँधी के नेतृत्व में प्रगतिशील विचारधारा की विजय मानी गयी।

1967 से 1969 तक का समय उत्तर प्रदेश की राजनीति में काफ़ी महत्त्वपूर्ण था। कांग्रेस के अन्तर्विरोध ने पार्टी को बहुत कमज़ोर कर दिया था। 1967 के आम चुनाव के तत्काल पश्चात चरण सिंह ने कांग्रेस से त्याग-पत्र दिया और कुछ कांग्रेसी विधायकों व विपक्षी दलों के साथ मिलकर संविद सरकार बनायी। कांग्रेस विपक्ष में आ गयी। संविद सरकार चल नहीं पायी और गिर गयी। परिणामस्वरूप 1969 में मध्यावधि चुनाव घोषित हो गये।

1969 का वर्ष कांग्रेस एवं बहुगुणा दोनों के लिए विशेष रूप से महत्त्वपूर्ण था। इस वर्ष कई ऐसी घटनाएँ घटित हुईं जिनसे देश व कांग्रेस के इतिहास में एक नवीन मोड़ आया। यह वर्ष बहुगुणा के जीवन में भी अहम सिद्ध हुआ क्योंकि उसने उनकी राजनीति को नया मोड़ दिया था।

1969 में बहुगुणा उत्तर प्रदेश कांग्रेस कमेटी के महामन्त्री थे। प्रदेश में विधानसभा का मध्यावधि चुनाव था और कांग्रेस के लिए संघर्ष कठिन था। चौधरी चरण सिंह ने कांग्रेस से इस्तीफ़ा देकर भारतीय क्रान्ति दल बना लिया था जो पिछड़ी जातियों को अपनी ओर खींच रहा था। मुस्लिम मजलिस भी मुसलमानों को अत्यधिक आकर्षित कर रही थी। बहुगुणा ने पूरे प्रदेश का दौरा किया और वे अपने इलाहाबाद के बारा विधानसभा क्षेत्र को केवल दो ही दिन दे सके। उस पर भी चुनाव के दिन सुबह दस बजे क्षेत्र में ही उनकी गाड़ी दुर्घटनाग्रस्त हो गयी। उन्हें गम्भीर हालत में अस्पताल ले जाया गया। क्षेत्र में अफ़वाह फैली कि बहुगुणा की मृत्यु हो गयी। पोलिंग एजेंट तथा कार्यकर्ता मतदान केन्द्र छोड़कर अस्पताल की ओर भागने लगे। एक बजे दिन तक हज़ारों की भीड़ अस्पताल के इर्द-गिर्द जुट गयी। बहुगुणा की हालत गम्भीर थी। लोग उनके जीवन के लिए प्रार्थना कर रहे थे और भाग्य अपना खेल खेल रहा था। उनके प्राण तो बच गये परन्तु चुनाव हाथ से निकल गया। वे लगभग 450 मतों से परास्त हो गये। सभी स्तब्ध रह गये। उन्हें स्वस्थ होने में लगभग 10 माह लगे। वे पहले इलाहाबाद के स्वरूप रानी अस्पताल और फिर लखनऊ के बलरामपुर अस्पताल में भर्ती रहे।

बहुगुणा पहली बार चुनाव हारे थे। उनके क्षेत्र में हरिजन और मुसलमानों का बाहुल्य था जिनके वे मसीहा माने जाते थे और जिनके सहयोग पर उन्हें पूरा विश्वास था। वे जब लगभग सभी मुस्लिम मतदाता केन्द्रों से हारे तो उनके समर्थक बेहद दुखी और नाराज़ थे। उन्होंने क्रोध में बहुगुणा से कहा, "और करिए मुसलमानों की हिमायत, आख़िर उन्होंने आपको हरा दिया।" उत्तर मिला, "भाई शायद मेरे काम में कुछ कमी रह गयी, आख़िर मैं उनमें विश्वास क्यों नहीं पैदा कर सका?" उसके बाद उन्होंने मुसलमानों से अपना सम्पर्क और घनिष्ठ किया और वे बहुगुणा के मुरीद हो गये। लोग उन्हें मौलाना कहकर पुकारने लगे। आज भी भारतवर्ष का अल्पसंख्यक बहुगुणा के स्नेह एवं कृतित्व को याद करता है।

जिस समय बहुगुणा इलाहाबाद के स्वरूप रानी अस्पताल में थे, श्रीमती इन्दिरा गाँधी ने उनका मनोबल बढ़ाने के लिए उन्हें पत्र लिखा जिसमें कहा गया था कि चुनाव में पराजय से हताश होने की आवश्यकता नहीं है। भविष्य में उन्हें कई महत्त्वपूर्ण भूमिकाएँ निभानी हैं। पार्टी एवं देश को उनकी ज़रूरत है।

चुनाव समाप्त हुआ। कांग्रेस का बहुमत बना और चन्द्रभानु गुप्त उत्तर प्रदेश के मुख्यमन्त्री बने। वे बहुगुणा को अपने मन्त्रिमण्डल में शामिल करने के इच्छुक थे। उन्होंने कई बार बहुगुणा से बलरामपुर अस्पताल में भेंट की और विधान परिषद का सदस्य बनाने के साथ-साथ उन्हें मन्त्रिमण्डल में शामिल होने का निमन्त्रण दिया। परन्तु उन्होंने उत्तर दिया कि जनता ने उनका तिरस्कार किया है इसलिए वे अगले चुनाव की प्रतीक्षा करेंगे। वे राजनीति में पिछले दरवाज़े से प्रवेश के विरुद्ध थे।

जुलाई-अगस्त 1969 भारतीय राजनीति का अहम काल था क्योंकि इन दो माहों में जो घटनाएँ घटीं उनका देश पर दूरगामी प्रभाव पड़ा था। यहाँ तात्पर्य है बैंकों के राष्ट्रीयकरण एवं राष्ट्रपति के चुनाव से। श्रीमती गाँधी ने लोकसभा में अल्पमत होते हुए भी साम्यवादी तथा कुछ अन्य दलों के समर्थन से एक साल तक बहुमत बनाये रखा। 1971 में उन्होंने पूर्ण बहुमत पाने के लिए चुनाव घोषित कर दिया। उत्तर, दक्षिण, पूरब, पश्चिम चारों ओर इन्दिरा गाँधी की ही आँधी थी। कांग्रेस टूट गयी। इन्दिरा गाँधी ने अपने पक्ष की कांग्रेस का अध्यक्ष बाबू जगजीवन राम को बनाया और वह कांग्रेस (ज) के नाम से जानी गयी। निजलिंगप्पा कांग्रेस (सं.) के अध्यक्ष रहे।

श्रीमती इन्दिरा गाँधी ने 1969 में ही बहुगुणा को अखिल भारतीय कांग्रेस कमेटी का महामन्त्री नियुक्त कर दिया था। इस समय तक उन्हें उन पर पूरा विश्वास था। बहुगुणा ने भी व्यक्तिगत एवं सैद्धान्तिक आधार पर अपने नेता का भरपूर साथ दिया। दिल्ली में उनके पास रहने का स्थान नहीं था। सरदार जोगिन्दर सिंह सांसद थे और बाद में राज्यपाल भी रहे, 1 नं. इलेक्ट्रिक लेन में रहते थे। बहुगुणा ने उनके घर को अपना निवास बनाया। आजीवन कृतज्ञता मानते हुए वे कहते थे कि सरदार साहब ने पिता से बढ़कर उनकी देखभाल की थी। 1969 से 1971 के बीच उनका पूरा ख़र्च वे ही उठाते रहे।

कांग्रेस के महामन्त्री का दायित्व बहुगुणा ने बेहद ज़िम्मेदारी से निभाया। वे 14 से 16 घण्टे तक काम करते। इसी समय उन्होंने कांग्रेस की पत्रिका 'सेक्युलर इंडिया' भी प्रारम्भ की। वे इन्दिरा जी के सबसे निकटतम विश्वासपात्रों में थे और यह माना जाता था कि बहुगुणा जिसे चाहे चुनाव का टिकट दिलवा सकते हैं।

बहुगुणा की संगठनात्मक क्षमता की धाक जम गयी। इन्दिरा गाँधी स्वयं कहती थीं कि बहुगुणा हारते हुए चुनाव को जिताने की क्षमता रखता है। 1969 में हरियाणा में चुनाव था। कांग्रेस की स्थिति गम्भीर थी। इन्दिरा जी ने बहुगुणा को पर्यवेक्षक बना कर चुनाव की ज़िम्मेदारी सौंपी और कांग्रेस जीत गयी। इसके बाद उन्हें कुछ समय तक 'एच.एच.' (हरियाणा हीरो) कहकर पुकारा जाता रहा।

1971 के आम चुनाव में श्रीमती गाँधी ने देश में अखण्ड सत्ता स्थापित कर दी। 1971 में पाकिस्तान एवं बंगलादेश की लड़ाई में श्रीमती गाँधी का नेतृत्व और अधिक चमक उठा। पाक के दो टुकड़े होने तथा बंगलादेश के बनाने से भारत को जहाँ ख्याति मिली वहीं श्रीमती गाँधी अन्तरराष्ट्रीय स्तर की नेता बन गयीं।

1972 के बाद कांग्रेस पार्टी का कोई संगठनात्मक चुनाव नहीं हुआ। मुख्यमन्त्री बदल दिये गये। विधानमण्डल दल व कांग्रेस कमेटियाँ अस्तित्वहीन हो गयीं। कांग्रेस पार्टी अब पूरी तरह श्रीमती इन्दिरा गाँधी के नियन्त्रण में आ गयी थी। 1966 से 1969 तक के बीच कांग्रेस दिग्गजों की ओर से जो विरोध उन्होंने सहा था शायद उसी की प्रतिक्रिया में पार्टी के चुनाव स्थगित कर दिये गये थे, ताकि वैसी स्थिति फिर उत्पन्न न हो सके। उनकी मृत्यु तक यही स्थिति बनी रही। श्रीमती इन्दिरा गाँधी के वरिष्ठ कांग्रेसी नेताओं से संघर्ष का ही परिणाम था कि 1969 तथा 1978 में दो बार कांग्रेस का विभाजन हुआ। दोनों बार विभाजन की पहल श्रीमती गाँधी ने की। दोनों बँटवारों में अन्तर यह था कि 1969 में श्रीमती गाँधी प्रधानमन्त्री थीं। प्रधानमन्त्री होने के नाते, वे जो क़दम उठा सकती थीं उन्होंने उठाये। उस समय वे अनेक बड़े नेताओं से जकड़ी हुई थीं और उनसे मुक्ति चाहती थीं। किन्तु उन नेताओं की हैसियत कम नहीं आँकी जा सकती थी। उन्हें समाजवाद के आड़े आने के आरोप में मार्ग से हटा दिया गया था। परन्तु 1978 में कांग्रेस विभाजन के समय ऐसा कुछ न था। श्रीमती इन्दिरा गाँधी न तो प्रधानमन्त्री थीं, न ही उस चोटी के नेता थे और न ही कोई सैद्धान्तिक लड़ाई। 1978 में जितने भी भाषण हुए, सब में एक ही स्वर था, "ब्रह्मानन्द रेड्डी वग़ैरह के नेतृत्व में कांग्रेस चल नहीं सकती। कांग्रेस चलाना है तो श्रीमती गाँधी को अध्यक्ष बनाओ।" बार-बार ऐसा ऐलान कर समस्याओं पर विचार करने के लिए बुलाये गये अधिवेशन को कांग्रेस अधिवेशन मान लिया गया। उसी में श्रीमती गाँधी कांग्रेस की अध्यक्ष बन गयीं। कांग्रेस में पहली क़तार के नेताओं की संख्या कम होती जा रही थी। पार्टी में आन्तरिक चुनाव न होने के कारण महत्त्वपूर्ण पद व उन्नति उसी को प्राप्त हुई जिन पर श्रीमती गाँधी का विश्वास था या फिर संजय गाँधी का वरदहस्त

एक जनसभा में श्रीमती इन्दिरा गाँधी के साथ (1971)

था। प्रत्येक विभाजन के बाद असली कांग्रेस वह मानी गयी जिसमें श्रीमती इन्दिरा गाँधी थीं क्योंकि कांग्रेस और नेहरू परिवार को अलग नहीं किया जा सकता था। 1969 के बाद कुछ हद तक और 1978 के बाद पूर्णरूप से कांग्रेस नेतृत्व की किसी भी बात का विरोध करने का साहस किसी में न रहा। बोलने वाला निकाल फेंका जाता था। इन्दिरा जी के बाद क्या होगा, यह किसी ने नहीं सोचा।

श्रीमती इन्दिरा गाँधी द्वारा अपने विश्वासपात्रों, स्वाभिमानी तथा निष्ठावान कांग्रेस नेताओं को सन्देह के घेरे में लेना उनकी एक और भूल थी। इसके शिकार बहुगुणा भी हुए जो चालीस वर्षों तक कांग्रेस की सेवा करते रहे, उन्हें अन्ततोगत्वा कांग्रेस से इस्तीफ़ा देने के लिए बाध्य होना पड़ा।

अध्याय 8

संचारमन्त्री से मुख्यमन्त्री

1971 के लोकसभा चुनाव में इन्दिरा गाँधी के नेतृत्व में कांग्रेस दो-तिहाई बहुमत से विजयी होकर सत्ता में आयी। इस चुनाव में विपक्ष के नामी-गिरामी सूरमा चारों खाने चित हो गये। इस अभूतपूर्व सफलता में बहुगुणा का भी विनम्र योगदान था। बहुगुणा ने जिस कुशलता से चुनावों की ज़िम्मेदारी निभाई थी उसके कारण पूरे देश में चर्चा थी कि उन्हें अवश्य कोई महत्त्वपूर्ण मन्त्रालय सौंपा जायेगा। इसके विपरीत उन्हें केवल राज्य संचारमन्त्री का ही दायित्व सौंपा गया। ऐसा किसकी राय पर हुआ यह कहना कठिन है।

केन्द्रीय राज्य मन्त्री के रूप में शपथ लेते हुए (1971)

केन्द्रीय संचारमन्त्री के रूप में बहुगुणा प्रधानमन्त्री श्रीमती इन्दिरा गाँधी जी से मिलते हुए (1973)

किन्तु शायद उनके क़द को छोटा करने की नीयत से ही ऐसा किया गया था। सम्भवतः यह इन्दिरा गाँधी की उस कार्य शैली का परिणाम था जिसके कारण वे किसी भी समर्थ नेता से स्वयं को ख़तरा महसूस करती थीं। बहुगुणा ने बिना किसी प्रकार की आपत्ति के दो वर्षों तक बड़ी कुशलता से संचार मन्त्रालय का कार्यभार सँभाला। पद ग्रहण करते ही उन्होंने घोषणा की थी, "मैं देश का प्रथम डाकिया हूँ।" उनके इस वक्तव्य ने जनमानस का ध्यान सहज ही आकर्षित कर लिया। उस समय संचार मन्त्रालय अन्य मन्त्रालयों की तुलना में महत्त्वपूर्ण नहीं समझा जाता था। किन्तु अल्पावधि में ही बहुगुणा ने अपने परिश्रम से उसका महत्त्व बढ़ा दिया।

कांग्रेस के महासचिव पद पर रहते हुए बहुगुणा ने अपनी संगठनात्मक क्षमता की धाक पूरे देश में जमा ली थी और अब बारी थी प्रशासनिक योग्यता का परिचय देने की। उन्होंने संचार विभाग को नवीनतम तकनीकों से जोड़ा और संचार व्यवस्था का विस्तारण कर दूर-दराज के गाँवों तक उसकी सुविधाओं को पहुँचाने की योजना बनायी। भारतीय प्रशासनिक सेवा का वरिष्ठ अधिकारी इस मन्त्रालय का सचिव होता था। किन्तु पहली बार उन्होंने एक तकनीकी विशेषज्ञ को सचिव बनाया। अपने अधिकारियों से प्रथम परिचयात्मक बैठक में ही उन्होंने कहा था, "आपका सेवाकाल तो तीस वर्षों का है किन्तु एक मन्त्री के पास केवल पाँच वर्ष ही होते हैं। इसलिए मुझे छह गुना तेज़ी से काम करना होगा।" उनके कार्यकाल में व्यापक स्तर पर ग्रामीण क्षेत्रों में डाकघर खोले गये। साथ-ही-साथ सार्वजनिक टेलीफ़ोन लगाये गये। ग्रामीण एवं शहरी संचार व्यवस्था में चुस्ती लाने के लिए उन्होंने नये तरीक़े खोजे। अधिकारियों द्वारा भेजी गयी रिपोर्टों पर ही आश्रित न रहकर उन्होंने अपने कार्यालय में कुछ लोगों को इसलिए नियुक्त कर रखा था कि वे प्रतिदिन देश के किसी भाग में टेलीफ़ोन कर उस इलाक़े की संचार व्यवस्था पर लोगों की प्रतिक्रिया प्राप्त करें। इससे उन्होंने जड़ नौकरशाही को झकझोरा। फलस्वरूप अधिकारी अधिक चुस्त एवं कार्यशील हुए और संचार सेवाओं में सराहनीय सुधार आ गया। विभाग के संचालन में वे किसी का भी हस्तक्षेप नहीं होने देते थे। मन्त्री के रूप में राष्ट्रीय स्तर पर यह उनकी पहली परीक्षा थी। वे पूरी तरह से उसमें सफल हुए। देश में उनकी छवि एक अत्यन्त कुशल संगठनकर्ता एवं योग्य प्रशासक की बन गयी थी। उनकी सफलता इस बात से आँकी जा सकती है कि आज भी संचार मन्त्रियों की चर्चा होती है तो बहुगुणा बेहद सफल मन्त्री के रूप में याद किये जाते हैं।

बहुगुणा ने बड़ी कुशलता के साथ केन्द्र में संचारमन्त्री के हैसियत से कार्य किया। उनकी क्षमता को देखते हुए ही उन्हें 1973 में जलते हुए उत्तर प्रदेश की बागडोर सौंपी गयी थी। प्रदेश उस समय एक राजनीतिक संकट के दौर से गुज़र रहा था। पी.ए.सी. तथा पुलिस के विद्रोह ने शासन की धज्जियाँ उड़ा दी थीं। हड़तालें, आगजनी, तोड़-फोड़ से प्रदेश की अर्थव्यवस्था जर्जर हो चुकी थी। समूचा प्रान्त भय, अव्यवस्था और आतंक के दौर से गुज़र रहा था।

उत्तर प्रदेश का पी.ए.सी. विद्रोह तो आज़ादी के बाद की एक महत्त्वपूर्ण घटना थी। दरअसल मई 1973 में हुए इस विद्रोह का बीजारोपण एक दशक पूर्व हो चुका था। उत्तर प्रदेश पुलिस की तुलना में पी.ए.सी. की सेवा शर्तें अच्छी नहीं थीं। पी.ए.सी. के जवानों को हर समय गम्भीर परिस्थितियों से जूझने के लिए तैयार रहना पड़ता था। जहाँ कहीं स्थिति पुलिस के नियन्त्रण से बाहर होती, वहाँ शासन पी.ए.सी. के जवानों का प्रयोग करता। परन्तु सुविधा एवं शर्तों की माँग पर कोई विचार नहीं किया जा रहा था। पी.ए.सी. के जवानों में इस बात का भी असन्तोष था कि उनके अधिकारी उनसे घरेलू कार्य कराते हैं। ये जवान दस वर्षों से अपनी माँगों के लिए संघर्षरत थे परन्तु उन्हें कोई कुशल नेतृत्व नहीं मिल पा रहा था। 1972 में हैड कांस्टेबल स्तर के एक पी.ए.सी. जवान भदौरिया ने इसकी कमान सँभाली और पुलिस परिषद का गठन कर उसकी सदस्यता आरम्भ कर दी।

परिषद का गठन होते ही शासन और प्रशासन में खलबली मच गयी। उसने दमन का चक्र चला दिया। परिषद की लोकप्रियता बढ़ती गयी और पुलिस तथा पी.ए.सी. के जवान उससे जुड़ते गये। उधर शासन ने इसे भंग कर 'ग़ैर-राजपत्रित पुलिस संघ' को पुनर्जीवित करने का सुझाव दिया। परिषद के भंग न होने की स्थिति में अधिकारियों ने कुछ जवानों के माध्यम से ग़ैर-राजपत्रित पुलिस संघ को पुनर्जीवित कर उसकी सदस्यता शुरू कर दी। परिषद के सदस्यों ने इसका विरोध किया और आपस में ही संघर्ष छिड़ गया। विद्रोह की प्रथम चिनगारी कानपुर से 11 मई, 1973 को उस समय उठी, जिस समय प्रधानमन्त्री श्रीमती इन्दिरा गाँधी के निर्धारित कार्यक्रम की सुरक्षा हेतु पी.ए.सी. की कई-कई कम्पनियाँ कानपुर में एकत्रित थीं और परिक्षेत्र के पुलिस महानिरीक्षक उन्हें सम्बोधित कर रहे थे। अचानक जवानों ने 'पुलिस परिषद ज़िन्दाबाद' के नारे लगाते हुए अव्यवस्था पैदा कर दी। जवानों ने अपने संगठन को मज़बूत बनाने के लिए कानपुर के व्यापारियों से बलात् धन संग्रह किया और शासन इसलिए शान्त रहा क्योंकि वह नहीं चाहता था कि प्रधानमन्त्री के आगमन पर किसी तरह की अप्रिय स्थिति पैदा हो।

प्रदेश के तत्कालीन मुख्यमन्त्री पं. कमलापति त्रिपाठी बराबर केन्द्र से सीमा सुरक्षा बल तथा केन्द्रीय सुरक्षा बल की माँग कर रहे थे। परन्तु केन्द्र से अपेक्षित सहयोग नहीं मिला। उधर प्रदेश के पुलिस इंस्पेक्टर जनरल ए.के. दास ने जवानों से शान्ति की अपील की, परन्तु उन्होंने उसे नज़रअन्दाज़ कर दिया। परिषद के नेता भदौरिया भूमिगत होकर जवानों में जोश पैदा कर रहे थे। स्थिति उत्तरोत्तर दयनीय होती जा रही थी। 15 मई को आगरा में परिषद के सदस्यों ने जुलूस निकाला और ज़िलाधिकारी के आवास पर नारेबाज़ी की। सरकार कोई प्रभावकारी क़दम फिर नहीं उठा सकी क्योंकि तीन दिन बाद ही 18 मई को प्रधानमन्त्री सीतापुर दौरे पर आने वाली थीं।

उत्तर प्रदेश के मुख्यमन्त्री के रूप में शपथ लेते हुए (1974)

मुख्यमन्त्री के रूप में पहले दिन विधानभवन कार्यालय से निकलकर समर्थकों का अभिवादन स्वीकार करते हुए

20-21 मई को लखनऊ विश्वविद्यालय में पी.ए.सी. की तैनाती के बावजूद आग लग गयी। सन्देह था कि इस कार्य में पी.ए.सी. के जवानों का हाथ है। राजधानी में आतंक फैल गया और शासन सेना को बुलाने के लिए मजबूर हो गया। सेना की मदद से सीतापुर, शाहजहाँपुर तथा चुनार के पी.ए.सी. मुख्यालयों को अधीनस्थ कर लिया गया। परन्तु वाराणसी, कानपुर, रामनगर, इलाहाबाद, लखनऊ आदि स्थानों पर तैनात पी.ए.सी. और सेना के जवानों के बीच गोलियाँ चलीं और काफ़ी रक्तपात हुआ।

रामनगर में पी.ए.सी. कमांडेंट तथा मेजर जौली, जो निःशस्त्र जवानों से समझौते के लिए गये थे, को निर्दयता से भून दिया गया। विद्रोह की आग धधकती ही जा रही थी। प्रदेश की राजधानी लखनऊ में संकटपूर्ण स्थिति थी। आशंका थी कि बाग़ी जवान मुख्यमन्त्री की हत्या तक कर सकते हैं और विधानसभा भी आग के हवाले जा सकती है। राज्यपाल की सुरक्षा में लगे जवानों में बग़ावत के लक्षण दिखने लगे थे, इसलिए उन्हें बैरेक भेजकर राजभवन की सुरक्षा सेना के सुपुर्द कर दी गयी थी। बाद में समझौते के तहत पी.ए.सी. जवानों को निःशस्त्र कर सुरक्षा में वापस भेजा गया। बाराबंकी ज़िले के जहाँगीराबाद दुर्ग में पी.ए.सी. के जवानों ने अपने अधिकारियों के परिवारों को बन्धक बना रखा था, जिन्हें बाद में सेना ने किसी प्रकार से मुक्त कराया। विद्रोह के दौरान सैकड़ों जवान हताहत हुए और लगभग एक हज़ार जवानों को नौकरी से हाथ धोना पड़ा। परिषद के नेता जेल गये, उन पर मुक़दमा चला और मुख्यमन्त्री कमलापति त्रिपाठी की छवि धूमिल हुई। पार्टी के अन्दर तथा बाहर से उनके ख़िलाफ़ आवाज़ें उठने लगीं। फलस्वरूप 12 जून, 1973 को उन्होंने त्याग-पत्र दे दिया और प्रदेश में राष्ट्रपति शासन लागू हो गया।

पं. कमलापति त्रिपाठी को पदमुक्त करना तो आसान था, परन्तु प्रदेश की चुनौती को स्वीकार करना किसी के लिए भी कठिन था। श्रीमती गाँधी तथा अन्य केन्द्रीय नेताओं के पास उत्तर प्रदेश के लिए बहुगुणा के अलावा कोई विकल्प न था। वे प्रदेश के झुलसे हुए चेहरे को सँवारने के लिए बहुगुणा को उत्तर प्रदेश में भेजने के लिए मजबूर थे। दूसरी ओर प्रदेश की कांग्रेस में बहुगुणा की अच्छी पकड़ थी और कांग्रेस कार्यकर्ताओं में उनके प्रति निष्ठा थी। अन्ततोगत्वा हाईकमान के निर्देश पर बहुगुणा ने उत्तर प्रदेश की बागडोर सँभाल ली।

बहुगुणा के लिए मुख्यमन्त्री की कठोर परीक्षा के साथ-साथ उनके राजनीतिक जीवन की सबसे बड़ी चुनौती थी। फ़रवरी 1974 के प्रथम सप्ताह में विधानसभा के चुनाव होने थे। दो माह के अन्दर ही उन्हें जहाँ अस्त-व्यस्त प्रशासन को चुस्त-दुरुस्त कर हड़तालों और आन्दोलनों को दबाना था वहीं चुनाव के लिए भी कांग्रेस पार्टी के अनुकूल वातावरण बनाना था।

बहुगुणा भली-भाँति जानते थे कि उत्तर प्रदेश की प्राकृतिक और सामाजिक बनावट के अनुसार प्रशासनिक ढाँचे का गठन होना चाहिए क्योंकि एक इलाक़े की

प्रशासनिक आवश्यकताएँ दूसरे से भिन्न हैं। वे यह भी जानते थे कि सभी क्षेत्रों के विकास के बिना उसकी समृद्धि की परिकल्पना असम्भव है और इसके लिए सामूहिक ढंग से काम करना होगा। उन्होंने विधायक दल की बैठक में कहा था, ''सरकार का सर्वप्रथम कार्य प्रदेश की 9 करोड़ जनता की सेवा के लिए एक स्वच्छ, चुस्त और कुशल प्रशासन प्रदान करना है। हमारा एक ही नारा है, 'जनता की सेवा और ख़ुशहाली।' सरकारी कर्मचारी जनता की सेवा के लिए हैं, जिसमें अधिकतम निर्धन, दलित एवं ऐसे लोग हैं जिनके पास कुछ भी नहीं है। कर्मचारियों का कार्य केवल शान्ति व्यवस्था बनाये रखना ही नहीं है बल्कि सामाजिक एवं आर्थिक परिवर्तन भी लाना है और इसके लिए उन्हें अपना कर्तव्य बड़े साहस व सूझ-बूझ के साथ निष्ठापूर्वक निभाना है। हमारी सरकार हरिजनों के प्रति किसी प्रकार के अत्याचार व अन्याय को बर्दाश्त नहीं करेगी। यह सरकार उतने ही दिन चलेगी, जितने दिन वह जनता के आश्वासनों और इच्छाओं के अनुरूप कार्य करेगी। सरकार प्रदेश के सामाजिक व आर्थिक पिछड़ेपन को दूर करने के लिए कृत संकल्प है। प्रधानमन्त्री के सपनों को साकार करने के लिए हम हरसम्भव प्रयास करेंगे और राज्य के नाम के साथ जुड़े पिछड़े शब्द को हटाकर दम लेंगे। हमारी सरकार के फ़ैसले ऐसे होंगे, जिन्हें सदन में ही नहीं जनता की अदालत में भी बहुमत मिलेगा।''

उन्होंने बड़े धैर्य एवं साहस के साथ आन्दोलनों को बातचीत के ज़रिये समाप्त कराया। दो-चार माह के अन्दर ही ऐसा सिक्का जमा कि प्रदेश में बहुगुणा सर्वत्र छा गये। बहुगुणा ने कांग्रेस पार्टी की खोयी हुई राजनीतिक विश्वसनीयता को एक बार फिर क़ायम किया। छात्रों, अध्यापकों, मज़दूरों तथा कर्मचारियों के बीच स्वयं मौक़े पर जाकर फ़ैसले करना तथा उन्हें न्यायिक अधिकार प्रदान करने का जो काम बहुगुणा ने शुरू किया था, वह अद्‌भुत था। इसी का प्रतिफल था कि चारों ओर से उठने वाली आग की लपटें शान्त हो गयीं। दो माह के अन्दर ही भय, अव्यवस्था, अराजकता और अविश्वास के बादल छँट गये। बहुगुणा एक अरसे बाद ऐसे कांग्रेसी नेता के रूप में उभरे जिनका संगठन और सरकार पर पूरा नियन्त्रण था। आम जनता के साथ उनकी ओर से जो राजनीतिक संवाद जारी था, उसने बहुगुणा की छवि को एक नया आयाम प्रदान किया।

फ़रवरी 1974 के विधानसभा चुनावों में बहुगुणा की लहर थी। उस समय चौधरी चरण सिंह के नेतृत्व में समूचा विपक्ष कांग्रेस के विरुद्ध एकजुट था। कांग्रेस विरोधी माहौल में भी बहुगुणा ने चुनाव में बाज़ी जीत ली। चुनाव परिणामों के तहत 425 की विधानसभा में कांग्रेस के 213 सदस्य चुनकर पहुँचे। सिर्फ़ एक के बहुमत से सरकार बनाना अत्यधिक कठिन कार्य था फिर भी उन्होंने खुले दिल दिमाग़ से सी.पी.आई. और अन्य प्रगतिशील घटकों के समर्थन से 12 सदस्यों का मन्त्रिमण्डल बना दिया। प्रदेश के मन्त्रिमण्डल में पहली बार सभी समुदायों, धर्मों, जातियों को प्रतिनिधित्व मिला। पहली बार उत्तर प्रदेश में एक सिख को मन्त्रिमण्डल में शामिल किया गया था।

बहुगुणा ने उत्तर प्रदेश की राजनीति में परम्परा एवं परिवर्तन का समन्वय किया। 1974 तक उत्तर प्रदेश में हुए मुख्यमन्त्रियों में से वे सबसे युवा मुख्यमन्त्री थे। स्वतन्त्रता आन्दोलन, छात्र एवं ट्रेड यूनियन आन्दोलन पार कर वे इस पद पर पहुँचे थे। इसी का परिणाम था कि हर वर्ग से उनका तत्काल संवाद स्थापित हो जाता था। इतना ही नहीं वे गंगा-जमुनी संस्कृति के सच्चे वारिस थे, इसलिए उन्होंने अपने प्रान्त और अपनी राजनीति को व्यापक आयाम प्रदान किये।

उत्तर प्रदेश के लिए उनका एक स्वप्न था। उनकी एक महान योजना थी। वे इस प्रदेश को एक समृद्ध एवं ख़ुशहाल प्रदेश बनाना चाहते थे ताकि वह नवीन भारत के निर्माण में सकारात्मक योगदान दे सके। उनका मत था, ''राष्ट्र या तो एकजुट होकर आगे बढ़ता है, या फिर टूट जाता है।''

चुनाव जीतने के बाद बहुगुणा को अपने वायदे पूरे करने थे। उन्होंने अपने हाथ में सबसे पहले दो काम लिए– पहला था प्रशासन को सक्षम एवं उद्देश्यपरक बनाना तथा दूसरा था संसाधन जुटाना। उन्होंने सरकार की नीतियों को युद्धस्तर पर कार्यान्वित करने के लिए, जहाँ लाल फीताशाही को समाप्त किया, वहीं कर्मचारियों की न्यायोचित माँगों के प्रति सहानुभूतिपूर्ण रुख़ अपनाते हुए लाखों कर्मचारियों को केन्द्र के बराबर अतिरिक्त महँगाई भत्ता देने का जोख़िमपूर्ण कार्य किया।

1974-75 में उत्तर प्रदेश के लिए योजनान्तर्गत केन्द्रीय अनुदान पर्याप्त न था। अतिरिक्त धनराशि जुटाने के लिए बहुगुणा ने सरकार के ख़र्चों में कटौती कर साथ–साथ क़ई क्षेत्रों में कर बढ़ाया। उन्होंने बिजली उत्पादन में रिकॉर्ड वृद्धि की तथा धनाभाव में किसी भी योजना को स्थगित नहीं होने दिया।

सबसे आश्चर्य की बात तो यह है कि इतने सारे कर लगाने के बावजूद कहीं कोई आन्दोलन अथवा हड़ताल नहीं हुई। यह बहुगुणा की प्रतिभासम्पन्न कार्यशैली का परिणाम था। हो सकता है कि अपने राजनीतिक कार्यकाल में उन्होंने जो विश्वसनीयता अर्जित की थी, उसके परिणामस्वरूप ही उनके द्वारा उठाये गये क़दमों को जनोन्मुख मानकर विरोध न किया गया हो।

भूमि सुधार क़ानून को लागू करने के लिए बहुगुणा ने बीस सूत्रीय कार्यक्रमों के कार्यान्वयन से पहले ही सक्रिय प्रयत्न शुरू कर दिये थे। उत्तर प्रदेश भारत का पहला राज्य था जहाँ अतिरिक्त भूमि के वितरण के लिए एक ग़ैर-सरकारी समिति गठित की गयी थी। बहुगुणा ने इस दिशा में इतनी तेज़ी से काम शुरू किया कि कांग्रेस के भीतर भूमिधरों की जमात तिलमिला उठी और उन्होंने मुख्यमन्त्री को उखाड़ फेंकने की साज़िश शुरू कर दी।

प्रदेश के शिक्षा जगत से जुड़े हुए कर्मी आज भी बहुगुणा को भूल नहीं पा रहे हैं। उन्होंने अपने मुख्यमन्त्रित्व काल में विश्वविद्यालयों, डिग्री कॉलेजों के प्राध्यापकों, माध्यमिक एवं बेसिक शिक्षकों को उनकी गरिमा के अनुकूल वेतनमान दिया।

उनके कार्यकाल में छात्र आन्दोलन ने भी कोई हिंसात्मक दिशा नहीं पकड़ी। जहाँ कहीं भी विश्वविद्यालयों में किसी प्रकार की समस्या उठी, बहुगुणा ने बड़े ही यथेष्ट सम्मान के साथ छात्रों को बैठाकर उनकी समस्याओं का निराकरण किया।

शिक्षकों के प्रति बहुगुणा के कृतित्व को इलाहाबाद विश्वविद्यालय में मध्यकालीन व आधुनिक विभाग के प्रो. सी.बी. त्रिपाठी ने स्मरण करते हुए लिखा : "उत्तर प्रदेश के मुख्यमन्त्री पद पर आसीन होने के बाद एक बार जब वह इलाहाबाद आये तो प्रोफ़ेसर अम्बादत्त पन्त, जो उन दिनों राजनीति शास्त्र विभाग के अध्यक्ष थे और बहुगुणा जी के पुराने मित्रों में से थे, ने मुझसे कहा कि हम लोगों को इस समय बहुगुणा जी से मिलकर विश्वविद्यालय की कुछ गम्भीर समस्याओं के समाधान की बात करनी चाहिए। हम लोगों की मुख्यतः दो समस्याएँ थीं– एक तो विश्वविद्यालय लगभग 50 लाख रुपये के घाटे में चल रहा था जिससे प्रतिवर्ष बजट स्वीकृत होने में काट-छाँट और कठिनाई होती थी। दूसरे विश्वविद्यालय अनुदान आयोग ने अध्यापकों के लिए नये वेतनमानों की घोषणा की थी और प्रान्तीय सरकारों से सिफ़ारिश की थी कि नये वेतनमान यथाशीघ्र लागू किये जायें। हमने जब ये समस्याएँ उनके समक्ष रखीं तो बहुगुणा जी तुरन्त बोले, "निर्णय हो गया, विश्वविद्यालय कभी क़र्ज़ में नहीं चल सकता। क़र्ज़ा माफ़ और नया वेतनक्रम कल से लागू। और कुछ?" हम दोनों ने समझा कि उन्होंने हमें टाल दिया क्योंकि बातें विनोदपूर्ण वातावरण में हँसी-मज़ाक़ के साथ हो रही थीं। परन्तु दूसरे ही दिन समाचार-पत्रों में जब यह सूचना प्रकाशित हुई कि उत्तर प्रदेश सरकार ने विश्वविद्यालयों में नये वेतनमान लागू कर दिये हैं तथा इलाहाबाद विश्वविद्यालय का ऋण माफ़ कर दिया है, तब हम लोग आश्चर्यचकित रह गये। हमने स्वप्न में भी यह नहीं सोचा था कि इतने अहम मसले इतने शीघ्र हल हो जायेंगे। यह तो सभी जानते हैं कि उत्तर प्रदेश पहला राज्य था जहाँ नये वेतनमान स्वीकृत होकर लागू किये गये। यही नहीं उन्होंने विश्वविद्यालयों के अध्यापकों और कर्मचारियों को केन्द्रीय सरकार के कर्मचारियों के बराबर महँगाई भत्ता देने का निर्णय लिया। यह भी आदेश दिया कि उसमें जब-जब केन्द्रीय सरकार वृद्धि की घोषणा करेगी तब-तब प्रान्तीय सरकार उसे स्वीकार करेगी। शिक्षण संस्थाओं के सारे अध्यापक और कर्मचारी उनके इस निर्णय के सदैव आभारी रहेंगे।"

कुलपतियों की नियुक्ति के जो नियम आजकल चल रहे हैं उनके वे प्रबल विरोधी थे। यदि उन्हें थोड़ा और समय मिलता तो उत्तर प्रदेश विश्वविद्यालयों के अधिनियमों में वे आमूल परिवर्तन करते। उन्होंने कई बार कहा कि यदि देश अपना प्रधानमन्त्री चुन सकता है, प्रदेश अपना मुख्यमन्त्री चुन सकता है तो क्या विश्वविद्यालय अपना कुलपति नहीं चुन सकता? उनका विचार था कि विश्वविद्यालय परिवार को ही अपना कुलपति चुनना चाहिए। सरकारी हस्तक्षेप विश्वविद्यालयों की स्वायत्तता को नष्ट कर

देगा और विचारों की स्वतन्त्रता पर धीरे-धीरे नियन्त्रण बढ़ने लगेगा, जो देश, समाज और लोकतन्त्रीय व्यवस्था के लिए घातक सिद्ध होगा।

उस समय श्री राम सहाय इलाहाबाद विश्वविद्यालय के कुलपति थे। वे कहते थे, कि बहुगुणा के मुख्यमन्त्रित्व काल में उन्हें कभी सचिवालय जाने की आवश्यकता नहीं पड़ी क्योंकि उनका आदेश था कि यदि शिक्षा सचिव को कोई जानकारी चाहिए तो उसका प्रतिनिधि अथवा वह स्वयं विश्वविद्यालय जाकर उसे प्राप्त करें।

उन्होंने इलाहाबाद विश्वविद्यालय से सम्बद्ध पाँच महिला डिग्री कॉलेज भी खोले जबकि राजाज्ञा द्वारा केन्द्र सरकार ने नये डिग्री कॉलेज खोलने पर पाबन्दी लगा रखी थी। महिलाओं की शिक्षा के लिए वे विशेष चिन्तित थे। उत्तर प्रदेश के पहाड़ी क्षेत्रों में उच्च शिक्षा के नये अध्याय उस समय जुड़े जब बहुगुणा ने कुमाऊँ और गढ़वाल में दो विश्वविद्यालयों की स्थापना की।

बहुगुणा का ध्यान केवल उच्च शिक्षा की ओर ही नहीं था। वे माध्यमिक एवं बेसिक शिक्षा के बारे में भी निरन्तर चिन्तित रहते थे। उनके मन में शिक्षकों के प्रति अपार श्रद्धा थी। उनका कहना था, "यदि शिक्षक भूखा रहेगा तो बच्चों को क्या और कैसे पढ़ायेगा? उनका चरित्र कैसे बनायेगा? अध्ययन काल में शिक्षक ही विद्यार्थी का आदर्श होता है। शिक्षक आर्थिक तंगी में शरीर और मस्तिष्क के बीच सन्तुलन नहीं रख सकता है। अतः शिक्षकों को इतनी सुविधाएँ दी जानी चाहिए कि वे किसी अन्य रोज़गार की ओर आकर्षित न हों। शिक्षकों को नौकर मानना शिक्षा का अपमान है। इससे देश की भावी सन्ततियाँ कभी भी अच्छी नहीं हो सकती हैं।" उत्तर प्रदेश में दो हज़ार अप्रशिक्षित उर्दू अध्यापकों के लिए उन्होंने पत्राचार द्वारा प्रशिक्षण की सुविधा उपलब्ध करायी ताकि बिना छुट्टी लिए दो वर्षों में ही वे नये वेतनमान के अधिकारी हो जायें। उन्होंने शिक्षकों के वेतन, भत्ते एवं सेवा नियमों में महत्त्वपूर्ण बदलाव किया, जिसकी प्रशंसा आज भी शिक्षा जगत में होती है।

शिक्षकों के अलावा पुलिसकर्मियों के वेतन में वृद्धि, उनका जीवन बीमा तथा वकीलों के लिए सामूहिक जीवन बीमा योजना की व्यवस्था आदि उनके अन्य महत्त्वपूर्ण कार्य थे। बहुगुणा द्वारा प्रदेश में किये गये कार्यों की एक लम्बी सूची है और यह कहना अतिशयोक्ति न होगा कि समाज का शायद ही कोई ऐसा वर्ग था जो उनके कार्यकाल में लाभान्वित न हुआ हो।

बहुगुणा ने हमेशा अपने विरोधी को भी सम्मान दिया। विरोधी दल भी उनकी विलक्षणता के क़ायल थे। किसी भी प्रकार की समस्या क्यों न रही हो, उन्होंने हमेशा विरोध पक्ष का दिल जीतने का प्रयास किया। वे अपने ही दल में, अपने विरोधियों तथा षड्यन्त्र करने वालों को जानते हुए भी सम्मान देते थे। उनकी विलक्षण प्रतिभा से ही प्रभावित होकर लोकनायक जयप्रकाश नारायण ने उत्तर प्रदेश को अपने आन्दोलन की परिधि से बाहर रखा था। वे प्रत्येक कमिश्नरी के विधायकों से अलग-अलग विचार-विमर्श

1975 : ग्रामीणों के साथ बहुगुणा

कर समस्याओं को समझते और उन्हें हल करने का फ़ौरन प्रयत्न करते थे। बहुगुणा में कुछ ऐसी विशेषता थी जो उनके पूर्ववर्ती मुख्यमन्त्रियों में नहीं पायी जाती थी।

उन्होंने अनुसूचित जाति के लिए ऋण मुक्त योजना, उर्दू के विकास, अनुसूचित जातियों एवं जनजातियों के आरक्षण, स्वतन्त्रता संग्राम सेनानियों को सम्मान देने और पेंशन दिलाने का जो कार्य किया वह अविस्मरणीय रहेगा। उन्होंने ये काम वोट बैंक को मद्देनज़र रखकर नहीं किया। इनके प्रति सरकार के दायित्व के नाते ही उन्होंने ये क़दम उठाये। साहित्यकारों तथा पत्रकारों के सम्मान जैसे विषयों पर उन्होंने हमेशा अनुगामी दृष्टि के साथ ऐसे फ़ैसले किये जिससे उनकी जनप्रियता में चार चाँद लग गये।

उत्तर प्रदेश की नौकरशाही उनसे डरती थी। परन्तु उनकी योग्यता के सामने नतमस्तक थी। दोनों में विचित्र सम्बन्ध था। बहुगुणा ने स्पष्ट घोषित कर दिया था कि यदि किसी ज़िले में दंगा हुआ तो उसके लिए वहाँ के ज़िलाध्यक्ष एवं पुलिस अधीक्षक को ही ज़िम्मेदार ठहराया जायेगा। परिणाम था चुस्त प्रशासन। एकान्त में वे अपने अफ़सरों को चाहे कितनी भी डाँट लगायें परन्तु सार्वजनिक स्तर पर उनकी प्रतिष्ठा क़ायम रखते थे। वे आवश्यक राजकीय नीति के कार्यान्वयन में सचिवों की आपत्तियों को कभी आड़े नहीं आने देते थे। ऐसा एक अवसर आया था जब बहुगुणा को शिक्षकों के वेतनमान में बढ़ोतरी की घोषणा करनी थी। मुख्य सचिव ने उनसे कहा था कि वर्तमान स्थिति में नवीन वेतनमान का भुगतान करना राज्य के लिए दुष्कर हो जायेगा। इस पर बहुगुणा का उत्तर था, ''आप परेशान न हों, यह समस्या आपकी नहीं मेरी है और मेरे पास इसका रास्ता है।''

यदि हम यह कहें कि बहुगुणा अपने कार्यकाल के सर्वसुलभ मुख्यमन्त्री थे, तो कोई अतिशयोक्ति न होगी। उनके निवास पर हर समय देश तथा प्रदेश के दूर-दराज के गाँवों से आये लोगों की भीड़ जमा रहती थी। मजाल थी कि कोई बिना मिले वापस लौट जाये। वे समस्याओं को गौर से सुनते और मौके़ पर अधिकारियों को सुलझाने का आदेश दे देते थे। मिलने आये सैकड़ों लोगों को वे नाम से पुकारकर उनके कन्धे पर हाथ रख देते थे तो वे गद्‌गद हो जाते। काम हो या न हो उनकी इस उदारता के कारण ही विभिन्न क्षेत्रों के लोग बड़े आत्मविश्वास के साथ उनसे सीधे जुड़ गये थे। बहुगुणा इस बात के लिए भी जाने जाते थे कि वे किसी को गफ़लत में नहीं रखते हैं। काम हो सकता तो तत्काल कर देते नहीं तो साफ़ इनकार कर देते थे।

बहुगुणा का सिद्धान्त था कि आज का काम आज ही होगा। इसे वे अपने व्यवहार में उतारते हुए रात के तीन बजे तक फ़ाइलों को देखते, उन पर निर्णय करते, और यही अपेक्षा वे अधिकारियों से भी करते थे। यही कारण था कि उनके कार्यकाल में उन पर नौकरशाही अपना प्रभुत्व नहीं जमा सकी।

बहुगुणा के मुख्यमन्त्रित्व काल में उत्तर प्रदेश में बीस सूत्रीय कार्यक्रम अन्य प्रान्तों से अधिक सफलता से कार्यान्वित किया गया। चाहे भूमिहीनों को भूमि आवंटन हो या ग़रीबों को आवास स्थल देने का विषय; उनके कार्यकाल में रिकॉर्ड तेज़ी से कार्य किया गया। उत्पादन बढ़ाने के साधनों में पर्याप्त वृद्धि के साथ–साथ सरकार द्वारा किसानों को आवश्यक रासायनिक उर्वरक उपलब्ध कराये गये जिसके फलस्वरूप पिछले वर्षों की तुलना में कृषि उत्पादन में काफ़ी वृद्धि हुई।

दलितों से बहुगुणा का आत्मीय सम्बन्ध था। उनकी प्रारम्भिक राजनीति में इलाहाबाद के कल्याण चन्द्र बाल्मीकि एवं बनवारी लाल उनके दायें और बायें हाथ समझे जाते थे। उनका इनसे कितना अटूट सम्बन्ध था, इसका अन्दाज़ हमें इस घटना से सहज ही लग जाता है–1967 में उत्तर प्रदेश विधानसभा के चुनाव में बनवारी लाल, बहुगुणा के संरक्षण में चुनाव लड़े और इलाहाबाद ज़िले में सर्वाधिक मतों से जीते। किन्तु भाग्य ने अपना कुचक्र चलाया और शपथ लेने से पूर्व उनकी हत्या कर दी गयी। बहुगुणा ने कहा था–''आज मेरा बेटा, मेरा दाहिना हाथ छिन गया।'' ऐसे कई बेटे थे बहुगुणा के जिनसे वह पुत्रवत् व्यवहार करते थे।

1969 की एक रोचक घटना और देखिए। बहुगुणा के पुत्र विजय का विवाह हुआ। गाँव से उनके माता-पिता एवं बहनें भी आयी थीं। उन्होंने देखा कि रसोई मुसलमान कर रहा है और बिना भेदभाव के सामान्य बर्तनों में सभी का खाना-पीना चल रहा है। उन्होंने इस पर आपत्ति की और कहा कि ब्राह्मण रसोइया रखा जावे तथा घर के बर्तन भी अलग किये जायें। उन्होंने चेतावनी दी कि जब तक ऐसा नहीं होगा वे अन्न-जल ग्रहण नहीं करेंगे। इस पर बहुगुणा ने वर्षों बाद एकत्रित अपने परिवारजनों से कहा था, ''इस घर में तो ऐसा ही होता है, जिसे नापसन्द हो अपना चूल्हा अलग कर ले।''

उनकी बहनों ने आँगन में अलग चूल्हा जलाकर भोजन बनाया। न तो रसोइया बदला गया और न ही घर के तौर-तरीक़े में परिवर्तन किया गया। कालान्तर में बहुगुणा की सैद्धान्तिक जीत हुई और परिवार के सदस्यों ने घर की रसोई से भोजन करना शुरू कर दिया।

उनके इस सिद्धान्त का ही प्रतिफल था कि 1969 में उत्तर प्रदेश रिपब्लिकन पार्टी के अध्यक्ष चौ. चुन्नी लाल ने दल बल सहित कांग्रेस में विलय कर लिया था। बहुगुणा की दलितों के प्रति संवेदना को चौ. चुन्नी लाल इन शब्दों में व्यक्त करते हैं, ''1970 में बहुगुणा जी के दो कार्यक्रम इलाहाबाद विश्वविद्यालय के अनुसूचित जाति एवं जनजाति के छात्रों के बीच ईश्वर शरण छात्रावास के प्रांगण में हुए जिनकी अध्यक्षता मैंने की थी। उन्होंने अपने भाषण में दलित समाज के प्रति जो दर्द और वेदना व्यक्त की वह बहुत ही प्रभावशाली थी। हालाँकि उस समारोह में दलित वर्ग के नवयुवक छात्रों ने व्यक्तिगत तौर से बहुगुणा जी एवं उनकी पार्टी पर सीधे प्रहार किये और उनसे दलित समुदायों पर हो रहे अत्याचारों के ज्वलन्त प्रमाण सहित अनेकानेक प्रश्न किये। मुझे अच्छी तरह याद है कि इन सब प्रहारों के बावजूद बहुगुणा जी हिमालय की तरह शान्त और दृढ़ बैठे सबकी बातें सुनते रहे और बोलते समय उन्होंने सारे प्रश्नों का जो मार्मिक और संवेदनशील उत्तर दिया उसका उत्तर प्रदेश के दलित छात्रों पर गहरा प्रभाव पड़ा।

''प्रायः बहुगुणा जी उत्तर प्रदेश के दलितों की समस्याओं की मूल जानकारी प्राप्त करते और वे उन समस्याओं के निदान के लिए हृदय से चेष्टा करते थे। क़रीब आने पर बहुगुणा जी मुझे अन्य नेताओं की तुलना में भिन्न लगे। वे एक प्रगतिशील विचारधारा के नेता थे। रचनात्मक कार्यों में विश्वास करते हुए दलितों की समस्याओं को हल करने व कराने में सक्षम थे। मैं स्वयं भी दलित वर्ग का प्रतिनिधित्व करता रहा और इस नतीजे पर पहुँचा कि बहुगुणा जी ही एक ऐसी शक्ति हैं जिनके सक्रिय सहयोग से दलित वर्ग के लोगों का वास्तव में कल्याण किया जा सकता है। इसी विश्वास और मान्यता के साथ मैं पूर्ण रूप से बहुगुणा जी के साथ हो गया।''

उत्तर प्रदेश रिपब्लिकन पार्टी और कांग्रेस का पहला गठबन्धन 1974 में हुआ। संचारमन्त्री होने पर उन्होंने मन्त्रालय के अधीन सर्वप्रथम एक 'हरिजन सेल' बनाया जिसके द्वारा अनुसूचित जाति एवं जनजाति के लोगों को उनके कोटे के अनुसार नियुक्ति, प्रोन्नति आदि की व्यवस्था की। इसका प्रभाव यह पड़ा कि संचार विभाग में प्रोन्नति एवं नियुक्ति के कोटे की पूर्ति नियमानुसार होने लगी। जहाँ कहीं भी भेदभाव हो रहा था वह शनैः-शनैः समाप्त होने लगा। इससे अनुसूचित जाति एवं जनजाति के कर्मचारियों का ही नहीं बल्कि दलित समुदाय का मनोबल बढ़ा और बहुगुणा जी के प्रति सम्मान की भावना प्रबल हो गयी। दूसरे मन्त्रालयों में भी उन्होंने इस दिशा में क़दम उठाये जाने का प्रयास किया। प्रदेशीय सरकारों से भी उन्होंने अनुसूचित जाति एवं जनजाति के लिए बहुत से काम कराये।

मुख्यमन्त्री बनने के बाद उनके सामने दलितों के सामाजिक उत्पीड़न की ज्वलन्त समस्या थी। इसके निराकरण के लिए उन्होंने सबसे पहले पुलिस विभाग में अनुसूचित जाति के लोगों के लिए आरक्षण कोटा पूरा करने का निर्णय किया ताकि हर थाने और पुलिस चौकी में सिपाही, दीवान अथवा उपनिरीक्षक में से एक अवश्य दलित वर्ग का हो। वे चाहते थे कि दलित वर्ग की जनता का मनोबल मज़बूत हो और शोषण में कमी आये। उन्होंने आदेश दिया कि जब तक 18 प्रतिशत आरक्षण का कोटा पूरा नहीं हो जाता तब तक सिपाही से लेकर उपनिरीक्षक तक की भर्ती में 50 प्रतिशत रिक्तियाँ अनुसूचित जाति एवं अनुसूचित जनजाति से भरी जायें। इसके साथ ही उन्होंने आदेश दिया कि प्रदेश के सभी थानों के थाना प्रभारियों में से 20 प्रतिशत इस वर्ग के होने चाहिए। इस कोटे को पूरा करने के लिए उन्होंने गुप्तचर विभाग में तैनात इस वर्ग के लोगों को भेजे जाने का निर्देश दिया।

उत्तर प्रदेश के दलित वर्ग की बहुत दिनों से यह माँग चल रही थी कि 18 प्रतिशत के आधार पर ज़िलाधीश एवं पुलिस कप्तान की नियुक्तियाँ भी की जायें। बहुगुणा पहले मुख्यमन्त्री रहे जिन्होंने इस माँग की पूर्ति की। उन्होंने दस दलित ज़िला अधिकारी एवं दस पुलिस कप्तानों की नियुक्तियाँ विभिन्न ज़िलों में की थीं। यही नहीं, उन्होंने सचिवालय में भी सचिव, विशेष सचिव, उपसचिव के पदों पर भी अनुसूचित जाति के अधिकारियों की नियुक्तियाँ कीं। जब तक वे मुख्यमन्त्री रहे, अपने निजी सचिवालय में अनुसूचित जाति का एक अधिकारी जो उपसचिव के पद पर नियुक्त था, 'हरिजन सेल' का इंचार्ज रहा। वह अनुसूचित जाति की नियुक्तियाँ, प्रोन्नति आदि की सारी सूचनाएँ व तथ्य मुख्यमन्त्री को देता रहा। जिसके आधार पर समय-समय पर इन लोगों की नियुक्तियाँ व प्रोन्नतियाँ होती रहीं।

बहुगुणा ने लोक सेवा आयोग के आठ सदस्यों में से दो अनुसूचित जाति, तीन पिछड़ी जाति, एक ब्राह्मण और एक मुसलमान को नामांकित करके अपनी दृढ़ता और निष्पक्षता का परिचय दिया। उत्तर प्रदेश लोक सेवा आयोग के इतिहास में यह प्रथम अवसर था कि एक गूजर जाति के व्यक्ति को अध्यक्ष बनाकर भेजा गया।

अनुसूचित जाति एवं जनजाति के आर्थिक उत्थान के लिए बहुगुणा ने 'डेब्ट रिडेम्पशन एक्ट' (ऋण मोचन अधिनियम) बनाकर दलितों को ऋण से मुक्ति दिलायी। बाद में इस कार्यक्रम को बीस सूत्रीय कार्यक्रम में सम्मिलित कर लिया गया। इस अधिनियम से दलित वर्ग के लोगों को काफ़ी राहत मिली और पीढ़ी-दर-पीढ़ी की ग़ुलामी से उन्हें छुटकारा मिला। उन्होंने उत्तर प्रदेश हरिजन कल्याण विभाग के अन्तर्गत अनुसूचित जाति एवं अनुसूचित जनजाति वित्त निगम, विकास निगम आदि की स्थापना की और उनके द्वारा अनुसूचित जाति के लोगों को बहुत कम ब्याज पर ऋण दिलाया। आज भी वे निगम चल रहे हैं और उनके द्वारा प्रदेश के दलित वर्ग के लोगों का कल्याण हो रहा है।

उस समय छात्रों की छात्रवृत्ति बहुत कम थी जिसे बहुगुणा ने अपने आदेश से दो ग्रुप कर बजट में उसका प्रावधान रखा। साथ ही उनके लिए पी.सी.एस. जैसी परीक्षाओं में सफल होने के लिए प्रशिक्षण केन्द्र खुलवाये। जब वे संचारमन्त्री थे तब इलाहाबाद में ईश्वर शरण डिग्री कॉलेज में ऐसा केन्द्र स्थापित कराया था। मुख्यमन्त्री काल में उन्होंने लखनऊ में दूसरा केन्द्र खुलवाया। यदि वे कुछ दिन और उत्तर प्रदेश के मुख्यमन्त्री रह जाते तो उनकी योजना थी कि इसी तरह के प्रशिक्षण केन्द्र मेरठ, गोरखपुर व किसी पर्वतीय ज़िले में खोल दिये जायें ताकि दलित वर्ग के बच्चों को इन केन्द्रों से प्रशिक्षण की सुविधा प्राप्त हो सके।

विश्वविद्यालयों में अनुसूचित जाति के छात्रों को प्रवेश देने के बारे में भी उन्होंने 18 प्रतिशत अथवा दस प्रतिशत वरीयता के आदेश दिये थे। छात्रावासों में भी इस वर्ग के 5 प्रतिशत छात्रों के रहने की व्यवस्था के निर्देश थे।

उन्होंने विश्वविद्यालयों में छात्रों के हितों की देखभाल के लिए कार्यकारिणी में एक सदस्य इसी वर्ग का होने का प्रावधान किया। इलाहाबाद विश्वविद्यालय के सौ वर्ष के इतिहास में यह पहला अवसर था कि कार्यकारिणी परिषद में अनुसूचित जाति का प्रतिनिधित्व हो सका।

1974 में राष्ट्रपिता महात्मा गाँधी की पावन जयन्ती पर उत्तर प्रदेश अनुसूचित जातियों व जनजातियों तथा विमुक्त जातियों के लिए ऋण मुक्त अध्यादेश जारी किया गया। 29 मार्च, 1975 को इस अध्यादेश को और सक्षम बनाकर उत्तर प्रदेश भूमिहीन कृषकों को कृषि श्रमिक ऋण अनुतोष अधिनियम 1975 का रूप दिया गया। इसके अन्तर्गत वे सभी व्यक्ति आते थे जिनकी जीविका का मुख्य साधन कृषि कार्य था। इससे वे लोग लाभान्वित हुए जिनके पास अधिनियम से पूर्व या तो कोई भूमि नहीं थी या भूमिधर सीरदार असामी के रूप में एक एकड़ तक ही सीमित थे।

बड़े काश्तकार व साहूकार वर्ग ऋण लेने वाले ग़रीबों पर अपना दबदबा बनाये रखते तथा उनसे नाजायज़ कार्य कराते थे। इस अधिनियम के जारी होने के बाद लगभग चौबीस लाख परिवार पहली बार साहूकारों या भू-स्वामियों के ऋण से मुक्त हो गये थे।

इतना ही नहीं मुफ़्त क़ानूनी सहायता, बन्धक कार्य की समाप्ति, शहरी एवं ग्रामीण क्षेत्रों की हरिजन बस्तियों में सचल दुकानें खोलने, सार्वजनिक स्वास्थ्य केन्द्र तथा कुटीर उद्योगों के लिए आर्थिक सहायता बढ़ा कर 500 से 3000 रुपये करने, प्रति सरकारी समिति की रक़म 5 हज़ार रुपये से बढ़ाकर 10 हज़ार रुपये करने, कृषि कार्य करने हेतु प्रति व्यक्ति एक हज़ार रुपये देने का भी निर्णय लिया गया। वितरण प्रणाली को सुदृढ़ बनाने की दिशा में भी क़दम उठाये गये। बहुगुणा की ग़रीबों के बीच इतनी अधिक लोकप्रियता बढ़ गयी थी कि जब वे मुख्यमन्त्री पद से हटे, तो उन्हें गहरा सदमा पहुँचा और उन्होंने जगह-जगह सभाएँ करके अपने समर्थन की अभिव्यक्ति की।

बहुगुणा व रामनिहोर राकेश सांसद (दायें से दूसरे) साथ में पत्नी कमला बहुगुणा, कल्याण चन्द वाल्मीकि, सांसद (दायें से प्रथम)

योग्य, कुशल एवं ईमानदार अधिकारी व कर्मचारी बहुगुणा के सान्निध्य में अपने आपको गौरवान्वित समझते थे। बहुगुणा भी उन्हें भरपूर स्नेह, सौहार्दपूर्ण सम्मान देते थे। उनकी इस नीति का ही परिणाम था कि उस समय सरकारी कामकाज को ठप्प करने का कहीं कोई आन्दोलन नहीं चला। उनमें साफ़गोई ऐसी थी कि एक बार कर्मचारियों की सभा में उन्होंने कहा था, ''यदि केन्द्र से मदद न मिली और अतिरिक्त महँगाई संसाधन न जुटाये गये तो मैं कर्मचारियों को उनका वेतन भी न दे पाऊँगा।'' इसकी कर्मचारियों पर कोई विपरीत प्रतिक्रिया नहीं हुई, उलटे मुख्यमन्त्री की अपील पर राष्ट्रीय रक्षा कोष तथा अल्प बचत में उन्होंने दिल खोलकर पैसा जमा किया। उन्हें ट्रेड यूनियन के पूर्व नेता बहुगुणा पर पूरा विश्वास था।

बहुगुणा के मुख्यमन्त्रित्व काल की एक घटना इस बात को पूरी तरह स्पष्ट कर देती है कि कर्मचारियों के हित में वे किस सीमा तक जा सकते थे। घटना इस प्रकार है, ''लखनऊ में 'यूनियन कार्बाइड' कम्पनी का मैनेजर अपने कर्मचारियों के साथ दुर्व्यवहार एवं उनका शोषण कर रहा था। बहुगुणा के निर्देश पर पुलिस द्वारा उसे हथकड़ी लगाकर पैदल फैक्टरी से पुलिस थाने ले जाया गया।

ऐसा शायद पहली बार हुआ था।'' इसी प्रकार उत्तर प्रदेश के मिर्ज़ापुर ज़िले की रेनुकूट स्थित फैक्टरी 'हिंडालको' में मज़दूरों की उचित माँगों की अवहेलना की जा रही थी। वहाँ की यूनियन के आवेदन पर बहुगुणा ने कई बार 'हिंडालको' के अध्यक्ष को त्रिपक्षीय वार्ता हेतु लखनऊ आने का निर्देश दिया परन्तु वे नहीं आये। बहुगुणा ने वार्ता की तिथि निर्धारित कर दी और अध्यक्ष के नाम 'वारंट' जारी कर पुलिस को निर्देशित किया कि वह उन्हें पकड़कर लखनऊ लाये। बस फिर क्या था, वे स्वयं भागे हुए वार्ता के लिए पहुँच गये। बिड़ला जैसे प्रभावशाली पूँजीपति के विरुद्ध ऐसा क़दम उठाने का साहस बहुगुणा में ही था। निर्भीकता उसका एक प्रशासकीय गुण था।

बहुगुणा का जन्म एक हिन्दू ब्राह्मण परिवार में हुआ था और निस्सन्देह हिन्दू धर्म पर उनकी आस्था थी किन्तु जब मुख्यमन्त्री हुए तो भारत के सबसे बड़े प्रान्त उत्तर प्रदेश का प्रत्येक मुसलमान अपने को पूर्णरूप से सुरक्षित समझने लगा था। वह उन्हें अपनी क़ौम, मज़हब व सामाजिक हितों का मसीहा मानता था। कम्युनिस्ट पार्टी ऑफ़ इंडिया की केन्द्रीय समिति के सचिव रमेश सिन्हा के शब्दों में, ''मुख्यमन्त्री पं. गोविन्द बल्लभ पन्त के कार्यकाल में एक आदेश जारी किया गया था कि पुलिस में मुसलमानों की नियुक्ति कम-से-कम की जाये। ऐसा इसलिए हुआ क्योंकि स्वतन्त्रता से पूर्व अंग्रेज़ सरकार ने पुलिस में हिन्दुओं से कहीं अधिक मुसलमानों की भर्ती की थी। इस असन्तुलन को ठीक करने का प्रयत्न पन्त जी ने किया था। 1974 तक उस नियम में कोई परिवर्तन नहीं किया गया। मैंने विधान परिषद के सदस्य की हैसियत से इस प्रश्न को सदन में उठाया था। बहुगुणा जी ने उसी समय सदन में घोषणा कर दी कि यदि ऐसा आदेश है तो वह तत्काल समाप्त कर दिया जायेगा और ऐसा ही हुआ।'' इसके बाद बहुगुणा इतना सचेत रहे कि कोई भी अफ़सर इनके निर्णय के विरुद्ध उन्हें धोखा नहीं दे सकता था। ऐसे ही एक बार की घटना है–देर रात में एक वरिष्ठ पुलिस अधिकारी पदोन्नति की सूची लेकर आया। उसे देखने से पूर्व उन्होंने पूछा कि उसमें कितने अनुसूचित जाति एवं मुसलमान सम्मिलित किये गये हैं? अफ़सर की हिचकिचाहट देखकर बहुगुणा ने सूची फेंक दी और आदेश दिया कि उसे पुनः तैयार किया जाये। संयोगवश उस समय रमेश सिन्हा वहाँ उपस्थित थे। उन्हीं के कार्यकाल में प्रथम बार एक मुसलमान प्रो. वहीदुद्दीन मलिक को रुहेलखण्ड विश्वविद्यालय का कुलपति नियुक्त किया गया था।

आज जब हम पलटकर देखते हैं तो आश्चर्य होता है कि साम्प्रदायिक, जातीय घृणा और उन्माद फैलाये बिना बहुगुणा ने अल्पसंख्यकों, दलितों आदि के लिए कितना कुछ किया था। आज स्थिति इसके विपरीत है। यह आश्चर्य नहीं तो और क्या था कि उत्तर प्रदेश जैसे संवेदनशील राज्य में उनके समय में एक भी दंगा नहीं हुआ और साम्प्रदायिक सौहार्द बना रहा।

प्रधानमन्त्री, श्रीमती इन्दिरा गाँधी के साथ हेमवती नन्दन बहुगुणा

उत्तर प्रदेश के स्वतन्त्रता संग्राम सेनानी, बहुगुणा को स्नेह के साथ स्मरण करते हैं क्योंकि वे भली-भाँति इस बात को समझते थे कि सरकार की उनके प्रति क्या ज़िम्मेदारी है। उन्होंने उनके लिए जो सबसे उल्लेखनीय कार्य किया वह था निराश्रित स्वतन्त्रता संग्राम सेनानियों के लिए लखनऊ में रहने और भोजन की निःशुल्क व्यवस्था। सेनानियों के ठहरने के लिए निराला नगर में एक दोमंज़िला मकान लिया गया था जिसका उद्‌घाटन करते हुए बहुगुणा ने कहा था, ''फ़िलहाल आप सब इस किराये के मकान में रहेंगे, किन्तु मैं चाहता हूँ कि आपका अपना स्वयं का मकान हो। हमारे प्रदेश में लगभग पच्चीस हज़ार स्वतन्त्रता संग्राम सेनानी हैं, जिन्हें सम्मानार्थ माहवारी पेंशन मिलती है। यदि उसमें से हर एक का एक रुपया प्रतिमाह काटा जाये तो हमारे पास पच्चीस हज़ार रुपये हर महीने बचेंगे। दो-ढाई वर्ष में जितना धन आपका बचेगा उसके बराबर का अनुदान सरकार देगी और आपका अपना एक सुन्दर-सा भवन स्थापित हो जायेगा।'' उनकी इस बात पर सभी तैयार हो गये और पैसा कटने लगा किन्तु उनके मुख्यमन्त्री पद से हटने के बाद आयी सरकारों ने बराबर का अनुदान नहीं दिया

जिसके कारण नया भवन बनने में विलम्ब हुआ। वह मई 1983 में जाकर बन सका। वरिष्ठ स्वतन्त्रता संग्राम सेनानी रामकृष्ण खत्री कहते हैं कि यदि बहुगुणा को अपना कार्यकाल पूरा करने दिया जाता तो यह योजना बहुत पहले पूरी हो गयी होती।

स्वर्गीय पद्मश्री कन्हैया लाल मिश्र 'प्रभाकर' ने अपने संस्मरणों में एक ऐसी घटना का ज़िक्र किया है जिससे पता चलता है कि बहुगुणा के हृदय में स्वतन्त्रता संग्राम सेनानियों एवं उनके परिवारों के प्रति कितनी वेदना थी। वे लिखते हैं कि एक दिन बहुगुणा अपने निवास पर लोगों से भेंट कर रहे थे तो वे भी वहाँ उपस्थित थे। उनके सामने एक ठेठ देहाती कार्यकर्ता खड़ा था। उसे देखते ही बहुगुणा ने कहा, ''हमने तुम्हारा काम पिछले महीने ही कर दिया था। तुम अपने कलेक्टर से जाकर मिलो।'' देहाती कार्यकर्ता बोला, ''हम अपनी बात करने नहीं आये। हम कहने आये हैं, राज नारायण की विधवा की बात, जो इस समय आर्थिक संकट में है।'' बहुगुणा अपने निजी सचिव कोहली की ओर मुड़े और कहा, ''श्रीमती राज नारायण, मुकाम भीकमपुर, डाकखाना ख़ास, ज़िला बलिया, एक सौ रुपये मासिक पेंशन और केन्द्रीय सरकार को उनके बारे में पत्र।'' मैंने चकित होकर पूछा, ''बहुगुणा जी आपको राज नारायण के घर का पता भी याद है।'' बोले, ''1942 की क्रान्ति में इस गाँव के 58 लोगों ने भाग लिया, छह को फाँसी हुई। जेल से छूटते ही वहाँ गया था।'' श्री प्रभाकर लिखते हैं, ''सचमुच किसी भी मुख्यमन्त्री की जड़ें जनतान्त्रिक राज्य में इतनी ही गहरी होनी चाहिए।''

बहुगुणा जिस विधानसभा में एक विधायक की हैसियत से सवाल-जवाब में हिस्सा लिया करते थे, उन्हें 1974 से मुख्यमन्त्री के दायित्व का निर्वाह करते हुए विधानसभा को झेलना पड़ता था। वैसे तो विधानसभा की कार्यवाही में बहुगुणा की ज़ोरदार तकरीरों का अम्बार है। परन्तु यहाँ सभी को देना सम्भव नहीं है। केवल बानगी के रूप में एक-दो दृष्टान्त दिये जा रहे हैं, ताकि उनकी पूर्व एवं पर-दृष्टि का अवलोकन हो सके।

22 तथा 23 जुलाई, 1974 को, 1974-75 के आय-व्यय अनुदानों के लिए माँगों पर मतदान के समय बहुगुणा ने उत्तर प्रदेश के विकास हेतु कृषि, सिंचाई, उद्योग, पशुपालन से लेकर गोबर गैस प्लांट तक अनेक ऐसे मुद्दों के लिए राशि की माँग की थी, जिनसे स्पष्ट होता है कि प्रदेश के विकास हेतु उनकी कितनी पैनी दृष्टि थी। विधानसभा में बोलते समय बहुगुणा उतने ही पैने थे, जितने कि पहले। वे जवाब देने में प्रश्नकर्ता अथवा आरोप लगाने वाले को आड़े हाथों ले लेते थे। विपक्ष के नेता चौ. चरण सिंह से उनकी जमकर नोक-झोंक होती थी। वे जनतन्त्र के हिमायती थे। वे प्रायः कहते थे, ''जनतन्त्र में यक़ीन करने की बात है। लांछन लगाने से जनतन्त्र का मूल्य घटता है। सत्य को प्रामाणिकता के साथ कहने में जनतन्त्र मज़बूत होता है।''

इसी जनतन्त्र के सन्दर्भ में चौ. चरण सिंह से हो रही बहस का हवाला देखिए, ''मेरा यह निवेदन है कि चौधरी साहब, रास्ता खुला है, आप चाहें राज्यपाल के पास, या याचिका समिति के पास प्रार्थना-पत्र भेजें। आपके साथ जो कुछ हुआ, देखा जायेगा

पर यह कहना कि उत्तर प्रदेश की सरकार ग़ैर-लोकतान्त्रिक होती जा रही है, ठीक नहीं है। आपने अपने भाषण में यह बात पहली बार नहीं कही है। आपने तीन घण्टे उसी चीज़ पर भाषण देकर पता नहीं कितना समय बेकार किया है। उसी पर अगर आप बैठकर किसी अच्छे विचार को इतनी देर लिखते, तो उससे हमारी प्रदेश की जनता का कल्याण होता। उसको कोई नया रास्ता मिलता।''

इस प्रकार अगर हम उनके विधानसभा के भाषणों को देखें तो पता चलता है कि वे व्यंग्यात्मक शैली में कटु सत्य को बड़े कौशल के साथ कह देते थे। चौधरी चरण सिंह के साथ एक-दूसरे पर कटाक्ष सुनते ही बनते थे।

11 जुलाई, 1974 को विधानसभा में बद्रीनाथ मन्दिर को बिड़ला बन्धुओं द्वारा तुड़वाकर आधुनिक शैली में निर्माण कराये जाने के प्रस्ताव पर उन्होंने रोचक टिप्पणी की थी। उनका कहना था, ''चाहे बिड़ला जी अरबों रुपया दें, किसी दीवार पर हम उनका नाम लिखना स्वीकार नहीं करेंगे। बद्रीनाथ का मन्दिर किसी दूसरे के नाम से पुकारा जाये यह भी हमें स्वीकार नहीं है।'' इससे यह बात स्पष्ट होती है कि वे धार्मिक स्थलों की शुचिता व स्वायत्तता को क़ायम रखने के ज़बरदस्त हिमायती थे।

बहुगुणा विद्युत व्यवस्था में सुधार की ओर अधिक ज़ोर देते थे। क्योंकि वे आरम्भ से इस विभाग से जुड़े थे। वे जानते थे कि प्रदेश का विकास विद्युत के बिना अधूरा है। प्रशासनिक चुस्ती के साथ–साथ उन्होंने एक नया प्रयोग भी किया। एक बार वे 'रिहन्द बाँध' के निरीक्षण पर गये थे। वहाँ विद्युत उत्पादन क्षमता से कम हो रहा था। उन्होंने इच्छा ज़ाहिर की कि वे अभियन्ताओं की पत्नियों से मिलना चाहेंगे। सब चाय पर बुलाई गयीं। अजीब–सा असमंजस था, आख़िर मुख्यमन्त्री परिवार से क्यों मिल रहे थे। बहुगुणा ने परिवार का हाल–चाल पूछने के बाद कहा, बताइये जब आपके पति काम से लौटते हैं तो उनके कपड़े साफ़–सुथरे रहते हैं या दाग लगे। सब हँसने लगे। फिर गम्भीर हो बहुगुणा ने कहा, प्रदेश में बिजली का संकट है। उत्पादन कम है, मुझे आपका सहयोग चाहिए। आप अपने पतियों से कहें कि परिश्रम करें और उत्पादन बढ़ाएँ। असर हुआ क्योंकि क्षमता के अनुरूप बिजली उत्पादन होने लगा। वे उद्योगों के राष्ट्रीयकरण के पक्ष में थे और चाहते थे कि उन्हें अधिकाधिक सहायता दी जाये। शहरी विकास में स्वास्थ्य, जल-मल की निकासी, आवास सुविधा आदि पर उनका विशेष ध्यान था। 11 जुलाई, 1974 को विधानसभा में उन्होंने इन मुद्दों पर विशेष बल दिया था। इसी प्रकार वे सहकारिता, खाद की उपलब्धता, बीज वितरण तथा नाना प्रकार के उद्योग-धन्धों के माध्यम से गाँवों की तरक़्क़ी चाहते थे। उन्होंने दलितों तथा पिछड़े वर्ग के लोगों के लिए आरक्षण निश्चित करने के दौरान कहा था कि 45 प्रतिशत अनुसूचित जाति और 5 प्रतिशत जनजातियों का आरक्षण कोटा जब तक पूरा नहीं होगा तब तक चलता रहेगा।

वे चाहते थे कि सरकारी कर्मचारी जात-पाँत के भेदभाव से ऊपर उठकर काम करें और प्रशासन की नीतियों को अविलम्ब कार्यान्वित करने में रुचि लें। हरिजनों की समस्या,

भूमिहीनों को काम करने की सुविधा देने, हरिजन छात्रों के लिए छात्रावासों एवं छात्रवृत्ति प्रदान करने सम्बन्धी नीतियों को देखकर सहज आभास हो जाता है कि बहुगुणा अपने मुख्यमन्त्रित्व काल में प्रदेश को विकास की ओर ले जाना चाहते थे। मुख्यमन्त्री के रूप में उनकी अनेक उपलब्धियाँ हैं, परन्तु कुछ ऐसी हैं, जिनकी चर्चा किये बिना प्रशासक बहुगुणा का व्यक्तित्व अधूरा रह जायेगा।

ज़मींदारी व्यवस्था के उन्मूलन के बाद ऐसी भूमि के वितरण का प्रश्न उठा, जो ज़मींदारी के अन्तर्गत थी, किन्तु उसका कोई मालिक न था। ऐसी कुछ भूमि ग्रामीणों द्वारा तालाबों, सड़कों, मन्दिरों, बाज़ारों, चरागाहों आदि सार्वजनिक कार्यों के प्रयोग में लायी जा रही थी, जिसका ब्योरा 'नजीब-उल-अर्ज' (ग्रामीण रिकॉर्ड) में उपलब्ध था। इसके अलावा प्रत्येक गाँव में ऐसी अतिरिक्त भूमि थी जो बंजर पड़ी हुई थी और ज़मींदार व ग्रामवासियों, दोनों के द्वारा प्रयोग में नहीं लायी जा रही थी। इसमें कुछ भूमि कृषि योग्य भी थी। ज़मींदारी उन्मूलन अधिनियम के अनुसार ऐसी समूची भूमि का अधिकार ग्राम सभा को दे दिया गया और निश्चित हुआ कि वह समय-समय पर मिलकर इसके वितरण का मामला तय करे। इस प्रकार भूमि वितरण में ग्राम प्रधान सबसे महत्त्वपूर्ण व्यक्ति हो गया। भूमि पर क़ब्जे के लिए ग्रामवासियों का जहाँ उस पर दबाव पड़ने लगा वहीं सामान्य नियम न होने के कारण भ्रष्टाचार फैल गया और सरकारों के पास शिकायतों का अम्बार लग गया।

उत्तर प्रदेश सरकार के पास भी ऐसी भूमि के दुरुपयोग एवं वितरण सम्बन्धी अनगिनत शिकायतें थीं। परन्तु बहुगुणा ने उनके निराकरण की दिशा में प्रभावकारी क़दम उठाने का निर्णय लिया। वे चाहते थे कि प्रदेश में भूमि वितरण का कार्य तीव्र गति से हो। इसके लिए उन्होंने विनोबा भावे से मार्गदर्शन लिया था।

विनोबा जी की दत्तक पुत्री डॉ. निर्मला देशपाण्डे बताती हैं, "मुख्यमन्त्री बनने के पश्चात् 1974 में बहुगुणा जी बाबा से मिलने 'ब्रह्म विद्या मन्दिर' पवनार, वर्धा गये और निर्धन एवं भूमिहीनों को भूमि वितरण किये जाने के सम्बन्ध में उनसे मार्गदर्शन माँगा। बाबा ने कहा था कि अगर तुम भूमिहीन किसानों के लिए कुछ कर सको तो अच्छा होगा, ग़रीबों में ज़मीन बँटनी चाहिए। बहुगुणा बोले, 'बाबा, इसके लिए ऐसे निष्ठावान व्यक्ति चाहिए जो इस कार्य को सम्पन्न कर सकें।' कुछ देर सोचने के बाद बाबा ने भूदान आन्दोलन से जुड़े आई.सी.एस. आर.के. पाटिल को लखनऊ भेजने का वादा किया।" श्री पाटिल, बाबा के निर्देश पर लखनऊ गये और बहुगुणा ने तत्काल 'उत्तर प्रदेश भूमि व्यवस्था समिति' का गठन कर दिया। बहुगुणा इस समिति के अध्यक्ष एवं पाटिल तथा कौशल चन्द्र मेहरोत्रा क्रमशः उपाध्यक्ष एवं सचिव बने। समिति में इक्कीस सदस्य थे जिसमें अफ़सरों के अलावा अधिकांशतः उत्तर प्रदेश भूदान समितियों के प्रतिनिधि बाबू लाल जी मित्तल, प्रकाश भाई, आनन्दी भाई, लल्लू दादा, रमेश भाई, अलख भाई आदि शामिल थे। समिति की पहली बैठक में श्री पाटिल ने

बहुगुणा से समिति के अध्यक्ष की हैसियत से दिशा-निर्देश देने को कहा था, जिस पर बहुगुणा की प्रतिक्रिया थी, "अगर मैं यह काम कर सकता तो आपको क्यों बुलाता?" दरअसल वस्तुस्थिति यह थी कि भूमि वितरण हेतु श्री पाटिल को वित्त मन्त्री के अधिकार दे दिये गये और उसकी सूचना भी सभी ज़िलाधीशों को भेज दी गयी थी। उन्हें मन्त्रिमण्डल की बैठकों में भी बुलाया जाता रहा। एक लाख से अधिक ग्रामों में उपलब्ध भूमि का अनुपात ग़रीबों की संख्या से कम था इसलिए उसके वितरण का कार्य काफ़ी जटिल था। समिति ने एक रिपोर्ट तैयार की जिसमें वितरण सम्बन्धी नियम निर्धारित किये गये। बहुगुणा द्वारा भूमि वितरण की दिशा में उठाये गये क़दम ही बाद की सरकारों के लिए पथ-प्रदर्शक बने।

इसी प्रकार वे उत्तर प्रदेश में हिन्दी भाषा एवं साहित्य के विकास हेतु भी काफ़ी प्रयत्नशील थे। हिन्दी समिति की बैठक के सिलसिले में उनके प्रयास से हिन्दी के कई वरिष्ठ साहित्यकार बहुत दिनों के बाद लखनऊ में इकट्ठे हुए थे। उसमें डॉ. रामविलास शर्मा, ठाकुर जयदेव सिंह, डॉ. धर्मवीर भारती, विवेकी राय, करुणापति त्रिपाठी, प्रभु दयाल मित्तल, मनोहर श्याम जोशी, डॉ. राजनाथ पाण्डेय, आचार्य हजारी प्रसाद द्विवेदी, गौरा पन्त शिवानी, नजीर बनारसी जैसे प्रदेश और देश के चुने हुए साहित्यकार सम्मिलित हुए थे।

उस समय उपस्थित साहित्यकारों का लाभ उठाकर समिति के अध्यक्ष अमृत लाल नागर ने हिन्दी समिति सभागार में ही 'हिन्दी दिवस' का विशेष आयोजन किया था जिसमें मुख्यमन्त्री हेमवती नन्दन बहुगुणा भी शामिल हुए थे।

इस अवसर पर डॉ. धर्मवीर भारती, रामविलास शर्मा तथा विष्णुकान्त शास्त्री ने दुख व्यक्त किया था कि हिन्दी के साथ विश्वासघात किया गया है और उसके विकास के सम्बन्ध में किये गये वायदे पूरे नहीं किये गये हैं। आचार्य द्विवेदी के अनुसार 14 सितम्बर को हिन्दी का विजय नहीं पराजय का दिन माना जाना चाहिए।

आचार्य हजारी प्रसाद द्विवेदी, हिन्दी की प्रगति से निराश नहीं थे। उन्होंने हिन्दी प्रेमियों और रचनाकारों से निवेदन किया था कि वे बिना निराश हुए अपना कार्य करें। हिन्दी के लिए आन्दोलन की ज़रूरत नहीं है। वह स्वाभाविक रूप से अपना स्थान प्राप्त कर लेगी।

समारोह में उपस्थित बहुगुणा ने जवाब में कहा था, "सरकारी संरक्षण प्राप्त होने से कोई भाषा न बढ़ती है न प्राप्त होने से मिट ही जाती है। अगर ऐसा होता तो उर्दू अब तक इस प्रदेश या देश से मिट गयी होती। हिन्दी प्रेमियों को चाहिए कि वे विश्वास और आस्था के साथ अपना कार्य करें। जहाँ तक शासन द्वारा किये जा रहे हिन्दी के विकास कार्यों का प्रश्न है, उन्हें धन के अभाव में रुकने नहीं दिया जायेगा।"

हम सब जानते हैं कि एक लम्बे जन आन्दोलन और कुर्बानियों के फलस्वरूप 8 दिसम्बर, 2000 में उत्तर प्रदेश के विभाजन से उत्तराखण्ड राज्य का जन्म हुआ।

आज़ादी के बाद उत्तर प्रदेश के विकास हेतु योजनाएँ तो बनीं परन्तु मैदानी क्षेत्रों की अपेक्षा पर्वतीय क्षेत्रों का विकास पिछड़ता गया। धीरे–धीरे लोगों के मन में रोष जन्म लेने लगा।

उत्तराखण्ड के विकास के प्रति बहुगुणा की चिंता एवं उनके द्वारा किये गये विकास कार्यो का उल्लेख किये बिना यह जीवनी अधुरी रहेगी।

जन्मभूमि होने के कारण बहुगुणा इस इलाक़े के चप्पे–चप्पे से परिचित थे। एक विधायक, मन्त्री, मुख्यमन्त्री तथा सांसद व केन्द्रीय मन्त्री की हैसियत से वे निरन्तर पर्वतीय समस्याओं को उठाते रहे और जब भी सम्भव हुआ तो इस क्षेत्र के विकास के लिए यथासम्भव कार्य किये। उन्हें उत्तराखण्ड के विकास की चिन्ता मात्र इसलिए नहीं थी कि वह उनकी जन्मभूमि थी बल्कि इसलिए थी कि उत्तराखण्ड देश की वह धरती है जहाँ वैभव भरा पड़ा है, जहाँ के लोगों और संसाधनों का राष्ट्रहित में एक अच्छा–ख़ासा उपयोग किया जा सकता है।

पर्वतीय अंचलों को ध्यान में रखते हुए 1974 में मुख्यमन्त्री का पदभार ग्रहण करने के साथ बहुगुणा ने 'पर्वतीय विकास परिषद' स्थापित कर पर्वतीय विकास के लिए पृथक् बजट का प्रावधान किया। फलस्वरूप उस समय उत्तर प्रदेश सम्भवतः एकमात्र ऐसा प्रान्त था जहाँ सदन में दो बजट पेश किये जाते थे। इस पर एक बार विपक्ष के नेता चौधरी चरण सिंह ने कटाक्ष करते हुए टिप्पणी की थी कि मुख्यमन्त्री उत्तर प्रदेश के विभाजन की नींव डाल रहे हैं। जिस पर बहुगुणा का उत्तर था कि विभाजन न हो इसलिए विकास परिषद का गठन किया है। विकास की शृंखला में ही उन्होंने पर्वतवासियों के लिए उत्तर प्रदेश के मेडिकल कॉलेजों में 3 प्रतिशत आरक्षण का प्रावधान किया था। हालाँकि इसके विरुद्ध न्यायालय में याचिकाएँ दायर की गयीं और मामला सर्वोच्च न्यायालय तक गया परन्तु सर्वोच्च न्यायालय ने भी पूरे पर्वतीय क्षेत्र को पिछड़ा मानकर आरक्षण को उचित ठहराया।

बहुगुणा के मुख्यमन्त्रित्व काल में पर्वतीय अंचल में सड़कों का तेज़ी से निर्माण प्रारम्भ हुआ। कुमाऊँ और गढ़वाल विश्वविद्यालय सहित कई तकनीकी संस्थान एवं विद्यालय खोले गये। पर्यावरण की सुरक्षा हो या क्षेत्रीय उत्पाद या फिर पर्यटन की सम्भावनाएँ, उन्होंने हर क्षेत्र को तेज़ी से बढ़ावा दिया। यहाँ ये बताना उचित होगा कि 1977 में जब वे तेल एवं रसायन मन्त्री बने तो पर्यावरण की सुरक्षा व महिलाओं के स्वास्थ्य को ध्यान में रखते हुए पर्वतीय क्षेत्रों में पहली बार गैस सिलेंडर का वितरण किया गया। वे लगातार पर्वतीय क्षेत्रों का दौरा करते। जिससे वहाँ के लोगों के मन में विश्वास उत्पन्न हुआ कि सरकार उनके विकास के प्रति कटिबद्ध है।

वर्तमान उत्तराखण्ड के प्रति उनकी चिन्ता की झलक 26 सितम्बर, 1983 को हल्द्वानी की एक जनसभा में दिये गये भाषण में दिखायी देती है। उन्होंने कहा था, "जिस तरह से पहाड़ में रहने वालों की आर्थिक हालत ख़राब होती जा रही है उससे स्पष्ट है कि जो चमक–दमक यहाँ बची हुई है वह शीघ्र ही लुप्त हो जायेगी।

इसलिए ज़रूरी है कि आम आदमी की रोज़ी–रोटी का ठीक–ठीक प्रबन्ध हो, तभी यहाँ ख़ुशहाली आ सकती है अन्यथा पहाड़ों की ख़ुशहाली ख़तरे में है।''

1981 में बहुगुणा ने उत्तराखण्ड की अपनी सभाओं में साफ़ शब्दों में कहा था, "बुगाड़ी के स्कूल से देवलगढ़, देवलगढ़ से खिरसू, खिरसू से जोशी मठ, जोशी मठ से पौड़ी, पौड़ी से देहरादून, देहरादून से इलाहाबाद, इलाहाबाद से दिल्ली तक मैंने बड़ी लम्बी यात्राएँ की हैं। जब–जब मुझे ताकत मिली है मैंने वही किया है जो आपका बेटा करता। जब मुख्यमन्त्री बना तो पर्वतीय विकास की मैंने सारी अवधारणा ही बदल दी। 12 अक्टूबर, 1975 को नैनीताल में हुई एक बैठक में पहाड़ के नियोजन पर पूरी रूपरेखा बनाकर शीघ्र काम करवाने की बात तय हुई थी। तत्कालीन प्रदेश सरकार के वित्त मन्त्री की हैसियत से नारायण दत्त तिवारी भी बैठक में उपस्थित थे।'' दुर्भाग्यवश बहुगुणा के मुख्यमन्त्री पद से त्यागपत्र देते ही पहाड़ों के नियोजन की वह रूपरेखा भुला दी गयी। सम्भव है कि यदि बहुगुणा कुछ और समय तक मुख्यमन्त्री रह गये होते तो क्षेत्र का विकास तीव्र गति से हो सकता था। उन्हें समस्याओं की जानकारी थी, उनमें सूझबूझ एवं दूरदर्शिता थी और लोगों को उनसे अपेक्षाएँ भी थीं।

उत्तराखण्ड के प्रति उनकी चिन्ता 6 मार्च, 1983 में श्रीमती इन्दिरा गाँधी को लिखे पत्र में भी उजागर होती है। श्रीमती गाँधी पर्वतीय क्षेत्र के दौरे पर जा रही थीं। पौड़ी गढ़वाल के सांसद की हैसियत से उन्होंने श्रीमती इन्दिरा गाँधी को एक लम्बा पत्र लिखा था जिसमें उन्होंने रोज़गार, उद्योग, पर्यावरण, शिक्षा सहित हर क्षेत्र में उत्तराखण्ड के पिछड़ेपन को उजागर किया था। उनका मत था कि विज्ञान एवं तकनीकी शिक्षा ही पर्वतीय क्षेत्रों में रोज़गार ला सकती है परन्तु 90 प्रतिशत स्कूल, कॉलेज विज्ञान की शिक्षा से वन्चित थे। उनका विचार था कि उत्तराखण्ड में बड़े उद्योगपतियों के प्रवेश की आवश्यकता नहीं है। वहाँ सूक्ष्म, मध्यम एवं लघु उद्योगों को बढ़ावा देकर बड़े पैमाने पर रोज़गार का सृजन सम्भव है।

बहुगुणा किसी भी पद पर रहे हों उन्होंने सदैव उत्तराखण्ड के सन्दर्भ में अपनी चिन्ताओं को उजागर किया था तथा वहाँ की जन आकांक्षाओं को कैसे पूर्ण किया जा सकता है, पर अपने सुझाव भी प्रस्तुत किये थे। पर्वतीय क्षेत्रों के प्रति सरकारों की उपेक्षा व दोषपूर्ण नीतियों को इंगित करते हुए उन्होंने उदाहरण दिये कि एफ.आर.आई. की स्थापना देहरादून में हुई परन्तु वहाँ शोध मैदानी वानकी पर हुआ। इसी प्रकार पन्त नगर विश्वविद्यालय में पहाड़ी पेड़ों, बूटी, घास आदि पर शोध करने के स्थान पर यूकेलिप्टस को बढ़ावा दिया गया।

जिस समय देश की आर्थिक पंचवर्षीय योजना तैयार की जा रही थी उस समय बहुगुणा ने योजना आयोग को एक पत्र के माध्यम से उत्तराखण्ड में विकास संबंधि अनेक सुझाव भेजे थे। उन्होंने लिखा, ''उत्तराखण्ड का विकास देश के लिए बनायी जा रही योजना से जुड़ी हुई है। स्वतन्त्रत भारत में बनाये गये पंवर्षीय योजनों में उत्तराखण्ड की ओर प्रार्यप्त ध्यान नहीं दिया गया। सात पंच वर्षीय योजनाएं पूर्ण हो

चूकी हैं व आठवीं पंचवर्षीय योजना तैयार की जा रही हैं। यदि पूर्व की भाँति अभी भी उत्तराखण्ड की उपेक्षा की जायेगी तो वह केवल उस क्षेत्र के प्रति ही नहीं वरन् पूरे देश के साथ अन्यय होगा।''

अपने इस विचार का विस्तार करते हुए उन्होंने लिखा, ''पूर्व में जो भी योजनाएँ बनायी गयी उनमें भौगोलिक एवं क्षेत्रिये विषमताओं एवं सम्भावनाओं पर ध्यान नहीं दिया गया। पहाड़, रेगिस्तान, मैदानी एवं तटीये क्षेत्रों के लिए सामान्य योजना बनाई गयी, जबकि उनके विकास के पैमाने एक–दूसरे से अलग होने चाहिए था।''

उनके सुझाव था कि आठवीं पंच वर्षीय योजना में जहाँ एक ओर केन्द्र एवं प्रान्तीय विश्वविद्यालयों व शोध संस्थानों में समन्वय स्थापित करने की आवश्यकता है वहीं दूसरी ओर स्थानिय योग्यता को बढावा देना भी ज़रूरी है।

उन्होंने लिखा कि उत्तराखण्ड के विकास का भविष्य इस बात पर निर्भर है कि हम उसके कृषि को वहाँ के जड़ी–बुटि, फलों व वनस्पति से जोड़े; पशुपालन को बढ़ावा दें; वहाँ कि शिक्षा पद्धति को सरकारी नियन्त्रण से मुक्त करे; वहाँ के वायुमण्डल को धुआँ और धूल के प्रदुषण से मुक्त करें तथा वहाँ की बहनों और माताओं को लकड़ी, घास और पानी को ढोने के काम में राहत दिलाएँ। परन्तु प्रश्न यह है कि क्या हम वर्तमान से भविष्य की ओर बढ़ने को तैयार है? क्या आठवीं पंच वर्षीय योजना उत्तराखण्ड के विकास का नया अध्याय लिखेंगी या फिर अपनी पुरानी ग़लतियों को फिर से दोहराएगी? उन्होंने स्पष्ट शब्दों में लिखा कि, ''उत्तराखण्ड के निवासी एक सम्मानजनक जीवन व्यतित करने की राह ढूँढ रहे हैं।''

उत्तराखण्ड के विकास के सम्बन्ध में बहुगुणा की चिन्ताएँ निराधार नहीं थीं। उनके व्यक्तिगत अनुभव, विधानसभा व लोकसभा में उनके भाषण, लोगों द्वारा उनको भेजे गये पत्र व उनके उत्तर, समय–समय पर मन्त्रियों और प्रधानमन्त्रियों को लिखे गये पत्र, पत्रिकाओं में प्रकाशित लेख व उनके व्यक्तिगत दस्तावेज़ों से प्राप्त सामग्री से जानकारी मिलती है कि वे निरन्तर पर्वतीय क्षेत्रों के विकास के प्रति चिन्तित रहे।

बहुगुणा मुख्यमन्त्री तो उत्तर प्रदेश के थे परन्तु उनकी ख्याति देश एवं देश के बाहर भी थी। उन्हें राष्ट्रीय नेता के रूप में स्वीकार किया जाता था। भारत के अलावा विभिन्न समाजवादी देशों में उनका व्यक्तित्व एवं कृतित्व काफ़ी चर्चित हो चुका था। मुस्लिम जगत में उनकी धर्मनिरपेक्ष छवि प्रतिष्ठित हो चुकी थी। इसके साथ ही देश की प्रगतिशील शक्तियों के साथ बहुगुणा की मौलिकता उत्तरोत्तर प्रगाढ़तर होती जा रही थी जिसे राजनीतिक, आर्थिक, एकाधिकारवादी ताक़तें बर्दाश्त नहीं कर सकीं। फलस्वरूप आपात्काल के ख़ौफ़नाक माहौल में उन्हें 28 अक्टूबर, 1975 को मुख्यमन्त्री पद से इस्तीफ़ा दे देना पड़ा। उनके त्याग-पत्र का समाचार सुनकर पूरे प्रदेश एवं देश की जनता स्तब्ध रह गयी थी। यदि वे श्रीमती गाँधी के सामने घुटने टेक देते, परिस्थितियों से समझौता कर लेते अथवा आपात्काल की ज़्यादतियों के हिस्सेदार बन गये होते तो शायद उन्हें मुख्यमन्त्री पद नहीं छोड़ना पड़ता।

अध्याय 9

संघर्ष का दौर

बहुगुणा और श्रीमती इन्दिरा गाँधी के बीच लोकतान्त्रिक मान्यताओं और मूल्यों के कारण टकराव शुरू हो गया था। उन्होंने लोकतान्त्रिक संस्थाओं की विश्वसनीयता को सुनियोजित तरीक़े से कम करना शुरू कर दिया। वे देश व पार्टी हित की बजाय अपने हित को तरजीह देने लगीं। उनके आसपास संकीर्ण मानसिकता व अवसरवादी लोगों का जमावड़ा बढ़ने लगा। श्रीमती गाँधी निरंकुश और तानाशाही रवैया की ओर बढ़ रही थीं। लोकतान्त्रिक मूल्यों के उनके साथी उनसे दूर होते जा रहे थे। किसी भी प्रकार के असहमति के स्वर को सहन करना श्रीमती गाँधी की कार्य-शैली का हिस्सा नहीं रहा। फलस्वरूप बहुगुणा उनके विश्वासपात्र नहीं रहे। श्रीमती गाँधी उनके हर क़दम और गतिविधि पर नज़र रखने लगीं जिसकी परिणति बहुगुणा के त्यागपत्र के रूप में हुई।

कांग्रेस के शीर्ष नेता भी उनसे दूरी रखने लगे थे। उनके मन में एक भय उत्पन्न हो गया था कि बहुगुणा से सम्पर्क रखने पर कहीं श्रीमती गाँधी उनसे नाराज़ न हो जायें। उधर श्रीमती गाँधी ने बहुगुणा के मान-मर्दन में कोई कमी नहीं रखी।

इस प्रकरण का दुखद अंश तो यह था कि मुख्यमन्त्री पद से त्यागपत्र देने के बाद बहुगुणा पर सेंसर लागू कर दिया गया। उनके साथ वही व्यवहार हुआ जो विपक्षी दलों के साथ हो रहा था। अन्तर सिर्फ़ इतना था कि उन्हें जेल में डालने का साहस इन्दिरा सरकार नहीं जुटा सकी थी। बहुगुणा ने आपात्काल की ज़्यादतियों की वस्तुस्थिति से अवगत कराने के लिए श्रीमती गाँधी से भेंट का कई बार प्रयास किया परन्तु उनसे भेंट के सारे प्रयास निष्फल रहे।

त्यागपत्र देने से पूर्व प्रधानमन्त्री श्रीमती इन्दिरा गाँधी से बहुगुणा ने चालीस मिनट तक बातचीत की थी। उसके बाद ही उन्होंने पत्रकार वार्ता में यह घोषणा की कि वे कल मुख्यमन्त्री पद से अपना इस्तीफ़ा देने जा रहे हैं। पत्रकार वार्ता के दौरान वे काफ़ी दुखी थे। भावविह्वल होकर उन्होंने कहा था, "मैं उत्तर प्रदेश की जनता, विशेषकर सरकारी कर्मचारियों के प्रति उनके स्नेह, प्रेम के लिए आभारी रहूँगा।

भारत-सोवियत मैत्री सम्मेलन, लखनऊ (1975)

विश्व इस्लामी शिक्षा सम्मेलन में भाग लेते हुए मुख्यमन्त्री बहुगुणा (1975)

सम्भवतः मैं इतने स्नेह एवं प्रेम का पात्र नहीं था।'' 28 नवम्बर को दिल्ली से त्यागपत्र देने के लिए आते समय तमाम इष्ट मित्रों ने उन्हें भावभीनी विदाई दी थी।

लखनऊ के अतिथि गृह में पत्रकारों से बातचीत करते हुए बहुगुणा ने कहा था, ''मेरे लिए इस्तीफ़ा देने का सबसे अच्छा वक़्त यही था। मैंने इस्तीफ़ा देने के लिए प्रधानमन्त्री से अनुमति माँगी थी–उन्होंने अस्वीकार नहीं किया। सम्भव है मेरी कुछ ख़ामियाँ रही हों इसलिए इस्तीफ़ा देने की ज़रूरत पड़ी।''

लोग प्रश्न उठाते हैं कि बहुगुणा श्रीमती गाँधी के इतने निकट थे फिर उन्हें मुख्यमन्त्री पद से क्यों हटना पड़ा? बात भी ठीक है क्योंकि श्रीमती गाँधी तथा बहुगुणा के 1974 से पूर्व तक इतने मधुर सम्बन्ध थे कि कोई उनसे तकरार की कल्पना भी नहीं कर सकता था। दरअसल बात यह थी कि बहुगुणा के मुख्यमन्त्री पद से हटाये जाने तथा उनसे इस्तीफ़ा दिलाने में अनेक शक्तियाँ शामिल थीं। इसका प्रमुख कारण यह था कि मुख्यमन्त्री पद का दायित्व सँभालने के साथ ही बहुगुणा उत्तर प्रदेश में इतने लोकप्रिय हो गये थे कि उनकी लोकप्रियता से श्रीमती गाँधी तथा उनके इर्द-गिर्द रहने वाले नेता, जिन्हें 'कॉकस' कहा जाता था, भयभीत हो उठे थे। बहुगुणा ने उत्तर प्रदेश में हरिजनों, शिक्षकों, विद्यार्थियों, मज़दूरों, कर्मचारियों आदि के लिए इतना कुछ कर दिया था कि शायद उससे पहले किसी मुख्यमन्त्री ने नहीं किया था। परिणामस्वरूप वे हर वर्ग में लोकप्रिय हो गये थे। उन्होंने नौकरशाही की ऐसी लगाम पकड़ रखी थी, कि वे जैसा चाहते थे, वैसा करवा लेते थे। केन्द्र का दबदबा वे उतना ही स्वीकार करते कि जितना सर्वमान्य होता। वे किसी के दबाव में आकर कोई काम नहीं करते थे। वे हमेशा कहते, ''काँधा मेरा है तो सर भी मेरा ही होगा।''

केन्द्र में एक लॉबी उनके ख़िलाफ़ पहले से थी। पी.एन. हक्सर, डी.पी. मिश्रा, उमाशंकर दीक्षित, चन्द्रजीत यादव, जो अपने को वामपन्थी विचारधारा का अगुवा समझते थे, ने श्रीमती गाँधी के सामने बहुगुणा के विषय में अनर्गल टिप्पणियाँ शुरू कर दी थीं। इस लॉबी के कारण ही 1971 के मन्त्रिमण्डल में बहुगुणा को पूर्ण मन्त्री का दर्जा नहीं मिल सका था। यह लॉबी बराबर बहुगुणा के पीछे षड्यन्त्र में लगी रही। उत्तर प्रदेश के नेताओं में चन्द्रजीत यादव, वी.पी. सिंह, बी.पी. मौर्य, राजेन्द्र कुमारी बाजपेयी आदि बहुगुणा के विरुद्ध साज़िश करने वालों में प्रमुख थे। उत्तर प्रदेश में आज जो कांग्रेस की दुर्दशा है वह बहुगुणा के ख़िलाफ़ हुई साज़िश का नतीजा है। बहुगुणा तो देश के राजनीतिक क्षितिज पर लम्बे अरसे तक छाये रहे पर ये सब नेता कालान्तर में शून्य में तब्दील हो गये। यहाँ यह कहना असंगत नहीं होगा कि श्रीमती गाँधी के इशारे के बिना यह सम्भव नहीं था। उनका इशारा था कि बहुगुणा को कमज़ोर करो।

1969 में कांग्रेस विभाजन के समय बहुगुणा ने श्रीमती गाँधी का साथ इसलिए दिया था क्योंकि उनकी आस्था प्रगतिशील विचारधारा में थी। श्रीमती गाँधी ने प्रगतिशील तेवर

अपनाया हुआ था। ग़रीबों के कल्याण के लिए उन्होंने अनेक प्रगतिशील कार्यक्रमों की घोषणा की। तत्कालीन सोवियत संघ के साथ भारत की मित्रता अपने चरमोत्कर्ष पर थी और ठीक भी था क्योंकि अमेरिका पाकिस्तान के माध्यम से भारतीय भू-भाग में अस्थिरता उत्पन्न करने का प्रयत्न कर रहा था। इसलिए सोवियत संघ से मित्रता हमारे हित में थी। बहुगुणा का दृष्टिकोण श्रीमती गाँधी की राष्ट्रीय और विदेश नीति के दृष्टिकोण से मेल खाता था। यही कारण है कि वे उनके साथ जुड़ गये। ऐसे समय में रमेश सिन्हा ने बहुगुणा को सुझाव दिया कि वे 'इंडो-सोवियत कल्चरल सोसायटी' (इसकस) का राष्ट्रीय सम्मेलन लखनऊ में आयोजित करें। बहुगुणा इसके लिए तत्काल तैयार हो गये। वे स्वागत समिति के अध्यक्ष और रमेश सिन्हा मुख्य सचिव चुने गये। स्वागत समिति में प्रायः उत्तर प्रदेश के सभी मन्त्रियों के अलावा लखनऊ में निवास कर रहे सभी महत्त्वपूर्ण व्यक्तियों को सम्मिलित किया गया था। श्री सिन्हा का कहना है कि यह आयोजन 'इसकस' के इतिहास में एक अविस्मरणीय घटना बन गया। इतना भव्य राष्ट्रीय सम्मेलन पहले कभी नहीं हुआ था। इसमें भाग लेने के लिए पूरे देश से तीन हज़ार प्रतिनिधि आये और सोवियत संघ से एक उच्चस्तरीय प्रतिनिधिमण्डल के अलावा तीस-चालीस सदस्यीय सांस्कृतिक दल भी लखनऊ पहुँचा था। श्रीमती गाँधी के अलावा वरिष्ठ मन्त्री एवं तत्कालीन कांग्रेस अध्यक्ष देवकान्त बरुआ ने भी सम्मेलन को सम्बोधित किया था।

इस सफलता से बहुगुणा के विरोधियों में ईर्ष्या हुई। उन्होंने इस सफलता का प्रयोग बहुगुणा के विरुद्ध किया। श्री सिन्हा कहते हैं, "अत्यन्त खेद का विषय था कि बहुगुणा के विरुद्ध इस आशय का मुहिम चलाया गया कि वे सोवियत संघ के साथ सीधा सम्बन्ध स्थापित कर भारत के प्रधानमन्त्री बनना चाहते हैं। श्रीमती गाँधी के मन में बहुगुणा के बारे में सन्देह पैदा करने का पूरा प्रयत्न किया गया और इस षड्यन्त्र में सफलता भी मिली।" श्री सिन्हा के अनुसार यह अभियान आधारहीन था क्योंकि बहुगुणा ने सदैव इन्दिरा जी को ही अपना नेता माना था और उन्हीं की राष्ट्रीय एवं अन्तरराष्ट्रीय नीति को लागू करने की चेष्टा की थी। यह और भी शर्म और खेद की बात थी कि 'कांग्रेस सोशलिस्ट फोरम' इस अभियान की अग्रिम पंक्ति में था। उत्तर प्रदेश, दिल्ली व भारत के अन्य क्षेत्रों में बहुगुणा के विरुद्ध साज़िश करने वालों में अधिकांश वे थे जो किसी-न-किसी रूप में कभी कम्युनिस्ट पार्टी के सदस्य थे। वामपन्थियों एवं समाजवादी तत्त्वों का नेहरू-इन्दिरा समाजवादी नीतियों के समर्थन में संगठित करने का निष्ठा के साथ प्रयत्न किया था। किन्तु वही उनके मुख्यमन्त्री पद से निष्कासन का एक महत्त्वपूर्ण कारण बन गया।

कांग्रेस के भीतर बहुगुणा के विरोध का एक कारण और भी था। उन्होंने पं. कमलापति त्रिपाठी द्वारा 'भूमि हदबन्दी क़ानून' के कार्यान्वयन की जाँच हेतु जो 'विशारद समिति' गठित की थी उसकी रिपोर्ट को यथावत प्रकाशित करा दिया था।

इस रिपोर्ट ने इस बात का पर्दाफ़ाश किया कि इस क़ानून का उल्लंघन बड़े-बड़े भूमिपति, जिनमें कई कांग्रेसी नेता भी शामिल थे, कर रहे थे। इसके बाद निर्भीकता से उन्होंने भूमि क़ानून को लागू करना शुरू किया जिस पर कई प्रभावशाली कांग्रेसी नेता नाराज़ हो गये और बहुगुणा को मुख्यमन्त्री पद से हटाने का प्रयास कर रहे तत्त्वों के साथ जुड़ गये।

अपने सिद्धान्तों के लिए कई बार बहुगुणा को हानि उठानी पड़ी थी परन्तु उन्होंने कभी समझौता नहीं किया। प्रसिद्ध उद्योगपति के.के. बिड़ला उत्तर प्रदेश से राज्यसभा के सदस्य बनना चाहते थे। उन्होंने अपना नामांकन पत्र भर दिया। कांग्रेस के अनेक नेताओं ने उनके समर्थन का विश्वास भी उन्हें दिलाया। बहुगुणा के मज़दूर मन ने इसे अनैतिक मानते हुए के.के. बिड़ला का विरोध किया। वे राज्यसभा के लिए नहीं चुने जा सके। यह क़िस्सा कुछ इस प्रकार था, 1974 में उत्तर प्रदेश से राज्यसभा के लिए आठ सदस्यों को कांग्रेस से चुना जाना था। कांग्रेस हाईकमान ने आठ सदस्यों का नाम तय कर दिया था। उसके बाद अघोषित नौवाँ नाम के.के. बिड़ला का तय कर दिया गया। समझा गया था कि कांग्रेस की अतिरिक्त वोटों के साथ बिड़ला अन्य विध्याकों की वोट लेकर जीत जायेंगे। श्रीमती गाँधी के इशारे पर निजी सचिव यशपाल कपूर लखनऊ आ पहुँचे और मुख्यमन्त्री के अतिथि गृह में रहकर बिड़ला के चुने जाने हेतु प्रचार करने लगे। बहुगुणा को जब यह जानकारी हुई तो उन्होंने श्रीमती गाँधी से आपत्ति प्रकट की और कहा कि यदि वास्तव में वे बिड़ला को चाहती हैं तो आठ सदस्यों की सूची में से किसी एक का नाम कम करना होगा। श्रीमती गाँधी ने ऐसा करने से मना कर दिया परन्तु यशपाल कपूर अतिरिक्त मत जुटाकर उन्हें जिताने के लिए ख़रीद-फरोख़्त करने में जुटे रहे।

बहुगुणा उस समय कुछ अस्वस्थता के कारण दिल्ली में अस्पताल में भर्ती थे। बहुगुणा जब लखनऊ पहुँचे तो उन्होंने सन्देश भेजा कि श्री कपूर अतिथि गृह खाली कर दें और अपनी व्यवस्था अन्यत्र कर लें। श्री कपूर ने बहुगुणा के निर्देश के बावजूद ऐसा नहीं किया। फलस्वरूप उनका सामान अतिथि गृह से बाहर कर दिया गया। जिसे कपूर ने प्रतिष्ठा का सवाल बना लिया। श्रीमती गाँधी ने भी उसे गम्भीरता से लिया।

बहुगुणा के इस निर्णय से ही आप अन्दाज़ लगा सकते हैं कि वे अपनी लगन एवं विचारों के कितने पक्के थे। वे नहीं चाहते थे कि किसी पूँजीपति का प्रचार सरकार ख़ास तौर से ऐसी सरकार, जो 'ग़रीबी हटाओ' का नारा देकर सत्ता में आयी हो, के अतिथि गृह से हो। के.के. बिड़ला ने अपनी आत्मकथा में इस घटना की विस्तृत चर्चा की है। वे लिखते हैं, "संजय का सुझाव था कि मैं उत्तर प्रदेश से लड़ूँ। उसने इन्दिरा जी से बात की और उन्होंने वायदा किया कि उनकी पार्टी की सहानुभूति मेरे साथ रहेगी। उन्होंने सहयोग के लिए यशपाल कपूर को लखनऊ भेजा।

मेरी जीत सुनिश्चित थी क्योंकि चन्द्रभानु गुप्त और विपक्ष का भी मुझे समर्थन प्राप्त था। किन्तु मेरे ध्यान में एक बात नहीं आयी, वह थी हेमवती नन्दन बहुगुणा का विरोध। मैं उन्हें 1960 से जानता था, उनसे अधिक चालाक राजनीतिज्ञ और मुझे कोई नहीं मिला। मेरा सम्बन्ध भी उनसे अच्छा नहीं था और वे मेरे घोर विरोधी थे।'' वे आगे लिखते हैं, ''दिल्ली के अस्पताल से लखनऊ पहुँचकर उन्होंने प्रतिदिन ऐसे वक्तव्य दिये जिनसे मेरी बदनामी हो। उन्होंने खुला विरोध किया और कहा कि कांग्रेस एवं विपक्ष दोनों का समान लक्ष्य मुझे पराजित करने का ही होना चाहिए। बहुगुणा के विरोध को देखकर यशपाल स्तब्ध थे। मैं स्वयं इन्दिरा जी से मिलने दिल्ली गया किन्तु वे मिलने तक से कतरा गयीं। चुनाव में खुला मतदान कराया गया ताकि कोई कांग्रेसी मतदाता मुझे वोट न दे सके। यशपाल कपूर ने चुनाव आयुक्त से इस बात की आपत्ति भी की किन्तु कोई कुछ नहीं कर सका। इस प्रकार के चुनाव में पहली बार खुले तौर पर मतदान हुआ था।''

हार के उपरान्त श्री बिड़ला, श्रीमती गाँधी व संजय गाँधी से मिलने दिल्ली गये। उन्होंने संजय गाँधी से पूछा, ''यदि एक मुख्यमन्त्री को दल के नेता के साथ विश्वासघात करना था तो मुझे चुनाव में खड़े होने के प्रस्तावित करने के पीछे क्या तुक था? संजय ने मुझे सान्त्वना दी और कहा कि उनकी माँ ने बहुगुणा पर विश्वास किया था लेकिन उन्होंने धोखा दे दिया।'' बिड़ला आगे लिखते हैं, ''संजय अत्यन्त क्रोधित थे। अगले दिन जब मैं इन्दिरा गाँधी से मिला तो वे भी बहुगुणा से अप्रसन्न थीं। वे बोलीं, उन्होंने न केवल आपके साथ शरारत की है वरन् मुझे भी धोखा दिया है। संजय दृढ़ संकल्प थे। उन्होंने बहुगुणा के विरोध को अपनी माँ के विरुद्ध विश्वासघात समझा। इस कार्य के लिए संजय और इन्दिरा ने बहुगुणा को कभी क्षमा नहीं किया और न ही बहुगुणा ने उनसे कोई समझौता किया, जिसके परिणाम सबको मालूम हैं।''

बहुगुणा ने आरम्भ से मज़दूरों की लड़ाई लड़ी थी, पूँजीपतियों की नहीं, इसलिए वे अपने राजनीतिक जीवन में दाग नहीं लगने देना चाहते थे। कांग्रेस के सिद्धान्त भी पूँजीवादी व्यवस्था के नहीं बल्कि मज़दूर समर्थक थे। एक पूँजीपति को जिताने का सीधा अर्थ पूँजीवादी व्यवस्था का समर्थन करना था। इसीलिए बहुगुणा ने इस लड़ाई को मोल लिया और अपनी कुर्सी तक की बाज़ी लगा दी। उत्तर प्रदेश की 'शुगर लॉबी' (चीनी मिल मालिकों) ने भी बहुगुणा के निष्कासन का भरपूर प्रयत्न किया।

श्रीमती गाँधी तथा बहुगुणा के बीच 1974 में इलाहाबाद संसदीय क्षेत्र से सतीशचन्द्र खरे को टिकट दिये जाने के कारण भी विरोध पैदा हुआ था। श्री खरे श्रीमती गाँधी की चुनावी याचिका में वकील थे। उन्हें बहुगुणा द्वारा रिक्त इलाहाबाद संसदीय क्षेत्र के लिए टिकट दिया गया। दुर्भाग्यवश वे हार गये। विरोधियों ने इसे दूसरे रूप में लिया। उन्होंने श्रीमती गाँधी के कान भरे कि बहुगुणा ने उन्हें हरवा दिया।

बहरहाल, इसका बहुत अधिक प्रभाव श्रीमती गाँधी पर नहीं पड़ा, परन्तु इन्दिरा गाँधी के चुनाव याचिका में हारने के बाद विरोधियों द्वारा जो कहानियाँ तैयार की गयीं उनका उन पर ज़बरदस्त असर पड़ा और यह भी बहुगुणा के निष्कासन का कारण बन गया।

मार्च 1975 में इलाहाबाद उच्च न्यायालय के माननीय न्यायमूर्ति जगमोहन लाल सिन्हा ने रायबरेली से श्रीमती इन्दिरा गाँधी के विरुद्ध समाजवादी नेता राजनारायण द्वारा दाख़िल चुनाव याचिका पर श्रीमती गाँधी के विरोध में निर्णय दिया। भारत की ही नहीं वरन् दुनिया में न्यायपालिका के इतिहास में यह एक अभूतपूर्व फ़ैसला था। श्रीमती गाँधी के विरुद्ध हुए इस फ़ैसले की जानकारी होते ही बहुगुणा ने इलाहाबाद में उस समय वकालत कर रहे अपने पुत्र विजय बहुगुणा को निर्देश दिया कि वे तत्काल निर्णय की प्रति लेकर दिल्ली पहुँचें। बहुगुणा तथा विजय जिस समय प्रधानमन्त्री के आवास पर पहुँचे वहाँ 'काकस' पहले से मौजूद था। तत्कालीन प्रतिरक्षा मन्त्री बंसीलाल ने बहुगुणा के पहुँचते ही उन पर छींटाकशी की, ''बहुगुणा जी, यह आपने क्या करा दिया? हमारे हरियाणा में होता तो देखते इन्दिरा जी कैसे हारतीं?'' बहुगुणा का उत्तर था, ''इसीलिए इलाहाबाद से प्रधानमन्त्री होते हैं और हरियाणा से मुख्यमन्त्री। हम लोग न्याय प्रक्रिया में कभी हस्तक्षेप नहीं करते हैं।''

बाबू जगजीवन राम, हेमवती नन्दन बहुगुणा सहित कई वरिष्ठ नेताओं ने इस निर्णय पर श्रीमती गाँधी को सलाह दी कि वे कुछ दिन के लिए अपने विश्वासपात्र स्वर्ण सिंह को प्रधानमन्त्री का कार्यभार सौंप दें। सर्वोच्च न्यायालय में याचिका दायर कर उचित पैरवी के बाद पुनः पद पर आ जायें। श्रीमती गाँधी को यह सुझाव उचित नहीं जँचा बल्कि उसका उन पर उलटा असर पड़ा। उनके इर्द-गिर्द रहने वाले नेताओं ने उन्हें 'इमर्जेंसी' लगाने की सलाह दे दी।

संजय गाँधी के प्रशासनिक हस्तक्षेप को स्वीकार न करना ही बहुगुणा के विरुद्ध गया। संजय गाँधी का आदेश सब जगह चलता था परन्तु उत्तर प्रदेश में नहीं। बहुगुणा प्रशासन में ऐसे किसी व्यक्ति के हस्तक्षेप को पसन्द नहीं करते थे जिसका प्रशासन से कोई मतलब न हो। वे अतिरिक्त संवैधानिक सत्ता केन्द्र के प्रबल विरोधी थे। बहुगुणा ने ज़िलाधिकारी के तबादले के क्रम में एक बार ज़िलाधिकारी रायबरेली का भी स्थानान्तरण कर दिया था। रायबरेली प्रधानमन्त्री का निर्वाचन क्षेत्र था। संजय गाँधी ने ज़िलाधिकारी का स्थानान्तरण रोकने को कहा परन्तु बहुगुणा ने यह कहकर नहीं रोका कि यदि वे एक ज़िलाधिकारी का स्थानान्तरण रोकते हैं तो उसका दूसरों पर क्या असर पड़ेगा? संजय गाँधी के तमाम ऐसे आदेशों की बहुगुणा ने कभी परवाह नहीं की। फलस्वरूप संजय गाँधी उनसे बेहद नाराज़ थे और उनकी नाराज़गी इन्दिरा जी की नाराज़गी बन गयी। बहुगुणा में उन्हें अपने राजनीतिक प्रतिद्वन्द्वी की छवि दिखाई देने लगी।

1975 में सर्वोदयी नेता लोकनायक जयप्रकाश नारायण को उत्तर प्रदेश में राज्य अतिथि के रूप में सम्मान देना भी बहुगुणा के लिए हानिकारक सिद्ध हुआ।

जयप्रकाश नारायण ने 'सम्पूर्ण क्रान्ति' की घोषणा कर श्रीमती गाँधी के विरुद्ध अभियान प्रारम्भ किया। यह वातावरण बनता जा रहा था कि वे कांग्रेस को सत्ता से बाहर करना चाहते हैं। देश के विद्यार्थी तथा युवजन जयप्रकाश नारायण के साथ थे। इन्दिरा सरकार की नींव हिल रही थी। हर राज्य में उन्हें बेहद सफलता मिल रही थी। मुख्यमन्त्री बहुगुणा ने लोकनायक जयप्रकाश नारायण के उत्तर प्रदेश में आते ही उन्हें राजकीय सम्मान देकर राज भवन के अतिथि गृह में ठहराया। इसके पीछे बहुगुणा की दो मंशा थीं। एक तो जयप्रकाश नारायण राष्ट्रीय आन्दोलन में भाग लेने वालों की वरिष्ठतम कड़ी में से एक थे। वे राजकीय सम्मान के अधिकारी थे, दूसरे वे उत्तर प्रदेश को उनके आन्दोलन की आँधी की चपेट से बचाना चाहते थे।

स्वतन्त्रता संग्राम सेनानी एवं प्रख्यात पत्रकार, लेखक व नेहरू परिवार के क़रीबी पी.डी. टण्डन के पास उस समय जे.पी. और बहुगुणा के लिखे पत्रों का एक अच्छा-ख़ासा संग्रह है जिनके कुछ अंश 7 जून, 1994 को दिल्ली से प्रकाशित नवभारत टाइम्स में 'जे.पी. का स्नेह और बहुगुणा की श्रद्धा' शीर्षक से प्रकाशित हुए थे। इन पत्रों के आधार पर श्री टण्डन लिखते हैं, "बहुगुणा की जे.पी. के प्रति विशेष श्रद्धा थी और क्यों न होती, जयप्रकाश नारायण का स्तर क़रीब-क़रीब जवाहरलाल नेहरू के बराबर का होता था। 1942 में उन्होंने भारत की आज़ादी के लिए एक महान देशभक्त की भाँति कठोर यातनाएँ सही थीं।"

श्री टण्डन आगे लिखते हैं, "कहाँ गयीं वे ऊँची परम्पराएँ? कहाँ गये महत्त्वपूर्ण मान्यताओं के पुजारी? कहाँ ढूँढ़ें उन लोगों को जो शराफ़त का झण्डा अब भी ऊँचा रखना चाहेंगे? कहाँ गये वे लोग जो इन्सानियत की दुहाई देते थे? कहाँ गये वे जो राजनीतिक मतभेद होते हुए भी एक-दूसरे का आदर करते थे, और सही तरीक़े अपनाते थे? याद आ गयी 1974 की एक घटना। जयप्रकाश नारायण ने कांग्रेस के ख़िलाफ़ बग़ावत का झण्डा उठाया था। वह कांग्रेस सरकारों का ख़ात्मा करना चाहते थे। हेमवती नन्दन बहुगुणा उन दिनों उत्तर प्रदेश के मुख्यमन्त्री थे और थी कांग्रेस की हुकूमत।

उस ज़माने में जब जयप्रकाश उत्तर प्रदेश आये तो बहुगुणा ने उन्हें सरकार का मेहमान बनाया। उस समय लखनऊ में विधानसभा का सत्र चल रहा था। सत्यपाल मलिक ने सदन में कुछ ऐसी बातें कहीं, जिनसे सत्य का कोई सम्बन्ध नहीं था। बहुगुणा ने विधानसभा भवन, लखनऊ से जून 25, 1974 को जयप्रकाश को एक पत्र भेजा, जिसमें उन्होंने लिखा था :

प्रिय जयप्रकाश जी,

मुझे श्री सत्यपाल मलिक (एम.एल.ए.) के उस बयान को सुनकर बहुत कष्ट हुआ, जो उन्होंने आज दिन में दिया। उसमें कहा गया था कि आपने कुछ लोगों को ऐसा कहा कि मेरी सरकार ने आपके इलाहाबाद में जून 22, 23 को सरकारी अतिथि गृह

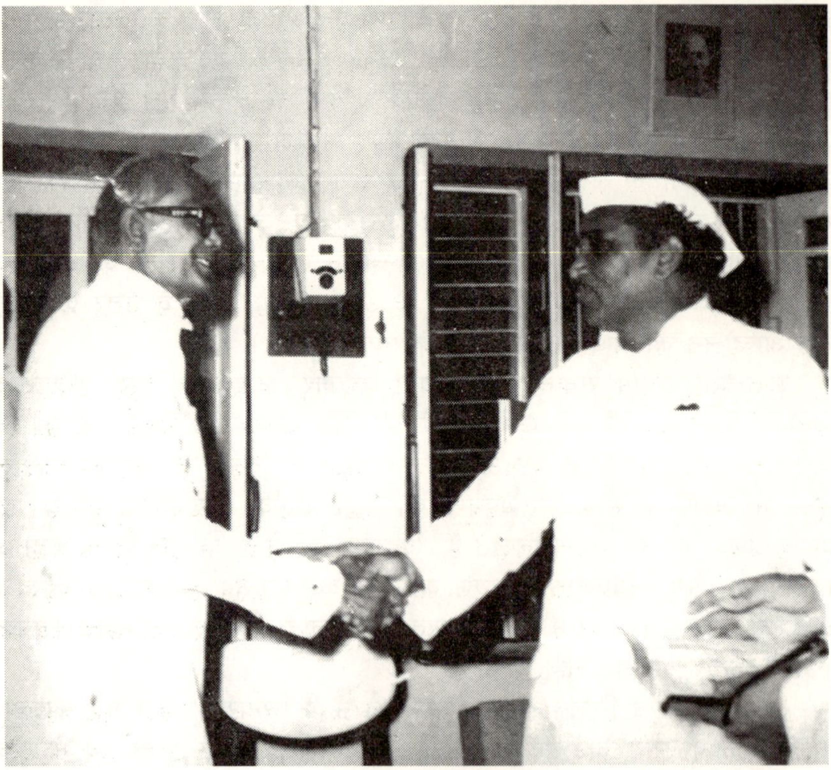

सन् 1974 में लखनऊ में श्री जयप्रकाश नारायण से एक भेंट

में ठहरने के लिए बाधाएँ डालीं और आपका सम्मेलन विफल करने का प्रयास किया। मैं आशा करता हूँ कि श्री मलिक के बयान से, जो निराधार है, आपका कोई सम्बन्ध नहीं है और आपके दिमाग़ में मेरे और मेरी सरकार के बारे में कोई ग़लतफ़हमी नहीं है। आपको मालूम है कि आपके प्रति मैं कितनी श्रद्धा रखता हूँ और आपका कितना आदर करता हूँ। मैं यह भी बताना चाहता हूँ कि इलाहाबाद में यह आदेश दे दिया गया था कि आपके सम्मेलन में कोई बाधा नहीं पड़नी चाहिए। इस सबके बाद भी मलिक ने जो कुछ कहा उससे मुझे कितनी पीड़ा हुई होगी, उसका आप अन्दाज़ा कर सकते हैं।... मैं बड़ा आभारी हूँगा यदि आप मुझे बतायें कि आपको कोई ग़लतफ़हमी तो नहीं हुई क्योंकि मुझे यह जानकर बड़ी राहत होगी। ...मैं आशा करता हूँ कि आप मुझे उत्तर अवश्य देंगे। ...यदि उस दिन इलाहाबाद में मेरे लिए मौजूद होना मुमकिन होता तो मैं ज़रूर जाता और आपसे मिलता।

आपका,

हेमवती नन्दन बहुगुणा

पी.डी. टण्डन आगे लिखते हैं, "एक 'बागी' को उस ज़माने में इतना सम्मान देना बताता है कि बहुगुणा में कितनी हिम्मत थी।" मैं यह बता देना चाहता हूँ कि जो कुछ मलिक साहब ने सदन में उस दिन कहा था, वह ग़लत था। जयप्रकाश जी हमेशा की तरह उस बार भी मेरे इलाहाबाद में मेहमान थे। उन्होंने मुझे 6 जुलाई, 1974 को लिखा था, "मैं आशा करता हूँ कि तुमने बहुगुणा जी को बता दिया होगा, जो कुछ मैंने इलाहाबाद में कहा और किया। विधानसभा में श्री सत्यपाल मलिक के ग़लत और दुर्भाग्यपूर्ण बयान से मेरे, बहुगुणा जी और कांग्रेस सरकार के बीच बिला ज़रूरत ग़लतफ़हमी पैदा हुई है।"

बहुगुणा के पत्र का उत्तर तुरन्त जे.पी. ने बड़ी सच्चाई और शराफ़त के साथ दिया और राजनीति के स्तर को उठाया। उनके और बहुगुणा के पत्र बताते हैं कि राजनीतिक मतभेदों के होते हुए भी लोग शराफ़त और नफ़ासत से बर्ताव कर सकते हैं और इन्सानियत के स्तर को ऊँचा रख सकते हैं।

जे.पी. ने अपने उत्तर में जून 29, 1974 को लिखा था :

प्रिय बहुगुणा जी,

आपका 25 जून का पत्र मिला। मैं तो वेल्लौर से लौटकर सोचता ही रह गया कि अपना अपूर्ण पत्र पूरा करके आपको भेज दूँ किन्तु दुर्भाग्यवश इतना व्यस्त रहा कि ऐसा नहीं कर सका और आप ही का पत्र पहले मुझे मिला।

मुझे स्मरण नहीं है कि सत्यपाल मलिक ने अलग मुझसे कोई बात की थी। अगर की भी होगी, तो यह असम्भव है कि मैंने उनसे वह सब कहा होगा जो उन्होंने असेम्बली में बयान दिया है। मैंने उनका प्रतिवाद नहीं किया, क्योंकि इस प्रकार के लोगों के साथ वाद-विवाद में पड़ना मैं ठीक नहीं समझता। इस सम्बन्ध में मैंने अपने मित्र श्री ओमप्रकाश दीपक से, जो पहले 'जन' के सम्पादक रह चुके हैं, प्रार्थना की है कि वह आपको पत्र लिखकर मेरे विचारों का स्पष्टीकरण कर दें। वह श्री मलिक को भी पत्र लिखने वाले हैं।

आपसे इस सम्बन्ध में इतना ही निवेदन है कि इलाहाबाद में मैंने जो भी प्रकट किया था या सार्वजनिक भाषण हुए या जो भी मैंने प्रेस के लोगों से बातचीत में कहा, उसे ही आप आधिकारिक मानिए। सम्मेलन में और आम सभा में भी आपके इंटेलीजेंस विभाग के लोग उपस्थित रहे ही होंगे और मेरे भाषणों का विस्तृत नोट उन्होंने लिया होगा। उनका भी नोट आप माँगकर देखें। मैं अपने दोनों भाषण...एक युवा सम्मेलन तथा दूसरा पुरुषोत्तम दास टण्डन पार्क की सभा का...जैसे ही टेपरिकॉर्डर से उतार लिए जाते हैं, आपकी सेवा में भेज दूँगा।

यह भी आशा करता हूँ कि अपना अपूर्ण पत्र पूरा कर दो-चार दिन में मैं आपको भेजूँगा।

आशा है आप सकुशल होंगे। अपने स्वास्थ्य का ध्यान रखिएगा। वेल्लौर से लौटने के बाद मेरा स्वास्थ्य काफ़ी सुधरा है, ऐसा लगता है। देखने वाले भी ऐसा कहते हैं और मुझे भी अन्दर से ऐसा महसूस होता है। यद्यपि डॉक्टरों की सलाह से मुझे अभी दो महीने और आराम करना चाहिए। परन्तु आराम तो शायद मेरी क़िस्मत में नहीं है। ख़ैर, ईश्वर चाहेगा वैसा होगा। अपने को तो कर्तव्य पालन करना है।

आपका सस्नेह

जयप्रकाश नारायण

पुनश्चः सम्भव है मैं अगस्त में लखनऊ आऊँ।

उस समय आपसे अवश्य मिलूँगा। –जे.पी.

बहुगुणा को जब जे.पी. से अपने पत्र का जवाब मिला तो उन्हें काफ़ी सन्तोष हुआ। उन्होंने जयप्रकाश नारायण को 5 जुलाई, 1974 को पुनः पत्र लिखा था :

प्रिय जयप्रकाश जी,

आपका 29 जून का पत्र 3 जुलाई को लखनऊ में मिला। श्री सत्यपाल मलिक के असेम्बली में भाषण के बाद मन का बोझ अब हल्का हुआ। आपका कृतज्ञ हूँ। श्री ओमप्रकाश दीपक जी के पत्र का इन्तज़ार कर रहा हूँ।

आपको अपने स्वास्थ्य का ध्यान ज़रूर रखना चाहिए। वैसे हम सब भगवान के हाथों में हैं। यदि आपका इधर आना तय हुआ, तो अवश्य सूचित करने का कष्ट करें। सादर

आपका

हेमवती नन्दन बहुगुणा

बहुगुणा ने 5 जुलाई, 1974 को एक पत्र जे.पी. को लिखा था उसका उत्तर जयप्रकाश नारायण ने 24 जुलाई, 1974 को दिया, उसमें कहा था :

प्रिय बहुगुणा जी,

आपके 5 जुलाई के पत्र के लिए अनेक धन्यवाद। जो पत्र मैं वेल्लौर जाने से पहले आपको लिख रहा था और पूरा नहीं कर सका, वह नीचे दे रहा हूँ।

आपने अकबर अली खाँ साहब को जो पत्र उत्तर प्रदेश के चम्बल क्षेत्र में हम लोगों के काम उठाने के सम्बन्ध में लिखा था, उसकी प्रतिलिपि अकबर अली साहब ने हमें भेज दी थी। मुझे खेद है कि जो पत्र मैंने उनको लिखा था उससे आपको लगा कि मेरे प्रति आपके सद्भाव एवं सौजन्य के विषय में मुझे शंका है। मेरे पत्र का आप पर यह जो प्रभाव पड़ा, उसका मुझे बड़ा दुख है और मैं क्षमा चाहता हूँ।

आपसे जो सद्भाव, सौजन्य तथा स्नेह मुझे बराबर मिला है, उसे मैं भूल नहीं सकता। आपने केवल मुझसे ही मिलने के लिए कानपुर आने का कष्ट किया था, उसका मेरे चित्त पर गहरा प्रभाव पड़ा था। आपको विश्वास दिलाना चाहता हूँ कि आपके लिए भी वैसा ही स्नेह तथा सद्भाव मेरे हृदय में है। जहाँ तक मेरे व्यवहार का प्रश्न है, मैं आशा करता हूँ कि आपने उसमें शिष्टता-सौजन्य की कभी कमी नहीं पायी होगी।

अब इस समय तो उत्तर प्रदेश के चम्बल घाटी क्षेत्र में मेरा कोई कार्य उठाना असम्भव हो गया है, तो यह काम फ़िलहाल रुका ही रहेगा। आगे देखा जायेगा।

स्वामी कृष्णानन्द जी तथा महावीर भाई कुछ दिन पहले मुझसे मिले थे और आपकी उत्तर प्रदेश के आत्मसमर्पित डाकुओं या बागियों के विषय में जो चर्चा हुई थी उसका सारांश मुझे बताया था। उनका कहना था कि जो भी निर्णय आपने लिए थे और अपने अधिकारियों को जो आदेश दिये थे, उनका ठीक ढंग से पालन नहीं हो रहा है। मैंने महावीर भाई को सलाह दी है कि वे इस विषय में आपको विस्तार से लिखें और आवश्यक हो तो जाकर मिलें।

मेरा लखनऊ आने का तो कार्यक्रम पहले बना था, 20 जुलाई के लिए परन्तु उसमें परिवर्तन करना पड़ा। वह कार्यक्रम केवल लखनऊ विश्वविद्यालय के 'स्टूडेंट्स यूनियन' के उद्घाटन के लिए था, परन्तु वह स्थगित कर दिया गया। अब शायद अगस्त में कभी लखनऊ आना होगा और उस समय उत्तर प्रदेश युवा सम्मेलन तथा विश्वविद्यालय यूनियन का उद्घाटन ये दोनों कार्यक्रम रहेंगे। जब तिथि निश्चित होगी तो मैं आपको सूचित करूँगा।

आशा है आप कुशलपूर्वक होंगे। वेल्लौर से लौटने के बाद मेरा स्वास्थ्य अच्छा है। परन्तु कार्य का बोझ कुछ अधिक है, जो प्रयत्न करने पर भी कम नहीं हो पाता। ख़ैर, यह सब तो भगवान के हाथ में ही है।

आपका सस्नेह,
जयप्रकाश नारायण

श्री टण्डन आगे लिखते हैं, ''काफ़ी समय बाद बहुगुणा एक दिन मुझसे मिलने आये। फाटक से ही उन्होंने कहना शुरू कर दिया, 'दफ़्तर से फौरन बाहर आओ। तुम्हारे लिए मैं तुम्हारे मन की चीज़ लाया हूँ। यह लो जयप्रकाश जी के ख़त। तुम्हारे पास उनके अनेक पत्र हैं। यह भी उस ख़ज़ाने में जमा कर लो।'

मैंने जब बहुगुणा-जे.पी. पत्राचार पढ़ा, तो मैं सोचने लगा कुछ लोग राजनीति में होते हुए भी मानवता, शिष्टाचार और सहनशीलता का बर्ताव कर सकते हैं। आजकल इसका क़रीब-क़रीब ग़ायब हो जाना खलता है।''

श्रीमती इन्दिरा गाँधी को जे.पी.-बहुगुणा सम्बन्ध नागवार लगा। परन्तु बहुगुणा की दूरदर्शिता का ही नतीजा था कि जयप्रकाश नारायण ने उत्तर प्रदेश में अपना

आन्दोलन स्थगित कर दिया और प्रदेश बच गया। उन्होंने उत्तर प्रदेश के प्रशासन की सराहना की और बयान दिया कि यहाँ आन्दोलन की आवश्यकता नहीं है। बहुगुणा के प्रतिद्वन्द्वियों को एक और मौक़ा मिला और उन्होंने उन पर आरोपों की बौछार तेज़ कर दी। इन्दिरा जी को यह दिखाया गया कि अगले चुनाव में बहुगुणा अपने लोगों को जिताकर उत्तर प्रदेश से ले आयेंगे और उनके लिए कठिन स्थिति उत्पन्न कर देंगे। इन्दिरा गाँधी जो बहुगुणा की क्षमता जानती थीं, ऐसी बातों पर यक़ीन करने लगीं।

आपात्काल लागू हो जाने के चार माह बाद तक बहुगुणा उत्तर प्रदेश के मुख्यमन्त्री पद पर रहे। वह इमर्जेंसी लागू किये जाने से दुखी थे। मुम्बई से प्रकाशित 'इलस्ट्रेटेड वीकली' नामक अंग्रेज़ी साप्ताहिक में 22 फ़रवरी, 1981 में छपे एक साक्षात्कार में बहुगुणा ने कहा था कि वह इमर्जेंसी के घोर विरोधी थे। 7 सितम्बर, 1975 को उन्होंने इन्दिरा जी से वार्ता के दौरान कहा था :

''इन्दिरा जी इमर्जेंसी 'काउंटर प्रोडक्टिव' है इसे समाप्त कर दीजिए।'' उन्होंने इस आशय का पत्र भी इन्दिरा जी को लिखा था किन्तु उन्हें कोई उत्तर नहीं मिला। इसके पश्चात उनके कई शुभचिन्तकों एवं मित्रों को 'मीसा' में पकड़ लिया गया। श्रीमती गाँधी की नाराज़गी का एक कारण यह भी था कि वे चाहती थीं कि इमर्जेंसी के तहत चौधरी चरण सिंह की पत्नी गायत्री देवी को गिरफ़्तार किया जाये परन्तु बहुगुणा ने उन्हें गिरफ़्तार करने से इनकार कर दिया था।

आपात्काल में गिरफ़्तारियों का निर्देश केन्द्र से आता था। सैकड़ों विपक्षी नेता व कार्यकर्ता जेल में बन्द थे। इन्हीं में समाजवादी नेता रामनरेश कुशवाहा भी थे।

सन् 1969 से ही बहुगुणा से उनके अच्छे सम्बन्ध थे। श्री कुशवाहा को जेल में सूचना मिली कि उनकी दो पुत्रियाँ, जो इलाहाबाद में सी.टी. ट्रेनिंग कर रही थीं, की फ़ीस न दे पाने के कारण उनकी पढ़ाई बन्द होने की स्थिति में पहुँच गयी है। खेती चौपट हो गयी और जीविका का उनके पास कोई अन्य साधन नहीं शेष रहा। उन्होंने बहुगुणा को पत्र लिखा। पत्र मिलते ही उन्होंने उनकी पुत्रियों को ख़र्च के लिए कुछ पैसे भेज दिये। ऐसा करना उस समय कम साहस का काम नहीं था।

बहुगुणा की कार्यप्रणाली से क्षुब्ध श्रीमती गाँधी ने 27-28 नवम्बर, 1975 को उन्हें दिल्ली बुलाया और अपना मन्तव्य ज़ाहिर करते हुए कहा, ''बहुगुणा जी लोग आपसे नाख़ुश हैं। पूरी पार्टी आपके साथ नहीं है।'' उस समय नारायण दत्त तिवारी, वीरेन्द्र वर्मा, राजेन्द्र कुमारी बाजपेयी सरीखे लोगों ने बहुगुणा के विरुद्ध हस्ताक्षर कराना शुरू कर दिया था। सम्भवतः इसके पीछे श्रीमती इन्दिरा गाँधी का ही हाथ था। पं. कमलापति त्रिपाठी के पुत्र लोकपति, जिन्हें बहुगुणा ने अपने मन्त्रिमण्डल में शामिल किया था, ने भी उनके विरुद्ध हस्ताक्षर किये। इस मुलाक़ात में बहुगुणा ने सिर्फ़ इतना कहा था, ''इन्दिरा जी आप अपने अच्छे लोगों को हटा रही हैं।

यह आपके और पार्टी के हित में नहीं है।'' श्रीमती गाँधी ने उसी समय राजस्थान से मोहन लाल सुखाड़िया, महाराष्ट्र से वी.पी. नायक जैसे धुरन्धर लोगों को हटाया था।

बहुगुणा पर पहले ही गुप्तचर लगा दिये गये थे। उनकी प्रत्येक गतिविधियों पर केन्द्र की सख़्त निगरानी थी। 28 नवम्बर, 1975 को मुख्य सेंसर ने बहुगुणा को बताया कि उन पर सेंसर लगा दिया गया है और उनका कोई भी बयान मुख्य सेंसर द्वारा किये गये सेंसर से पूर्व समाचार-पत्रों में नहीं छप सकता। श्रीमती गाँधी से बातचीत के दौरान बहुगुणा को उनका इशारा समझ में आ गया और उन्होंने इस्तीफ़ा देने की हामी भर ली। इस पर श्रीमती गाँधी ने कहा था, ''लोग मुझसे कह रहे थे कि आप इस्तीफ़ा नहीं देंगे।'' उनके इस वाक्य से साफ़ ज़ाहिर है कि बहुगुणा को हटाने की योजना पहले से बन रही थी। श्रीमती गाँधी को इस बात का अन्देशा था कि बहुगुणा इस्तीफ़ा नहीं देंगे, इसीलिए उन्होंने पहले ही तेज़-तर्रार व्यक्ति डॉ. चेन्ना रेड्डी को उत्तर प्रदेश का राज्यपाल बनाकर भेजा था। उनका विचार था कि यदि बहुगुणा इस्तीफ़ा नहीं देंगे तो राज्यपाल उनके ख़िलाफ़ रिपोर्ट भेज देगा और उन्हें सरकार को बर्ख़ास्त करने में कठिनाई न होगी। परन्तु इसकी नौबत नहीं आयी। बहुगुणा ने इन्दिरा गाँधी से कहा था, ''मैं त्यागपत्र लेकर आया हूँ परन्तु संवैधानिक रूप से इसे राज्यपाल को सौंपना चाहिए। आपको दूँगा तो इसका सन्देश अच्छा नहीं होगा।''

दिल्ली से वापस आने के बाद बहुगुणा सीधे राज्यपाल आवास गये और इस्तीफ़ा दे दिया। इस्तीफ़ा देते ही उन्होंने सरकारी गाड़ी छोड़ दी और अपने पुत्र विजय की गाड़ी स्वयं चलाकर मीराबाई मार्ग पर स्थित दो कमरे के विधायक आवास में रहने चले गये। कहाँ है राजनीतिक नैतिकता का ऐसा दूसरा प्रतिमान? बहुगुणा जैसे दिखते थे, वैसे ही थे। छल-छद्म और ढोंग से उनका कोई रिश्ता नहीं था। राजनीति उनके लिए सत्ता का नहीं संघर्ष का पर्याय थी। मुख्यमन्त्री पद से इस्तीफ़े के समूचे घटनाचक्र को उन्होंने जिस सहज भाव से लिया, वह उनकी आन्तरिक शक्ति का परिचायक है।

अध्याय 10

कांग्रेस फॉर डेमोक्रेसी क्यों?

मुख्यमन्त्री पद से हटने के बाद भी बहुगुणा के विरुद्ध षड्यन्त्र समाप्त नहीं हुए। झूठी-सच्ची कहानियाँ श्रीमती गाँधी तक पहुँचती रहीं और वे उनका वर्चस्व प्रदेश तथा देश से समाप्त करने पर तुली रहीं। उत्तर प्रदेश में श्रीमती गाँधी की राजनीति का मक़सद बहुगुणा को राजनीतिक हाशिये पर खदेड़ना रह गया। बहुगुणा ने श्रीमती गाँधी से कई बार मिलने तथा अपनी बात कहने के लिए समय माँगा, परन्तु श्रीमती गाँधी ने उन्हें समय नहीं दिया।

'इमर्जेंसी' के तहत उनके निकट के अनेक लोगों को गिरफ़्तार कर लिया गया जिनमें मध्य प्रदेश स्थित सतना ज़िले के अस्सी वर्षीय स्वामी पूर्णानन्द चतुर्वेदी तथा उनके परिवार के सदस्य भी शामिल थे। स्वामी जी की गिरफ़्तारी से बहुगुणा काफ़ी दुखी हुए और 15 अक्टूबर, 1975 को उन्होंने उनके बारे में श्रीमती गाँधी को एक पत्र लिख कर स्पष्ट किया कि स्वामी पूर्णानन्द तथा उनके बीस वर्षीय दो नाती इमर्जेंसी के तहत गिरफ़्तार कर लिए गये हैं जबकि न तो वे किसी राजनीतिक पार्टी से सम्बद्ध थे और न ही कभी राजनीतिक रूप में सक्रिय रहे। वे एक उच्चकोटि के वैद्य थे। उनका तथा श्री चतुर्वेदी का सम्बन्ध उनके ससुर डॉ. रामप्रसाद त्रिपाठी के समय से चला आ रहा है। उन्होंने 1939 में उनकी पत्नी कमला का क्षय रोग और बाद में 1949 में डॉ. त्रिपाठी का साइटिका का इलाज किया था। 1955 में उन्होंने भी अपने हृदय रोग का इलाज उनसे कराया था। उन्होंने लिखा कि श्री चतुर्वेदी कांग्रेस के प्रशंसक रहे हैं तथा श्रीमती गाँधी से आग्रह किया कि वे सम्बन्धित फ़ाइल मँगाकर उचित निर्णय लें, ताकि उनकी गिरफ़्तारी के बाद उठने वाली भ्रामक चर्चाएँ बन्द हो जायें।

बहुगुणा की पत्नी कमला ने इस सम्बन्ध में श्रीमती गाँधी से मिलकर बात करने का प्रयास किया परन्तु वे भी असफल रहीं। उड़ीसा की पूर्व मुख्यमन्त्री नन्दिनी सत्पथी ने बहुगुणा को श्रीमती गाँधी से समय दिलवाने का प्रयत्न किया परन्तु उन्हें भी सफलता नहीं मिली। अफ़वाह थी कि कई बड़े नेताओं ने श्रीमती गाँधी के कान भरे थे कि बहुगुणा उनके विरुद्ध श्री चतुर्वेदी द्वारा यज्ञ करवा रहे हैं। यह नहीं कहा जा सकता

कि उन्होंने इस पर किस सीमा तक विश्वास किया किन्तु उस समय के राजनीतिक वातावरण में झूठ भी असम्भव नहीं था। श्री चतुर्वेदी की गिरफ़्तारी से उन पर एक प्रश्नचिह्न तो लग ही गया था। बहुगुणा लाख प्रयत्न के बावजूद उन्हें जेल से मुक्त नहीं करा सके। जनता पार्टी की सरकार बनने के बाद ही वे जेल से रिहा हो सके। यह तो एक उदाहरण है। बहुगुणा की छवि बिगाड़ने के लिए केन्द्र तथा उत्तर प्रदेश के जाने कितने नेता उन पर आरोपों की झड़ी लगाने और श्रीमती गाँधी को ख़ुश करने में जुट गये थे। यहाँ तक कि प्रदेश के तत्कालीन राज्यपाल एम. चेन्ना रेड्डी भी इस होड़ में शामिल हो गये थे। समाचार-पत्रों में रेड्डी ने एक बयान दिया था कि समय-समय पर उन्हें यह शिकायत मिलती रही कि बहुगुणा ने अपने मुख्यमन्त्रित्व काल में कई ग़लत प्रशासनिक निर्णय लिए हैं। बहुगुणा ने इसका प्रतिवाद करते हुए 10 दिसम्बर, 1975 को चेन्ना रेड्डी को एक पत्र लिखा तथा इसकी प्रति श्रीमती गाँधी तथा समाचार-पत्रों को भी भेजी। उन्होंने अपने पत्र में डॉ. रेड्डी से जानकारी चाही थी कि आख़िर उनके कार्यकाल में ऐसे कौन-से निर्णय थे, जो ग़लत रहे हैं। यदि ऐसा था तो उसी समय उन्होंने उनका ध्यान शिकायतों की ओर क्यों नहीं आकृष्ट किया? डॉ. चेन्ना रेड्डी पत्र के उत्तर में अपने आरोपों से साफ़ मुकर गये।

इमर्जेंसी के दौरान बहुगुणा के विरुद्ध जहाँ निरन्तर भ्रामक प्रचार अभियान चलता रहा वहीं उनकी लोकप्रियता भी बढ़ती रही। देश के अनेक भागों से उन्हें आमन्त्रण मिलता, वे वहाँ जाते और देश के हालात पर अपने विचार व्यक्त करते। उन्होंने विशेष आमन्त्रण पर पटना में 'फासिस्ट विरोधी सम्मेलन' तथा 6-7 दिसम्बर, 1975 को इलाहाबाद में आयोजित 'अखिल भारतीय हिन्दी साहित्य सम्मेलन' के अधिवेशन को भी सम्बोधित किया था। उन्हीं दिनों उन्होंने झाँसी में आयोजित 'माध्यमिक शिक्षा संघ' के अधिवेशन का भी उद्घाटन किया। बहुगुणा की लोकप्रियता का अन्दाज़ा इसी से लगाया जा सकता है कि विनोबा भावे ने पवनार में हो रहे 'भूदान रजत जयन्ती समारोह' में उन्हें आमन्त्रित ही नहीं किया अपितु उन्हें अपने पास मंच पर बैठाया और सम्मान दिया। इसी अवसर पर उन्होंने, उन्हें 'मिट्टीनन्दन' की उपाधि भी प्रदान की। युवाकाल से ही बहुगुणा किसानों और मज़दूरों के हितों की लड़ाई लड़ रहे थे और विनोबा भावे के भूदान आन्दोलन ने उन्हें विशेष रूप से आकर्षित किया था। कालान्तर में उन्होंने मुख्यमन्त्री की हैसियत से उत्तर प्रदेश में उनके स्वप्न को साकार करने का प्रयास किया और बाबा पर अपनी छाप छोड़ दी।

बहुगुणा के मुख्यमन्त्री पद से हटते ही उत्तर प्रदेश सरकार ने बहुगुणा के समाचारों पर सेंसर लगा दिया था। 29 नवम्बर, 1975 को राज्य सेंसर अधिकारी एवं सूचना निदेशक सरला साहनी ने ज़िले के सूचना अधिकारियों को गोपनीय पत्र लिखकर अवगत कराया था कि भारत सरकार के मुख्य सेंसर अधिकारी के आदेश के

तहत बहुगुणा से सम्बन्धित समाचारों का सेंसर हो। केवल तथ्यपरक सूचनाएँ प्रकाशित करने की ही अनुमति दी जानी चाहिए। उनके पत्र की अनूदित प्रति इस प्रकार है :

प्रियवर,

मुख्य सेंसर, भारत सरकार द्वारा भेजा गया निर्देश आपके सूचनार्थ एवं पालन हेतु भेज रही हूँ।

"श्री एच.एन. बहुगुणा से सम्बन्धित लखनऊ से जारी समस्त समाचारों को सेंसर किया जाये। केवल तथ्यपरक सूचना ही छापी जायें।"

भवदीय

सरला साहनी

सेंसर लागू होने के बाद बहुगुणा ने प्रधानमन्त्री इन्दिरा गाँधी को पत्र लिखकर अपनी आपत्ति प्रकट की थी। उन्होंने श्रीमती गाँधी को जो पत्र लिखा वह इस प्रकार था।

नयी दिल्ली

10 दिसम्बर, 1975

आदरणीय श्रीमती इन्दिरा गाँधी,

मुख्य सेंसर भारत सरकार द्वारा मेरे सम्बन्ध में जारी एक निर्देश को लेकर मैं अपनी दिल्ली यात्रा के दौरान आपसे व्यक्तिगत रूप से भेंट कर बातचीत करना चाहता था। मुझे कई पत्रकारों ने सूचित किया है कि उत्तर प्रदेश के मुख्यमन्त्री पद से त्याग पत्र देने के कुछ घण्टों पश्चात ही सूचना एवं प्रसारण मन्त्रालय की ओर से मुख्य सेंसर ने समस्त समाचार-पत्रों को निर्देश दिया है कि मुझसे सम्बन्धित समाचारों, मेरे वक्तव्यों, भाषणों आदि का सेंसर से पास कराये बिना न छापें।

मुझे खेद है कि मुझसे भय खाकर ऐसा निर्देश जारी किया गया है। मैं आप पर छोड़ता हूँ कि आप इस आदेश के कारणों व तर्कों पर निर्णय दें।

भवदीय

(एच.एन. बहुगुणा)

बहुगुणा ने इस सम्बन्ध में 8 जनवरी, 1976 को तत्कालीन सूचना एवं प्रसारण मन्त्री को भी पत्र लिखकर इस आशय के आदेश को निरस्त कराने का आग्रह किया था। सूचना एवं प्रसारण मन्त्री विद्याचरण शुक्ल ने 9 मार्च, 1976 को उनके पत्र का जवाब भेजा था। दोनों पत्रों की मूल अनूदित प्रतियाँ इस प्रकार हैं :

लखनऊ

8 जनवरी, 1976

प्रिय विद्या,

चण्डीगढ़ में जिस बिन्दु पर आप से मेरी बातचीत हुई थी, उसका स्मरण दिलाने के लिए आपको यह पत्र लिख रहा हूँ। मैं चाहूँगा कि आप स्वयं पता लगायें कि

मुख्य सेंसर, भारत सरकार द्वारा उत्तर प्रदेश राज्य सेंसर को, मुझसे सम्बन्धित भेजे गये निर्देश आवश्यक और उचित हैं या नहीं। मुझे दुख है कि यह निर्देश इस आशय का संकेत देता है कि मेरी ओर से अनावश्यक भय महसूस किया जा रहा है।

मेरा सुझाव है कि सेंसर की सामान्य नीति के अनुसार यह निर्देश वापस ले लिया जाये। शीघ्र उत्तर की प्रतीक्षा में।

सादर,

भवदीय

एच.एन. बहुगुणा

(2)

(अनूदित)

नयी दिल्ली

7 मार्च, 1976

प्रिय बहुगुणा,

आप अपने 8 जनवरी, 1976 को भेजे गये पत्र का सन्दर्भ लें। मैंने 29 नवम्बर, 1975 को इस सन्दर्भ में जाँच करायी है। मुख्य सेंसर ने राज्य सेंसर को यह सलाह दी है कि आपके त्याग पत्र से सम्बन्धित काल्पनिक समाचार न छपने दें। यह सलाह इसलिए दी गयी थी ताकि सम्बन्धित व्यक्तियों की छवि विकृत न हो। यह स्पष्ट है कि राज्य सेंसर ने सम्भवतः मुख्य सेंसर के सुझाव को ठीक से नहीं समझा और पूर्णतः भ्रामक लिखित निर्देश समाचार-पत्रों को जारी कर दिये, क्योंकि राज्य सेंसर को एक विशेष मक़सद के लिए यह सुझाव दिया गया था। इसलिए यह अपने आप ही समाप्त हो जायेगा।

भवदीय

विद्याचरण शुक्ल

श्री विद्याचरण के इस पत्र का हवाला देते हुए श्री बहुगुणा ने 12 मार्च, 1976 को तत्कालीन मुख्यमन्त्री उत्तर प्रदेश, नारायण दत्त तिवारी को आदेश निरस्त कराने से सम्बन्धित पत्र भेजकर आग्रह किया था कि वे प्रदेश के सभी ज़िला सूचना एवं जन सम्पर्क अधिकारियों को वस्तुस्थिति से अवगत करा दें। उन्होंने 25 मार्च, 1976 को पुनः विद्याचरण शुक्ल को पत्र लिखा था कि उन्हें अभी तक राज्य सरकार से 'सेंसरशिप' पर रोक लगाने के संकेत तथा उनके पत्र को स्वीकारोक्ति नहीं प्राप्त हुई। कृपया वे अपने स्तर से इसे सुनिश्चित करायें। श्री तिवारी को लिखा गया पत्र इस प्रकार था :

लखनऊ

12.3.1976

प्रिय नारायण दत्त जी,

मैं आपके सूचनार्थ उत्तर प्रदेश सरकार द्वारा प्रसारित 'सेंसर' आदेश के सम्बन्ध में मुझे जो पत्र श्री विद्याचरण शुक्ल से मिला है, उसकी सत्य प्रतिलिपि भेज रहा हूँ।

साधारणतया मैं इस सम्बन्ध में आपको कष्ट न देता लेकिन पिछले दो सप्ताह में कई ज़िलों से मेरे पास प्रामाणिक सूचनाएँ आयी हैं कि स्थानीय सूचना अधिकारी कुछ दैनिकों और कुछ स्थानीय पत्रों को लिखकर बराबर यह ज़ोर दे रहे हैं कि मेरे सम्बन्ध में जो सेंसर आदेश स्टेट सेंसर ने दिनांक 29 नवम्बर, 1975 को प्रसारित किया था, वह अब भी लागू है, और यदि किसी समारोह के सम्बन्ध में जिसमें मैं भाग लेता हूँ, मेरा भाषण या समाचार यदि कोई पत्र छापता है तो वह सेंसर के नियमों का उल्लंघन करता है। ऐसा आदेश स्वयं मैंने अपनी आँख से देखा है। इस सम्बन्ध में मैं अपना कर्तव्य समझता हूँ कि इस दुखद अध्याय की समाप्ति के लिए इस पत्र द्वारा आपका ध्यान आकृष्ट करता हुआ यह अपेक्षा करूँ कि आप सूचना मन्त्रालय और यू.पी. के चीफ़ सेंसर द्वारा श्री शुक्ल के पत्र में उल्लिखित आधार को लेकर सभी ज़िलाधिकारियों, समाचार एजेंसियों, ज़िला सूचना अधिकारियों और ज़िला जन सम्पर्क अधिकारी को स्थिति से अवगत करा दें ताकि यह कटु स्थिति समाप्त हो जाये।

अपने आदेश और निश्चय से मुझे भी अवगत करा सकें तो आभार मानूँगा।

सादर,

भवदीय

(हेमवती नन्दन बहुगुणा)

उत्तर प्रदेश के मुख्यमन्त्री द्वारा उत्तर न मिलने पर बहुगुणा ने विद्याचरण शुक्ल को पुनः एक पत्र लिखा।

(अनूदित पत्र)

1, ऑफ़िसर्स हॉस्टल

मीराबाई मार्ग, लखनऊ

प्रिय विद्याचरण जी,

आपके पत्र सं. एम.आई.पी / 17 / 29016 दिनांक 9 मार्च, 1976 की ओर आपका सधन्यवाद ध्यान आकर्षित कर रहा हूँ। आपका पत्र पाने के बाद मैंने उत्तर प्रदेश के मुख्यमन्त्री को संलग्न पत्र भेजा था। अभी तक उत्तर प्रदेश सरकार से उत्तर नहीं मिला है। परन्तु ऐसा सुन रहा हूँ कि सम्भवतः प्रदेश सरकार सीधे-सीधे चीफ़ सेंसर के आदेश का इन्तज़ार कर रही है।

मैं इस सम्बन्ध में आपको कष्ट सिर्फ़ इसलिए दे रहा हूँ ताकि आपके उल्लिखित पत्र में दी गयी जानकारी प्रभावी हो जाये।

सधन्यवाद

आपका

(हेमवती नन्दन बहुगुणा)

बहुगुणा के इस पत्राचार से स्पष्ट है कि मुख्यमन्त्री पद से हटने के बाद कांग्रेस पार्टी, कांग्रेस आलाकमान तथा उनकी सरकार उनसे बेहद नाराज़ थी। बहुगुणा लाख प्रयास के बावजूद बदले हुए राजनीतिक माहौल से अपना तालमेल नहीं बैठा पा रहे थे।

उनका राजनीतिक जीवन अत्यधिक संघर्षपूर्ण हो गया था। परन्तु यह बात सच है कि कठिन-से-कठिन परिस्थितियों में उन्होंने कभी हिम्मत नहीं हारी। उनका मन हमेशा चलायमान रहता, कुछ-न-कुछ देश, समाज तथा अपने प्रतिद्वन्द्वी एवं समर्थक राजनीतिज्ञों के बारे में सोचता रहता था। कांग्रेसी नेता उनसे कतराने लगे थे। उन्हें डर था कि कहीं उनकी शिकायत हाईकमान से न हो जाये। कांग्रेसी नेता श्रीमती गाँधी से कितना भय खाते थे, इसका एक उदाहरण मेरी (रीता) शादी में देखने को मिलता है। 25 नवम्बर, 1976 को मेरी शादी इलाहाबाद में हुई, जिसमें केन्द्र तथा राज्य के लगभग सभी बड़े नेताओं को आमन्त्रित किया गया था। पं. कमलापति त्रिपाठी को छोड़कर किसी भी बड़े नेता ने विवाह में आने की हिम्मत नहीं की। विवाह में शामिल होने का राजनीति से कोई सम्बन्ध नहीं परन्तु उस अवसर पर भी कांग्रेसी शामिल नहीं हुए। बताते हैं कि पं. कमलापति त्रिपाठी ने भी अपने एक नज़दीकी मित्र से पूछा था कि उनका विवाह में आना कुछ अन्यथा तो न होगा। परन्तु वे पुरानी मान्यताओं के नेता थे, इसलिए इस अवसर को उन्होंने राजनीति से अलग रखा।

विवाह की एक बड़ी रोचक घटना यह थी कि बहुगुणा बहुत ही सादे ढंग से पुत्री का विवाह करना चाहते थे और केवल 700 निमन्त्रण-पत्र छपवाये थे परन्तु उन्हें बताया गया कि श्रीमती गाँधी उनके इस विवाह कार्यक्रम पर भी बड़ी निगरानी रख रही हैं। बहुगुणा को यह बात नागवार लगी और उन्होंने पच्चीस हज़ार निमन्त्रण-पत्र छपवाकर पूरे प्रदेश में बँटवा दिये। परिणामस्वरूप प्रदेश के विभिन्न ज़िलों से बसों में भरकर कांग्रेसी कार्यकर्ता आये और हज़ारों की संख्या में विवाह में शामिल हुए। शहर में हफ़्तों चर्चा रही कि यह विवाह नहीं बल्कि एक कार्यकर्ता अधिवेशन था। बहुगुणा ने ऐसा शायद इसलिए किया था क्योंकि उनके मन में एक नाराज़गी थी कि 30 वर्षों में जो कुछ उन्होंने कांग्रेस के लिए किया, लड़ाई लड़ी, क्या वह महत्त्वहीन था? बहुगुणा के दिल पर उस समय क्या गुज़र रही थी वह तो शायद उनका कोई अन्तरंग ही जान सकता है परन्तु इतना निश्चित है कि वे उससे बेहद खफ़ा थे।

उन्हीं दिनों चण्डीगढ़ में कांग्रेस का अधिवेशन हुआ था। वे अधिवेशन की कार्यवाहियों से बिल्कुल कटे-कटे नज़र आये। उन्हें पंजाब विश्वविद्यालय के अतिथि गृह में ठहराया गया था। बातचीत के दौरान लगा उनके मन में कांग्रेस की बिगड़ती स्थिति के प्रति कितना गुस्सा है। अपने ग़ुस्से का इज़हार करते हुए उन्होंने कहा था, "मैं कांग्रेस का इतिहास लिखना चाहता हूँ और ऐसा इतिहास जो शायद किसी ने नहीं लिखा हो।"

बहुगुणा देश में इमर्जेंसी लगाने से खफ़ा तो थे ही उनका मानना था कि श्रीमती गाँधी ने इमर्जेंसी लगाकर ग़लत किया है। वे कहते थे, "इन्दिरा जी शेर की सवारी कर रही हैं, उतरेंगी तो वह उन्हें खा जायेगा।" 1977 की जनवरी में जब उन्होंने चुनाव की घोषणा की तो बहुगुणा ने कहा कि श्रीमती गाँधी ने एक और भूल कर दी है अब वे सत्ता में नहीं रह पायेंगी। उस समय बहुगुणा इलाहाबाद में थे। माघ माह में मौनी

संगम इलाहाबाद में मौनी अमावस्या पर अपने पुत्र विजय के साथ डुबकी लेते हुए

अमावस्या का दिन था और वे अपने परिवार के साथ संगम स्नान के लिए गये थे। वे प्रतिवर्ष मौनी अमावस्या को मौन स्नान करने के लिए संगम जाया करते थे। इस दिन वे रास्ते में काग़ज़ पर कुछ लिखते रहे। बाद में पता चला कि वे 'कांग्रेस फॉर डेमोक्रेसी' (सी.एफ.डी.) की परिकल्पना कर उसे प्रारूप दे रहे थे जो दिल्ली में जाकर साकार हुआ।

बहुगुणा ने दिल्ली पहुँचकर नयी पार्टी के लिए समीकरण तैयार करना शुरू किया और शीर्ष नेताओं को पार्टी से जोड़ने की योजना बनायी। बाबू जगजीवन राम की गणना उस समय के सशक्त कांग्रेस नेताओं में की जाती थी। वे कांग्रेस के स्तम्भ माने जाते थे और बहुगुणा को बहुत मानते भी थे। बहुगुणा चाहते थे ...कि उनके नेतृत्व में एक नयी पार्टी का गठन हो। इस प्रयास में उनके पुत्र सुरेश कुमार ने बहुगुणा का साथ दिया। उन्होंने बाबूजी को कांग्रेस छोड़ने के लिए राजी कर लिया। यह सब इतना गुप्त रूप से हुआ कि श्रीमती गाँधी को उनके त्याग पत्र देने के पाँच मिनट पहले भी इसकी जानकारी नहीं हो पायी। बाबू जगजीवन राम, हेमवती नन्दन बहुगुणा, नन्दिनी सत्पथी, पूर्व मुख्यमन्त्री उड़ीसा आदि ने एक साथ कांग्रेस छोड़ दी और इन्दिरा कांग्रेस में ज़बरदस्त धमाका हो गया।

इस घटना से श्रीमती गाँधी की ताक़त कमज़ोर हो गयी। 2 फ़रवरी, 1977 को 'कांग्रेस फॉर डेमोक्रेसी' की स्थापना हुई। पूर्व राष्ट्रपति वी.वी. गिरि के पुत्र शंकर गिरि और हरियाणा के नेता भजन लाल भी इस पार्टी में शामिल हो गये। जामा मस्जिद के शाही

इमाम सहित देश के सैकड़ों मुसलमानों ने समर्थन की घोषणा की। श्रीमती विजय लक्ष्मी पण्डित दल में तो शामिल नहीं हुईं किन्तु सी.एफ.डी. के लिए चुनाव प्रचार करने के लिए तैयार हो गयीं। उन्होंने बयान दिया था कि इमर्जेंसी स्वतन्त्रता संग्राम के मूल्यों के विरुद्ध है, इसलिए उन्होंने प्रचार का निर्णय लिया है।

तत्कालीन कृषि एवं सिंचाई मन्त्री बाबू जगजीवन राम ने उस समय अपने त्याग पत्र में कहा था, "पूरे देश में भय व्याप्त है। सरकार असामान्य क़ानूनों के बल पर शासन जारी रखने की चेष्टा कर रही है। इस व्यवस्था से सम्बद्ध रहना मेरे लिए सम्भव नहीं है।" कांग्रेस कार्यसमिति तथा पार्टी की प्राथमिक सदस्यता से इस्तीफ़ा देने के बाद जगजीवन राम ने कहा था, "कांग्रेस एक जनतान्त्रिक संगठन नहीं रह गया है।" उन्होंने यह भी कहा था, "हमने कांग्रेस से त्यागपत्र दिया है, विचारधारा से हम कांग्रेसी ही हैं।" अपने त्याग पत्र को उन्होंने 'राष्ट्र की पुकार' कहा था।

बहुगुणा इस पूरी प्रक्रिया में जगजीवन राम के साथ थे, उनके शब्द थे, "1971 में जिस कांग्रेस से हम चुनाव लड़े थे वह कांग्रेस (जगजीवन राम) कहलाती थी। मैं उसका महामन्त्री था। हम कांग्रेस को अचेतावस्था से निकालने का प्रयत्न कर रहे हैं। हम जनतान्त्रिक भावनाएँ जगाना चाहते हैं।" उन्होंने कहा, "शायद अभी भी समय है अगर उन्हें सद्बुद्धि आ जाये और वे आपात्काल समाप्त कर हमारे प्रस्ताव स्वीकार कर लें तो हमारा उनसे कोई विरोध नहीं है। यह संघर्ष किसी पद के लिए नहीं है, राष्ट्र का पुनः जनतन्त्र में विश्वास क़ायम होना आवश्यक है और हम आगे बढ़ चुके हैं।" जम्मू-कश्मीर के पूर्व मुख्यमन्त्री मीर कासिम ने अपनी जीवनी 'माई लाइफ़ एंड टाइम्स' में लिखा है, "बहुगुणा और जगजीवन राम का आपात्काल में इतना अधिक अपमान हुआ था कि कांग्रेस छोड़ने के अलावा उनके पास और कोई उपाय नहीं था।" चन्द दिनों में ही पूरे देश में कांग्रेस फॉर डेमोक्रेसी की इकाइयाँ खड़ी हो गयीं। उत्तर प्रदेश तथा बिहार में तो विशेष उत्साह था ही परन्तु ये नेता जहाँ भी गये लाखों की भीड़ इन्हें सुनने उमड़ पड़ती थी। बाबू जगजीवन राम तथा बहुगुणा द्वारा कांग्रेस से इस्तीफ़ा देना एक युगान्तकारी विद्रोह था। पूरे देश से कांग्रेस के मुख्यमन्त्रियों एवं अध्यक्षों के बयान आने शुरू हो गये। दोनों नेताओं पर 'धोखा, विश्वासघात, पूर्व नियोजित विश्वासघात एवं पलायन' जैसे आरोप लगाते हुए कहा गया कि अच्छा हुआ कांग्रेस को उनसे निजात मिल गयी। अनुसूचित जाति के नेताओं से भी श्रीमती गाँधी के समर्थन में जगह-जगह से समाचार-पत्रों में बयान दिलाये गये और हज़ारों इन्दिरा समर्थकों ने उनके निवास पर रैली आयोजित की। श्रीमती गाँधी ने आरोप लगाया, "कुछ लोग देश में अस्थिरता फैलाने का प्रयत्न कर रहे हैं।"

इन शीर्ष नेताओं के त्याग पत्र का समाचार भयाक्रान्त देश में एक विस्फोट-सा प्रतीत हुआ और उसने उन्नीस महीने की चुप्पी को एक झटके में तोड़ दिया। इसके बाद से ही घुटे हुए लोकतन्त्र का गला कुछ-कुछ खुलने लगा। लोग चाय, पान की दुकानों, गली-कूचों में चर्चा करने लगे कि अब कांग्रेस चुनाव जीत नहीं सकती।

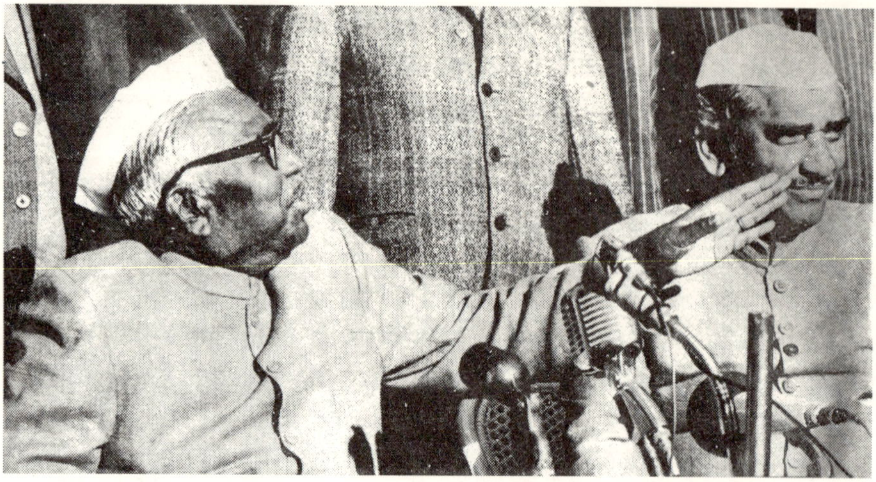

सी.एफ.डी. के गठन पर प्रेस कान्फ्रेंस में जगजीवन राम एवं बहुगुणा (1976)

स्नेहपूर्ण मुद्रा में जगजीवन राम के साथ (1977)

उधर विपक्षी खेमों में प्रसन्नता की लहर थी। जनता पार्टी के अध्यक्ष मोरारजी देसाई की प्रतिक्रिया थी कि अब विपक्ष का लोकसभा में 'अच्छा बहुमत' आयेगा। 6 फ़रवरी, 1977 को जयप्रकाश नारायण, जगजीवन राम तथा बहुगुणा की भेंट हुई और आपस में सहमति बनी कि संयुक्त विरोध द्वारा कांग्रेस को आगामी चुनाव में परास्त किया जा सकता है।

प्रधानमन्त्री श्री नरेन्द्र मोदी ने बहुगुणा की जन्म शताब्दी वर्ष में 25 अप्रैल, 2018 को डाक टिकट जारी करते समय अपने सम्बोधन में कहा था कि चुनाव की घोषणा के बाद जेल में बन्द श्री जॉर्ज फ़र्नान्डिस से चुनाव लड़ने के सम्बन्ध में राय लेने मुझे भेजा गया था। जॉर्ज साहब ने कहा कि हम चुनाव का बहिष्कार करेंगे। परन्तु जगजीवन बाबू और बहुगुणा जी के त्यागपत्र व सी.एफ.डी. के गठन ने वातावरण बदल दिया।

जनता पार्टी, जो उस समय तक चुनाव का बहिष्कार करने की सोच रही थी, पूरे उत्साह के साथ चुनाव के लिए तैयार हो गयी और सी.एफ.डी. के साथ गठबन्धन कर मैदान में उतरी। कांग्रेस से त्याग पत्र देकर विद्रोह करने के पीछे बहुगुणा का लक्ष्य था, पूरा-पूरा जोखिम उठाकर लोकतन्त्र की पुनर्स्थापना करना। वे जहाँ भी गये अपार भीड़ उनके स्वागत के लिए उपस्थित रही। जनता पार्टी के चुनाव अभियान को तूफ़ानी गति देने, डेढ़ आदमी के राजा का राज, जनता को समझाते हुए बहुगुणा जहाँ भी गये लोग कांग्रेस छोड़कर कांग्रेस फॉर डेमोक्रेसी से जुड़ते गये। बहुगुणा सी.एफ.डी. के अखिल भारतीय उपाध्यक्ष की हैसियत से पूरे देश में चुनाव प्रचार कर रहे थे। वे एक-एक दिन में कई-कई ज़िलों का दौरा करते थे। उनके तूफ़ानी दौरों से इन्दिरा कांग्रेस में खलबली मच गयी थी। बहुगुणा ने इस चुनाव में अपना संसदीय क्षेत्र उत्तर प्रदेश की राजधानी लखनऊ को चुना, जहाँ उनका मुक़ाबला श्रीमती गाँधी की मामी शीला कौल से था। उन्होंने श्रीमती कौल को एक लाख से अधिक मतों से पराजित किया। पूरे देश में कांग्रेस का सफ़ाया हो गया और श्रीमती गाँधी हाथ मलती रह गयीं। वे स्वयं भी रायबरेली से पराजित हुईं। संजय गाँधी भी अमेठी के चुनाव मैदान में चित हुए। 1977 की आँधी में कांग्रेस का सफ़ाया होने का जहाँ प्रथम कारण 'इमर्जेंसी' तथा उस अवधि में लोगों के साथ हुई ज़्यादतियाँ थीं, वहीं दूसरा कारण बाबू जगजीवन राम, हेमवती नन्दन बहुगुणा सरीखे महारथियों का कांग्रेस से अलग हो जाना था। इन्दिरा गाँधी की ग़लतियों के कारण देश में पहली बार कांग्रेस सत्ता से बाहर हो गयी थी। बहुगुणा ने एक बार अपनी संगठनात्मक शक्ति से श्रीमती गाँधी को दिखा दिया था कि वे उनके बिना भी सत्तारूढ़ होने में समर्थ हो सकते हैं।

अध्याय 11

जनता पार्टी की सरकार

मार्च 1977 के ऐतिहासिक चुनाव में तानाशाही को करारी मात देकर भारत की महान जनता ने लोकतन्त्र में अपनी समवेत आस्था प्रकट करते हुए शान्तिपूर्ण परिवर्तन को जन्म दिया। जनता पार्टी लोकसभा की 271 सीटों पर विजयी हुई। कांग्रेस फॉर डेमोक्रेसी के 29 सदस्य चुनकर आये। इस प्रकार जनता पार्टी में शामिल जो लोग दिल्ली पर क़ब्ज़ा करने की कल्पना भी नहीं कर सकते थे, वे 'वोट क्रान्ति' के ज़रिये सत्ता में पहुँच गये। परन्तु बहुमत प्राप्त हो जाने पर दुर्भाग्यवश हिस्सेदारी एवं हैसियत का संघर्ष शुरू हो गया। संसदीय दल का नेता चुनने के लिए जनता पार्टी एवं उसके सहयोगी दलों की बैठक आयोजित की गयी। चुनाव से पहले मोरारजी देसाई ने कहा था कि नेता का चुनाव होगा। संसदीय दल में जगजीवन राम के लिए आम सहमति बन रही थी किन्तु जनता दल के कुछ वरिष्ठ नेता जैसे चौधरी चरण सिंह, चन्द्रशेखर आदि को यह सहन न हुआ। उन्होंने गुप्त मन्त्रणा कर आचार्य कृपलानी के सहयोग से मोरारजी देसाई को सर्वसम्मति से नेता घोषित करा दिया। उस दिन अगर बाबू जगजीवन राम का चुनाव प्रधानमन्त्री पद हेतु हो जाता तो शायद इतिहास कुछ और ही होता। क्योंकि वे कांग्रेस के एक महत्त्वपूर्ण हिस्से को अपनी ओर आकर्षित कर सकते थे, जिसे मोरारजी नहीं कर पाये।

बहुगुणा लोकतन्त्र की बहाली का उद्देश्य पूरा हो जाने के बाद सत्ता में शामिल न होकर सी.एफ.डी. को मज़बूत करके उसे वैचारिक क्रान्ति का एक धारदार हथियार बनाना चाहते थे। ऐसा हथियार जो नकारात्मक उपलब्धियों की गुणात्मक ढंग से तलाश कर सकारात्मक और उद्देश्यपरक दिशा में प्रवृत्त करता, परन्तु तत्कालीन परिस्थितियों ने उन्हें ऐसा नहीं करने दिया। लोकनायक जयप्रकाश नारायण तथा बाबू जगजीवन राम के कारण उन्हें विलय प्रस्ताव मंजूर करने के लिए बाध्य होना पड़ा। उन्होंने अपने बोझिल मन से 5 मई, 1977 को दिल्ली में हुए सी.एफ.डी. कार्यकर्ता सम्मेलन में अपनी मनःस्थिति को इन शब्दों में प्रकट किया था, ''यह 'मर्जर' नहीं, 'मर' और 'जर' है। हमने सिर्फ़ नाम बदला है, न रास्ता बदला है और न ईमान बदला,

आपातकाल के बाद चुनाव रणनीति पर श्री मोरारजी देसाई के साथ चर्चा करते हुए (1977)

न मंज़िल। हम लोकतन्त्र, धर्मनिरपेक्षता व समाजवादी मूल्यों के लिए जियेंगे और उन्हीं के लिए मिटेंगे।''

विजय के बाद बहुगुणा कांग्रेस की रीति-नीति, उसकी मूल भावना से अपने आपको अलग नहीं कर पा रहे थे। विपक्षी पार्टियाँ जिन्हें वे हमेशा साम्प्रदायिक कहते थे, उनके साथ उन्हें तालमेल कर चलना पड़ रहा था। सत्ता में शामिल होकर उन्होंने बड़ी सूझ-बूझ के साथ पेट्रोलियम, रसायन एवं उर्वरक मन्त्री पद के दायित्व का निर्वाह किया। उन्होंने इस पद पर रहकर कई ऐसे कार्य किये, जिन्हें भुलाया नहीं जा सकता। पूर्व की भाँति इस मन्त्रालय पर भी उन्होंने अपनी छाप छोड़ दी। उन्होंने नवीन तकनीक को अपनाया, खाद उत्पादन कारख़ानों को पुनर्गठित किया, तेल साफ़ करने वाले कारख़ानों का आधुनिकीकरण किया। पेट्रोलियम, रसायन एवं खाद विभाग से सम्बन्धित व्यापार को राज्य सरकार अथवा सरकारी कम्पनियों के ही माध्यम से संचालित किया गया। उन्होंने सुनिश्चित किया कि देश में किसी भी तरह तेल, डीजल आदि का अभाव न हो।

मन्त्री पद सँभालते ही उन्होंने सर्वप्रथम दवाओं के मूल्य को नियन्त्रित करने की दिशा में प्रभावकारी क़दम उठाया। इस सन्दर्भ में उन्होंने दवा की बिक्री करने वालों

की दुकानों तथा गोदामों की आकस्मिक जाँच करायी, जिससे पता चल सके कि दवा विक्रेता निर्धारित मूल्यों से अधिक दाम तो नहीं ले रहे हैं। ऐसे विक्रेताओं के विरुद्ध क़ानूनी कार्रवाई की गयी। उन्होंने 'ड्रग कंट्रोलर्स' को निर्देश दिया कि दुकानों का पाक्षिक सर्वे करें और दोषी दुकानदारों के ख़िलाफ़ कड़ी कार्रवाई करें।

बहुगुणा ने दवा निर्माताओं की बैठक बुलायी और निर्देश दिया कि वे स्वयं यह सुनिश्चित करें कि बाज़ारों में दवाइयाँ निर्धारित दामों पर बिकें। मूल्य नियन्त्रण की ज़िम्मेदारी अकेले सरकार की नहीं है। इसी प्रकार के निर्देश उन्होंने राज्यस्तरीय औषधि नियन्त्रकों की एक बैठक में भी दिये थे। कालान्तर में उन्होंने अपनी इस विभागीय कार्रवाई की विस्तृत जानकारी 30 अप्रैल, 1977 को एक पत्र के माध्यम से प्रधानमन्त्री मोरारजी देसाई को भी भेजी।

बरौनी तेल शोधक कारख़ाने में बहुगुणा ने जो किया वह किसी चमत्कार से कम नहीं था। 1970 से वहाँ की यूनियन का केन्द्र से झगड़ा चल रहा था। कारख़ाना बुरी तरह से घाटे में चल रहा था और जब बहुगुणा ने उत्पादन में कमी का कारण पूछा तो तत्कालीन पेट्रोलियम सचिव बी.बी. वोहरा व भारतीय तेल आयोग के अध्यक्ष दासगुप्ता का कहना था कि बरौनी तेल शोधक कारख़ाने में औद्योगिक संस्कृति नहीं है, वहाँ केवल गुण्डों का राज है और वहाँ के मज़दूर नेता स्वयं गुण्डे हैं। चाकू तथा नाजायज़ हथियार लेकर घूमते हैं। वह अपराधी इलाक़ा है और वहाँ तेल शोधक कारख़ाना स्थापित करना ही सबसे बड़ी भूल थी। इसलिए वर्तमान परिस्थितियों में केवल एक उपाय है कि तेल शोधक कारख़ाना छह माह के लिए बन्द कर, गुण्डे कर्मचारियों पर मुक़दमे दायर कर उन्हें निलम्बित कर दिया जाये तभी कारख़ाने को एक नये माहौल में खोला जा सकता है।

बहुगुणा की प्रतिक्रिया थी, "यह तो पराजय स्वीकार करनी होगी," उन्होंने श्री वोहरा से पूछा, "क्या वे बरौनी गये हैं?" उत्तर मिला, "नहीं।" इस पर बहुगुणा ने उन्हें वहाँ जाने का निर्देश दिया। वोहरा तेल शोधक कारख़ाने में जाने का साहस नहीं जुटा पाये। वे उससे दस किलोमीटर दूर स्थिति बरौनी आवासीय क्षेत्र में जाकर टिके। वापस लौटने पर जब बहुगुणा ने पूछा कि वे कारख़ाने में क्यों नहीं गये तो उत्तर मिला, "ऐसा करना मौत को गले लगाना था। मेरा सुझाव है कि कारख़ाने को बन्द कर दिया जाये।" बहुगुणा की प्रतिक्रिया थी, "अब एक मौक़ा मुझे दीजिए।" उन्होंने तत्काल बरौनी यूनियन के नेताओं से सम्पर्क किया। वहाँ तीन यूनियनें थीं जो आपस में वर्चस्व के लिए लड़ रही थीं। बहुगुणा ने तीनों यूनियनों के अध्यक्षों से सम्पर्क किया किन्तु हर एक अध्यक्ष उनसे अलग-अलग मिलना चाहता था। बहुगुणा का सीधा प्रश्न था कि उनमें से कौन ऐसा है जो अकेले कारख़ाना चलाने का आश्वासन दे सकता है। इस पर सभी नेता चुप हो गये और उनके आग्रह पर वार्ता के लिए तैयार हो गये।

बहुगुणा मज़दूर नेता रह चुके थे और उन्हें सँभालना जानते थे। अक्टूबर 1977 में बहुगुणा ने स्वयं बरौनी के मज़दूरों के प्रतिनिधिमण्डल से दस बार भेंटवार्ता की। कभी-कभी तो पूरी रात वार्ता चलती रही। एक बार की घटना है कि 5, सुनहरी बाग रोड स्थित आवास के ड्राइंग रूम में से सभी कुर्सियाँ हटवाकर ज़मीन पर गद्दा बिछवा दिया गया था। इसी पर बैठकर रात-भर चाय के दौरों के बीच वार्ता होती रही। इस अथक परिश्रम का ही परिणाम था कि नवम्बर के प्रारम्भ में समझौता हुआ और वह कारख़ाना, जिसे बन्द करने का प्रस्ताव था, नवम्बर में अपनी क्षमता का नब्बे प्रतिशत और दिसम्बर में एक सौ प्रतिशत उत्पादन करने लगा। सात वर्षों से मज़दूरों और प्रबन्धकों के बीच चल रहा विवाद बहुगुणा के प्रयास से सुलझ गया।

उनके कार्यकाल की दूसरी समस्या यह थी कि तेल उत्पादक देश तेल का दाम बढ़ाने की नीयत से सप्लाई नहीं भेज रहे थे। भारत में तेल का गम्भीर संकट उत्पन्न हो गया था। इस पर हुई मन्त्रिमण्डल की बैठक में आम सहमति बनी कि खुले बाज़ार में जिस भी दाम पर तेल मिले भारत को ख़रीद लेना चाहिए। बहुगुणा ने प्रधानमन्त्री मोरारजी देसाई से एक बार तेल प्रधान देशों का दौरा करने की अनुमति माँगी और तब तक मन्त्रिमण्डल के निर्णय को स्थगित रखने की अपील की। प्रधानमन्त्री उनके इस विचार से सहमत हो गये और उन्हें तेल उत्पादक देशों की यात्रा करने की अनुमति दे दी।

बहुगुणा ने इराक, लीबिया, रूस, नार्वे, रोमानिया तथा सऊदी अरब की यात्राएँ कीं। वे मन्त्रियों की अधिकाधिक विदेश यात्राओं के पक्ष में कभी नहीं रहे। संचारमन्त्री की हैसियत से वे आमन्त्रण के बावजूद स्वयं विदेश न जाकर विभाग के विशेषज्ञों को समझौते इत्यादि के लिए भेजते रहे। इस बार संकट की स्थिति थी। देश के लिए तेल आवश्यक था और उसकी प्राप्ति बिना राजनीतिक बहुगुणा के सम्भव न थी।

निर्धारित यात्रा के तहत बहुगुणा जून 1978 में इराक की राजधानी बगदाद पहुँचे। वे अपने साथ भारत के प्रधानमन्त्री मोरारजी देसाई की ओर से एक पत्र इराक के राष्ट्रपति सद्दाम हुसैन के लिए ले गये थे, जिसे इराकी नियम के अनुसार उन्हें राष्ट्रपति भवन में रखे अतिथि रजिस्टर में हस्ताक्षर करने के उपरान्त वहीं छोड़ देना चाहिए था। बहुगुणा ने ऐसा नहीं किया क्योंकि वे तेल लेने आये थे, और वह केवल राष्ट्रपति से ही मिल सकता था, किसी मन्त्री से नहीं। उन्होंने सद्दाम हुसैन से मिलना ज़रूरी समझा और इस प्रक्रिया से इनकार करते हुए कहा कि अगर ऐसा ही था तो यह पत्र भारत से डाक द्वारा ही भेजा जा सकता था, उनके आने की क्या आवश्यकता थी? मणिशंकर अय्यर उस समय वहाँ भारतीय दूतावास में थे, जिनके माध्यम से इराकी विदेश मन्त्रालय को बहुगुणा का विचार पहुँचाया गया। सद्दाम हुसैन तक जब यह बात पहुँची तो उन्होंने भेंट के लिए पन्द्रह मिनट का समय दिया परन्तु जब बातचीत शुरू हुई तो वह एक घण्टे तीस

मिनट तक चलती रही। ऐसा बहुगुणा की वाक्‌पटुता के कारण ही सम्भव हो सका। बहुगुणा अपने साथ प्रोफ़ेसर शान मोहम्मद द्वारा लिखित पुस्तक 'फ्रीडम मूवमेंट इन इंडिया' (रोल ऑफ़ अली ब्रदर्स) ले गये थे। उन्होंने सद्दाम को इस पुस्तक के वे अंश दिखाये जिसमें इटली द्वारा तुर्किस्तान पर आक्रमण किये जाने के समय भारत के हिन्दुओं द्वारा तुर्किस्तान का साथ देने का उल्लेख था। 1911 में इटली द्वारा तुर्किस्तान पर हमला किये जाने के बाद हिन्दुओं ने न केवल तुर्किस्तान की जनता के प्रति अपनी सहानुभूति दिखाई बल्कि निर्मम हमलों की निन्दा की। हिन्दुओं के इस समर्थन से अंग्रेज़ी शासन काफ़ी चिन्तित हुआ था। सद्दाम हुसैन पर बहुगुणा की इन सब बातों का जादू छा गया। वे भारत को तेल बेचने के लिए तैयार हो गये। भारत वापस आने पर बहुगुणा ने इस उपलब्धि के बारे में प्रधानमन्त्री को 30 दिसम्बर, 1978 को एक पत्र लिखकर अवगत कराया, जिसका उत्तर उन्होंने इन शब्दों में दिया था :

नयी दिल्ली
जनवरी 4, 1979

गोपनीय

प्रिय बहुगुणा,

आप अपनी इराक यात्रा से सम्बन्धित पत्र दिनांक 30 दिसम्बर, 1978 का सन्दर्भ लें। मुझे यह जानकर हार्दिक प्रसन्नता है कि इराक से 'क्रूड ऑयल' आयात के सम्बन्ध में आपने आशातीत सुधार किया है। ईरान से तेल आयात की स्थिति में अनिश्चितता पैदा हो जाने के कारण इराक द्वारा अतिरिक्त आपूर्ति के लिए सहमत हो जाना निश्चय ही स्वागत योग्य है। मैं दोनों देशों के बीच व्यापार वृद्धि तथा अन्य क्षेत्रों में हुई सन्तोषजनक प्रगति की जानकारी से भी प्रसन्न हूँ। यह सब कुछ इस बात का द्योतक है कि आपकी यात्रा काफ़ी सफल रही है। मैं आशा करता हूँ कि इराक से हमारे सम्बन्ध बेहतर होते जायेंगे।

सादर

भवदीय
(मोरारजी देसाई)

इराक ही नहीं अपितु उनकी लीबिया, सऊदी अरब, नार्वे व रूस की यात्राएँ भी सफल रहीं। रूस की यात्रा उन्होंने मई-जून 1979 में की थी। उन्होंने इस यात्रा के दौरान रूस के साथ कई महत्त्वपूर्ण समझौते किये। समझौते के तहत अगले 3-4 वर्षों तक 2.5 एम.टी. 'क्रूड ऑयल' तथा तीन लाख टन डीजल प्रतिवर्ष भारत को दिया जाना मंजूर किया गया था। ओ.एन.जी.सी. की ओर से हाइड्रोकार्बन की खोज के लिए भी निर्धारित समय के लिए समन्वित रूप से कार्य करने के बारे में समझौता हुआ। इसी प्रकार भू-भौतिकी के क्षेत्र में भी महत्त्वपूर्ण समझौते हुए।

तेल आयात के लिए बहुगुणा लीबिया भी गये। वहाँ के ऊर्जा मन्त्री से उनकी लम्बी वार्ता हुई। अन्ततोगत्वा समझौता पत्र तैयार किया गया जिसमें लीबिया ने तेल बेचने का वायदा तो किया किन्तु मात्रा का निर्धारण अन्तिम समय पर करने की बात रखी। बहुगुणा ने इस शर्त को मानने से इनकार कर दिया और शासनाध्यक्ष कर्नल गद्दाफ़ी से भेंट की। उनसे वार्ता के उपरान्त कर्नल गद्दाफ़ी ने भारत को निर्यात होने वाले तेल में पचास प्रतिशत वृद्धि कर दी। इन सभी देशों की यात्रा के उपरान्त बहुगुणा सस्ते दामों पर भारत के लिए तेल उपलब्ध कराने में सफल रहे। जो तेल खुले बाज़ार में 28 डॉलर प्रति बैरल था, वही तेल भारत के लिए 18 डॉलर प्रति बैरल की दर से आने लगा। इसी पूरी प्रक्रिया में उन्होंने किसी व्यापारी को मध्यस्थता नहीं करने दी और न ही देश को खुले बाज़ार से तेल ख़रीदना पड़ा, पूरा व्यापार सरकारी स्तर पर हुआ।

उनकी इन तमाम देशों की यात्राओं में से रोमानिया की यात्रा के दौरान एक ऐसा क्षण आया, जब वहाँ के बिजली विशेषज्ञ उनकी वाक्पटुता एवं विषय की गहराई को देखकर चकित रह गये। रोमानिया में उनके कार्यक्रम के अन्तर्गत उन्हें ताप बिजलीघर दिखाने के लिए भी ले जाया गया था। बिजलीघर के मुख्य संचालक से बहुगुणा ने बिजली उत्पादन सम्बन्धी कुछ ऐसे प्रश्न पूछे कि वे आश्चर्यचकित रह गये। कई प्रश्नों का तो वह सन्तोषजनक उत्तर भी नहीं दे सके और छोटे अधिकारियों से अपनी भाषा में बात करने लगे। बाद में भाषान्तरकार ने बताया कि वे आपस में बात कर रहे थे कि इससे पूर्व कभी किसी मन्त्री ने ऐसे मौलिक प्रश्न नहीं पूछे थे।

बहुगुणा भारत में निरीक्षण हेतु जहाँ भी जाते सूक्ष्म से सूक्ष्म पक्ष भी उनकी निगाह से नहीं बच पाता था। जो भी अधिकारी एक बार उनके सम्पर्क में आता वह उनके तथ्य ज्ञान एवं बुद्धिमत्ता का क़ायल हो जाता था।

बहुगुणा ने संचारमन्त्री तथा मुख्यमन्त्री की हैसियत से अनुसूचित जाति तथा अनुसूचित जनजाति के लिए अनेक क़दम उठाये थे और जब वे केन्द्र में पेट्रोलियम एवं रसायन मन्त्री हुए तब भी इस कार्य में पीछे नहीं रहे। उन्होंने अनुसूचित जाति/जनजाति की भर्ती के लिए एक पृथक् सेल ही खोल दिया था जिसके माध्यम से भारत सरकार में उनकी तथा पिछड़े वर्ग के लोगों के लिए पर्याप्त प्रतिनिधित्व देने की योजना तैयार की गयी थी। इसके लिए बजट का अलग से प्रावधान रखा गया था। उनके मन्त्रालय में जितनी भी सरकारी कम्पनियाँ एवं विभाग थे, उन सभी में अनुसूचित जाति एवं जनजाति के लोगों को कोटे के अनुसार नियुक्तियाँ एवं प्रोन्नतियाँ दी गयीं। रसोई गैस व पेट्रोलियम के वितरकों में भी उन्होंने पूरे देश में अनुसूचित जाति एवं अनुसूचित जनजाति का कोटा आरक्षित किया था।

बहुगुणा कांग्रेस पार्टी में रहे हों अथवा कांग्रेस फॉर डेमोक्रेसी अथवा जनता पार्टी में, दलितों के सताये जाने पर उनके मन में हमेशा वेदना बनी रहती थी।

इसी का प्रतिफल था 25 जुलाई, 1977 को उन्होंने उत्तर प्रदेश के तत्कालीन मुख्यमन्त्री राम नरेश यादव को एक पत्र लिखकर राजधानी लखनऊ में हुई मैकू नाम के एक दलित की हत्या पर गहरा दुख प्रकट करते हुए उनका ध्यान आकृष्ट किया था। उन्होंने पत्र में लिखा था, ''राजधानी में एक दलित की हत्या हो गयी कोई भी मन्त्री संवेदना के लिए भी उनके यहाँ नहीं गया।'' मुख्यमन्त्री का उत्तर मिलने के बाद बहुगुणा ने दोबारा बिना किसी हिचक के उन्हें लिखा था, ''आपने पत्र में लिखा है कि इस तरह के मामलों में इससे पहले कोई न्यायिक जाँच नहीं की गयी है। यह सूचना आपको सही नहीं दी गयी। साधारण पुलिस लाठीचार्ज वाले मामले तक में कई बार जाँच हो चुकी है, यह तो निर्मम हत्या का मामला था। यदि इस मामले में आवश्यक कार्रवाई हो गयी होती तो आज किसी को कुछ कहने का अवसर न मिलता। पत्र आपको इसलिए लिख रहा हूँ कि आपका कार्यालय आपको सही राय नहीं दे रहा है।''

बहुगुणा ने इससे पूर्व 22 जुलाई, 1978 को भी मुख्यमन्त्री से विस्तृत बातचीत कर अनुसूचित जाति, कमज़ोर वर्ग, विद्यार्थियों, बाँदा में हुए हिन्दू-मुस्लिम दंगे, भूमि-सुधार क़ानून, दलित विद्यार्थियों, शिक्षण संस्थानों में व्याप्त भ्रष्टाचार, मिर्ज़ापुर ज़िले के बीड़ी बनाने हेतु तेंदु के पत्ते तोड़ने वालों के बारे में अपनी राय दी थी। उन्होंने पी.ए.सी. विद्रोह के पुलिसकर्मियों से सम्बन्धित दस प्रमुख मुद्दों पर समुचित कार्य करने की सलाह दी थी। स्पष्ट है कि बहुगुणा को उत्तर प्रदेश के विकास की ज़बरदस्त चिन्ता थी। केन्द्र में रहते हुए भी वे उत्तर प्रदेश के विषय में सोचते रहते थे।

राष्ट्र हित के मुद्दों पर वे मुख्यमन्त्री या मन्त्री ही नहीं प्रधानमन्त्रियों के समक्ष भी अपना दृष्टिकोण रखने में चूकते न थे। ऐसा ही एक मामला मोरारजी देसाई के प्रधानमन्त्रित्व काल में उठा था। लाल बहादुर शास्त्री नेशनल एकेडमी ऑफ़ एडमिनिस्ट्रेशन को लेकर मोरारजी देसाई से उनका जमकर पत्राचार हुआ। मोरारजी भाई एकेडमी को मसूरी से स्थानान्तरित किये जाने के पक्ष में थे। बहुगुणा उनके इस विचार से सहमत न थे। उन्होंने इस सम्बन्ध में उन्हें एक ज़ोरदार पत्र लिखा था—जिसका उत्तर प्रधानमन्त्री ने 29 जून, 1979 को इन शब्दों में दिया था :

भाई श्री बहुगुणा,

कृपया लाल बहादुर शास्त्री नेशनल एकेडमी ऑफ़ एडमिनिस्ट्रेशन के सम्बन्ध में अपना 18 जून, 1979 का पत्र देखें। एकेडमी के मसूरी में रहने से वहाँ के कुछ लोगों को जो रोज़गार मिलता है अथवा वहाँ की अर्थव्यवस्था में इसका जो योगदान है उसके आधार पर एकेडमी के स्थान निर्धारण का फ़ैसला नहीं किया जा सकता है, इसका मुझे अफ़सोस है। शुरू में एकेडमी का मसूरी में स्थापित किया जाना ही ग़लत था, ऐसा मैं मानता हूँ। प्रशिक्षण के लिए एकेडमी को किसी ऊँचे पहाड़ी स्थान पर स्थापित नहीं किया जा सकता। इसे एक ऐसे वातावरण में स्थापित

किया जाना है जिसमें प्रशासनिक स्टाफ को भविष्य में काम करना पड़ेगा। इसलिए एकेडमी को स्थानान्तरित करने के फ़ैसले पर फिर से विचार करना उचित होगा, यह मैं नहीं मानता।

आदर सहित,

आपका

(मोरारजी देसाई)

बहुगुणा ने इस पत्र के जवाब में जो कुछ लिखा था उससे उनके व्यापक दृष्टिकोण का परिचय मिलता है :

प्रिय मोरारजी भाई,

आपका 29 जून, 1979 का पत्र मिला। प्रशासनिक प्रश्नों पर आपकी क्षमता को स्वीकार करते हुए भी आपसे इतना ही कहना चाहता हूँ कि भारत में पहाड़ भी हैं, रेगिस्तान भी हैं, मैदान भी हैं, तराई भी हैं और पठार भी। इसलिए सभी प्रकार की भौगोलिक स्थितियों से उत्पन्न परिस्थितियों का समुचित उत्तर कोई एक स्थान नहीं दे सकता। अन्ततोगत्वा निर्णय तो आपको ही लेना है। लेकिन इससे मसूरी के निवासियों तथा उत्तर प्रदेश की आम जनता पर अच्छा प्रभाव नहीं पड़ेगा। इसलिए निर्णय पर एक बार पुनः विचार करने के आग्रह की धृष्टता करता हूँ। क्षमा करें।

सादर,

आपका

(हेमवती नन्दन बहुगुणा)

बहुगुणा जिस किसी भी पार्टी में रहे उनके वर्चस्व को दबाने की बराबर कोशिशें की जाती रहीं। 'शिब्बन लाल सक्सेना काण्ड' भी इसी प्रकार की साज़िश का एक अंग था। जनता पार्टी की सरकार में बहुगुणा अपना ऊँचा स्थान न बना सकें, इस दुर्भावना को लेकर ही काण्ड को जन्म दिया गया था। यदि ऐसा न होता तो मोरारजी के मन्त्रिमण्डल में शामिल बहुगुणा के विरुद्ध उनकी ही पार्टी का कोई सांसद कीचड़ उछालने का साहस न करता। श्री सक्सेना ने बहुगुणा के ख़िलाफ़ जिन मनगढ़न्त आरोपों की खोज की थी, उन्हें 15 जनवरी, 1978 को सर्वप्रथम मोरारजी देसाई, गृहमन्त्री चौ. चरण सिंह तथा प्रतिरक्षा मन्त्री जगजीवन राम को भेजा था और आरोपों में, मुख्यमन्त्री के रूप में पूँजीपतियों तथा सरकारी ख़रीद-फरोख़्त में करोड़ों रुपये बटोरने, अपने वकील पुत्रों के लिए इलाहाबाद, मुम्बई आदि स्थानों पर आलीशान बँगले बनवाने, अपने पुत्र विजय को 85 कम्पनियों का अधिवक्ता नियुक्त करवाने, अपनी पत्नी एवं पुत्रों के नाम मुम्बई के स्टूडियो में शेयर लेने, निकटतम सम्बन्धियों को महत्त्वपूर्ण पदों पर नियुक्त कराने, अपने संसदीय क्षेत्र में हज़ारों फर्ज़ी मतदाता पंजीकृत करने आदि के आरोप शामिल थे। प्रो. सक्सेना ने प्रधानमन्त्री से बहुगुणा को तत्काल अपने मन्त्रिमण्डल से बर्ख़ास्त कर सी.बी.आई. द्वारा जाँच कराये जाने की

माँग की थी। 23 जनवरी, 1978 को प्रधानमन्त्री ने इस सम्बन्ध में बहुगुणा को एक व्यक्तिगत पत्र भेजा, जो इस प्रकार था :

प्रिय बहुगुणा,

15 जनवरी को मुझे शिब्बन लाल सक्सेना का एक पत्र मिला है, जिसमें वर्तमान सरकार में शामिल होने से पहले आप पर अनेक आरोप लगाये गये हैं। मैं नहीं जानता हूँ कि तथ्य क्या हैं, परन्तु मेरा विचार है कि अच्छा होगा यदि आप इस सम्बन्ध में अपनी टिप्पणी यथाशीघ्र मुझे भेज दें।

भवदीय

(मोरारजी देसाई)

6 फ़रवरी, 1978 को बहुगुणा ने मोरारजी भाई के पत्र का उत्तर दिया था।

प्रिय मोरारजी भाई,

मुझे आपका 23 जनवरी को भेजा गया व्यक्तिगत पत्र मिला, जिसके साथ शिब्बन लाल सक्सेना के उस पत्र की प्रति संलग्न है, जो उन्होंने आपके साथ-साथ चौ. चरण सिंह तथा बाबू जगजीवन राम को भी भेजा है।

मुझे दुख है कि श्री सक्सेना का पत्र, जिसे वे 'पिछले चार माह के परिश्रम का प्रतिफल मानते हैं', काल्पनिक तथा पूर्णतया सत्यता से परे है। मैं उसके प्रत्येक अंश का खण्डन करता हूँ। बहुत-सी ऐसी चीज़ें हैं, जिनकी जानकारी आप प्रधानमन्त्री की हैसियत से स्वयं कर सकते हैं। यदि आप मुझे कुछ कहने की अनुमति दें तो मैं यह कहना चाहूँगा कि यह पत्र दुर्भावना से प्रेरित है। मुझे दुख है कि प्रो. सक्सेना कुछ ऐसे लोगों के जाल में फँस गये हैं, जो प्रत्यक्ष कारणों से कभी भी मेरे शुभचिन्तक नहीं रहे हैं। मैं यह कहना चाहूँगा कि एक भी आरोप तथ्यपरक एवं प्रासंगिक नहीं है। जहाँ तक इस पत्र में दूसरे लोगों पर लगाये गये आरोपों का प्रश्न है, मैं मात्र इतना कहना चाहूँगा कि जब तक वे उन्हें सिद्ध नहीं कर देते तब तक वे मात्र आरोप ही रहेंगे। जहाँ तक उनके द्वारा मेरे चरित्र पर लगाये गये आरोपों का प्रश्न है, मैं खेद के साथ कहना चाहूँगा कि ऐसे आरोप लगाने से पूर्व प्रो. सक्सेना को यह स्मरण रखना चाहिए कि प्रत्येक महिला का वही सम्मान है, जो अपनी माँ और बहन का होता है। मैं केवल यही कह सकता हूँ कि आज तक मेरे सबसे कटु आलोचकों ने भी मुझ पर इस प्रकार के आरोप नहीं लगाये। यदि आप सहमत हों तो मैं व्यक्तिगत रूप से आपकी सुविधानुसार आपसे मिलकर यह स्पष्ट कर दूँ कि सिर्फ़ 1969 के उत्तर प्रदेश आम चुनाव में पराजित होने को छोड़ कर, प्रो. सक्सेना के आरोपों का हर पहलू ग़लत है।

फ़िलहाल आपको स्मरण होगा कि प्रो. सक्सेना ने इसी प्रकार के पत्र मन्त्रियों सहित कई सम्मानित व्यक्तियों के बारे में मई 1977 में भी लिखे थे। ऐसा प्रतीत होता है

कि इस बार उन्होंने मुझे अपना निशाना बनाया है। इस सन्दर्भ में इससे अधिक और कुछ नहीं कहना चाहूँगा।

सादर,

भवदीय

(हेमवती नन्दन बहुगुणा)

प्रधानमन्त्री तथा अन्य काबीना मन्त्रियों को पत्र लिखने के बाद सम्भवतः प्रो. सक्सेना बहुगुणा के विरुद्ध कार्रवाई की प्रतीक्षा कर रहे थे, परन्तु लगभग दो माह बीत जाने के बाद जब कुछ नहीं हुआ तो वे बेचैन हो उठे और आरोपों को सार्वजनिक करने की ठान ली। 22 अप्रैल, 1978 को मुम्बई से प्रकाशित 'ब्लिट्ज़' में 'मोरारजी आस्क्स बहुगुणा टु एक्सप्लेन सीरियस करप्शन चार्जेज़' शीर्षक के अन्तर्गत 79 आरोपों को छपवाने में सफलता हासिल कर ली। इससे मामला और गहरा गया क्योंकि एक ओर तो बहुगुणा के साथ हुए पत्राचार में प्रधानमन्त्री बहुगुणा के उत्तर से सन्तुष्ट होने की बात कह रहे थे, दूसरी ओर समाचार से ऐसा प्रतीत होता था कि प्रधानमन्त्री ने बहुगुणा से जवाबतलब किया है।

बहुगुणा समाचार के इस आशय से काफ़ी चिन्तित एवं नाराज़ हो उठे और 24 अप्रैल, 1978 को गुस्से से भरा एक पत्र प्रधानमन्त्री को पुनः लिखा :

प्रिय मोरारजी भाई,

मैं इस पत्र के साथ 22 अप्रैल, 1978 के 'ब्लिट्ज़' की एक प्रति संलग्न कर रहा हूँ। आप देखेंगे कि इसमें भी वह कीचड़ उछाला गया है, जिसके बारे में आपने मुझे 23 जनवरी, 1978 को पत्र लिखा था। मैंने अपने पत्र दिनांक 6 फ़रवरी, 1978 से स्पष्ट कर दिया था कि ये आरोप निराधार हैं और शिब्बन लाल सक्सेना द्वारा आपको दिया गया ज्ञापन काल्पनिक, निराधार, दुर्भावनापूर्ण तथा प्रेरित किया हुआ है। इस पत्र के उपरान्त मैंने 20 मार्च, 1978 को अपराह्न 1 बजे आपसे संसद भवन में भेंट कर, वस्तुस्थिति से अवगत करा दिया था। जितना कि मैं समझ सका, उससे लगा कि आप मेरी बात से सन्तुष्ट हैं। मुझे सुनने के बाद आपने कहा था कि इस मामले में आगे कार्रवाई का कोई कारण दिखाई नहीं दे रहा है।

बहरहाल 22 अप्रैल, 1978 को 'ब्लिट्ज़' में प्रकाशित समाचार के प्रारम्भ में यह लिखा गया कि–प्रधानमन्त्री ने रसायन मन्त्री से कहा है 'आदि आदि', से ऐसी धारणा उत्पन्न होती है कि आरोपों से सम्बन्धित विषय पर आपके अधीन जाँच चल रही है। मेरा आपसे आग्रह है कि आप मुझे यह जानकारी दें कि 'ब्लिट्ज़' में जो कुछ लिखा है, उसमें कितनी सच्चाई है और यदि यह सच नहीं है तो मैं जानता हूँ कि निश्चय ही आप इस बात से विचलित होंगे कि आपकी सरकार को बदनाम करने का सुनियोजित प्रयास किया जा रहा है। 'ब्लिट्ज़' का यह अंक एक उदाहरण मात्र है। मुझे यक़ीन है कि प्रधानमन्त्री की हैसियत से आप अपने सहयोगियों की प्रतिष्ठा की

रक्षा में हिचकिचाहट का अनुभव नहीं करेंगे। मैं चाहूँगा कि आप निष्पक्षता से अपने विवेक का प्रयोग कर सही तरीक़े से स्थिति का निपटारा करेंगे, जिससे जनता का अपने प्रतिनिधियों में विश्वास क़ायम रहे। मैं आप पर अधिक भार डालने के लिए क्षमा चाहता हूँ।

सादर,

भवदीय

(हेमवती नन्दन बहुगुणा)

इसके साथ ही बहुगुणा ने 'ब्लिट्ज़' में प्रकाशित समाचार का खण्डन भेजते हुए सम्पादक करंजिया को चेतावनी दी थी कि यदि उन्होंने तत्काल समाचार का खण्डन प्रकाशित न किया तो उनके तथा शिब्बन लाल सक्सेना के विरुद्ध वे मानहानि का मुक़दमा दायर कर देंगे।

उनके द्वारा 24 अप्रैल को भेजे गये पत्र का उत्तर प्रधानमन्त्री ने 1 मई, 1978 को इन शब्दों में दिया था :

प्रिय बहुगुणा,

कृपया आप अपने पत्र 24 अप्रैल, 1978 का सन्दर्भ लें। इस विषय पर मैं पहले ही आपसे बातचीत कर चुका हूँ। मैंने शिब्बन लाल सक्सेना से भी कह दिया है कि उन्होंने जो आरोप लगाये हैं, वे यथार्थ से परे तथा उद्वेग पैदा करने वाले हैं। मुझे प्रसन्नता है कि आप सम्बन्धित पक्षों के विरुद्ध क़ानूनी कार्रवाई के क़दम उठा रहे हैं। मुझे आशा है कि इससे वे सबक सीखेंगे।

सादर,

भवदीय

(मोरारजी देसाई)

इसी बीच 27 अप्रैल, 1978 को शिब्बन लाल सक्सेना ने 'ब्लिट्ज़' के सम्पादक करंजिया को एक पत्र लिखकर उसे प्रकाशित करने का आग्रह किया। उन्होंने पत्र में लिखा था कि 'ब्लिट्ज़' के संवाददाता को बहुगुणा के विरुद्ध अभियोग-पत्र की कोई प्रति उन्होंने नहीं दी क्योंकि प्रधानमन्त्री को भेजी गयी प्रति में उन्होंने बहुगुणा के विरुद्ध 101 आरोप लगाये हैं जबकि 'ब्लिट्ज़' ने कुल 79 आरोप ही प्रकाशित किये हैं। संवाददाता ने न तो उन्हें प्रति दिखायी और न ही उसे प्रकाशित करने की अनुमति उनसे ली। सम्भवतः वह समझ गया था कि वे उसे प्रकाशित करने की अनुमति नहीं देंगे। चूँकि यह आरोप पत्र बिना उनकी अनुमति के प्रकाशित हुआ है इसलिए वे अपना कर्तव्य समझते हैं कि स्थिति का स्पष्टीकरण कर दें। पत्र में यह भी कहा गया था कि बहुत-से ऐसे आरोप प्रकाशित किये गये हैं, जिनका विवरण सही नहीं है। यह निष्पक्षता होगी कि आप इस पत्र को प्रकाशित कर दें।

करंजिया ने 6 मई, 1978 को श्री सक्सेना के पत्र को प्रकाशित करते हुए 'बहुगुणा इम्पीचमेंट बूमरेंग्स ऑन सक्सेना' शीर्षक से अपनी टिप्पणी प्रकाशित की थी। टिप्पणी में उन्होंने लिखा था, "सक्सेना का पत्र स्वयं इस बात का पर्दाफ़ाश करता है कि उनका मक़सद केवल बहुगुणा का चरित्र हनन करना था। उनका आरोप पत्र झूठा तथा जालसाज़ी के अलावा कुछ नहीं था। करंजिया ने लिखा था कि श्री सक्सेना एक सम्मानित वयोवृद्ध नेता तथा देशभक्त सांसद हैं परन्तु खेद है कि इस मुद्दे में उनकी उम्र ने उनके विवेक को दबा दिया है। आरोप पत्र की जो प्रति उनके पास है, वह अन्तिम एवं सम्पूर्ण दस्तावेज़ है। उन्होंने इसका प्रकाशन मात्र इसलिए किया था ताकि श्री बहुगुणा को अपने विरुद्ध प्रधानमन्त्री के पास भेजे गये आरोपों का उत्तर देने का अवसर मिल जाये। बहुगुणा ने बिना किसी विलम्ब के अपने बयान में इन आरोपों को मनगढ़न्त एवं झूठा बता दिया था, जिसकी पुष्टि सक्सेना के पत्र से अब हो रही है। इसलिए हम इन आरोपों को रद्द करते हुए बहुगुणा को आरोपमुक्त करते हैं। हमें उम्मीद है कि श्री सक्सेना भी बहुगुणा से क्षमायाचना में हमारे साथ होंगे।" अपनी टिप्पणी के अलावा भी करंजिया ने बहुगुणा को एक पत्र भी लिखा जो इस प्रकार था :

प्रिय बहुगुणा,

आज सुबह आपसे टेलीफ़ोन पर बात कर मुझे प्रसन्नता हुई कि एक सनकी वृद्ध नेता ने मेरे और आपके बीच जो मूर्खतापूर्ण विवाद पैदा किया था, वह हाल में ही प्रकाशित 'ब्लिट्ज़' के अंक से समाप्त हो गया है। इस दोषारोपण को आपके राजनीतिक प्रतिद्वन्द्वी आक्रामक अभियान के रूप में प्रयोग कर रहे थे। हमारे दिल्ली के एक वरिष्ठ संवाददाता ने कुछ सप्ताह पूर्व इस रिपोर्ट को मेरे पास अपने हस्ताक्षर से प्रकाशन हेतु भेजा था, जिसे मैंने रोक दिया था। किन्तु जब प्रो. शिब्बन लाल का दोषारोपण पत्र आया तब मैंने निर्णय किया कि उसे तिरस्कृत करने का सबसे उचित तरीक़ा यह है कि सार्वजनिक उपहास के लिए उसका खुलासा कर दिया जाये। वही हुआ, जो हम चाहते थे और हमें स्वयं लेखक द्वारा भेजे गये खण्डन एवं अभियोग वापसी से अधिक और क्या चाहिए था। इसके बावजूद यदि आप चाहते हैं तो हम प्रकाशन के लिए खेद व्यक्त करते हैं।

सप्रेम, सादर एवं शुभकामनाओं सहित,
पूर्व की भाँति ही

आपका
(आर.के. करंजिया)

बहुगुणा ने इस मामले में क़ानूनी कार्रवाई हेतु इलाहाबाद उच्च न्यायालय के वरिष्ठ अधिवक्ता पी.सी. चतुर्वेदी, सर्वोच्च न्यायालय के सॉलिसिटर जनरल एस.एन. कक्कड़ तथा आर.के. गर्ग से सलाह भी माँगी थी, परन्तु 'ब्लिट्ज़' द्वारा खण्डन एवं खेद प्रकाशन

के बाद इन न्यायविदों ने क़ानूनी कार्रवाई न किये जाने का सुझाव दिया था। उनके सुझाव पर बहुगुणा ने क़ानूनी कार्रवाई स्थगित कर दी और 10 जुलाई, 1978 को उन्होंने प्रधानमन्त्री को भी इस आशय का पत्र भेज दिया।

उक्त प्रकरण में सबसे रोचक बात तो यह रही कि नवम्बर 1975 में प्रो. सक्सेना बहुगुणा के गहरे प्रशंसकों में से थे। यहाँ तक कि श्रीमती गाँधी जब उन्हें मुख्यमन्त्री पद से हटाने की पहल कर रही थीं, तो उन्होंने 16 नवम्बर, 1975 को बहुगुणा को एक पत्र लिखकर उनकी तारीफ़ की थी। प्रो. सक्सेना ने अपने पत्र में लिखा था, "मुझे इस बात का गहरा दुख है कि आपको हटाये जाने का प्रयत्न किया जा रहा है, जबकि आप पूरे प्रदेश में बेहतरीन काम कर रहे हैं।" इन सबके बावजूद यह प्रकरण समाप्त नहीं हुआ। 19 जुलाई, 1978 को यह मामला ध्यानाकर्षण प्रस्ताव के तहत राज्यसभा में भी उठाया गया। प्रधानमन्त्री मोरारजी देसाई ने सदन में एक बयान दिया था कि वे इस बात से सन्तुष्ट हैं कि बहुगुणा के विरुद्ध किसी प्रकार की जाँच की आवश्यकता नहीं है। तत्कालीन गृहमन्त्री तथा बाद में प्रधानमन्त्री पद का दायित्व सँभालने वाले चौ. चरण सिंह ने भी सदन में बयान दिया था कि, शिब्बन सक्सेना काण्ड में वे तथा श्री मोरारजी दोनों इस बात से सन्तुष्ट थे कि किसी भी प्रकरण की जाँच की आवश्यकता नहीं है। फ़िलहाल बहुगुणा के राजनीतिक जीवन में यह भी एक बड़ी परीक्षा की घड़ी थी और वे उसमें खरे उतरे। उन्हें इस काण्ड से एक झटका अवश्य लगा परन्तु वे तब तक अड़े रहे जब तक कि दूध का दूध और पानी का पानी नहीं हो गया।

ऐसे ही एक विवादास्पद घटना उन्हें के.जी.बी. का एजेंट कहे जाने से सम्बन्धित है। इस आरोप की जड़ कहाँ थी और किसने पहले शुरुआत की थी यह सब विवाद का विषय है परन्तु 29 सितम्बर, 1979 को चौ. चरण सिंह ने बहुगुणा को जो पत्र लिखा था, उससे स्पष्ट है कि मोरारजी भाई ही इस विवादास्पद प्रकरण की जड़ में थे। उन्होंने ही 1978 में इसे जन्म दिया था। इसके पीछे क्या राज़ था? मोरारजी की सूचना का क्या आधार था? यह सब कुछ रहस्यमय है। चौधरी चरण सिंह का पत्र इस प्रकार था :

प्रिय बहुगुणा जी,

मेरी जानकारी में आया है कि कुछ समाचार-पत्र तथा हमारे राजनीतिक प्रतिद्वन्द्वी मेरे द्वारा 1978 में मोरारजी भाई को लिखे गये पत्र को लेकर खेल खेल रहे हैं। वे इस पत्र की इस टिप्पणी, कि एक वर्ग विशेष आपको के.जी.बी. का एजेंट मानता है, को उछाल रहे हैं। मैं व्यक्तिगत रूप से इस आरोप के बारे में न तो जानता था और न ही मैंने कोई जाँच ही करायी थी। वे मोरारजी देसाई हैं जिन्होंने स्वयं मार्च 1978 में यह बात मुझे राज नारायण की उपस्थिति में उस समय बतायी थी, जब मैं विलिंगडन अस्पताल में बीमार पड़ा था और मोरारजी देसाई मुझे देखने आये थे। मुझसे पहली भूल यह हुई कि मैंने प्रधानमन्त्री की बात पर विश्वास किया और दूसरा उन्हें लिखे अपने पत्र में इस आरोप के स्रोत की चर्चा नहीं की। यदि मैं यह सावधानी

बरतता तो समस्त नैतिक मूल्यों को तोड़कर यह पत्र समाचार-पत्रों तक न पहुँचता। इससे आपको जो कष्ट हुआ है उसका मुझे पूरी तरह से अहसास है। मुझे खेद है कि इसके लिए मैं उत्तरदायी हूँ।

सादर,

भवदीय

(चरण सिंह)

हालाँकि चौधरी चरण सिंह के पत्र से स्थिति स्पष्ट हो गयी थी क्योंकि गृह मन्त्री की हैसियत से उन्होंने किसी भी प्रकार की जानकारी होने से अपनी अनभिज्ञता ज़ाहिर की थी। परन्तु बहुगुणा के प्रतिद्वन्द्वी, जब कभी भी अवसर आया, इस बात को उछाल कर उनकी छवि धूमिल करने की कोशिश करते रहे। यहाँ तक कि 1982 में गढ़वाल के ऐतिहासिक चुनाव को जीतकर आने के बाद भी सदन में उन पर इस आशय का आक्षेप कांग्रेसी नेता विद्याचरण शुक्ल द्वारा किया गया। वे चौधरी चरण सिंह के पत्र को उछालकर उन्हीं की बात उन्हीं के सिर पर मढ़ रहे थे, जिसका स्व. राज नारायण ने कड़ा विरोध किया था। उन्होंने चौ. चरण सिंह को 16 अगस्त, 1982 को एक पत्र लिखकर उनसे सदन में बयान देकर स्थिति को स्पष्ट कर देने का आग्रह किया था। उनका पत्र इस प्रकार है :

आदरणीय चौधरी साहब,

प्रणाम,

कांग्रेस की ओर से सर्वप्रथम श्री विद्याचरण शुक्ल बोले। प्रस्ताव सरकार के विरुद्ध था मगर विद्याचरण ने उसे बहुगुणा के विरुद्ध बनाकर व्यक्तिगत आक्षेपों की वर्षा कर दी। उसी सिलसिले में आपके एक पत्र का हवाला दिया कि चौधरी साहब ने बहुगुणा को के.जी.बी. का एजेंट बताया है।

इसका खण्डन आप ही साधिकार ढंग से कर सकते हैं। आप तीन बजे बोलने वाले हैं, सविनय निवेदन है कि आप इसका खण्डन करने की कृपा करें। आपने मुझसे भी कहा था कि यदि मैं मानता तो उनको अपने मन्त्रिमण्डल में क्यों रखता। कष्ट के लिए क्षमा।

आपका

(राज नारायण)

बहुगुणा के विरुद्ध कांग्रेस ने 'के.जी.बी. एजेंट' होने की बात को मुद्दा बनाने का षड्यन्त्र 1980 से ही शुरू कर दिया था क्योंकि बहुत से कांग्रेसी नेताओं को बहुगुणा का कांग्रेस में आना अच्छा न लगा था। बिहार के इंका नेता मधुसूदन शर्मा ने 1980 में ही श्रीमती गाँधी को उनके ख़िलाफ़ भेजे गये शिकायती पत्र में इस बात को दोहराया था। कांग्रेस ने उसी की पृनरावृत्ति सदन में की परन्तु उनकी एक भी नहीं चली क्योंकि चौधरी चरण सिंह बहुत पहले ही अपने पत्र पर स्पष्टीकरण दे चुके थे।

अध्याय 12

जनता पार्टी कैसे टूटी

जनता पार्टी 'इन्दिरा हटाओ' के नारे पर बनी थी। इसके गठन में सारे दलों ने अपने आपको शामिल तो कर लिया था, परन्तु कोई नीतिगत समझौता नहीं हुआ था। फलस्वरूप प्रारम्भ से ही अन्तर्विरोध शुरू हो गया था। पार्टी में व्यक्तिगत तथा नीतिगत टकराव की स्थिति थी। अन्दर-अन्दर ज़बरदस्त कलह चल रही थी। हर पार्टी के नेता अलग-थलग नज़र आ रहे थे। बहुगुणा भी जनता पार्टी की रीति-नीति से काफ़ी क्षुब्ध थे। वे किसी नये राजनीतिक वातावरण की तलाश में लग गये थे।

जनता पार्टी की कलह इस चरमोत्कर्ष तक पहुँच गयी थी कि प्रधानमन्त्री मोरारजी देसाई तथा गृहमन्त्री चौ. चरण सिंह भी इससे अछूते नहीं रहे। दोनों में वैचारिक मतभेद उभरते ही जा रहे थे। चौधरी चरण सिंह गृहमन्त्री थे और सत्ता हाथ में आते ही उन्होंने श्रीमती गाँधी से बदला लेने की दुराग्रहपूर्ण भावना से काम शुरू कर दिया। मोरारजी देसाई और बहुगुणा नहीं चाहते थे कि सरकार बदले की भावना से कोई काम करे। चौ. चरण सिंह की इच्छा का ही प्रतिफल रहा कि श्रीमती गाँधी को गिरफ़्तार किया गया और इससे उन्हें विश्व स्तर पर सहानुभूति मिली।

श्रीमती गाँधी ने आज़ादी की लड़ाई में शिरकत की थी, वह डरने वाली महिला न थीं। अदालत से बेल मिलने के बाद उन्होंने एक दिन के लिए भी जनता से अपना नाता नहीं तोड़ा। हवाई जहाज़ पर चलने वाली श्रीमती गाँधी ने ट्रेन तथा कार से यात्रा शुरू की और पूरे देश का दौरा किया। उन्होंने जनता को बताया कि सरकार उनके साथ कैसा व्यवहार कर रही है। देश की जनता अन्दर-ही-अन्दर श्रीमती गाँधी के साथ होने लगी और इमर्जेंसी की ज़्यादतियों को शनैः-शनैः वह भूलने लगी। श्रीमती गाँधी को भी इस बीच अपनी ग़लतियों का अहसास हुआ, जिसके लिए उन्होंने जनता के सामने खुलकर माफ़ी माँगी। संजय गाँधी, जो कभी बहुगुणा के ख़िलाफ़ थे, वे अब तक 'काकस' से कुछ-कुछ मुक्त होते नज़र आ रहे थे। माँ-बेटे दोनों की निगाहें बहुगुणा को अपने पक्ष में करने की ओर लगी थीं।

देश में जनता सरकार बनने के बाद प्रारम्भिक दिनों में ही बहुगुणा ने जनता पार्टी में दोहरी सदस्यता के मामले को बड़ी सफ़ाई एवं खुले दिलोदिमाग़ से उठाया था।

उनका यह कहना था कि यदि पार्टी को धर्मनिरपेक्ष स्वरूप पर क़ायम रखना है तो उसमें शामिल घटकों को दोहरी सदस्यता से मुक्त होना पड़ेगा। दोहरी निष्ठा और दोमुँहे चरित्र के साथ कोई पार्टी नहीं चल सकती। बहुगुणा की इस बात पर किसी ने कोई ध्यान नहीं दिया और दो वर्ष बीत जाने के बाद भी सत्ता-स्वार्थ के वशीभूत होकर इन मुद्दों को तय नहीं किया गया। वे इस समय कैसे घुटन महसूस कर रहे थे, यह पी.डी. टण्डन और उनके बीच हुई वार्ता से स्पष्ट हो जाता है। श्री टण्डन के शब्दों में, ''एक दिन जनता शासन के दौरान मैं और वे दिल्ली में उनके आवास के लॉन पर घूमकर बातें कर रहे थे। तब बहुगुणा ने कहा था, 'टण्डन भाई, मैं एक बात के लिए इन्दिरा जी को कभी क्षमा नहीं कर सकता, उन्होंने मुझे बेघर कर दिया।' मैंने टोकते हुए पूछा, 'इतना बड़ा घर लिए बैठे हो और कहते हो बेघर कर दिया।' नाराज़ होकर उन्होंने उत्तर दिया, 'मेरी राजनीतिक शिक्षा आनन्द भवन में हुई। नेहरू जी के चरणों में बैठकर मैंने बहुत कुछ सीखा क्या इसलिए कि इन प्रतिक्रियावादियों के साथ बैठकर सरकार चलाऊँ? मुझे शर्म लगती है, नेहरू विरोधियों के खेमे में। मगर मजबूरी है। कुछ कर नहीं पा रहा हूँ।' '' बहुगुणा नेहरू के बड़े ज़बरदस्त हिमायती रहे हैं। चरण सिंह से तो नेहरू के बारे में उनकी अक्सर झड़प भी हो जाया करती थी।

उधर दल में संगठनात्मक चुनावों की ओर कोई ध्यान नहीं दिया गया। ऊपरी जोड़-तोड़ और उठापटक में समय बीत रहा था। एक शानदार संघर्ष एवं जीत के बाद भी सरकार भीतर से कमज़ोर एवं टूटी हुई दिखाई देने लगी थी, अब गयी, तब गयी की स्थिति में जनता उसका मूल्यांकन करने लगी थी। परिणाम यह हुआ कि सरकार अपनी उपलब्धियों का अहसास भी जनता को करा पाने में असमर्थ रही। शीर्ष पर बैठे चन्द नेताओं की हठधर्मिता, अहंकार तथा अक्खड़पन से एक ओर जहाँ अनावश्यक विवाद उठ खड़े हुए वहीं सरकार में शामिल प्रगतिशील नेताओं की छवि दिशाहीनता की स्थिति में, तेज़ी से बिगड़ती जा रही थी। बहुगुणा पार्टी के भीतर दलितों, अल्पसंख्यकों, किसानों, मज़दूरों के हितों की लड़ाई अपने ढंग से लड़ते रहे परन्तु जनता पार्टी के भीतर विग्रह, गिरती हुई साख, अनिश्चय एवं संकट साफ़ दिखने लगे। बहुगुणा भी मानसिक स्तर पर काफ़ी चिन्तित थे। वे अपनी बिगड़ती धर्मनिरपेक्ष छवि से परेशान हो उठे और उन्होंने केन्द्रीय मन्त्रिमण्डल और पार्टी से त्याग पत्र देना ही श्रेयस्कर समझा। इस बीच जनता पार्टी के दोनों घटकों–लोकदल तथा जनसंघ का भीतरी समझौता भी टूट चुका था। चौधरी चरण सिंह तथा राज नारायण ने उत्तर प्रदेश में साम्प्रदायिक शक्तियों तथा कांग्रेस (इ) के विरुद्ध सभी धर्मनिरपेक्ष शक्तियों को एकजुट करने की आवश्यकता का अनुभव किया। बहुगुणा ने भी वैचारिक प्रतिबद्धता और राजनीतिक ईमानदारी के साथ इस मुहिम को आगे बढ़ाने का प्रयत्न किया।

आख़िरकार जनता पार्टी टूट गयी। उसके टूट जाने के बाद देश के सामने एक विकल्पहीनता की स्थिति पैदा हो गयी क्योंकि वामपन्थी एवं लोकतान्त्रिक शक्तियाँ

भी संख्यात्मक दृष्टि से मज़बूत नहीं थीं। ऐसी स्थिति में बहुगुणा ने अपने समर्थकों को बुलाकर विचार-विमर्श किया और कांग्रेस फॉर डेमोक्रेसी के कार्यकर्ताओं का एक अधिवेशन दिल्ली में 8-9 सितम्बर, 1979 को आयोजित किया। पूरे देश के लगभग 20 हज़ार कार्यकर्ता शामिल हुए। अधिवेशन में 31 सूत्री कार्यक्रम तय किया गया। और उसी के आधार पर लोकसभा का मध्यावधि चुनाव लड़ने का फ़ैसला किया गया। अधिवेशन तथा उसमें गठित 45 सदस्यीय समिति ने उन्हें पार्टी का अध्यक्ष मनोनीत किया था। उन्हें ही पार्टी के भावी कार्यक्रमों के निर्धारण की ज़िम्मेदारी सौंपी गयी। बहुगुणा ने चुनाव के सन्दर्भ को जोड़ते हुए ही 31 सूत्री कार्यक्रम के आधार पर ही समान विचारधारा वाली पार्टियों के सहयोग की दिशा में पहल की। राज्य, ज़िला एवं शहर स्तर की कमेटियों के गठन का भी निर्णय इसी अधिवेशन में लिया गया।

बहुगुणा ने इस अधिवेशन में एक ऐतिहासिक भाषण दिया था। उनके भाषण का तात्पर्य था कि मई 1977 में कांग्रेस फॉर डेमोक्रेसी ने जनता पार्टी में इस विश्वास के साथ विलय किया था कि साम्प्रदायिक ताक़तों का अन्त होगा और धर्मनिरपेक्षता का रास्ता साफ़ होगा। भाषण में उन्होंने 1936 के लखनऊ कांग्रेस अधिवेशन में पं. जवाहरलाल नेहरू द्वारा दिये गये भाषण के इस अंश को दोहराया था :

"आइए, भारतीय इतिहास की इस संकटपूर्ण स्थिति में निष्पक्ष रूप से यह मूल्यांकन करें कि हमने क्या किया है और दूसरों ने हमारे प्रति क्या किया और यह जानने का प्रयत्न करें कि ऐसी स्थिति क्यों हुई? इस भय से कि कहीं दूसरों को बुरा न लगे हमें वास्तविक मुद्दों से मुँह नहीं मोड़ना चाहिए, चाहे इससे हमारे सहयोगी ही प्रभावित क्यों न हों।" पं. नेहरू के इन शब्दों को उद्धरण के रूप में प्रस्तुत करते हुए बहुगुणा ने स्पष्ट किया था, "हमारे पथ-प्रदर्शक के यह बुद्धिमत्तापूर्ण शब्द आज की स्थिति में भी पूर्णतः प्रासंगिक हैं। हमारा राजनीतिक, आर्थिक व सामाजिक जीवन एक महान संकटपूर्ण दौर से गुज़र रहा है, हमें निर्भीकता एवं साहस के साथ इस संकट का मुक़ाबला करना चाहिए ताकि भारतीय जनतन्त्र में धर्मनिरपेक्षता एवं समाजवाद की रक्षा हो सके।"

बहुगुणा का यह ऐतिहासिक भाषण ही इस बात का संकेत था कि उनके दिल में भारत के नवनिर्माण की जो कल्पना थी वह जनता पार्टी की सरकार पूरी नहीं कर पा रही थी। दलितों, अल्पसंख्यकों, किसानों, मज़दूरों के लिए जो होना चाहिए था, वह नहीं हो पा रहा था। सम्मेलन में बहुगुणा को अधिकार दिया गया कि वह सामान्य विचार वाले दलों से विचार-विमर्श करके वैकल्पिक सम्भावनाओं का पता लगायें। इस बात को लेकर सी.पी.आई., सी.पी.एम., फॉरवर्ड ब्लॉक, डी.एम.के. और कांग्रेस (इ) आदि दलों के नेता कई-कई घण्टों तक बहुगुणा से विचार-विमर्श में सक्रिय रहे। उस समय की जो स्थिति थी, उसके अनुसार लोकदल के सर्वाधिक सांसद थे। इसलिए कोई भी विकल्प चौ. चरण सिंह के बिना सम्भव न था।

बहुगुणा तथा चौधरी के बीच मतभेद थे। बहुगुणा ने समान विचार वाले वामपन्थी दलों के नेताओं को स्पष्ट रूप से बता दिया कि वे किसी भी गठबन्धन में तब तक शामिल न होंगे जब तक कि उनकी विचारधारा का अनुपालन न होगा। चौ. चरण सिंह स्वयं बहुगुणा के घर गये और उन्हें राजनीतिक परिस्थितियों की अनिवार्यता के कारण मन्त्रिमण्डल में शामिल होना पड़ा। परन्तु उन्होंने सी.एफ.डी. का विलय लोकदल में नहीं किया।

मन्त्रिमण्डल में शामिल होने से पूर्व बहुगुणा ने चौ. चरण सिंह के साथ एक संयुक्त बयान में स्पष्ट रूप से कहा था, ''हमारे बीच बहुत सारे सवालों पर बुनियादी मतभेद रहने के बावजूद साम्प्रदायिक और तानाशाही ख़तरों के मुक़ाबले के लिए लोकतान्त्रिक धर्मनिरपेक्षता और समाजवादी विचारों की एकजुटता को मज़बूत बनाना अनिवार्य है और समय की पुकार है। हमारे द्वारा प्रधानमन्त्री मोरारजी देसाई को लिखे गये कुछ पत्रों का उल्लेख समाचार-पत्रों में किया गया है। विभिन्न राष्ट्रीय मुद्दों पर पहले भी हमारी असहमति रही और आज भी कुछ मतभेद हैं किन्तु आपने आपसी सहमति का कुछ मुख्य आधार बनाया है। जनसंघ और राष्ट्रीय स्वयंसेवक संघ हमारे शत्रु हैं। उनके साथ जनता पार्टी में काम करके हमने अनुभव किया कि आज फ़ासिस्ट शक्तियों का मुक़ाबला करने के लिए संयुक्त प्रयास की आवश्यकता है ताकि जातीयता, धार्मिक श्रेष्ठता, धर्मान्धता के विरुद्ध लड़ाई लड़ी जा सके। इन फ़ासिस्ट ताक़तों को कुछ शक्तिशाली पूँजीपतियों का समर्थन भी प्राप्त है।

''हमारा गठबन्धन ग्रामीण व शहरी ग़रीबों की स्थिति में सुधार हेतु दृढ़संकल्प है, हम एक नवीन संघीय व्यवस्था के माध्यम से राज्य व प्रान्तों के बीच रचनात्मक सहयोग को बढ़ावा देंगे। इन मौलिक मुद्दों पर हमारी पूर्ण सहमति है। इसलिए हमारा गठबन्धन स्थायी होगा। व्यक्तिगत विरोधों से ऊपर उठकर इस महान कार्य में सम्मिलित होने की हम सब अपील करते हैं।''

चौधरी चरण सिंह नहीं समझ सके थे कि उन्होंने अपने गृहमन्त्री काल में जिस इन्दिरा गाँधी को जेल भेजा था, वे प्रधानमन्त्री की इच्छा पूरी करने के लिए उन्हीं के कन्धे पर जा बैठे। जनसंघ घटक के जनता पार्टी से हटते ही श्रीमती गाँधी ने अल्पमत की सरकार बनाने के लिए चौ. चरण सिंह का समर्थन कर दिया। वे यह नहीं समझ सके कि श्रीमती गाँधी उन्हें अपने कन्धों पर बहुत अधिक समय तक नहीं बैठा सकेंगी, ऐसी जगह और ऐसे समय में उठा पटकेंगी कि वे दुबारा उठ नहीं सकेंगे। ठीक वैसा ही हुआ। सम्भवतः चौधरी देश के पहले ऐसे प्रधानमन्त्री थे जो एक भी सदन आहूत नहीं कर सके।

चौधरी चरण सिंह के मन्त्रिमण्डल में बहुगुणा वित्तमन्त्री हुए। उन्होंने अल्पकाल में ही बैंक कर्मचारियों की लम्बे अर्से से चली आ रही समस्या का समाधान ढूँढ़ निकाला। एक व्यापक योजना के तहत उन्होंने पिछड़े तथा पर्वतीय क्षेत्रों के लिए बैंकों की

महत्त्वपूर्ण सुविधा उपलब्ध करायी। वे बैंकों की कार्यप्रणाली में तेज़ी से परिवर्तन लाने के इच्छुक थे। वे चाहते थे कि मेहनतकश लोगों को पर्याप्त आर्थिक सुविधाएँ प्राप्त हों। इसके अलावा काला धन बाहर निकालने के लिए स्थान-स्थान पर छापे डलवाये और एकाधिकार पर अंकुश लगाने की दिशा में पहल की।

बहुगुणा जिस समय देश की आर्थिक स्थिति को सुधारने के लिए तेज़ी से अग्रसर हो रहे थे उसी समय पुनः राजनीतिक मतभेद आड़े आ गये। चौ. चरण सिंह को एकमात्र चिन्ता थी कि सी.एफ.डी. को लोकदल में विलय होना चाहिए परन्तु ऐसा सम्भव न था, उधर बहुगुणा का कहना था कि 31 सूत्री कार्यक्रमों को कार्यान्वित किया जाये क्योंकि सितम्बर, 1979 में दिल्ली के तालकटोरा मैदान में हुए सी.एफ.डी. अधिवेशन में इस आशय का प्रस्ताव पारित किया गया था, 'यह कार्यक्रम देश के सामाजिक, आर्थिक, शैक्षणिक, कृषि एवं औद्योगिक क्षेत्र में एक क्रान्तिकारी परिवर्तन तथा देशव्यापी इच्छाओं का प्रतीक है। यह देश की मूल आत्मा को पहचानने का एक सशक्त संकल्प है।' इस बात को लेकर मतभेद बढ़ते गये, जिसके परिणामस्वरूप बहुगुणा को एक बार फिर निर्णायक मोड़ पर पहुँचना पड़ा और उसकी शुरुआत उन्होंने 26 सितम्बर, 1979 को चौधरी साहब को एक पत्र लिखकर की। पत्र में लिखा था 8-9 सितम्बर, 1979 को कांग्रेस फॉर डेमोक्रेसी के नयी दिल्ली में हुए अखिल भारतीय कार्यकर्ता सम्मेलन में मुझे अधिकृत किया गया था कि हमारी पार्टी द्वारा आपको भेजे गये 31 सूत्री कार्यक्रम का अवलोकन कर उचित कार्रवाई करें। किन्तु अभी तक आपने कोई निर्णय नहीं लिया है। पूर्व सूचना के बावजूद हाल ही में दिल्ली में हुए साम्प्रदायिक दंगों को आपकी सरकार द्वारा रोकने का कोई प्रयत्न नहीं किया गया, न ही अपराधियों के विरुद्ध कोई कार्रवाई की गयी है।

सी.एफ.डी. को नये दल में विलय का विरोध नहीं है परन्तु जब तक उपरोक्त विषयों पर आप निर्णय न ले लें व आपसी सहमति के आधारों की उचित व्याख्या न कर दें तब तक विलय सम्भव नहीं है।

इस पत्र का उत्तर चौधरी चरण सिंह ने इन शब्दों में दिया था :

"26 सितम्बर को भेजे गये आपके पत्र के लिए धन्यवाद। आपने जिन समस्याओं की चर्चा की है वे आपसी विचार-विमर्श से सुलझायी जा सकती हैं। संयुक्त दल हो जाने के पश्चात उन पर तथा अन्य समस्याओं पर चर्चा करने का अवसर हमें मिलता रहेगा।" इस उत्तर से सन्तुष्ट न होकर बहुगुणा ने चौधरी चरण सिंह को दुबारा पत्र लिखा, "आपके पत्र के लिए धन्यवाद, कृपया हमारे द्वारा उठाये गये मुद्दों को सुलझाने के लिए शीघ्र ही बैठक बुलाने का कष्ट करें।" पत्राचार का सिलसिला आगे बढ़ता गया और 12 अक्टूबर, 1979 को प्रधानमन्त्री चरण सिंह को बहुगुणा ने एक और पत्र लिखा जिसमें कहा गया था, "हमारे गठबन्धन के उद्देश्यों से जनता को बड़ी आशाएँ हैं।

कुछ वर्षों से भारत की जनता कठिन परिस्थितियों से गुज़र रही है। जनता पार्टी के प्रयोग की असफलता से लोगों का दिल टूट गया और अर्थव्यवस्था चरमरा गयी है। प्रशासन पंगु हो गया है। साम्प्रदायिकता का ज़हर फैलता जा रहा है और पूरा देश संकटपूर्ण स्थिति में है। इस सन्दर्भ में मेरा आग्रह है कि हमें अपनी भूमिका का मूल्यांकन करना चाहिए। मेरे मित्र व शुभचिन्तक मुझ पर दबाव डाल रहे हैं कि सी.एफ.डी. का लोकदल से समझौता न तो लोकतान्त्रिक रह गया और न ही प्रगतिशील। साम्प्रदायिक शक्तियाँ मज़बूत हो रही हैं और वर्तमान सरकार प्रभावहीन है। दिल्ली में हुए साम्प्रदायिक दंगे इसके सबसे बड़े प्रमाण हैं। दिल्ली निगम के उपाध्यक्ष की सूचना पर मैंने 25 अगस्त को प्रशासन को चेतावनी भी दी थी किन्तु उस पर उचित कार्रवाई नहीं की गयी और क़रीब एक माह के पश्चात 14 सितम्बर, 1979 को दंगे हो गये।''

1989 में राष्ट्रीय एकता परिषद में मैंने सुझाव दिया था कि साम्प्रदायिक दंगों को न रोक पाने वाले अफ़सरों को दण्डित किया जाना चाहिए किन्तु केन्द्र प्रशासित दिल्ली में अब तक लापरवाही करने वाले अफ़सरों के विरुद्ध कोई कार्रवाई नहीं की गयी है।

ग़रीबों की हालत सुधारने व भूमि सुधार कार्यक्रमों की ओर लोकदल की कोई दिलचस्पी नहीं दिखाई देती। सूखे के कारण खाद्य पदार्थों का अभाव है किन्तु सी.एफ.डी. का यह प्रस्ताव कि जमाखोरी, कालाबाज़ारी तथा कर से बचने वालों से निपटने के लिए विशेष अदालतों की स्थापना की जाये, पर मन्त्रिपरिषद में चर्चा तक नहीं की गयी। सी.एफ.डी. और लोकदल के बीच सहयोग एवं एकता के लिए 8 तथा 9 सितम्बर को सी.एफ.डी. ने अपने अखिल भारतीय सम्मेलन में 31 सूत्री कार्यक्रम अपनाया था जिसे चौधरी चरण सिंह तथा लोकदल के अन्य नेताओं को भी भेजा गया था। इस सम्बन्ध में सितम्बर 13 से 26 के बीच हमारी कई बैठकें भी हुईं किन्तु प्रत्येक बार चौधरी चरण सिंह ने केवल सी.एफ.डी. का लोकदल में विलय करने पर ही दबाव डाला। सी.एफ.डी. के प्रस्तावों को न तो गम्भीरता से लिया गया और न उनके कार्यान्वयन की ओर पहल की गयी।

चौधरी चरण सिंह के प्रति सी.एफ.डी. का भ्रम उस समय टूटा जब उन्होंने 15 अगस्त, 1979 को अपने भाषण में इसराइल की प्रशंसा करते हुए कहा कि वहाँ हड़तालें नहीं होतीं तथा उसके पास सबसे अच्छी नस्ल की गायें हैं। अज्ञान पर आधारित उनका भाषण समय की गम्भीरता के अनुरूप नहीं था। भारत सदा से अरब राष्ट्रों का मित्र रहा है इसलिए इसरायल जैसे आक्रमणकारी देश की भारत के प्रधानमन्त्री द्वारा प्रशंसा किया जाना पूर्णतः अनुचित था। उनकी कार्यशैली पुरातन है और समकालीन सामाजिक एवं आर्थिक समस्याओं के समाधान के लिए पर्याप्त नहीं है। फलस्वरूप सी.एफ.डी. के लोकदल में विलय का कोई प्रश्न ही नहीं है। पिछली भेंट में चौधरी चरण सिंह ने कहा था कि 24 अक्टूबर को विभिन्न मुद्दों पर

निर्णायक चर्चा करेंगे। किन्तु 8 अक्टूबर को ही उन्होंने एक पत्र के माध्यम से मेरा त्याग पत्र माँग लिया है।

सी.एफ.डी. के प्रतिनिधियों ने कभी भी लोकदल संगठन में पदों की माँग नहीं की। उनके व चौधरी चरण सिंह के संयुक्त बयान में देश की चिन्ताजनक स्थिति में सुधार लाने हेतु गठबन्धन की घोषणा की गयी थी। किन्तु चौधरी चरण सिंह का कैथल में बयान कि जनता पार्टी इसलिए टूटी क्योंकि भारतीय लोकदल को धीरे-धीरे उसमें से निकाला जा रहा था, आश्चर्यजनक है।

कम्पूचिया व इसराइल के प्रश्न पर संयुक्त राष्ट्र संघ व गुटनिरपेक्ष आन्दोलन का जो दृष्टिकोण भारत सरकार ने प्रस्तुत किया, वह गाँधी-नेहरू की विचारधारा से भिन्न था। राष्ट्रीय एवं अन्तरराष्ट्रीय समस्याएँ तब तक नहीं सुलझायी जा सकतीं जब तक कि गाँधी-नेहरू विचारधारा को न अपनाया जाये।

मन्त्रिमण्डल की बैठक में बहुगुणा ने अपने विचार खुलकर व्यक्त किये थे किन्तु संयुक्त राष्ट्र संघ व गुटनिरपेक्ष आन्दोलन की बैठक में भारत द्वारा प्रस्तुत दस्तावेज़ में उसे नज़रअन्दाज़ किया गया। उन्होंने सार्वजनिक रूप से बयान दिया था, ''काश मैं इस सरकार का सदस्य न होता। नीतिगत एकता ही स्थायी होती है। जनता दल के प्रयोग की असफलता का यही कारण था कि यह भूल मैं पुनः दोहराना नहीं चाहता। सी.एफ.डी. देशभक्त, धर्मनिरपेक्ष, जनतान्त्रिक एवं प्रगतिशील शक्तियों के बीच एकता का प्रयास करेगी ताकि राष्ट्रीय समस्याओं का मुक़ाबला किया जा सके।'' नवम्बर 1979 में चौधरी चरण सिंह की सरकार से बहुगुणा हट गये और उनके हटते ही चौधरी सरकार के पतन का दरवाज़ा खुल गया।

बहुगुणा को कई दलों ने आमन्त्रण दिया, परन्तु इतने दिनों के अनुभवों ने उन्हें सिखा दिया था कि मात्र सत्ता का गठजोड़ विकल्प नहीं बन सकता। उधर श्रीमती गाँधी अपनी 1977 की हार का विश्लेषण करने के बाद इस निष्कर्ष पर पहुँची थीं कि यदि बहुगुणा उनके साथ में आ जायें तो वे मध्यावधि चुनाव के माध्यम से पुनः सत्ता में आ सकती हैं। यदि उन्हें यह आशा न होती तो वे स्वयं अपने पुत्र संजय, पुत्रवधू मेनका तथा कांग्रेस कार्यसमिति के लगभग सभी सदस्यों के साथ बहुगुणा के निवास 5, सुनहरी बाग रोड पर उन्हें कांग्रेस में आमन्त्रित करने न जातीं।

दोनों के बीच समझौता कराने में महात्मा गाँधी के सचिव रह चुके गाँधीवादी टी. हिंगोरानी एवं उनकी पत्नी गंगा ने महत्त्वपूर्ण भूमिका निभायी थी। 1977 से ही वे इन दोनों के बीच मध्यस्थ की भूमिका अदा कर रहे थे। उन्होंने बातचीत के दौरान बहुगुणा को बताया था, ''इन्दिराजी कहती हैं कि उनके विरुद्ध जो जाल रचा गया उसमें तुम्हारी भूमिका प्रमुख रही, तुम्हारी वजह से 1977 में राजनीतिक बम विस्फोट हुआ... वे चाहती हैं कि तुम कांग्रेस में वापस आ जाओ।''

श्रीमती गाँधी के एक अन्य विश्वासपात्र, जो बहुगुणा के भी अनन्य थे, के.एल. भाटिया ने भी दोनों के बीच सेतु का काम किया। श्री भाटिया के दिल्ली स्थित होटल 'सेंटर प्वाइंट' में श्रीमती गाँधी स्वयं आतीं और बहुगुणा के साथ उनकी गुप्त बैठकें होती थीं। नवम्बर में दोनों के बीच कुल नौ घण्टे बातचीत हुई। फलस्वरूप दोनों के मध्य एक लम्बे अन्तराल से चली आ रही खाई पट गयी और दोनों ने एक साथ मिल कर कार्य करने की ठान ली। 14 नवम्बर के समाचार-पत्रों में बहुगुणा के कांग्रेस में जाने की ख़बर मुख्य पृष्ठों पर प्रकाशित हुई थी। हालाँकि बहुगुणा राजनीति में मँजे हुए खिलाड़ी थे परन्तु चालीस वर्षों का कांग्रेस मोह उन्हें दोबारा खींच ले गया। उनके मन में यह था कि यदि श्रीमती गाँधी अपनी पुरानी ग़लतियों को मानकर उन्हें वापस बुला रही हैं तो जाने में कोई हर्ज नहीं है। वे शायद कांग्रेस के लिए कुछ और अधिक कर सकेंगे।

श्रीमती इन्दिरा गाँधी ने सी.एफ.डी. के 31 सूत्री कार्यक्रम से अपनी सहमति व्यक्त करते हुए 7 नवम्बर, 1979 को उन्हें एक पत्र लिखा था। पत्र में उन्होंने अनुरोध किया था कि गाँधी-नेहरू की परम्परा के अनुरूप कांग्रेस को मज़बूत बनाने के लिए वे दोनों पुनः एक मंच पर आ सकते हैं। बहुगुणा की गतिशीलता एवं वैचारिक प्रतिबद्धता की कांग्रेस (इ) को अत्यन्त आवश्यकता है। श्रीमती गाँधी ने यह भी स्पष्ट किया कि वे उनके विचारों का अत्यधिक सम्मान करती हैं। उन्होंने बहुगुणा को जो पत्र लिखा था उसकी मूल प्रति इस प्रकार है :

व्यक्तिगत

12 विलिंगडन क्रिसेंट
नवम्बर 7, 1979
नयी दिल्ली

प्रिय श्री बहुगुणा,

21 अक्टूबर, 1979 को समाचार-पत्रों में प्रकाशित आपके बयान की ओर मेरा ध्यान आकृष्ट किया गया। मैंने सी.एफ.डी. का 31 सूत्री कार्यक्रम भी देखा। मैं आपसे पूर्णतः सहमत हूँ कि राष्ट्रीय एवं अन्तरराष्ट्रीय राजनीति में हमें गाँधी-नेहरू विचारधारा का दृढ़ता से पालन करना होगा। जनता पार्टी एवं लोकदल ने खुलकर इसका विरोध किया है और यह भी स्पष्ट है कि उनके सहयोगी दलों का उन पर किसी प्रकार का प्रभाव नहीं है। आपकी पृष्ठभूमि एवं वचनबद्धता को जानते हुए मुझे आश्चर्य होता है कि आप इस स्थिति को कैसे सहन कर रहे हैं?

मैंने पहले भी वक्तव्य दिये हैं कि सभी प्रगतिशील एवं सही सोच के लोगों को एक हो जाना चाहिए। मैं आपसे और सी.एफ.डी. के आपके मित्रों से एक बार पुनः यह बात दोहरा रही हूँ। एक होकर ही हम उन साम्प्रदायिक, जातिवादी एवं सुधार विरोधी शक्तियों का मुक़ाबला कर सकेंगे जो कि न केवल नेहरू की जनतान्त्रिक,

समाजवादी एवं गुटनिरपेक्षता के लिए बल्कि हमारे देश की एकता एवं अखण्डता के लिए भी ख़तरा हैं।

शुभकामनाओं सहित,

एच.एन. बहुगुणा,

नयी दिल्ली

भवदीया

ह./-

(इन्दिरा गाँधी)

फ़िलहाल उस समय 21 नवम्बर, 1979 को एक सम्मेलन के माध्यम से बहुगुणा ने सी.एफ.डी. के कांग्रेस में विलय की घोषणा कर दी। उनकी उस घोषणा की मूल अनुवादित पंक्तियाँ इस प्रकार हैं :

''अपने साथियों, मित्रों एवं शुभचिन्तकों से परामर्श के उपरान्त मैं सहर्ष सी.एफ.डी. का श्रीमती इन्दिरा गाँधी की कांग्रेस में विलय घोषित करता हूँ। ऐसा करके हमने कुछ समय से राजनीतिक दलों में तेज़ी से बढ़ती हुई टूट व बिखराव को रोकने का प्रयत्न किया है।

जनता पार्टी और फिर लोकदल गठबन्धन की सरकारें निराशाजनक असफलता की द्योतक रही हैं। राष्ट्र एक बहुमुखी संकट की कगार पर है। राजनीतिक दलों में जनता का विश्वास नहीं रह गया है। विचारों एवं कार्यक्रम पर एकता क़ायम करने के स्थान पर राजनीतिक दल सत्ता के बँटवारे में लग गये हैं। साम्प्रदायिकता बढ़ती जा रही है। स्थिति राष्ट्रीय एकता, जनतन्त्र एवं संसदीय व्यवस्था के लिए गम्भीर ख़तरा है। यह विघटनकारी शक्तियाँ भयानक खेल खेल रही हैं। आगामी लोकसभा चुनाव में साम्प्रदायिक आधार पर मतदाताओं से वोट की अपील की जा रही है। राष्ट्र एक और राजनीतिक संकट में फँसने की स्थिति में नहीं है।

केन्द्र में एक स्थायी एवं उद्देश्यपूर्ण सरकार ही राष्ट्र के सम्मुख उपस्थित गम्भीर आर्थिक संकट का मुक़ाबला कर सकती है। पूर्ण रूप से भिन्न सामाजिक, आर्थिक एवं राजनीतिक विश्वास रखने वाले दल विघटनकारी शक्तियों का मुक़ाबला नहीं कर सकते। अपने राजनीतिक जीवन में मैं एक जनतान्त्रिक, समाजवादी एवं धर्मनिरपेक्ष समाज के स्थापनार्थ प्रयत्नशील रहा हूँ। गाँधी-नेहरू ढाँचे के अन्तर्गत हम एक सुदृढ़ सामाजिक एवं आर्थिक व्यवस्था की ओर अग्रसर होने की चेष्टा करेंगे तथा विघटनकारी एवं अवसरवादी शक्तियों का मुक़ाबला करेंगे। मैं सभी प्रगतिशील, समाजवादी एवं जनतान्त्रिक शक्तियों एवं व्यक्तियों से अपील करता हूँ कि भारत की छवि को सुधारने तथा स्वतन्त्रता संग्राम के उद्देश्य को साकार करने के लिए हमारा सहयोग करें।''

विलय की घोषणा के बाद उन्होंने श्रीमती गाँधी को उसी दिन एक पत्र भेजा जो इस प्रकार था :

कांग्रेस फॉर डेमोक्रेसी
केन्द्रीय कार्यालय

ह.न. बहुगुणा
अध्यक्ष
5, सुनहरी बाग रोड, नयी दिल्ली

21 नवम्बर, 1979

प्रिय इन्दिरा गाँधी जी,

कृपया 7 नवम्बर, 1979 को भेजे गये अपने पत्र का अवलोकन करें जिसमें आपने मुझे और कांग्रेस फॉर डेमोक्रेसी के मेरे साथियों को भारतीय राष्ट्रीय कांग्रेस में सम्मिलित होने के लिए आमन्त्रित किया है।

इस पत्र के माध्यम से मैं औपचारिक रूप से आपको सूचित करना चाहता हूँ कि सी.एफ.डी. ने भारतीय राष्ट्रीय कांग्रेस में विलय का निर्णय ले लिया है।

सी.एफ.डी. ने यह निर्णय आपके दल द्वारा सी.एफ.डी. का 31 सूत्री कार्यक्रम स्वीकार कर लेने पर किया है। हमें आशा है कि आपके नेतृत्व में भारतीय राष्ट्रीय कांग्रेस राष्ट्र को एक उद्देश्यपूर्ण एवं स्थायी सरकार देगी।

हमें यह सूचना देने में प्रसन्नता हो रही है कि हमने जामा मस्जिद के शाही इमाम को भी अपने मत से सहमत कर लिया है किन्तु संगठन के स्तर पर विलय की प्रक्रिया को निर्धारित करने की आवश्यकता है। मुझे आशा है कि हम शीघ्र ही ऐसा कर सकेंगे।

सादर,

भवदीय
(एच.एन. बहुगुणा)

इन दो पत्रों ने श्रीमती गाँधी तथा बहुगुणा दोनों को फिर से क़रीब ला दिया और एक बार ऐसा लगा कि इलाहाबाद की दोनों विभूतियाँ फिर आपस में मिल गयीं। इन्दिरा गाँधी के निर्देश पर कांग्रेस के महासचिव बूटा सिंह ने एक पत्र लिखकर बहुगुणा को अवगत कराया कि उन्हें कांग्रेस पार्टी का सेक्रेटरी जनरल नियुक्त किया गया है। बूटा सिंह के अनूदित पत्र की प्रति इस प्रकार है :

बूटा सिंह
महासचिव

नयी दिल्ली
22 नवम्बर, 1979

प्रिय बहुगुणा जी,

आपको सूचित करने में मुझे अपार हर्ष हो रहा है कि कांग्रेस अध्यक्ष श्रीमती इन्दिरा गाँधी ने आपको अखिल भारतीय कांग्रेस कमेटी का सेक्रेटरी जनरल नियुक्त किया है।

आप केन्द्रीय संसदीय बोर्ड व कांग्रेस कार्यसमिति के सदस्य होंगे। इस सम्बन्ध में जो विज्ञप्ति समाचार-पत्रों में मेरे द्वारा भेजी गयी है, वह संलग्न है। मैं व्यक्तिगत रूप से आपको इस अवसर पर बधाई देता हूँ।

शुभकामनाओं सहित,

भवदीय

(बूटा सिंह)

बहुगुणा द्वारा कांग्रेस में आते ही एक हलचल मच गयी। उत्तर प्रदेश में बनारसी दास सरकार से भी सी.एफ.डी. के लोग हट गये और सरकार चरमरा गयी। हटने वालों में सात कैबिनेट मन्त्री शामिल थे।

बहुगुणा के आने के बाद से बहुतेरे कांग्रेसी नेता समझने लगे थे कि अब उनकी हालत ख़राब हो जायेगी। इसलिए उन्होंने कानाफूसी तथा वफ़ादारी की बात करना शुरू कर दिया था। मध्यावधि चुनाव में टिकटों का बँटवारा करते समय भी योग्यता, चरित्र और ईमानदारी की बात को बलाय ताक पर रखकर 'वफ़ादारी' का प्रमाण-पत्र बँटने लगा था। बहुगुणा ने सिद्धान्ततः अपने उन साथियों को टिकट दिलाने का प्रयास किया, जो पिछली लोकसभा में उनके साथ थे। इसके विपरीत वफ़ादारी को मापदण्ड मानकर ऐसे लोगों को टिकट दिये गये जिनका सार्वजनिक जीवन से कोई दूर का भी रिश्ता न था। संसदीय बोर्ड की प्रासंगिकता पर टिकटों के बँटवारे के समय ही प्रश्नचिह्न लगने शुरू हो गये थे।

कांग्रेस का घोषणा पत्र जारी करते हुए श्री कमलापति त्रिपाठी, श्रीमती इन्दिरा गाँधी, जनाब मीर कासिम व हेमवती नन्दन बहुगुणा (लोकसभा चुनाव 1980)

बहुगुणा को सारे कुचक्र का आभास होने लगा था फिर भी उन्होंने पूरी शक्ति के साथ चुनाव अभियान को संचालित किया। वे जामा मस्जिद के शाही इमाम को भी काफ़ी परिश्रम के बाद कांग्रेस (इ) के समर्थन में ला सके थे। उन्होंने 118 संसदीय क्षेत्रों का तूफ़ानी दौरा किया। वे दूसरे प्रत्याशियों की विजय के लिए इतना व्यस्त थे कि अपने निर्वाचन क्षेत्र गढ़वाल तथा अपनी पत्नी कमला बहुगुणा के क्षेत्र फूलपुर (इलाहाबाद) में एक सप्ताह का भी समय नहीं दे पाये थे। दूसरी ओर श्रीमती गाँधी के वफ़ादारों ने सी.एफ.डी. से सम्बद्ध रहे उम्मीदवारों को हराने के लिए भयंकर भितरघात किया। श्रीमती कमला बहुगुणा इसी भितरघात का शिकार हुईं और कम अन्तर से चुनाव हार गयीं। कांग्रेस के नेतागण जैसे विश्वनाथ प्रताप सिंह आदि ने इसमें अहम भूमिका निभाई। विडम्बना है कि ये वही वी.पी. सिंह थे जिन्हें इन्दिरा गाँधी की नाराज़गी झेलकर बहुगुणा ने 1971 में फूलपुर से लोकसभा का उम्मीदवार बनवाया था। स्वयं बहुगुणा के क्षेत्र में यशपाल कपूर, चन्द्रा स्वामी को लेकर पहुँचे परन्तु षड्यन्त्र सफल नहीं हुआ। बहुगुणा को गढ़वाल की जनता ने बड़े उत्साह के साथ एक लाख पच्चीस हज़ार मतों से विजयी बनाया।

1980 के इस चुनाव के बारे में आम धारणा थी कि जनता ने नकारात्मक वोट देकर कांग्रेस को विजयी बनाया था। यद्यपि सीटों के अनुपात में वोटों का प्रतिशत कम रहा। फ़िलहाल चुनाव में कांग्रेस को पूर्ण बहुमत मिला और इन्दिरा गाँधी एक बार फिर केन्द्र में सरकार बनाने में सफल रहीं। संकट के समय में जिस प्रकार बहुगुणा ने इन्दिरा गाँधी का साथ दिया था उसे मद्देनज़र रखते हुए उन्हें आशा थी कि मन्त्रिमण्डल में कोई महत्त्वपूर्ण पद दिया जायेगा, किन्तु ऐसा नहीं हुआ। उसका मुख्य कारण था संजय गाँधी का विरोध।

ढाई वर्ष के जनता पार्टी के शासन काल में तथा इससे पूर्व इमर्जेंसी में जो कुछ हुआ था, उससे कांग्रेस को सबक लेना चाहिए था, परन्तु ऐसा नहीं हुआ। सत्तारूढ़ होने के तत्काल बाद ही नौ राज्यों में जनता पार्टी की सरकारों को बर्ख़ास्त कर दिया गया और हरियाणा में दलबदल द्वारा कांग्रेस की सरकार बना ली गयी। बहुगुणा ने इसका विरोध किया था परन्तु उनकी एक न सुनी गयी। उन्हीं दिनों दिल्ली में नेत्रहीनों के एक जुलूस पर लाठीचार्ज किया गया जिससे सरकार की छवि धूमिल हुई। सक्षम एवं योग्य व्यक्तियों की उपेक्षा कर वफ़ादार की तलाश शुरू कर दी गयी। दृष्टि, सृष्टि तथा तेवर तीनों बदले हुए नज़र आये। अब कांग्रेस (इ) अध्यक्ष अपने मुख्य सचिव बहुगुणा से मन्त्रणा तो क्या साधारण भेंट की भी आवश्यकता नहीं समझती थीं। यहाँ तक कि वे बहुगुणा द्वारा अब राष्ट्रीय समस्याओं के सन्दर्भ में लिखे गये पत्रों का जवाब तक नहीं देती थीं।

कांग्रेस संगठन में अब बहुगणा नाममात्र के लिए ही मुख्य सचिव थे। संगठन में मनमाना परिवर्तन कर दिया जाता, यहाँ तक कि उत्तर प्रदेश में कांग्रेस अध्यक्ष के

परिवर्तन की सूचना बहुगुणा को अख़बारों से मिली थी। बहुगुणा समर्थकों को चुन-चुन कर हटाना शुरू कर दिया गया। प्रश्न यह था कि यह सब क्यों हो रहा था? संगठन को मज़बूत बनाने के लिए या बहुगुणा की हैसियत कम करने के लिए? गढ़वाल संसदीय क्षेत्र में बहुगुणा विरोधी चन्द्र मोहन सिंह नेगी को रातोंरात 'शक्ति पुरुष' बना दिया गया। 1980 के उत्तर प्रदेश विधानसभा के चुनाव में बहुगुणा के साथ आये अधिकांश विधानसभा सदस्यों को टिकट नहीं मिला जबकि विलय से पूर्व उन्हें इसका आश्वासन दिया गया था। दूसरी ओर 31 सूत्रीय सूची कार्यक्रम पर कोई ठोस कार्य नहीं हो रहा था। बहुगुणा जैसा स्वाभिमानी, विचार और संकल्पों का धनी, स्वाधीनता संग्राम की उच्च परम्पराओं और संस्कारों से पोषित, संघर्षशील एवं अग्रगामी व्यक्तित्व नाममात्र के मुख्य सचिव पद को कब तक चिपकाये रख सकता था?

15 जनवरी, 1980 को बहुगुणा ने प्रधानमन्त्री इन्दिरा गाँधी को एक पत्र लिख कर देश की स्थिति की ओर उनका ध्यान आकर्षित कराया था। उस पत्र में देश के सामने आसन्न संकटों, सरकार से जनता की अपेक्षाओं तथा अर्थव्यवस्था के विभिन्न पहलुओं पर प्रकाश डाला गया था। उनके द्वारा श्रीमती गाँधी को लिखे गये अनेक पत्रों में से 8 मार्च, 1980 का पत्र प्रमुख है। इसमें दलितों पर होने वाले अत्याचारों के सम्बन्ध में दिये गये उनके सुझाव संकेत करते हैं कि वे सदैव निर्धन एवं शोषितों के साथ थे और उनके लिए चिन्तित थे। उन्होंने लिखा था, "समय-समय पर दलितों के साथ होने वाले अत्याचारों की घटनाएँ सहज ही उन सबका मन आन्दोलित कर देती हैं जिन लोगों ने स्वराज्य की स्थापना का वह स्वप्न देखा है जिसे गाँधी और नेहरू ने स्वीकार किया था। मेरी दृष्टि में इन घटनाओं के मूल में न केवल सामाजिक असहिष्णुता है वरन् मौलिक रूप से वे सम्बन्ध हैं, जो सामन्ती प्रथा की देन हैं। विशेषकर बिहार या उत्तर प्रदेश के उन्हीं इलाक़ों में ये घटनाएँ होती हैं, जहाँ भूमि का सम्बन्ध भूमिवानों और भूमिहीनों के बीच आज भी असन्तुलित और अन्यायपूर्ण है। सच बात तो यह है कि बिहार में भूमि सुधार का काम न के बराबर है, क्योंकि बिहार में आज भी कोई विश्वसनीय भूमि सम्बन्धी 'रिकॉर्ड ऑफ़ राइट' नहीं है। हज़ारों बीघों के जोतदार हर राजनीतिक दल में हैं। ऐसे लोगों का राजनीति में वर्चस्व जगह-जगह स्पष्ट दिखाई देता है। अस्तु मेरी धारणा है कि जब तक भूमि सुधार का काम दृढ़ता और एक हद तक आवश्यक निष्ठुरता के साथ नहीं किया जायेगा, इन घटनाओं का बार-बार होना रोका नहीं जा सकता।

दूसरी ओर जहाँ तक हमारे कांग्रेस दल का प्रश्न है, ऐसी घटनाएँ जहाँ कहीं होती हैं, वहाँ यदि कांग्रेसजन मोर्चा लगायें और रूढ़िवादी व्यवस्था का विरोध करें तो एक नयी आशा और विश्वास का जन्म होगा। इस सम्बन्ध में मेरा निम्न सुझाव है :

भूमि सुधार के काम के सम्बन्ध में फौरन ही अर्थात राष्ट्रपति शासनकाल में ही कुछ नुमाया क़दम उठाये जायें, ताकि जिन भूमिहीनों ने भूमि सम्बन्धी क़ानून को

तोड़-मरोड़ कर 'भूमि की चोरी' की है उनके विरुद्ध प्रभावी क़दम की स्पष्ट रूपरेखा और कार्यान्वयन उभरकर सामने आ जाये।

कांग्रेसजनों को यह हिदायत दी जाये कि वे हर ज़िले में कम-से-कम ऐसे 100 निष्ठावान कार्यकर्ताओं का एक दल खड़ा करें जो दलितों, गिरिजनों पर होने वाले अत्याचार या हिन्दू-मुस्लिम दंगों के सम्बन्ध में शान्ति दल का काम करें और जिन पर अत्याचार होते हों, उनका सहारा बनने तथा सहयोग देने के लिए तत्पर रहें। उन स्थानों पर मोर्चा लगाकर ऐसे समय तक बैठें जब तक स्थिति सामान्य न हो जाये।

जिन कांग्रेसजनों के बारे में भूमि सम्बन्धी क़ानूनों की अवहेलना की रिपोर्ट और सरकारी जानकारी उपलब्ध हो सके उनके सम्बन्ध में संस्था के स्तर पर तत्कालीन छानबीन कर, अपराधीजनों को कांग्रेस के संगठन या संसदीय स्तर पर कोई स्थान न दिया जाये।

यदि कोई कांग्रेसजन कांग्रेस के विधान के विपरीत छुआछूत की भावना रखता हो तो उसे संस्था से फौरन पृथक् कर दिया जाये।

यदि सरकार और कांग्रेस के स्तर पर हम उपर्युक्त या इससे सम्बन्धित या संशोधित अथवा और अधिक प्रभावी कार्रवाई कर सकें तो मेरी दृष्टि में देश की इस जटिल समस्या के निराकरण के सम्बन्ध में किसी हद तक हम निर्णयात्मक नेतृत्व देने की पहल कर सकेंगे।

यदि आप इस सम्बन्ध में कुछ और अधिक स्पष्टीकरण करने के लिए मुझे बुलाना चाहें तो मुझे इन बातों के सम्बन्ध में अपने विचार पूरी तरह स्पष्ट करने में सरलता होगी। कृपया उठाये गये मुद्दों और सुझावों के सम्बन्ध में अपना निर्देश देने की कृपा करें।''

भवदीय

(हेमवती नन्दन बहुगुणा)

बहुगुणा समय-समय पर इन्दिरा गाँधी को पत्र लिखते रहे, परन्तु उनकी उपेक्षा होती रही। 10 मई, 1980 को जो पत्र बहुगुणा ने श्रीमती गाँधी को लिखा, वह शायद 'सेक्रेटरी जनरल' की हैसियत से अन्तिम पत्र था। इस पत्र का जवाब श्रीमती गाँधी ने छह पृष्ठों में दिया था जो उनके सचिव आर.के. धवन के हस्ताक्षर से 19 मई को प्राप्त हुआ। इस पत्र के मिलते ही बहुगुणा का दिल धधक उठा और उन्होंने उसी दिन लोकसभा और कांग्रेस की सदस्यता से त्याग पत्र देकर संसदीय इतिहास में एक स्वर्णिम अध्याय जोड़ दिया।

बहुगुणा ने प्रधानमन्त्री को लिखे अपने त्याग पत्र में कहा था, ''मैं आपकी पार्टी से अपने सम्बन्ध तोड़ रहा हूँ, फिर महसूस करता हूँ कि हमारा देश जिन समस्याओं का आज सामना कर रहा है, उसके लिए जिस सफल इलाज की आवश्यकता है, अफ़सोस है, उसका नितान्त अभाव है। इसके लिए राष्ट्रव्यापी स्तर पर जनमत बनाना होगा जिसमें गाँधी और नेहरू के दर्शन से प्रेरित राष्ट्रभक्तों के साथ-साथ उन सभी कुण्ठाग्रस्त और उपेक्षित बुद्धिजीवियों, शिक्षकों, वैज्ञानिकों, इंजीनियरों, तकनीशियनों,

युवकों एवं महिलाओं को भी सम्बद्ध करना होगा, जो शक्ति और दौलत के पीछे न पड़कर समर्पित भाव से महान उद्देश्यों के लिए कार्य कर रहे हैं।"

त्याग पत्र देने और सत्ता के गलियारे से बाहर निकलने पर वे जितने ऊँचे उठे, बड़ी कुर्सियों पर बैठे लोग उतने ही बौने दिखाई पड़ने लगे, हालाँकि कुछ लोगों ने उन्हें दलबदलू की संज्ञा दी, कुछ लोगों ने जल्दबाज़ी में क़दम उठाने की बात कही। निष्पक्ष समीक्षकों ने इसे एक आदर्श और त्यागपूर्ण परम्पराओं का आरम्भ बताया। वास्तविकता यह थी कि बहुगुणा राजसत्ता को छोड़कर जनसत्ता से जुड़ने के लिए सड़क पर उतरे थे। इसलिए उनके निवास पर हज़ारों लोग इस साहसपूर्ण क़दम के लिए मुबारक़बाद देने पहुँचे।

बहुगुणा के त्याग पत्र की श्रीमती गाँधी पर तीखी प्रतिक्रिया हुई थी। उन्होंने उस समय जो बयान दिया था वह शायद एक प्रधानमन्त्री की गरिमा के अनुकूल न था। राजनीति में उसका दूरगामी प्रभाव बुरा पड़ा। बहुगुणा कांग्रेस में शायद इसलिए नहीं गये थे कि वे दुबारा पार्टी छोड़कर जायेंगे, परन्तु परिस्थितियों ने उन्हें मजबूर कर दिया। 1976 में आपात्काल के विरोद्ध में कांग्रेस छोड़कर सी.एफ.डी. गठित करना, इच्छा के विरुद्ध सी.एफ.डी. का जनता पार्टी में विलय और फिर जनता पार्टी छोड़ इन्दिरा जी पर विश्वास कर कांग्रेस में वापस आने से उनकी साख गिरी और इसका ख़मियाजा भी उन्हें भुगतना पड़ा परन्तु अपनी सिद्धान्तप्रियता के कारण उन्हें इस पर भी खेद नहीं हुआ।

अवसरवादिता के आरोप में बहुगुणा का अपना तर्क था, जिसे वे अक्सर अपनी जनसभाओं के माध्यम से स्पष्ट किया करते थे। वे कहते थे कि उन्होंने अवसरवादिता की नहीं बल्कि सिद्धान्तों पर आधारित राजनीति की है। अगर ऐसा न होता तो 1969 में विधानसभा चुनाव में परास्त हो जाने के बाद चन्द्रभानु गुप्त, मुख्यमन्त्री उत्तर प्रदेश व कमलापति त्रिपाठी, अध्यक्ष प्रदेश कांग्रेस कमेटी द्वारा मन्त्रिमण्डल में शामिल होने का निमन्त्रण स्वीकार कर लेता। उस समय सात विधायक उनके लिए अपनी सीट त्यागने के लिए तैयार थे ताकि वह उपचुनाव लड़कर विधानसभा पहुँचें परन्तु उन्होंने सभी प्रस्ताव इस आधार पर ठुकरा दिये कि हारे हुए व्यक्ति को अगले चुनाव की प्रतीक्षा करनी चाहिए।

1969 में अखिल भारतीय कांग्रेस कमेटी के महामन्त्री नियुक्त किये जाने के बाद प्रधानमन्त्री श्रीमती इन्दिरा गाँधी ने बहुगुणा को राज्यसभा में भेजने का प्रस्ताव रखा था जिसे सैद्धान्तिक आधार पर उन्होंने अस्वीकार कर दिया था। यदि वह अवसरवादी होते तो अन्य नेताओं की तरह संजय गाँधी की जी हुजूरी तथा इमर्जेंसी की प्रशंसा करते। इसके विपरीत उन्होंने केन्द्र से टकराव लिया और उत्तर प्रदेश के मुख्यमन्त्री पद तक को गँवा दिया। बहुगुणा का दावा था कि उन्होंने कभी भी राजसत्ता का मोह नहीं किया।

1977 के आम चुनाव में जहाँ पर राष्ट्र यह मान रहा था कि श्रीमती गाँधी की ज़बरदस्त विजय होगी और कम्युनिस्ट पार्टी ने चुनाव के बहिष्कार की घोषणा भी कर दी थी, उन्होंने प्रतिकूल हवाओं से जूझने का निश्चय किया और सी.एफ.डी. गठित की। इसी प्रकार पूर्ण बहुमत वाली जनता पार्टी सरकार में काबीना स्तर के वरिष्ठ

मन्त्री होते हुए भी उन्होंने सिद्धान्त के आधार पर उसे दो वर्षों में ही छोड़ दिया। जिस समय उन्होंने श्रीमती गाँधी को दुबारा छोड़ा, उस समय पूर्ण बहुमत प्राप्त कांग्रेस पाँच वर्षों के लिए सत्तारूढ़ थी। यदि वे चाहते तो सत्ता के साथ जुड़े रह सकते थे, परन्तु उन्होंने उसके मोह को त्याग कर जोखिम भरा क़दम उठाया। कांग्रेस छोड़ने के साथ उन्होंने लोकसभा की सदस्यता से भी त्याग पत्र दे दिया था। वह अक्सर आलोचकों से प्रश्न करते थे कि भारतीय राजनीति में आख़िर कितने नेता हुए जिन्होंने दल बदलने के साथ सदन की सदस्यता से भी त्याग पत्र दिया था। आचार्य नरेन्द्र देव के बाद वह पहले ऐसे व्यक्ति थे जिन्होंने ऐसा साहस किया था। वे कहते थे, ''मैंने हमेशा उगते सूरज से लड़ाई की है, डूबते से नहीं।''

कांग्रेस पार्टी से दूसरी व अन्तिम विदा का उन्हें आजीवन दुख रहा। कांग्रेस उनकी माँ थी, चालीस वर्षों तक उन्होंने उसे अपने ख़ून-पसीने से सींचा था। 1991 में प्रधानमन्त्री पी.वी. नरसिंह राव ने पौड़ी गढ़वाल में बहुगुणा की प्रतिमा का अनावरण करते हुए अपने भाषण में कहा था कि बहुगुणा ने 1980 में कांग्रेस छोड़ कर एक महान भूल की थी। यदि ऐसा न करते तो सम्भवतः भारत का राजनीतिक इतिहास कुछ और ही होता। उनमें एक विचित्र अधीरता व उतावलापन था परन्तु यह किसी व्यक्तिगत लाभ के लिए नहीं वरन् देश के लिए था। स्वतन्त्रता संग्राम से उभरे बहुगुणा देश की बिगड़ती स्थिति से दुखी थे और किसी भी तरह उसकी हालत में सुधार करना चाहते थे। बहुगुणा जैसे संघर्षशील नेता विरले ही होते हैं। श्री राव की यह टिप्पणी बहुगुणा को सही मायने में समझने में सहायक है।

श्री आनन्द टी. हिंगोरानी ने अपने संस्मरणों में लिखा है, ''मुझे और मेरी पत्नी गंगा को अक्सर इन्दिरा गाँधी और बहुगुणा के बीच मध्यस्थता करने के अवसर मिले थे। किन्तु मैं दुख के साथ स्वीकार करता हूँ कि हम अपने प्रयत्न में असफल रहे। उन दोनों के बीच खाई इतनी गहरी हो गयी थी कि उसे पाटना मानवीय शक्ति से बाहर था। केवल ईश्वर ही वह चमत्कार कर सकता था। किन्तु ऐसा लगता है कि ईश्वर ने भी चुप्पी साध ली थी। इसके बाद भी मैंने प्रयत्न जारी रखा क्योंकि यह मुझे सहन नहीं था कि बहुगुणा जैसा व्यक्ति कांग्रेस के बाहर रहे, किन्तु वह कांग्रेस से इतना दूर चला गया था कि उसके लौटने का प्रश्न ही नहीं था।''

कांग्रेस से अन्तिम विदाई के उपरान्त बहुगुणा ने डेमोक्रेटिक सोशलिस्ट पार्टी (जनतान्त्रिक समाजवादी पार्टी) का गठन किया। फ़रवरी 1981 में उन्होंने अपने समर्थकों का सम्मेलन मुम्बई में आयोजित किया और वहीं नयी पार्टी की घोषणा की। बहुगुणा समर्थकों का दावा था कि सत्तर हज़ार प्रतिनिधियों ने इस सम्मेलन में भाग लिया, परन्तु समाचार-पत्रों का अनुमान था कि उनकी संख्या पैंतीस हज़ार थी। इस अधिवेशन की ख़ास बात यह थी कि देश के सभी प्रान्तों से सैकड़ों-हज़ारों की संख्या में बहुगुणा समर्थक आये थे। यह उनके व्यक्तित्व का चुम्बकीय आकर्षण ही था कि सत्ता से बाहर होने पर भी, उनके आह्वान पर हज़ारों लोग एकत्रित हो जाते थे।

डी.एस.पी. सम्मेलन, मुम्बई (1981)

अध्याय 13

ऐतिहासिक चुनाव

बहुगुणा के राजनीतिक जीवन में अनेक चुनाव आये परन्तु गढ़वाल तथा इलाहाबाद संसदीय क्षेत्रों से क्रमशः 1981 तथा 1984 में लड़े गये चुनाव ऐतिहासिक रहे हैं। गढ़वाल का चुनाव ऐतिहासिक इस मामले में था कि उन्होंने 19 मई, 1980 को प्रधानमन्त्री श्रीमती इन्दिरा गाँधी की कांग्रेस और लोकसभा से इस्तीफ़ा देकर दुबारा गढ़वाल से ही चुनाव लड़ने का फ़ैसला किया था। इन्दिरा गाँधी ने इस चुनाव को अपनी प्रतिष्ठा का सवाल बना लिया था और पूरा प्रयास किया था कि बहुगुणा चुनाव हार जायें। इसके लिए उन्होंने सारे दाँव-पेंच इस्तेमाल किये। दरअसल यह राज-शक्ति व जन-शक्ति के बीच ज़ोर-आजमाइश थी, जिसमें एक बार फिर जन-शक्ति ने राज-शक्ति को नेस्तनाबूद कर दिया। आख़िरकार इस चुनाव में बहुगुणा की विजय हुई और वे 'शेरे गढ़वाल' के नाम से जाने गये। 1984 में इलाहाबाद संसदीय क्षेत्र का चुनाव इस मामले में ऐतिहासिक है क्योंकि पूर्व अनुभव से कांग्रेस पार्टी के नेता यह समझ गये थे कि बहुगुणा को चुनाव में पराजित करना असम्भव है। अतः उन्होंने इस चुनाव में एक ग़ैर-राजनीतिज्ञ, फ़िल्मी जगत के सितारे अमिताभ बच्चन को उनके ख़िलाफ़ उतार दिया था। इन दोनों ही चुनावों ने पूरे विश्व का ध्यान अपनी ओर आकर्षित किया था।

गढ़वाल में चुनावी प्रक्रिया लगभग एक वर्ष तक चलती रही जिसमें तीन बार मतदान की तिथि बदली गयी। सरकारी तन्त्र के भरपूर दुरुपयोग के बाद भी बहुगुणा को हराया नहीं जा सका। 1984 का इलाहाबाद संसदीय चुनाव इसलिए चर्चित रहा क्योंकि राजनीति के दिग्गज बहुगुणा की मुठभेड़ 'ग्लैमर वर्ल्ड' के सबसे श्रेष्ठ अभिनेता अमिताभ बच्चन से हुई थी। इलाहाबाद आदिकाल से अपनी संस्कृति, परम्परा, चेतना एवं जागरूकता के लिए प्रसिद्ध था। चुनावी निर्णय एक राजनीतिज्ञ एवं फ़िल्म अभिनेता के बीच होना था इसलिए विश्व की निगाहें इस चुनाव पर टिकी हुई थीं। लोग देख रहे थे कि कौन जीतता है—नेता या अभिनेता? आख़िरकार जीत हुई अमिताभ की। इस चुनाव की चर्चा हम अगले पृष्ठों में करेंगे।

1975 के गढ़वाल चुनाव में प्रचार करते हुए

पिछले अध्यायों से स्पष्ट हो जाता है कि हेमवती नन्दन बहुगुणा तथा इन्दिरा गाँधी के सम्बन्ध उतार-चढ़ाव से परिपूर्ण थे। वे निकट थे, प्रबल विरोधी हुए, पुनः साथ आये, फिर अलग हो गये। 1980 में कांग्रेस छोड़ने के बाद दोनों के बीच संघर्ष इतना तीव्र हो गया कि आम जनता उसे व्यक्तिगत लड़ाई के रूप में देखने लगी थी। गढ़वाल उप-चुनाव के घटनाचक्र ने सिद्ध कर दिया कि इलाहाबाद में दोनों विभूतियाँ अपने-अपने राजनीतिक जीवन के सबसे गम्भीर दौर से गुज़र रही थीं।

इस्तीफ़े जैसा जोख़िम एवं साहसपूर्ण क़दम उठाकर बहुगुणा ने जहाँ आचार्य नरेन्द्र देव द्वारा स्थापित गौरवशाली परम्परा में एक नया अध्याय जोड़ा वहीं उन्होंने श्रीमती गाँधी के सामने यह भी सिद्ध किया कि उनकी राजनीति किसी की बैसाखियों की मोहताज नहीं। वे राजनीति में किसी के रहमोकरम या बलबूते पर नहीं, वरन् अपनी हैसियत के कारण हैं। गढ़वाल उप-चुनाव में लोकतन्त्र बनाम निरंकुशता का जो भीषण संग्राम हुआ उसने लोकतन्त्र के झण्डाबरदार बहुगुणा को आसमान जितनी ऊँचाइयों तक पहुँचा दिया।

बहुगुणा जनवरी 1980 के आम चुनाव में गढ़वाल से कांग्रेस के टिकट पर सांसद चुने गये थे। कुछ माह बाद मई में उन्होंने लोकसभा की सीट से इस्तीफ़ा दे दिया। इसके बाद जो घटनाएँ घटित हुईं वे अभूतपूर्व थीं। 26 मई, 1981 को मुख्य चुनाव आयुक्त ने 13 जून तक गढ़वाल की रिक्त सीट को भरे जाने की अधिसूचना जारी की। नामांकन भरने की अन्तिम तिथि 13 मई तथा नाम वापसी की तिथि 16 मई, 1981 घोषित की गयी। अधिसूचना के अनुसार 14 जून को मतदान तथा

18 जून को चुनाव परिणाम की घोषणा की जानी थी। पाँच विधानसभा वाली इस सीट से चन्द्र मोहन सिंह नेगी (कांग्रेस-इ) सहित पाँच प्रत्याशी मैदान में उतरे थे। चुनाव प्रचार तथा मतदान के दौरान बहुगुणा को पराजित करने के लिए जमकर धाँधली की गयी जिसकी शिकायत बहुगुणा ने चुनाव आयोग से की। भारतीय चुनाव प्रक्रिया में यह पहला अवसर था जब आयोग ने मतगणना से पूर्व एक उच्चस्तरीय जाँच के बाद चुनाव को रद्द कर दुबारा चुनाव कराने का फ़ैसला किया।

चुनाव आयोग ने दुबारा चुनाव के लिए 30 सितम्बर, 1981 की तिथि भी निर्धारित की। आयोग की इस घोषणा के विरुद्ध इंका प्रत्याशी चन्द्र मोहन सिंह नेगी ने 19 सितम्बर, 1981 को चुनाव आयुक्त के समक्ष एक प्रतिवेदन देकर चुनाव की तिथि टालने का अनुरोध किया। फलस्वरूप 29 सितम्बर, 1981 को एक दूसरी अधिसूचना जारी कर आयोग ने 22 नवम्बर, 1981 की तिथि निर्धारित कर दी। तत्पश्चात तकनीकी गड़बड़ियों के कारण 17 अप्रैल, 1982 को तीसरी एवं अन्तिम अधिसूचना जारी कर 19 मई, 1982 की तिथि निर्धारित की गयी। इतनी लम्बी अवधि तक चुनाव की तिथियाँ क्यों टलती रहीं? इसके पीछे क्या राज़ था? यह सब कुछ रहस्यपूर्ण है। फ़िलहाल 19 मई को मतदान, 22 मई को मतगणना तथा 23 मई, 1982 को परिणाम की घोषणा सम्बन्धी अधिसूचना जारी कर दी गयी और बहुगुणा 29,024 मतों से विजयी घोषित हो गये।

जून 1981 से मई 1982 के बीच जो कुछ हुआ उसकी एक दिलचस्प कहानी है। गढ़वाल उप-चुनाव के समय उत्तर प्रदेश के मुख्यमन्त्री विश्वनाथ प्रताप सिंह थे। उन्होंने इस बात की पूरी कोशिश की कि गढ़वाल का उप-चुनाव टलता रहे। क़ानून और व्यवस्था के सवाल उठाकर प्रदेश की सरकार ने कई बार चुनाव में अड़चनें डालीं। राजनीति के गलियारों में यह आम चर्चा थी कि ऐसा श्रीमती गाँधी के इशारे पर हो रहा है। बहुगुणा तथा उसके समर्थकों ने कई बार इस सम्बन्ध में चुनाव आयुक्त को पत्र लिखकर वस्तुस्थिति से अवगत कराया। इतना ही नहीं, लोकसभा, राज्यसभा तथा विधानसभा में सवाल भी उठने लगे। सरकार चाहती थी कि बहुगुणा की ताक़त क्षीण हो जाये। दरअसल कांग्रेस समूचे मामले को ठण्डा करने की नीति पर चल रही थी। कांग्रेस का मानना था कि इस्तीफ़े से जनमानस में बहुगुणा की जो छवि बनी है, वह समय बीतने के साथ धुँधली पड़ जायेगी।

प्रथम प्रयास के विफल हो जाने के बाद अब बारी थी चुनाव प्रचार के दौरान धाँधली करने की। फलस्वरूप गढ़वाल संसदीय निर्वाचन क्षेत्र को 10 जून के बाद पुलिस छावनी में बदल दिया गया। जबकि गढ़वाल सदा से ही शान्तिप्रिय अंचल रहा है। सामान्य दिनों में भी इस निर्वाचन क्षेत्र में चुनाव व्यवस्था के नाम पर राज्य सरकार ने 7 जून तक वहाँ 6,990 पुलिसकर्मी तैनात कर दिये थे। 8 जून को श्रीमती गाँधी के दौरे के बाद 2,929 हथियारबन्द जवान दूसरे प्रदेशों से वहाँ आ धमके। इसके अतिरिक्त गुप्तचर शाखा, मन्त्रियों के अंगरक्षक, केन्द्रीय अभिसूचना शाखा, 'रॉ' आदि

के जो पुलिसकर्मी और अधिकारी वहाँ मौजूद थे, उनकी संख्या 3,000 से अधिक थी। कुल मिलाकर गढ़वाल सत्ता के भौंडे प्रदर्शन का प्रतीक बन गया।

14 जून को मतदान के समय पूरे निर्वाचन क्षेत्र में, सरकारी रिकॉर्ड के अनुसार 15,675 पुलिस के जवान मौजूद थे। इस प्रकार वहाँ प्रत्येक पन्द्रह पर्वत पुत्रों पर औसतन एक पुलिसवाला तैनात किया गया था।

गढ़वाल संसदीय क्षेत्र में गुप्तचर शाखा, सुरक्षा कर्मचारी, प्रधानमन्त्री के आगमन तथा अन्य अवसरों पर विशेष रूप से लगायी गयी सादी वर्दीधारी पुलिस की संख्या 3,254 थी। इनमें सबसे अधिक कर्मचारी केन्द्रीय अभिसूचना (इंटेलीजेंस ब्यूरो) और उत्तर प्रदेश अभिसूचना शाखा के थे। गुप्तचर विभाग के वरिष्ठ अधिकारी के अनुसार प्रत्येक घण्टे बाद हर क्षण की सूचना प्रधानमन्त्री आवास पर भेजी जाती थी। पूरे निर्वाचन क्षेत्र में 50 वायरलेस सेट विशेष रूप से लगाये गये थे। इनमें से पौड़ी में एच.एफ. के 16 और बी.एस.एफ. के 8 सेट, चमोली में एच.एफ. के 11 तथा बी.एस.एफ. के 5 सेट तथा देहरादून में बी.एस.एफ. के 10 सेट लगाये गये थे। इन वायरलेस सेटों से प्राप्त सारी सूचनाएँ देहरादून में विशेष रूप से बनाये गये वायरलेस कक्ष में एकत्र होती थीं· वहाँ से सीधे प्रत्येक घण्टे बाद प्रधानमन्त्री निवास तक पहुँचा दी जाती थीं। इस चुनाव क्षेत्र में भरोसेमन्द अधिकारी एवं कर्मचारी नियुक्त करने के लिए चुनाव के काफ़ी पहले 1700 से अधिक तबादले किये जा चुके थे। देहरादून और पौड़ी के पुलिस अधीक्षक भी बदले गये। सरकारी स्कूल के अध्यापकों में भी हेर-फेर किया गया। तत्कालीन मुख्यमन्त्री विश्वनाथ प्रताप सिंह का दुर्भाग्य था जिन्हें वे भरोसेमन्द समझते थे उन्होंने हेरा-फेरी में साथ नहीं दिया। दरअसल सरकार की इतनी अधिक सक्रियता ने ही जनमानस में उनके प्रति सन्देह पैदा किया।

कांग्रेस (इ) का एक और हथकण्डा था–रुपया बाँटना। अनुमान है चुनाव से पहले दस करोड़ रुपये से अधिक की रक़म विभिन्न ऋणों और सहायता कार्यों के नाम पर बाँटी गयी थी। क्षेत्र में इसे 'बहुगुणा बोनस' का नाम दिया गया था। रुपये की ही माया थी कि इस चुनाव क्षेत्र में हज़ारों वाहन कार्य में लगे हुए थे। भारी संख्या में कार्यकर्ता अन्य प्रदेशों से भी आये थे, जिन्होंने चुनाव प्रचार के बहाने पहाड़ी इलाक़ों की मुफ़्त सैर की। उनके काम की देखभाल उसी प्रदेश के मन्त्रीगण कर रहे थे। अनुमान है कि चुनाव प्रचार का ऐसा कोई दिन नहीं था, जिस दिन इस चुनाव क्षेत्र में 62 मन्त्री न पड़े रहे हों। इसके अलावा हरियाणा, हिमाचल तथा पंजाब की पुलिस को मतदान केन्द्रों पर क़ब्ज़ा करने की मंशा से नियुक्त किया गया था। उत्तर प्रदेश की पुलिस केवल नाममात्र के लिए ही थी क्योंकि न तो मुख्यमन्त्री को और न ही श्रीमती गाँधी को उस पर भरोसा था। अपने मुख्यमन्त्रित्व काल के दौरान बहुगुणा ने राज्य पुलिस के अनेक विचाराधीन मामलों पर निर्णय लिए थे।

इसमें शक नहीं कि इससे चुनाव क्षेत्र में भयंकर आतंक छा गया था और मतदाता अन्दर ही अन्दर गुस्से से उबलने लगा था। वे स्वयं को अपमानित अनुभव करने लगे थे। उन्हें लग रहा था कि कांग्रेस उन्हें बिकाऊ समझ रही है। महिलाओं ने अपने गुस्से का इज़हार पुलिसकर्मियों पर बिच्छू घास का प्रयोग करके किया जिससे उनमें दहशत फैल गयी। चुनाव आयोग के सचिव के.आर. गणेशन ने चुनाव के बाद जब इस इलाक़े का दौरा किया तो उन्हें अपनी रिपोर्ट में दर्ज करना पड़ा कि उस समय हरियाणा और पंजाब पुलिस के ख़िलाफ़ हर तरफ़ घृणा और गुस्से का भाव दिखाई दे रहा था।

14 जून को मतदान समाप्त होने के लगभग दो घण्टे बाद ही केन्द्रीय गुप्तचर शाखा के एक वरिष्ठ अधिकारी ने श्रीमती गाँधी को यह रिपोर्ट दे दी थी कि गढ़वाल के ग्रामीण अंचलों में 60 प्रतिशत तक और शहरी क्षेत्र में 35 प्रतिशत से 40 प्रतिशत तक मतदान हुआ है। इस अधिकारी ने श्रीमती गाँधी को यह भी जानकारी दी थी कि ग्रामीण क्षेत्रों के मतदाताओं ने अधिकतर बहुगुणा के पक्ष में मतदान किया है। गुप्तचर अधिकारी की यह रिपोर्ट पूरे क्षेत्र में फैले गुप्तचरों तथा निर्वाचन अधिकारियों से प्राप्त सूचनाओं पर आधारित थी।

क्या वास्तव में बहुगुणा जीत रहे थे? यदि ऐसा था तो उन्होंने 'दुबारा मतदान' की माँग कर भूल की थी? बहुगुणा चुनाव में विजयी हो रहे थे, यह हवा सम्भवतः इसलिए भी फैली थी क्योंकि कहा जा रहा था कि मतदान के दिन शाम को श्रीमती गाँधी देहरादून की सैनिक छावनी स्थित 'गेस्ट हाउस' में गुप्त रूप से ठहरी हुई थीं और बहुगुणा की जीत की जानकारी मिलते ही वे तत्काल सेना के हेलिकॉप्टर से दिल्ली वापस चली गयीं। उसी रात 8 बजे कांग्रेस (इ) के महामन्त्री वसन्त दादा पाटिल और केन्द्रीय विज्ञान तथा प्राविधिक राज्य मन्त्री सी.पी.एन. सिंह ने अलग-अलग बयान देकर गढ़वाल के 18 बूथों पर बहुगुणा समर्थकों द्वारा बलात् क़ब्ज़ा कर लेने का आरोप लगाते हुए उन स्थानों पर दुबारा मतदान कराये जाने की माँग की। देहरादून में मौजूद राज्य के वित्त मन्त्री ब्रह्मदत्त ने लखनऊ टेलीफ़ोन पर पत्रकारों को चुनाव में धाँधली किये जाने की जानकारी देते हुए अपने वक्तव्य में दुबारा चुनाव कराने की माँग की। आश्चर्य की बात तो यह है कि कांग्रेस की ओर से चुनाव आयोग की पहली लिखित शिकायत चुनाव के दो दिनों बाद 17 जून को दी गयी। जबकि बहुगुणा ने अपने समर्थकों से सही रिपोर्ट प्राप्त कर 15 जून को ही चुनाव आयोग के सचिव से मुलाक़ात कर 56 चुनाव केन्द्रों पर दुबारा मतदान कराने की माँग कर दी थी।

बहुगुणा ने चुनाव आयुक्त को जो पत्र दिया था, उसका एक-एक शब्द पढ़ने योग्य है। इस पत्र में बहुगुणा ने साफ़-साफ़ लिखा था, "भारत की प्रधानमन्त्री श्रीमती गाँधी, गृहमन्त्री ज्ञानी जैल सिंह, पाँच मुख्यमन्त्रियों सहित कई राज्य के मन्त्रियों ने कांग्रेस (इ) प्रत्याशी के समर्थन में चुनाव प्रचार ही नहीं किया बल्कि उसे जिताने के सारे नाजायज़ हथकण्डे भी अपनाये। यही नहीं हरियाणा, पंजाब तथा हिमाचल प्रदेश

के बड़े पुलिस अधिकारियों ने उनकी इस कार्य में मदद की।'' बहुगुणा ने इसकी पुष्टि के लिए प्रमाण भी संलग्न किये थे। परिणामस्वरूप चुनाव आयोग को चुनाव निरस्त करना पड़ा।

बहुगुणा के ज्येष्ठ पुत्र विजय, जो उस समय इलाहाबाद उच्च न्यायालय में वकील थे, ने मुख्य चुनाव एजेंट की हैसियत से आठ मई से ही पौड़ी में डेरा डाल रखा था। वे कांग्रेसियों की गतिविधियों पर निगरानी रखने के साथ-साथ चुनाव कार्यालय की कार्रवाई का ब्योरा एकत्रित कर रहे थे। तत्कालीन स्थितियों की चर्चा करते हुए वे बताते हैं, ''पहले तो हमने यह सोचा था कि कांग्रेसी अधिक-से-अधिक जाली वोट डालेंगे किन्तु जब बाहरी तत्त्वों, विशेषकर हरियाणा से लोगों का बड़ी संख्या में आना प्रारम्भ हुआ तो विरोधियों की मंशा समझ में आने लगी। 12 जून तक लगभग तीन सौ गाड़ियाँ बाहरी तत्त्वों को लेकर गढ़वाल में प्रवेश कर गयी थीं। मैं लगातार मुख्य चुनाव आयुक्त को स्थिति से अवगत कराता रहा और उनसे हस्तक्षेप करने की अपील भी करता रहा। मतदान के दिन तो मैंने सभी कार्यकर्ताओं को निर्देश दे दिया था कि वे अपने साथ कैमरा रखें और जहाँ भी आवश्यकता समझें, फ़ोटो खींच लें और अनियमितताओं की लिखित शिकायत कर उसकी प्रतिलिपियाँ मतदान अधिकारियों से प्राप्त कर लें।''

मतदान से छह दिन पूर्व 8 जून को विजय बहुगुणा ने चुनाव अधिकारी एवं पौड़ी के ज़िलाधीश जी.बी. पाण्डे को लिखित शिकायत दी थी कि हरियाणा, पंजाब एवं पश्चिमी उत्तर प्रदेश से आये सैकड़ों असामाजिक तत्त्व वाहनों में भरकर खुले हथियारों के साथ घूम-घूमकर मतदाताओं को आतंकित कर रहे हैं। ऐसे तत्त्वों के वाहनों के नम्बर भी दिये गये थे जिनसे स्पष्ट था कि वे हिमाचल, राजस्थान और हरियाणा से आये थे। आश्चर्य तो इस बात का था कि इन तत्त्वों को रोकने के स्थान पर उन्हें राजकीय सुविधाएँ दी जा रही थीं। जगह-जगह पर राज्य विश्राम–गृहों में टिकाया जा रहा था। विजय ने प्रशासन से माँग की कि इन वाहनों को ज़ब्त किया जाये और मतदान से अड़तालीस घण्टे पूर्व हथियारों समेत घूमने पर प्रतिबन्ध लगा दिया जाये ताकि मतदाता निर्भीकता से मतदान कर सकें। विजय का कहना है कि एक ओर तो प्रशासन उनकी किसी भी बात को महत्त्व नहीं दे रहा था और दूसरी ओर मध्य प्रदेश के मुख्यमन्त्री अर्जुन सिंह ने श्रीनगर स्थित जाँच अधिकारी के दफ़्तर में बैठकर 11 जून को उनके कार्यकर्ताओं तथा पदाधिकारियों की गिरफ़्तारी के लिए रपट दर्ज करायी और उस पर कार्रवाई हो गयी। 13 जून को उन्होंने व्यक्तिगत रूप से पौड़ी में स्थित डी.आई.जी. से भेंट कर लिखित शिकायत की कि पौड़ी बिजलीघर के सामने लगभग पचास वाहन, जिनमें अधिकतर ट्रक, बसें शामिल हैं, खड़ी हैं। इनका उपयोग 'बूथ कैप्चरिंग' के लिए हो सकता है। उन्होंने माँग की कि इन सभी वाहनों को ज़ब्त कर लिया जाये। परन्तु डी.आई.जी. ने कोई कार्रवाई नहीं की।

बाद में बहुगुणा की ओर से विजय ने मुख्य चुनाव आयुक्त के यहाँ जो याचिका प्रस्तुत की थी उसमें आरोप था कि गढ़वाल संसदीय क्षेत्र में प्रातःकाल 7.30 बजे तक मतदान शान्तिपूर्ण रहा किन्तु इसके पश्चात मतदान केन्द्रों पर 'कमांडो रेड' की भाँति क़ब्ज़ा किया गया। इसके लिए छह या सात दल अलग-अलग दिशाओं में भेजे गये थे। मतदान केन्द्र के समीप पहुँचकर ये बन्दूक़धारी दल हवा में गोली चलाकर मतदाताओं को डरा कर भगा देते थे। प्रत्येक केन्द्र पर उत्तर प्रदेश के लगभग दस डंडाधारी पुलिसकर्मी तैनात थे। परन्तु वे बराबर मूकदर्शक बने रहे। इन तत्त्वों ने मतदान केन्द्रों में घुसकर मतदान अधिकारी को धमकाया। सीने पर बन्दूक़ रखकर मतदान पत्रों पर हस्ताक्षर करवाये। कांग्रेस (इ) के पक्ष में ठप्पा लगाकर डिब्बों में डाल दिया। क्वीसू, भंडई, दिखौली, भारदी, सुमाड़ी, मांडाखाल, खंडा आदि मतदान केन्द्रों पर यह बूथ कैप्चरिंग हुई। जिन मतदान केन्द्रों पर गाड़ियाँ ही पहुँच सकती थीं, वहाँ क़ब्ज़ा करने वाला दल एक रात पूर्व ही पहुँच गया और स्थानीय कांग्रेसियों के साथ मिलकर पूर्व निश्चित योजना के तहत मतदान केन्द्रों पर क़ब्ज़ा कर लिया। ग्राम जाख के बहुगुणा समर्थकों ने रिपोर्ट लिखवायी थी कि कई 'हथियारबन्द गुण्डों', जो अंग्रेज़ी बोल रहे थे और जिनके पास 'वायरलेस सेट' भी थे, द्वारा तीन महिलाओं को एक कमरे में बन्द करके उनके साथ अभद्र व्यवहार भी किया गया। देहरादून में तो आतंक चरम सीमा पर था क्योंकि वहाँ प्रत्येक मतदान केन्द्र तक वाहन पहुँच सकता था।

देहरादून के अनेक स्थानों पर बहुगुणा समर्थकों को पीटा गया। हरियाणा के मुख्यमन्त्री भजन लाल के होते हुए डी.ए.वी. कॉलेज के मतदान केन्द्र पर वहाँ के मतदान अधिकारी को पीटने के बाद उसे एक कमरे में बन्द कर दिया गया। सूचना मिलने पर बहुगुणा की पत्नी कमला और छोटे पुत्र शेखर वहाँ जा पहुँचे। उनके पहुँचते ही एक अच्छा-ख़ासा मजमा लग गया। भीड़ को तितर-बितर करने के लिए एक पुलिसवाले ने तो कमला पर लाठी चलायी जिसे आगे बढ़कर इलाहाबादवासी रामचन्द्र मिश्र ने अपने ऊपर ले लिया। श्री मिश्र को मूर्च्छित अवस्था में अस्पताल ले जाया गया। डी.ए.वी. कॉलेज के अध्यक्ष विवेक खण्डूरी को भी चोटें आयीं। उस समय बहुगुणा देहरादून में थे। सूचना पाकर वे भी वहाँ जा पहुँचे और उनके पहुँचते ही सरकारी तन्त्र के पसीने छूट गये। परिणाम यह हुआ कि मतदान बन्द कर दिया गया।

विजय बताते हैं कि 14 जून को मतदान की सुबह 9.00 बजे तक प्राप्त सूचनाओं से स्पष्ट हो गया था कि पौड़ी से पच्चीस मील के अर्ध व्यास में बड़े पैमाने पर मतदान केन्द्रों पर क़ब्ज़ा हो चुका है। उन्होंने 10.30 बजे मुख्य चुनाव अधिकारी पौड़ी से इस आशय की शिकायत की और उनकी सलाह पर वे पुलिस उप-महानिरीक्षक से भी मिले परन्तु उन्होंने कोई कार्रवाई नहीं की। विजय कहते हैं, "उस दिन पौड़ी में लगभग

सौ ट्रक पुलिस खड़ी थी किन्तु एक भी पुलिस वाला नहीं भेजा गया। हारकर मैंने स्वयं कार्यकर्ताओं के साथ ऐसे कई मतदान केन्द्रों का दौरा किया और यथासम्भव मतदान अधिकारियों के लिखित बयान भी प्राप्त कर लिए। शाम तक हमारे पास पहाड़ी इलाक़ों में छत्तीस और देहरादून में बाईस केन्द्रों पर क़ब्ज़े के पूरे सबूत एकत्रित हो गये थे।'' इसके अतिरिक्त मतदान अधिकारियों की डायरी, उनकी स्वतन्त्र रिपोर्ट, मजिस्ट्रेटों की डायरियाँ, आयोग के पर्यवेक्षकों की रिपोर्टें तथा मुख्य चुनाव अधिकारी एवं उप-चुनाव अधिकारियों की रिपोर्ट से यह स्पष्ट था कि पूरे क्षेत्र में बड़े पैमाने पर कांग्रेसी गुण्डों ने मतदान केन्द्रों पर क़ब्ज़ा करने का प्रयास किया था। यूँ तो पूरे संसदीय क्षेत्र में गड़बड़ी हुई किन्तु ठोस प्रयासों के आधार पर बहुगुणा ने केवल अट्ठावन केन्द्रों पर पुनः मतदान की याचिका दायर की थी।

इस पूरे प्रकरण में उत्तर प्रदेश की पुलिस पर भरोसा नहीं किया गया था। उनके हथियार जमा करवा लिए गये थे। पंजाब और हरियाणा पुलिस के अलावा बी.एस.एफ., सी.आर.पी.एफ. आदि की टुकड़ियाँ भेजकर प्रान्त के पुलिस प्रशासन को पूरी तरह से निष्क्रिय कर दिया गया था। उत्तर प्रदेश के मन्त्री बहुगुणा को चुनाव हराने के लिए पूरी ताक़त से लगे थे।

बहुगुणा ने जब चुनाव आयोग के समक्ष शिकायतों के पुलिन्दे खोले तो ऐसा लगा कि कुछ अनहोनी हो गयी है। राजनीतिक क्षेत्रों में हलचल मच गयी, लोग अलग-अलग विचार मन्थन करने लगे। विरोधी दल का कोई उम्मीदवार सरकार के विरुद्ध इतने गम्भीर आरोप लगाने की जुर्रत कैसे कर सकता है? एक के बाद एक बयानों की झड़ी-सी लग गयी। कोई इसके क़ानूनी पक्ष पर विचार करने की बात कर रहा था, तो कोई संवैधानिक मुद्दे उठा रहा था। कुछ वक्तव्य तो चुनाव आयोग की प्रताड़ना की सीमा तक भी जा पहुँचे थे।

बाद में बहुगुणा ने 'माया' पत्रिका के प्रतिनिधि को बातचीत में बताया था कि उत्तर प्रदेश पुलिस को इसलिए निःशस्त्र कर दिया गया था क्योंकि केन्द्र को राज्य पुलिस और बाहरी पुलिस के बीच मुठभेड़ का अन्देशा था। प्रदेश पुलिस के जवानों में से कुछ ने निःशस्त्र होने के बाद भी मतदान के समय साहसपूर्ण कार्य किया। उन्होंने मतदान केन्द्रों पर क़ब्ज़े की लिखित शिकायतें तक ज़िम्मेदार अधिकारियों से कीं। सुमाडी में तैनात एक सिपाही ने लिखा था–''मैं सिपाही अशोक कुमार (उ.प्र. पुलिस) सुमाडी पुलिस स्टेशन से जान बचाकर भागा क्योंकि वहाँ पर 'सरदार गुण्डों' ने गोली चलाते हुए पोलिंग पर क़ब्ज़ा कर लिया था।'' इन्हीं सब शिकायतों का परिणाम था कि चुनाव आयोग ने जाँच होने तक इस चुनाव क्षेत्र में वोटों की गिनती स्थगित कर दी। 16 जून को आयोग ने टेलेक्स सन्देश भेजकर उत्तर प्रदेश सरकार से जानकारी चाही कि अन्य राज्यों से पुलिस जत्थे क्यों बुलाये गये थे? राज्य सरकार ने आयोग के इस प्रश्न का जवाब देने की भी ज़रूरत नहीं समझी। पौड़ी के ज़िलाधीश ने भले ही

आयोग को लिखित रूप से उत्तर दिया कि उन्होंने बाहरी पुलिस तैनात करने का कोई अनुरोध शासन से नहीं किया था। केन्द्र तथा राज्य सरकारें तो इस बात के लिए हैरान थीं कि आख़िर चुनाव आयोग की राज्य सरकार से सफ़ाई माँगने की हिम्मत कैसे पड़ी। सच तो यह था कि बहुगुणा को किसी-न-किसी प्रकार हराने के दाँव-पेंचों की रणनीति लखनऊ में नहीं, दिल्ली में तय की जा रही थी। हरियाणा, हिमाचल प्रदेश, मध्य प्रदेश तथा बिहार के मुख्यमन्त्रियों ने दिल्ली दरबार को ख़ुश करने के लिए स्वयं एड़ी से चोटी तक का पसीना एक कर रखा था। उत्तर प्रदेश सरकार केन्द्र के इशारे पर चल रही थी। यही कारण था कि आयोग के साथ उसका कोई तालमेल न था। शिकायतों के जाँच हेतु आयोग द्वारा की गयी हेलिकॉप्टर की माँग को सरकार ने यह कहकर ठुकरा दिया था कि हेलिकॉप्टर बीमारी की छुट्टी पर है और उसका इलाज हो रहा है अर्थात मरम्मत हो रही है। आयोग को इस बात का पता समाचार-पत्रों के माध्यम से चला था। दूसरी ओर कांग्रेस पार्टी ने अकेले पौड़ी गढ़वाल चुनाव क्षेत्र में ग्यारह हेलिकॉप्टर चुनाव प्रचार के लिए लगा रखे थे।

इसका कारण समझना कोई मुश्किल नहीं है। कांग्रेस (इ) ने जब देखा कि चुनाव आयोग सरकार के आगे झुकने को तैयार नहीं है, तो उसने चुनाव के दो दिन बाद 17 जून और फिर 21 जून को चुनाव आयोग के सामने शिकायत पेश की कि बहुगुणा के कार्यकर्ताओं ने बद्री-केदार इलाक़े में मतदान केन्द्रों पर क़ब्ज़ा कर लिया है। इस शिकायत पर चुनाव आयोग ने अपनी एक जाँच टीम वहाँ भेजने के लिए हेलिकॉप्टर की व्यवस्था का अनुरोध किया था। कांग्रेस द्वारा की गयी शिकायत झूठी थी और यदि जाँच दल वहाँ पहुँचता तो शायद उसकी कलई खुल जाती। इसलिए राज्य सरकार ने जाँच दल को वहाँ पहुँचने से रोकने के लिए हेलिकॉप्टर न देने का फ़ैसला किया। इस निष्कर्ष पर इसलिए भी पहुँचा जा सकता है क्योंकि बद्री-केदार क्षेत्र के सहायक निर्वाचन अधिकारी सुधीर कुमार ने अपने बयान में स्पष्ट रूप से कह दिया था कि इस इलाक़े में मतदान केन्द्र पर क़ब्ज़ा करने की कोई रिपोर्ट चुनाव के दिन अथवा अगले दिन कांग्रेस (इ) के किसी चुनाव एजेंट द्वारा नहीं दर्ज करायी गयी।

इसका एक मतलब यह भी निकाला जा सकता है कि विभिन्न मतदान केन्द्रों के मतदान अधिकारियों के सामने बहुगुणा समर्थकों ने मतदान केन्द्रों पर क़ब्ज़े की रिपोर्ट दायर कर दी, जिसकी तसदीक स्वयं मतदान अधिकारियों ने भी कर दी थी। मामला जब चुनाव आयोग के सामने आ गया, तो अपने कारनामों पर पर्दा डालने के लिए कांग्रेस (इ) के पास बहुगुणा पक्ष पर मनगढ़न्त आरोप लगाने के अलावा कोई चारा न था।

बहुगुणा तथा उनके समर्थकों के आरोपों में सत्यता थी। उन्होंने प्रमाण सहित अट्ठावन मतदान केन्द्रों पर कांग्रेस (इ) द्वारा क़ब्ज़ा किये जाने की घटनाएँ गिनाई थीं, जिन्हें चुनाव आयोग के सचिव के.आर. गणेशन ने जाँच के बाद सही पाया था। ऐसी स्थिति में आयोग के सामने कांग्रेस की मनगढ़न्त याचिका को ख़ारिज करने के

अलावा कोई चारा न था। मुख्य चुनाव आयुक्त श्याम लाल शकधर ने अपने फ़ैसले में स्पष्ट कहा था, "आयोग के सचिव ने छानबीन के बाद अपनी विस्तृत रिपोर्ट दी है। इस विस्तृत रिपोर्ट में समसामयिक दस्तावेज़ों, सुबूतों, मतदान केन्द्रों के अधिकारियों की डायरियों तथा सहायक निर्वाचन अधिकारियों की रिपोर्टों के आधार पर मतदान केन्द्रों पर क़ब्ज़ा किये जाने के तथ्यों को सही पाया गया।

आयोग ने इस क्षेत्र में हरियाणा, पंजाब और हिमाचल प्रदेश की सशस्त्र पुलिस की उपस्थिति को भी आपत्तिजनक पाया। पूरे चुनाव क्षेत्र के निर्वाचन अधिकारी ने, जो पौड़ी गढ़वाल के ज़िला मजिस्ट्रेट भी हैं, आयोग को अपनी रिपोर्ट में बताया कि उन्होंने चुनाव के दौरान गढ़वाल ज़िले में हरियाणा पुलिस को नियुक्ति का कोई अनुरोध नहीं किया था और पुष्टि की कि पौड़ी गढ़वाल में उनकी तैनाती उन्होंने नहीं की थी।

आयोग की टीम और पौड़ी गढ़वाल के ज़िला मजिस्ट्रेट की रिपोर्ट से यह बिल्कुल स्पष्ट है कि चुनाव क्षेत्र में बड़े पैमाने पर हरियाणा पुलिस तैनात की गयी थी। आयोग को, जिसको चुनाव का निरीक्षण, निर्देशन और नियन्त्रण का अधिकार प्राप्त है, पुलिस के तैनात किये जाने की सूचना तक नहीं दी गयी और बाहरी शक्ति की उपस्थिति से स्वभावतया चुनाव क्षेत्र में स्वतन्त्र और निष्पक्ष चुनाव को क्षति पहुँची।

इस जाँच के बाद मुमकिन था कि केवल उन्हीं मतदान केन्द्रों में मतदान होता जहाँ पर कांग्रेस (इ) द्वारा क़ब्ज़ा किये जाने के आरोप को आयोग ने सही पाया था। इस सम्भावना से कांग्रेस (इ) खेमे में भूचाल-सा आ गया था क्योंकि इन क्षेत्रों में यदि दुबारा स्वतन्त्रतापूर्वक मतदान होता, तो कांग्रेस (इ) के उम्मीदवार की लुटिया डूबने से कोई बचा नहीं सकता था। ये सभी मतदान केन्द्र ऐसे थे जहाँ उन्होंने क़ब्ज़ा कर लिया था। बाक़ी क्षेत्रों में बहुगुणा बेबाक निकल रहे थे। आयोग के रुख़ को देखते हुए कांग्रेस के प्रभावशाली नेतागणों ने उस पर तरह-तरह के दबाव डालने शुरू कर दिये थे। दरबारा सिंह, बूटा सिंह, सी.पी.एन. सिंह, राजेश पायलट, जी.के. मूपनार आदि प्रमुख मन्त्री और नेताओं ने अलग-अलग ढंग से अपने तर्क चुनाव आयोग के सामने रखे परन्तु उनकी एक भी न चली। दुबारा मतदान रोकने के लिए कांग्रेसी नेताओं ने आयोग के सामने कई तर्क रखे।

पहले तो उन्होंने यह कोशिश की कि आयोग बहुगुणा की प्रार्थना को ठुकरा दे और वोटों की गिनती का हुक्म जारी कर दे। इसके लिए उन्होंने यह तर्क रखा कि इस समय पूरे चुनाव क्षेत्र में तनावपूर्ण वातावरण है अतः शान्तिपूर्ण चुनाव सम्भव नहीं है। उत्तर प्रदेश सरकार ने भी आयोग को सूचित किया कि पूरे चुनाव क्षेत्र में शान्ति व्यवस्था क़ायम रखना बहुत कठिन है और यदि पुनः चुनाव हुआ, तो मतदान कराना असम्भव होगा।

चुनाव आयोग जब इन गीदड़ धमकियों के प्रभाव में आता नज़र नहीं आया तो कोशिश की गयी कि केवल अट्ठावन मतदान केन्द्रों पर पुनः मतदान न कराकर,

पूरे चुनाव क्षेत्र में फिर से मतदान कराया जाये। कांग्रेस (इ) का ख़याल था कि अगर पूरे चुनाव क्षेत्र में फिर से मतदान हो गया तो कांग्रेस की जीत सुनिश्चित है। इतने दूर-दराज तक फैले पर्वतीय चुनाव क्षेत्र में फिर से चुनाव के लिए बहुगुणा साधन नहीं जुटा पायेंगे और कांग्रेस (इ) बाज़ी मार ले जायेगी। सम्भव है कि 18 जून की शिकायत दुबारा चुनाव के उद्देश्य से ही की गयी हो। इस घटनाक्रम के दौरान बहुगुणा समर्थकों में जहाँ धाँधली का पर्दाफ़ाश होने की ख़ुशी थी वहीं कांग्रेस में बहुगुणा को हरा न पाने की बौखलाहट साफ़-साफ़ दिखाई दे रही थी। कांग्रेस सरकार उन्हें हराकर यह सिद्ध करना चाहती थी कि उनका व्यक्तित्व कांग्रेस के ही कारण था, कांग्रेस से अलग होकर वे राजनीतिक दृष्टि से शून्य हैं।

दाँव खाली जाते देखकर शासक दल के नेताओं की बौखलाहट लाजमी थी। इनमें सबसे आगे थे, संचारमन्त्री सी.एम. स्टीफेन, जो सिर्फ़ श्रीमती गाँधी की वजह से कर्नाटक से लोकसभा के सदस्य बने थे। उन्होंने चुनाव आयोग के फ़ैसले को ग़लत ठहराते हुए कहा था कि शान्ति व्यवस्था क़ायम करने की ज़िम्मेदारी राज्य सरकार की है। इसके लिए राज्य सरकार, राज्य के बाहर से भी सहायता ले सकती है। उन्होंने चुनाव आयोग के ख़िलाफ़ कार्रवाई किये जाने तक की भी धमकी दी। अन्य छुटभैयों को छोड़ दें, तो दूसरा महत्त्वपूर्ण वक्तव्य आया कांग्रेस (इ) के क़ानूनी सेल के उप-सचिव पद्म सिंह शर्मा का। उन्होंने चुनाव आयुक्त शकधर के फ़ैसले को 'ग़ैर-क़ानूनी, अ-प्रजातान्त्रिक और अवैधानिक' तक कह डाला। उनका आरोप था कि शकधर ने अपने अधिकारों का अन्धाधुन्ध और अपनी सीमा से बाहर जाकर उपयोग किया है। उन्होंने आह्वान किया कि संसद के अधिवेशन में शकधर को कटघरे में खड़ा किया जाये और चुनाव क़ानून बदला जाये। चुनाव आयोग के विरुद्ध इस तरह का प्रचार अप्रत्याशित न था क्योंकि, आयोग को डराने, धमकाने की योजना के तहत अनेक हथकण्डे अपनाये जा रहे थे।

उत्तर प्रदेश के मुख्यमन्त्री विश्वनाथ प्रताप सिंह ने दिल्ली में नेताओं से सलाह-मशविरा करने के बाद लखनऊ में जो बयान दिया था वह अत्यन्त आश्चर्यजनक था। उन्होंने 23 जून के अपने इस बयान में कहा था, "गढ़वाल संसदीय चुनाव क्षेत्र के मतदान केन्द्रों के अधिकारियों ने चुनाव में धाँधली की जो रिपोर्ट आयोग को दी है उनकी एक-एक प्रति बहुगुणा को कैसे मिल गयी। इस अपराध के लिए मतदान अधिकारियों को क्या सज़ा दी जाये, यह फ़ैसला चुनाव आयोग को करना चाहिए।"

एक पत्रकार ने मुख्यमन्त्री से पूछा था, "क्या इस आरोप से वह यह बतलाना चाहते हैं कि चुनाव के लिए तैनात अधिकारी बहुगुणा की मदद करना चाहते थे?" जवाब था, "निष्कर्ष निकालना आपका काम है।" मुख्यमन्त्री ने यह नहीं बताया कि अगर इन अधिकारियों के ख़िलाफ़ चुनाव आयोग ने कोई क़दम नहीं उठाया, तो वे स्वयं क्या क़दम उठायेंगे।

दिल्ली में चुनाव आयोग के मुखिया श्याम लाल शकधर ने पौड़ी गढ़वाल का चुनाव दुबारा कराने का फ़ैसला सुनाया भी नहीं था कि कांग्रेस (इ) के अनेक नेताओं को इसकी जानकारी पहले ही हो गयी थी। यहाँ तक कि देहरादून में उत्तर प्रदेश के योजना और ऊर्जा मन्त्री ब्रह्मदत्त ने फ़ैसला सुनाये जाने के एक दिन पहले पत्रकारों को बता दिया था कि बहुगुणा को फिर से चुनाव लड़ना होगा।

एक पत्रकार ने लगभग 10.30 बजे रात को दिल्ली में शकधर से फ़ोन पर सम्पर्क किया और प्रश्न पूछा कि क्या यह सच है? शकधर से जवाब मिला, ''मुझे पता नहीं उन्होंने कैसे यह ख़बर दी। मैंने दोनों पक्षों में से किसी को अपना फ़ैसला नहीं बताया है। सच तो यह है कि मैं अभी किसी फ़ैसले पर पहुँचा ही नहीं हूँ। तब फिर ब्रह्मदत्त जैसे नेताओं को दूर-दराज देहरादून में यह भनक कैसे पड़ी?'' दरअसल बात यह थी कि भारत सरकार के किसी मन्त्री ने शकधर से इस प्रश्न पर बातचीत की और जब शकधर ने बहुगुणा के आवेदन-पत्र में सच्चाई की चर्चा की तो उसकी यह धारणा बनी कि शकधर ने 58 चुनाव केन्द्रों पर फिर से चुनाव कराने का फ़ैसला कर लिया है। इस पर मुख्यमन्त्री तथा अन्य कांग्रेस (इ) नेताओं ने शकधर पर दबाव डाला कि वे पूरा चुनाव रद्द कर दें। शकधर इसे स्वीकृति देने की मुद्रा में लग रहे थे। उन्होंने इस प्रश्न पर फ़ैसला लेने से पहले चुनाव आयोग के कुछ अधिकारियों से वार्ता की और वे अपना मन बना ही रहे थे कि बात कांग्रेसी खेमे तक पहुँच गयी और ब्रह्मदत्त ने देहरादून में बयान तक दे डाला। कौन था जिसने कांग्रेस (इ) नेताओं को सूचना दी? यह रहस्य ही बना रहा। अन्ततः चुनाव रद्द हो गया।

बहुगुणा ने उस समय विनोद के स्वरों में एक पत्रकार से बातचीत के दौरान कहा था, ''जिस दिन मुझे नामांकन पत्र दाख़िल करने जाना था, उस दिन एक अपशकुन हो गया था।'' पत्रकार ने पूछा, ''क्या हुआ?'' ठहाका लगाते हुए बहुगुणा बोले, ''हम कितने ही प्रगतिशील क्यों न हो जायें, पुरानी रूढ़ियाँ कभी-कभी पकड़ ही लेते हैं। जैसे किसी शुभ कार्य करने से पहले शगुन देखने की परम्परा है। उदाहरण के लिए यदि कोई तेल का नाम ले ले, तो यह समझ लिया जाता है कि आगे कुछ गड़बड़ी अवश्य होगी। मेरे साथ भी कुछ ऐसा ही हुआ। नामांकन के दिन जैसे ही हम कार में बैठकर कुछ दूर चले कि ड्राइवर ने कहा, 'सर गाड़ी में तेल नहीं है।' मन-ही-मन झुंझलाया। सोचा, यह पेट्रोल कह देता, तो क्या हो जाता? ख़ैर जो भी है, तेल भरवाया, आगे चले।'' फिर कुछ गम्भीर होते हुए वे बोले, ''इन्दिरा जी ने मेरा विरोध कर मुझे इतना लम्बा कर दिया है कि अब मुझे वे बौनी दिखाई देने लगी हैं। अब तक किसी प्रधानमन्त्री ने सत्ता और धन का इतना दुरुपयोग नहीं किया, जितना श्रीमती गाँधी ने मेरे चुनाव क्षेत्र में किया। मेरे चुनाव क्षेत्र में उन्होंने स्वयं 34 स्थानों पर चुनावी सभाएँ कीं और केन्द्र, उत्तर प्रदेश तथा अन्य प्रदेशों को मिलाकर लगभग 62 मन्त्रियों

ने मेरे इलाक़े में दौरा किया। मतदान वाले दिन मतदान केन्द्रों की देख-रेख के लिए सैंतालीस मन्त्री नियुक्त किये गये थे। हेलिकॉप्टर दिन भर पूरे क्षेत्र में उड़ानें भरते रहे। अगर पुलिस की ताक़त का इस प्रकार से नंगा उपयोग किया गया तो सामाजिक अस्तित्व ख़तरे में पड़ जायेगा। यह स्थिति लोकतन्त्र के लिए ख़तरनाक 'सिगनल' है। बात साफ़ है, कि इन्दिरा गाँधी यह बात अच्छी तरह समझती हैं कि मैं उनको बहुत अच्छी तरह जानता हूँ इसलिए यदि मैं सक्षम हो गया, तो उनके हित में नहीं होगा। यही कारण है कि मेरा ऐसा विरोध कर रही हैं, जैसा कि किसी प्रधानमन्त्री स्तर के नेता ने शायद ही किसी का किया हो। इसके पीछे कुछ ठोस तथ्य और भी हैं। यह सभी जानते हैं कि मैं सम्प्रदायवादी और कट्टरपन्थी नहीं हूँ। मुसलमानों और दलितों के साथ मेरा 'रक्त सम्बन्धी' जैसा रिश्ता है। फिर मैं मूल रूप से असली कांग्रेसी हूँ और जितने गुण किसी कांग्रेसी में हो सकते हैं, वे सब मुझमें हैं। अब आप ही सोचिए कि वे मेरी निन्दा करने के लिए सभा में खड़े होकर क्या कहें? जैसे अटल बिहारी वाजपेयी का नाम लेकर उनको 'कम्युनल' कहती हैं, वैसे मुझे कुछ कह नहीं सकतीं। इन्दिरा गाँधी की असली नीति और चाल यह है कि खरगोश से कहेंगी दौड़ो और कुत्ते से कहेंगी शिकार करो।''

सभी जानते हैं कि गढ़वाल चुनाव को राष्ट्रीय व अन्तरराष्ट्रीय ख्याति मिली। चुनाव में श्रीमती गाँधी की एक भी नहीं चली और गढ़वाल की जनता ने बहुगुणा के सिर पर विजय का सेहरा बाँधा। भारतीय जनतन्त्र की चुनाव प्रणाली में यह प्रथम उदाहरण है जबकि मतगणना से पूर्व एक चुनाव याचिका पर विचार कर चुनाव आयोग ने न केवल गिनती स्थगित की बल्कि पूरा चुनाव ही रद्द कर दिया।

इसके बाद लगता है कि केन्द्र की इच्छा ही नहीं थी कि यह उप-चुनाव हो क्योंकि चुनाव आयोग द्वारा निर्धारित तिथियाँ बार-बार रद्द की जा रही थीं। सरकार की इस मंशा को समझकर ही 15 नवम्बर, 1981 को विपक्षी दलों ने राष्ट्रपति को एक ज्ञापन प्रस्तुत किया था। ज्ञापन देने वाले इस सर्वदलीय दल का नेतृत्व चौ. चरण सिंह कर रहे थे। उनके साथ जाने वालों में राजेश्वर राव, जगजीवन राम, हरकिशन सिंह सुरजीत, बीजू पटनायक, रघुनाथ रेड्डी, यज्ञ दत्त शर्मा आदि थे। उन्होंने देश में इस संवैधानिक संकट के लिए सरकार को दोषी ठहराते हुए राष्ट्रपति से माँग की कि तत्काल इस मामले में दख़ल दें और चुनाव करवायें।

उत्तर प्रदेश विधानसभा में भी विपक्ष ने ज़ोरदार तरीक़े से 28 जनवरी, 1982 को मुख्यमन्त्री से गढ़वाल में चुनाव न कराये जाने पर वक्तव्य देने की माँग की थी। मुख्यमन्त्री ने अपने वक्तव्य में मौसम की प्रतिकूलता तथा गढ़वाल विश्वविद्यालय की परीक्षाओं का बहाना लिया था। 24 फ़रवरी, 1982 को पुनः इस मुद्दे को विधानसभा में उठाया गया। 10 फ़रवरी, 1982 को लोकसभा में भारतीय जनता पार्टी के एल.के. आडवाणी ने विधि एवं क़ानून मन्त्री के समक्ष इस मामले को उठाया जिस पर विधि मन्त्री ने

वक्तव्य दिया कि उत्तर प्रदेश सरकार किसी भी समय चुनाव आयोग के निर्देश पर चुनाव कराने के लिए तैयार है।

अन्ततोगत्वा 19 मई, 1982 को मतदान हुआ और गढ़वाल की जनता ने बहुगुणा को पुनः चुनकर संसद में भेजा।

बहुगुणा एक व्यक्ति का नाम है, किसी पार्टी का नाम नहीं। व्यक्ति चुनाव हारते भी हैं, जीतते भी हैं और उनकी हार-जीत न तो देश और न ही किसी दल विशेष के लिए निर्णायक तथ्य बनती है। मगर सत्तारूढ़ दल ने तो इस उप-चुनाव को आम चुनाव से कहीं ज़्यादा महत्त्व दे डाला था। ऐसा लगता था मानो गढ़वाल की यह लड़ाई ही तय करेगी कि अगला प्रधानमन्त्री कौन होगा? यदि ऐसा नहीं भी था तो जिस अशोभनीय तौर-तरीक़े से इस चुनाव में सरकारी तन्त्र का दुरुपयोग किया गया उससे सम्पूर्ण चुनाव प्रक्रिया पर एक प्रश्नचिह्न तो लग ही गया।

अध्याय 14

संसद में बहुगुणा

हेमवती नन्दन बहुगुणा की गणना एक उच्चकोटि के सांसद के रूप में की जाती रही है। एक सांसद के रूप में उन्होंने 1971 में इलाहाबाद संसदीय क्षेत्र से देश की पाँचवीं लोकसभा में प्रवेश किया था। सांसद चुने जाने पर श्रीमती इन्दिरा गाँधी ने उन्हें राज्य मन्त्री की हैसियत से संचार विभाग की ज़िम्मेदारी सौंप दी थी जिसे उन्होंने बख़ूबी निभाया। 1977 में दुबारा वे लखनऊ संसदीय क्षेत्र से चुनाव जीतकर दिल्ली पहुँचे। इस बार वे कांग्रेस से नहीं बल्कि कांग्रेस फॉर डेमोक्रेसी की टिकट पर चुनाव लड़कर देश की प्रथम ग़ैर-कांग्रेसी जनता सरकार में पेट्रोलियम, रसायन एवं उर्वरक मन्त्री बने थे। 1980 में पुनः कांग्रेस के टिकट पर अपनी जन्मस्थली गढ़वाल से चुनाव लड़े। गढ़वाल के मतदाताओं ने अपने 'लाल' को भारी बहुमत से जिताया। छह माह के अन्दर ही उन्होंने कांग्रेस तथा लोकसभा की सदस्यता से त्यागपत्र दे दिया। बाद में वे 1982 में लोकतान्त्रिक समाजवादी पार्टी से चुनाव लड़कर दुबारा चुने गये। इसके बाद 1984 में इलाहाबाद संसदीय क्षेत्र से चुनाव लड़कर सदन में जाने का उनका प्रयास था, परन्तु तत्कालीन प्रधानमन्त्री राजीव गाँधी के लोकतन्त्र के प्रति दृष्टिकोण के कारण फ़िल्म अभिनेता अमिताभ बच्चन से वे चुनाव हार गये।

1971 एवं 1983 के बीच केवल मुख्यमन्त्री काल को छोड़कर, वे लोकसभा सदन में छाये रहे। सदन में उनकी उपस्थिति सदैव महसूस की जाती थी। उत्तर प्रदेश विधानसभा के सदस्य के रूप में जो अनुभव उन्होंने अर्जित किया था, उसका सांसद एवं मन्त्री के रूप में भरपूर उपयोग किया। शायद ही कोई ऐसा महत्त्वपूर्ण मुद्दा होता, जिसके बारे में वे सवालात न उठाते अथवा मन्त्री पद की हैसियत से सम्मानित सदस्य द्वारा पूछे गये प्रश्न का तथ्यपरक सन्तोषजनक उत्तर न देते।

बहुगुणा के पास राष्ट्रीय समस्याओं को प्रस्तुत करने की प्रभावशाली विधा थी। सरकार के माध्यम से हल कराने के अनेक अद्भुत तरीक़े थे। एक सांसद की हैसियत से तो वे सदन में प्रश्न उठाते ही थे, सम्बन्धित विभागों के मन्त्रियों तथा अधिकारियों को बराबर पत्र भी लिखते रहते थे। पत्र लिखना एवं आये हुए पत्रों का जवाब देना

उनकी राजनीति का प्रमुख अंग था। उनका मानना था कि निरन्तर पत्रों द्वारा आगाह करने तथा ध्यान आकृष्ट करते रहने से समस्या के हल के साथ आपसी दूरी भी कम होती है। साथ ही सरकारी कामकाज में जो कमियाँ रह जाती हैं वे भी उजागर होती हैं। उनके पत्रों के लिखने और उत्तर देने के बेमिसाल दृष्टान्त मिलते हैं। उदाहरण के तौर पर उन्होंने प्रधानमन्त्री श्रीमती इन्दिरा गाँधी को 23 नवम्बर से 9 दिसम्बर, 1982 के मध्य 16 दिन में 17 पत्र भेजे थे जिनमें से प्रधानमन्त्री ने 10 का जवाब दिया था। अपने सभी पत्रों का जवाब न मिलने पर उन्होंने इसके लिए भी पत्राचार किया था। बहुगुणा की सूझ-बूझ और सदन के भीतर-बाहर निर्भीकता के साथ अपनी बात कहने और राष्ट्रीय समस्याओं के हल हेतु प्रयत्नशील रहने के कारण ही लम्बे समय तक राजनीतिक विरोधी रहे चौधरी चरण सिंह ने 25 अप्रैल, 1983 को एक समारोह में उनकी प्रशंसा इन शब्दों में की थी :

''बहुगुणा एक चुस्त, समझदार, अच्छे दिमाग़ वाले, अच्छा काम करने वाले और देश की समस्याओं को समझने तथा उनके निदान क्या हैं, यह जानने वाले आदमी हैं। उन्हें लम्बी उम्र मिले और वे देश के सवालों को हल करने में कामयाब हों, यही मेरी कामना है।''

सदन में बहुगुणा की भूमिका हमें दो चरणों में देखने को मिलती है। प्रथम तो 1971 तथा 1977 में जब वे केन्द्र सरकार में क्रमशः संचारमन्त्री, पेट्रोलियम एवं रसायन मन्त्री तथा वित्तमन्त्री हुए। दूसरे 1982 में जब वे सदन में विपक्ष की भूमिका अदा कर रहे थे।

इन दोनों ही चरणों में हमें बहुगुणा की पृथक्-पृथक् कार्यकुशलता देखने को मिलती है। सत्ता पक्ष में रहकर उन्होंने जहाँ बड़ी ही कुशलता के साथ सरकार की नीतियों तथा अपने विभाग की कार्यप्रणाली को प्रस्तुत कर विपक्ष को सन्तुष्ट करने का प्रयास किया, वहीं विपक्ष में रहकर उन्होंने राष्ट्रहित में हर मुद्दे की खुलकर वकालत की।

बहुगुणा 1971 से दिसम्बर 1973 तक संचारमन्त्री पद पर रहे। उस समय लोकसभा में उन्होंने महत्त्वपूर्ण भूमिका अदा की। संचारमन्त्री की हैसियत से जब कभी देश में दूर संचार व्यवस्था तथा उसकी प्रगति का सवाल आया, उन्होंने तत्काल हाज़िर जवाब दिया। दूर संचार को नवीनतम तकनीकी से जोड़ने के लिए उन्होंने अपने कार्यकाल में कई टेलीफ़ोन कारख़ाने स्थापित कराये। 1977 से 1979 के मध्य उन्होंने पेट्रोलियम एवं रसायन मन्त्रालय की चुनौतीपूर्ण ज़िम्मेदारी को निभाया। उस समय देश में तेल का भारी संकट व्याप्त था। सदन में इसके लिए उन्हें अनेक बार विपक्ष के प्रहारों का सामना करना पड़ा परन्तु उन्होंने बड़ी ही चतुराई के साथ प्रश्नों के उत्तर दिये और उच्च संसदीय परम्परा के अनुकूल विपक्ष के सुझावों को सम्मान दिया। सदन में उनके द्वारा सम्मानित सदस्यों को दिये गये प्रश्नों के जवाबों का विवरण हमें 'लोकसभा की कार्यवाही' में देखने को मिलता है। 1982 में गढ़वाल उप-चुनाव

में जीतकर संसद में जाने के बाद तो उनका तेवर ही बदल गया था। उनके सवालों में तीखापन आ गया था।

उप-चुनाव से बहुगुणा को देश-विदेश में ख्याति मिल चुकी थी। भारत का शायद ही कोई ऐसा विपक्षी नेता हो जो उनके समर्थन में गढ़वाल चुनाव प्रचार में न पहुँचा हो। इस बार उनका संसद में प्रवेश कुछ और ही महत्त्व रखता था। सदन तथा सदन से बाहर बहुगुणा में अब अजीब-सी बेचैनी देखने को मिलती थी। लोग समझते थे कि यह बेचैनी प्रधानमन्त्री श्रीमती इन्दिरा गाँधी का तख्ता पलटने की थी, परन्तु ऐसा न था। वे अच्छी तरह से समझ चुके थे कि लोकतान्त्रिक मूल्यों व परम्पराओं के लिए सरकार के मन में कोई आदर नहीं है। लोकतन्त्र के प्रति सरकार की अनादर भावना के कारण वे बेचैन थे। उनकी यह बेचैनी अगस्त 1982 में विपक्ष की ओर से श्रीमती गाँधी सरकार के ख़िलाफ़ अविश्वास प्रस्ताव के पक्ष में दिये गये भाषण में अपनी पूरी प्रखरता के साथ अभिव्यक्ति देखने को मिलती है। पच्चीस पृष्ठों के अपने भाषण में उन्होंने पूरे देश की तस्वीर उतारकर रख दी थी। उनका यह ऐतिहासिक भाषण उन्हें डॉ. राम मनोहर लोहिया, फ़िरोज़ गाँधी और मधु लिमये जैसे सांसदों की श्रेणी में रखता है।

बहुगुणा ने जैसे ही प्रस्ताव का पहला वाक्य पढ़ा, ''यह सरकार किसी का प्रतिनिधित्व नहीं करती,'' सत्ता पक्ष ने हंगामा शुरू कर दिया। लोकसभा अध्यक्ष के हस्तक्षेप पर भी जब कोई चुप नहीं हुआ तब बहुगुणा दुबारा बोल पड़े, ''आई विल करैक्ट माई सेंटेंस (मैं अपने वाक्य को सुधारता हूँ)'' यह सुनते ही सब चुप हो गये। सम्भवतः सत्ता पक्ष के लोगों को यह अहसास हुआ कि बहुगुणा अपनी ग़लती मानकर उनके सामने झुक जायेंगे परन्तु बहुगुणा ने कटाक्ष भरे वाक्यों से दूसरा प्रहार कर दिया, ''कौन कहता है प्रतिनिधि नहीं है, प्रतिनिधि है पर एकाधिकारवादियों, पूँजीपतियों एवं शोषकों की। यह सरकार स्वतन्त्रता आन्दोलन की भावनाओं के विपरीत दिशा में चलने वाली है और यदि सत्ता पक्ष इन सबका प्रतिनिधित्व करने में प्रसन्न है तो मेरा उनसे कोई विरोध नहीं है।'' इसके बाद बहुगुणा ने सरकार के ख़िलाफ़ आरोपों की बौछार शुरू कर दी।

पूर्वोत्तर राज्यों की गम्भीर समस्या को उठाते हुए श्री बहुगुणा ने साफ़ शब्दों में कहा था कि इन राज्यों की समस्या आर्थिक नीति एवं विकास से जुड़ी हुई है। इन्हें आत्मनिर्भर बनाने की दिशा में प्रयत्न नहीं किया जा रहा है। समृद्ध संसाधनों वाले राज्यों का उपयोग दूसरे संसाधन रहित राज्य कर रहे हैं। पूर्वोत्तर राज्यों के अलावा संथाल परगना, छोटा नागपुर, कोंकण, उत्तर प्रदेश के उत्तरी भाग, बिहार तथा मध्य प्रदेश के कुछ भाग भी इस नीति के शिकार हैं। उनका आशय था कि श्रीमती गाँधी की सरकार ने अखिल भारतीय कांग्रेस कमेटी के दिल्ली अधिवेशन में पारित आर्थिक विकास के कार्यक्रमों को पूर्णतः नज़रअन्दाज़ किया है। भूमि सुधार कार्यक्रमों पर निहित

स्वार्थों का क़ब्ज़ा है। बड़े काश्तकारों के चंगुल से आज तक भूमि मुक्त नहीं करायी जा सकी। छठी पंचवर्षीय योजना में लघु उद्योगों के क्षेत्र में बहुराष्ट्रीय कम्पनियों को प्रवेश देने के मुद्दे को उठाते हुए उन्होंने स्पष्ट कहा था, "इससे बेरोज़गारी बढ़ेगी। देश में बढ़ी क़ीमतों पर तथ्यपरक विचार रखते हुए बहुगुणा ने कहा था कि उत्पादक एवं उपभोक्ता के बीच में बिचौलिया संस्कृति महत्त्वपूर्ण भूमिका अदा कर रही है, उसे समाप्त करने के लिए कारगर क़दम नहीं उठाये जा रहे हैं। औद्योगिक क्षेत्रों से जुड़ी योजनाएँ प्रभावकारी नहीं हैं। अन्तरराष्ट्रीय मुद्रा कोष से निरन्तर ऋण लेना देश के हित में न होगा। हमें भारत को खेतिहर मज़दूरों, श्रमिकों, कल-कारख़ानों का देश बनाना होगा, हर व्यक्ति को आत्मनिर्भर बनाने तथा उसे रोज़गार दिलाने की ज़िम्मेदारी निभानी होगी। तभी हमें सरकार में रहने का अधिकार है।"

अविश्वास प्रस्ताव के दौरान उन्होंने न्यायाधीशों के स्थानान्तरण का विरोध करते हुए कहा था कि इससे न्यायपालिका प्रभावित होती है, एक प्रकार से उसे आतंकित किया जा रहा है। उन्होंने प्रशासनिक तन्त्र के दुरुपयोग, बिहार प्रेस बिल, दलितों पर अत्याचार, साम्प्रदायिक दंगों के लिए भी सरकार को आड़े हाथ लिया था।

बहुगुणा ने इस ओर भी इशारा किया था कि जवाहरलाल नेहरू की तुलना में प्रधानमन्त्री श्रीमती गाँधी संसद के दोनों सदनों की कार्रवाई में बहुत कम शामिल होती हैं। ऐसा करना लोकतन्त्र की भावनाओं के प्रतिकूल है। इससे संसद की महत्ता और गरिमा को क्षति पहुँचती है। इसके परिणाम गम्भीर एवं दूरगामी होंगे। बाद के वर्षों में बहुगुणा के इस कथन में निहित दूरदर्शिता प्रमाणित हो गयी। संसद की कार्रवाई निरन्तर सिकुड़ रही है। विपक्ष के अविश्वास प्रस्ताव का इन्दिरा सरकार पर कोई असर नहीं हुआ और होना भी न था क्योंकि विपक्ष सदन में सरकार को पटखनी देने की स्थिति में न था। यद्यपि यह अविश्वास प्रस्ताव सांकेतिक था परन्तु इसमें समूचे देश की बेचैनी की अभिव्यक्ति थी। बहुगुणा के इस भाषण में स्पष्ट था कि कांग्रेस देश के मन को पढ़ पाने में अक्षम हो गयी है। यदि उसने अपनी अक्षमता को समाप्त नहीं किया तो कालान्तर में कांग्रेस अपनी शक्ति को सहेज कर नहीं रख पायेगी। आज के परिप्रेक्ष्य में देखें तो साफ़ है कि अगस्त, 1982 में बहुगुणा ने भविष्य को पढ़ लिया था।

बहुगुणा की सबसे बड़ी विशेषता यह थी कि सदन में किसी बात को कहने में हिचकते न थे और उच्च संसदीय परम्परा के अनुकूल अपने विरोधियों की भी बात को सुनते थे। हर बात को बर्दाश्त करने के लिए तैयार थे परन्तु देश की अस्थिरता के बारे में कुछ भी सुनने को तैयार न थे। 14 अक्टूबर, 1981 को प्रधानमन्त्री श्रीमती इन्दिरा गाँधी को लिखे अपने पत्र में उन्होंने स्पष्ट कहा था, "हम लोग आपके हर सुझाव पर किसी भी क़ीमत को चुकता कर सब कुछ करने को तैयार हैं, परन्तु हमें उन विकास के कार्यों को नहीं रोकना चाहिए जिनकी जड़ें देश की स्थिरता के साथ जुड़ी हुई हैं।"

1983 की बात है, खेतों में गेहूँ बोये जाने से पहले भाव तय करने का सवाल उठा था। किसानों के हित में था कि मूल्य निर्धारण पहले हो जाये। बहुगुणा ने इस मुद्दे को संसद में उठाया और उनके सवाल का ही प्रतिफल था कि भारत सरकार के कृषि मन्त्री को फ़सल बोने से पहले ख़रीद के दामों की घोषणा करनी पड़ी। इसी प्रकार 1982-83 के बजट पर बोलते हुए किसानों के हित में चीनी उद्योग और गन्ना उत्पादन की समस्याओं को उन्होंने प्रभावशाली ढंग से रखा था। उनका दृष्टिकोण व्यापक था। वे किसी राज्य के साथ भेदभाव नहीं चाहते थे। सदन में उन्होंने माँग की थी कि सारे देश में एक भाव से गल्ला बिके, इसमें भेदभाव नहीं होना चाहिए।

25 जुलाई को पंजाब के मुद्दे पर सदन में बोलते हुए बहुगुणा ने साफ़ शब्दों में कहा था, ''संसद को गूँगा प्रधानमन्त्री नहीं चाहिए। पंजाब की समस्या दरबारी राजनीति की उपज है। धर्म के नाम पर राष्ट्र कभी नहीं चलते। यदि आधा फ़ीसदी आदमी भी खालिस्तान की माँग नहीं कर रहा है तो अपने से उसका प्रचार क्यों करें। सिक्खों के ख़िलाफ़ ज़हर क्यों उगलें?'' उनके शब्द धर्मनिरपेक्षता के लिए उनकी प्रतिबद्धता तथा राष्ट्र के प्रति सम्पृक्ति के परिचायक हैं।

यह बात निर्विवाद सत्य है कि हेमवती नन्दन बहुगुणा लोकसभा के श्रेष्ठ वक्ताओं में से थे। संसद की गरिमा के अनुरूप सवालों को उठाने और मुद्दों को प्रस्तावित करने वाले शायद कुछ इने-गिने ही लोग बचे हैं जिन्हें बहुगुणा की श्रेणी में रखा जा सकता है। 1980 से 1984 तक लोकतान्त्रिक समाजवादी पार्टी के लोकसभा में नौ सांसद थे। बहुगुणा तो प्रखर वक्ता थे ही साथ ही उनके दल के अन्य सांसदों ने भी संसद के अन्दर-बाहर प्रभावशाली भूमिका निभायी थी। संसद में विभिन्न विषयों पर हज़ारों प्रश्नों के पूछने के साथ मन्त्रियों को भी जनता की समस्याओं से सम्बन्धित सैकड़ों पत्र लगातार भेजे जाते रहे। उदाहरण के लिए केवल फ़रवरी से मई 1984 के बीच लगभग एक हज़ार प्रश्न संसद में पूछे गये और पार्टी के दफ़्तर से पाँच सौ से अधिक पत्र मन्त्रियों तथा मुख्यमन्त्रियों को लिखे गये। इसके अतिरिक्त प्रेस कॉन्फ्रेंस एवं प्रेस विज्ञप्तियों के माध्यम से राष्ट्रीय प्रश्नों पर देशवासियों एवं प्रशासन का ध्यान आकर्षित किया जाता रहा। सांसद के रूप में बहुगुणा प्रभावशाली इसलिए थे कि इस देश की आम जनता से वे सक्रिय संवाद क़ायम रखते थे, आम आदमी की दिक्क़तों के सम्बन्ध में जाँच-पड़ताल करते थे, नीतियों, योजनाओं की समीक्षा करते थे। इसके आधार पर वे अपने प्रश्नों की तैयारी करते थे। सांसद के रूप में वे अपने दायित्व के प्रति पूरी तरह सजग थे। वे कभी भी संसद में पूरी तैयारी के बिना नहीं गये।

बहुगुणा संसदीय व्यवस्था को काफ़ी गम्भीरता से लेते थे। वे जिस समय जनतान्त्रिक समाजवादी पार्टी (डी.एस.पी.) के अध्यक्ष थे, पार्टी के सभी सांसदों को निर्देश जारी किया था कि राष्ट्रीय विषयों पर तैयार किये जाने वाले सन्दर्भ के लिए अपनी गतिविधियों का ब्योरा पार्टी के संसदीय कार्यालय में भेजते रहें।

इसके साथ ही वे संसदीय समिति के सदस्य की हैसियत से समिति को उच्च सुझाव दें ताकि राष्ट्रहित में उसका उपयोग किया जा सके।

सुझाव समिति के सदस्य की हैसियत से समिति की कार्रवाई को भी प्रस्तुत करें ताकि सन्दर्भ विशेष को सूक्ष्म एवं राष्ट्रहित के लिए उपयोगी बनाया जा सके।

वे संसदीय व्यवस्था तथा कार्यवाही को लेकर प्रायः लोकसभा अध्यक्ष को पत्र लिखा करते थे। 1982 से 1984 के बीच उन्होंने ऐसे कई पत्र उन्हें भेजे थे। 15 अक्टूबर, 1982 को भेजे गये अपने एक पत्र में उन्होंने लोकसभा अध्यक्ष का ध्यान इस ओर आकृष्ट किया था कि उनकी पार्टी के सांसदों के ऐसे प्रश्नों को स्वीकृति क्यों नहीं मिल रही है जिसमें सत्ता पक्ष के बारे में टिप्पणी होती है और जिसका उत्तर देने में सत्ता पक्ष को असुविधा होती है। 22 अप्रैल, 1983 को उन्होंने एक शिकायती पत्र इस आशय का भेजा था कि मन्त्रीगण, सांसदों के कुछ प्रश्नों का सन्तोषजनक उत्तर न देकर टालू नीति अपनाते हैं। उनका सुझाव था कि प्रश्नों का उत्तर तैयार करने वाले मन्त्रालयों को ऐसे कर्मचारियों को निलम्बित कर देना चाहिए। उन्होंने 5 नवम्बर, 1982 के एक प्रश्न पर सरकार के उत्तर का हवाला देते हुए लिखा था कि यह एक गम्भीर मुद्दा है जिस पर तत्काल संसदीय जाँच बैठायी जानी चाहिए क्योंकि उसमें सरकार ने वित्तीय नियमों का उल्लंघन कर करोड़ों रुपयों का अपव्यय किया है। 23 फ़रवरी, 1984 को उन्होंने लोकसभा अध्यक्ष से इस आशय की शिकायत की थी कि गेहूँ के आयात से सम्बन्धित उनकी पार्टी के एक प्रश्न के मूल स्वरूप को विकृत कर पेश करने की मंजूरी दी गयी है। इस अहम मुद्दे पर उन्होंने विभिन्न दलों के संसदीय नेताओं की बैठक बुलाने का सुझाव दिया था। 13 अगस्त, 1984 को दल की ओर से लोकसभा अध्यक्ष से पुनः शिकायत की थी कि उनके द्वारा पाँच महत्त्वपूर्ण विषयों पर पूछे गये प्रश्नों का अलग-अलग उत्तर देने के बजाय जहाज़ एवं परिवहन मन्त्री ने उन्हें जोड़ कर एक ही उत्तर में टाल दिया था। सरकार पर सदन को गुमराह करने तथा महत्त्वपूर्ण प्रश्नों को टालने का आरोप लगाते हुए माँग की थी कि सांसदों की एक समिति द्वारा इसकी जाँच की जानी चाहिए।

इसी प्रकार 3 मार्च, 1984 को संसद में उठाये गये चावल निर्यात से सम्बन्धित प्रश्नों का कृषिमन्त्री द्वारा उचित उत्तर न दिये जाने के प्रतिवाद स्वरूप उन्होंने शिकायती पत्र भेजे थे। यही नहीं उन्होंने समय-समय पर संसद के महत्त्व को कम करने के प्रयत्नों के ख़िलाफ़ प्रधानमन्त्री को भी कड़े पत्र लिखे थे। 30 अगस्त, 1982 के एक ऐसे ही पत्र में उन्होंने दैनिक 'पैट्रियट' की एक रिपोर्ट का हवाला देते हुए बिना संसद में विचार-विमर्श किये रेलभाड़ा, विद्युत कर तथा तेल उत्पाद पर बढ़ाये गये करों के निर्णय का विरोध किया था। उनका स्पष्ट मत था कि जितनी भी आर्थिक योजनाएँ हैं, उन्हें बिना संसद में बहस किये कार्यान्वित नहीं किया जाना चाहिए। इससे तो ऐसा प्रतीत होता है कि सरकार और योजना आयोग ही देश की

अर्थव्यवस्था के प्रति उत्तरदायी हैं, इसमें संसद की कोई भी भूमिका नहीं है। इस प्रकार का तदर्थवाद संसदीय लोकतन्त्र के लिए स्वस्थ परम्परा का द्योतक नहीं है। 'संसद में बहुगुणा की भूमिका' विषयक अनेक संवाद-परिसंवाद उनकी निजी फ़ाइलों तथा संसद की कार्यवाहियों में सुरक्षित हैं। इनके देखने से स्पष्ट हो जाता है कि वे संसद को लोकतन्त्र का सबसे महत्त्वपूर्ण स्तम्भ मानते थे। उनकी दृष्टि में संसद लोकतन्त्र का प्रहरी है। यदि यह प्रहरी अपनी भूमिका नहीं निभाता है तो लोकतन्त्र के अस्तित्व पर प्रश्नचिह्न लगना स्वाभाविक है।

अध्याय 15

एक और नया मोड़

1980 से बहुगुणा के मन में साझा सरकार की भावना घर कर गयी थी क्योंकि जनता पार्टी का प्रयोग पूरी तरह से असफल हो चुका था। वे नहीं चाहते थे कि फिर से ऐसे गठबन्धन की पुनरावृत्ति हो। वे चाहते थे कि राष्ट्रीय मुद्दों पर आम सहमति के आधार पर विपक्ष कांग्रेस का विकल्प तैयार करे परन्तु संगठनों का पृथक् अस्तित्व बना रहे। उनकी संकल्पना थी कि एक समन्वय समिति गठित कर इस भावना को साकार किया जाये। इसी उद्देश्य को लेकर उन्होंने 18 जुलाई, 1982 को कर्नाटक सरकार के मन्त्री एस. बंगरप्पा को एक पत्र लिखा था, ''हमारी समस्याओं का समाधान क्षेत्रीय दलों के उद्भव में नहीं है। राष्ट्र के नैतिक उत्थान, आत्मनिर्भरता एवं एकता हेतु संघर्ष जारी रखने तथा स्वराज के स्वप्न को साकार करने के लिए यह अत्यन्त आवश्यक है कि सभी धर्मनिरपेक्ष, जनतान्त्रिक एवं समाजवादी शक्तियाँ एक हों। समय कम है हमें शीघ्र निर्णय लेना होगा।''

बहुगुणा जहाँ राष्ट्रीय विकल्प के लिए समन्वय समिति के गठन को प्राथमिकता दे रहे थे, वहीं लोकतान्त्रिक समाजवादी पार्टी के नेता राज नारायण एवं बनारसी दास, पार्टियों के विलय की वकालत में लगे थे। बहुगुणा के सहमत न होने पर उन्होंने पार्टी से इस्तीफ़ा तक दे दिया था। बहुगुणा अपने प्रयास में चुप नहीं बैठे और 25 मार्च, 1983 को उनके अथक प्रयास के कारण समन्वय समिति का गठन हो गया। इसमें तीन पार्टियाँ शामिल हुईं और बहुगुणा उसके संयोजक चुने गये।

पार्टियों में बहुगुणा की लोकतान्त्रिक समाजवादी पार्टी, रतु भाई अदानी की सोशलिस्ट पार्टी तथा शरद पवार की राष्ट्रीय कांग्रेस शामिल थीं। इसके बाद भी पार्टियों को जोड़ने के प्रयास जारी रहे और अक्टूबर, 1982 में छह विपक्षी दलों ने एक संयुक्त मोर्चा का गठन कर लिया। इस बार चन्द्रशेखर को मोर्चे का अध्यक्ष बनाया गया और समन्वय समिति में बहुगुणा, शरद पवार, रतु भाई अदानी एवं इन्द्र कुमार गुजराल सदस्य बने। इस गठबन्धन में शामिल लोकतान्त्रिक समाजवादी पार्टी, कांग्रेस (एस), व राष्ट्रीय कांग्रेस, राजनीतिक दिशा में कुछ सफल प्रयोग करतीं

कि इससे पूर्व ही बहुगुणा के स्वास्थ्य में गिरावट आनी शुरू हो गयी। दिसम्बर, 1983 में डॉक्टरों की सलाह पर उन्हें इलाज के लिए विदेश रवाना होना पड़ा।

बहुगुणा को 1954 में पहली बार 35 वर्ष की आयु में दिल का दौरा पड़ा था, परन्तु वे इसकी परवाह किये बिना आगे बढ़ते रहे। प्रतिवर्ष एक या दो बार वे एनजाइना से पीड़ित होकर अस्पताल में भर्ती होते और बाहर निकलते ही फिर भाग-दौड़ शुरू कर देते। हृदय रोग कभी भी उनके उत्साह को नहीं दबा सका। उनका जीवन दर्शन स्पष्ट था, "मौत एक ही बार आती है और जब आती है तो कोई शक्ति उसे रोक नहीं सकती। इसलिए डरकर जीने से क्या लाभ।"

1965 में बहुगुणा को दूसरी बार दिल का गम्भीर दौरा पड़ा। कई दिनों तक उन्हें होश नहीं आया और तीन माह तक वे अस्पताल में रहे। इस बार उन्हें स्वस्थ होने में लगभग एक वर्ष का समय लग गया था। सतना के स्वामी पूर्णानन्द चतुर्वेदी उनकी आयुर्वेदिक पद्धति से चिकित्सा कर रहे थे। उनकी सलाह पर उन्हें स्वास्थ्य लाभ के लिए दो माह तक मुम्बई में रहना पड़ा था। स्वामी जी सदैव कहते, "जब तक ज़िन्दा हूँ तुम्हें हृदय रोग से मरने नहीं दूँगा।" शायद यही बहुगुणा के विश्वास और साहस का स्रोत था। 1974 और फिर 1977 में उन्हें 'एनजाइना' के कारण अस्पताल में भर्ती होना पड़ा था। आश्चर्य तो यह है कि उन्हें इतनी बार 'एनजाइना' के दौरे पड़े कि उनकी गिनती कर पाना कठिन है। सभी डॉक्टर उनके आत्मबल से प्रभावित थे परन्तु 1977 में उनके चिकित्सकों ने उन्हें सलाह दी कि वे हृदय की शल्य चिकित्सा करा लें परन्तु इस सलाह के बाद भी बहुगुणा इसे टालते रहे। दिसम्बर, 1983-84 में उनकी हालत काफ़ी चिन्ताजनक हो गयी थी। यहाँ तक कि डॉक्टरों का कहना था कि यदि तत्काल ऑपरेशन न किया गया तो किसी भी दिन मृत्यु हो सकती है।

भारत में अमेरिका के 'ह्यूस्टन' स्थित 'हार्ट सेंटर' के शल्य चिकित्सक डॉक्टर कुले काफ़ी प्रसिद्ध हैं। अन्ततोगत्वा उन्हीं से शल्य चिकित्सा कराये जाने का निश्चय किया गया और वे दिसम्बर, 1983 में अमेरिका के लिए रवाना हुए। 25 दिसम्बर को उनकी सफल शल्य चिकित्सा हुई और दो माह के पश्चात वे 1984 में भारत वापस लौटे। ऑपरेशन के बाद डॉक्टरों ने उन्हें सलाह दी थी कि वे पूर्व की भाँति अधिक परिश्रम न कर निर्धारित दिनचर्या के अनुकूल ही कार्य करें। यदि वे ऐसा करते रहेंगे तो कम-से-कम दस वर्षों तक उनके जीवन को कोई ख़तरा नहीं है।

भला यह उनके लिए कैसे सम्भव था? 1984, लोकसभा के आम चुनाव का वर्ष था। विपक्ष को, विशेषकर वामपन्थी दलों को बहुगुणा से काफ़ी उम्मीदें थीं। इसलिए वे निर्धारित दिनचर्या के अनुकूल अपने आपको नहीं ढाल सके और वापस आने के मात्र एक माह उपरान्त उनके राजनीतिक दौरे शुरू हो गये। कांग्रेस के मुक़ाबले के लिए विपक्षी वोटों के बँटवारे को रोकने की भावी रणनीति तय होने लगी।

उत्तर प्रदेश भारत का सबसे बड़ा प्रदेश है। यही भारतीय राजनीति की दिशा को निर्धारित करता है। प्रदेश में दो ही ऐसे नेता थे जिनसे कुछ उम्मीदें थीं, चौधरी चरण सिंह और हेमवती नन्दन बहुगुणा। मित्रों और शुभचिन्तकों ने इन दोनों को क़रीब लाने का प्रयत्न किया। उनके प्रयत्नों के फलस्वरूप 21 अक्टूबर, 1984 को लोकतान्त्रिक समाजवादी पार्टी, लोकदल, राष्ट्रीय कांग्रेस (गुजरात) और देवी लाल के नेतृत्व वाली जनता पार्टी ने मिलकर दलित मज़दूर किसान पार्टी (डी.एम.के.पी.) का गठन किया। चुनाव से पूर्व इस पार्टी का जो घोषणा-पत्र जारी किया गया उसमें देश और विदेश की नीति, अल्पसंख्यकों, किसानों, मज़दूरों आदि के प्रति बहुगुणा के विचारों का प्रतिबिम्ब देखने को मिला। सभी नेताओं ने इस नये दल को समाजवादी एवं धर्मनिरपेक्ष संगठन का रूप प्रदान किया।

1984 तक श्रीमती गाँधी की लोकप्रियता में काफ़ी कमी आ गयी थी। वे राष्ट्र की महत्त्वाकांक्षाओं के अनुरूप नहीं उतर पा रही थीं। समस्याएँ बढ़ती जा रही थीं। विशेषकर उग्रवाद भयंकर रूप धारण कर चुका था। इसी वर्ष 'ऑपरेशन ब्लू स्टार' के कारण सिक्ख समुदाय उनसे बेहद नाराज़ था जिसकी परिणति 31 अक्टूबर, 1984 को इन्दिरा गाँधी की हत्या के रूप में देखने को मिली। सारा देश शोक में डूब गया। देश में तनाव की स्थिति व्याप्त हो गयी और जगह-जगह दंगे होने लगे। श्रीमती गाँधी के उत्तराधिकारी के रूप में कांग्रेस ने राजीव गाँधी को प्रधानमन्त्री पद की बागडोर सौंपी।

श्रीमती गाँधी की हत्या के कारण सारे देश में कांग्रेस के प्रति सहानुभूति की लहर थी। कांग्रेस ने इस सहानुभूति को भुनाने के लिए निर्धारित समय से पूर्व ही चुनाव की घोषणा कर दी और पासा पलट गया। कांग्रेस बहुमत की स्थिति में आ गयी। चुनाव घोषणा के बाद बहुगुणा को चुनाव क्षेत्र का चयन करना था। वे गढ़वाल संसदीय क्षेत्र से सांसद थे और वहीं उनकी अभूतपूर्व लोकप्रियता भी थी। परन्तु उन्होंने इलाहाबाद संसदीय क्षेत्र से चुनाव लड़ने का मन बना लिया था। पहले भी वे इस क्षेत्र का प्रतिनिधित्व कर चुके थे। उनके जीवन में गढ़वाल और इलाहाबाद दोनों ही स्थानों का एक विशिष्ट स्थान रहा है। एक उनकी जन्मभूमि तो दूसरी कर्मभूमि थी। दोनों स्थानों के साथ उनका भावनात्मक रिश्ता था, दोनों ही क्षेत्रों में वे अत्यन्त लोकप्रिय थे। दोनों ही क्षेत्रों से सैकड़ों लोग उनसे चुनाव लड़ने का आग्रह कर रहे थे। इलाहाबाद संसदीय क्षेत्र से चुनाव लड़ने का निर्णय बहुगुणा ने दो प्रमुख कारणों से लिया था। प्रथम तो 1974 के विधानसभा चुनाव के बाद वे इलाहाबाद से दुबारा चुनाव नहीं लड़े थे और कर्मभूमि होने के नाते वापस लौटने के इच्छुक थे। दूसरे उनकी शल्य चिकित्सा हुए केवल आठ माह ही हुए थे और डॉक्टरों ने उन्हें पहाड़ों की यात्रा पर न जाने की सलाह दी थी। हालाँकि उनके निर्णय से पहाड़ वाले काफ़ी दुखी और अप्रसन्न थे परन्तु बहुगुणा अपने निर्णय पर अडिग थे। उनकी नाराज़गी किसी हद तक सही भी थी क्योंकि केवल दो वर्ष पूर्व ही उन्होंने हर प्रकार की मुसीबतों और

अत्याचारों का सामना करते हुए उन्हें जिताकर लोकसभा में भेजा था। बहुगुणा का भी विचार उचित था क्योंकि जनतन्त्र में बड़े से बड़े नेता का भी मतदाता तक पहुँचना अनिवार्य हो जाता है और स्वास्थ्य के कारण बहुगुणा के लिए ऐसा सम्भव न था। अन्ततः उन्होंने इलाहाबाद से नामांकन भर दिया।

गढ़वाल चुनाव में अपमानजनक पराजय के बाद श्रीमती गाँधी की विरासत सँभालने वाले कांग्रेसी बहुगुणा से बदला लेने के लिए व्याकुल थे परन्तु उन्हें हराना असम्भव लग रहा था। कांग्रेस में एक भी ऐसा नेता नहीं था जो इलाहाबाद में उन्हें परास्त कर सके। फलस्वरूप दिल्ली में मन्त्रणाओं के दौर शुरू हो गये। नये-पुराने अनेक नेताओं के नामों पर चर्चा हुई। किसी को भी बहुगुणा के जोड़ का न पाकर अरुण नेहरू, विश्वनाथ प्रताप सिंह आदि नेताओं ने राजनेता के मुक़ाबले अभिनेता अमिताभ बच्चन को मुक़ाबले में उतारने का सुझाव राजीव गाँधी को दिया। अमिताभ बच्चन, राजीव गाँधी के परम मित्रों में से थे। राजीव गाँधी और सोनिया गाँधी का विवाह अमिताभ के घर से हिन्दू रीति-रिवाज से हुआ था। भारतीय सिनेमा जगत का यह सुप्रसिद्ध अभिनेता भी इलाहाबादवासी है। उनके पिता डॉ. हरिवंश राय बच्चन इलाहाबाद विश्वविद्यालय में प्राध्यापक होने के साथ-साथ एक श्रेष्ठ कवि थे। इसलिए उन्हें इलाहाबाद में परिचय की आवश्यकता न थी। दूसरी विशेष बात यह थी कि चुनाव के कुछ ही माह पहले अमिताभ दुर्घटना में बुरी तरह से घायल हो गये थे जिससे उनकी लोकप्रियता और भी बढ़ गयी थी। कांग्रेसी आश्वस्त थे कि अमिताभ के 'ग्लैमर' के सामने बहुगुणा नहीं टिक सकेंगे इसलिए उन्हें मैदान में उतार दिया गया।

दरअसल लोकसभा के इस चुनाव में कांग्रेस के 'मैनेजरों' ने ऐसी रणनीति बनायी थी कि वरिष्ठ विपक्षी नेता लोकसभा की दहलीज़ नहीं लाँघ सके। ये मैनेजर यह नहीं समझ पाये कि उनके इस क़दम से लोकतन्त्र को बड़ा ख़मियाज़ा भुगतना पड़ेगा। बाद में राजीव गाँधी ने इन अधिकतर मैनेजरों को कांग्रेस के दरवाज़े से बाहर कर दिया। इस्तेमालिया राजनीति का एक नया अध्याय लोकसभा के इस आम चुनाव से शुरू हुआ।

दक्षिण भारत की राजनीति में फ़िल्मी कलाकारों ने विशेष सफलता अर्जित की थी। एम.जी. रामचन्द्रन व शिवाजी गणेशन तमिलनाडु में और एन.टी. रामाराव आन्ध्र की राजनीति में छा चुके थे परन्तु उत्तर भारत में यह प्रयोग अभी तक नहीं हुआ था। उत्तर प्रदेश में ऐसे कई नेता थे जो बहुगुणा की बराबरी तो करते थे परन्तु चुनाव में उनके विरुद्ध उतरने का साहस नहीं जुटा पा रहे थे। इलाहाबाद के भी दो केन्द्रीय मन्त्री थे जिन्हें चुनाव लड़ाया जा सकता था लेकिन उन्हें इसलिए टिकट नहीं दिया गया क्योंकि उनकी हार सुनिश्चित थी। अमिताभ बच्चन की उम्मीदवारी को अन्तिम क्षण तक गुप्त रखा गया और भ्रम फैलाने के इरादे से पूर्व सांसद के.पी. तिवारी का नामांकन भरवा दिया गया। नामांकन के अन्तिम दिन अमिताभ बच्चन राजकीय हवाई जहाज़

लोक सभा चुनाव 1984 में इलाहाबाद से नामांकन करते हुए

से चित्रकूट में पंजाबी भगवान से आशीर्वाद प्राप्त कर कार द्वारा इलाहाबाद पहुँचे और भारी गहमागहमी के बीच अपना नामांकन पत्र भर दिया। कितनी खोखली थी कांग्रेस के मैनेजरों की रणनीति कि उन्हें बहुगुणा को हराने के लिए एक अभिनेता की शरण लेनी पड़ी।

ऐसा नहीं था कि बहुगुणा को अमिताभ बच्चन के लड़ने का संकेत ही न था। उन्हें इस बात की निश्चित ख़बर मिल चुकी थी। उनके शुभचिन्तकों ने उन्हें राय दी थी कि वे गढ़वाल से भी अपना नामांकन पत्र दाख़िल कर दें परन्तु उन्होंने यह कहकर इनकार कर दिया था कि उनके सम्पूर्ण जीवन की राजनीतिक पूँजी इलाहाबाद में है। उन्हें यहाँ के मतदाताओं पर अटूट भरोसा है। जिस दिन अमिताभ ने नामांकन दाख़िल किया उस दिन भी आन्ध्र प्रदेश के मुख्यमन्त्री एन.टी. रामाराव ने बहुगुणा से फ़ोन पर लम्बी वार्ता कर उन्हें निमन्त्रण दिया कि वे आन्ध्र से भी नामांकन भर दें। इसके लिए उन्होंने आन्ध्र का राजकीय विमान भी भेजने का प्रस्ताव रखा। बहुगुणा ने इस प्रस्ताव को यह कहकर अस्वीकार कर दिया कि 40 वर्षों तक उन्होंने जिस शहर की सेवा की है, वह उन्हें एक फ़िल्मी हस्ती के सामने झुकने न देगा। इलाहाबाद की धरती महामना मदन मोहन मालवीय, पं. मोतीलाल नेहरू, जवाहरलाल नेहरू, चन्द्रशेखर आज़ाद, पुरुषोत्तम दास टण्डन, लाल बहादुर शास्त्री, डॉ. राम मनोहर लोहिया के राजनीतिक जीवन की धरती है। यह वह शहर है जो हमेशा देश की राजनीति का मार्ग प्रशस्त करता रहा है। बहुगुणा को इलाहाबाद की जनता के विवेक पर पूरा भरोसा था। एन.टी.आर. ने बहुत समझाया कि वे स्वयं अभिनेता हैं और लोगों की मानसिकता को समझते हैं। उनका एक फ़िल्मी सितारे की चकाचौंध में खड़े रहना दूभर हो जायेगा।

वह ज़िद करते रहे कि बहुगुणा केवल नामांकन करके लौट जायें और जीत के लिए उन्हें चुनाव प्रचार की आवश्यकता न होगी। परन्तु इसका बहुगुणा पर कोई प्रभाव नहीं पड़ा और वे अपनी ज़िद पर अड़े रहे। शायद बहुगुणा का प्रभाव अपने अवसान की ओर अग्रसर था। बहुगुणा भविष्य की समस्त सम्भावनाओं को पहचान रहे थे। उनका योद्धा मन पलायन को तैयार न था। उनमें राजनीतिक अवसरवादिता न थी। जो लोग बहुगुणा पर राजनीतिक अवसरवादी होने का आरोप लगाते हैं वे शायद यह भूल गये कि वे एन.टी.आर. की गोद में बैठकर लोकसभा में पहुँच सकते थे, लेकिन उन्होंने अपने राजनीतिक जीवन की समस्त पूँजी दाँव पर लगाकर कांग्रेसी मैनेजरों की चुनौती सहर्ष स्वीकार की।

1984 का यह चुनाव भी एक ऐतिहासिक चुनाव था। पूरे विश्व की आँखें इलाहाबाद पर लगी थीं। समूचा अन्तरराष्ट्रीय मीडिया इस चुनाव पर टिप्पणी कर रहा था। सभी की निगाहें लगी हुई थीं कि आख़िर इलाहाबाद की जनता लोकप्रिय नेता एवं जनप्रिय अभिनेता में से किसके पक्ष में फ़ैसला करती है। बहुगुणा का नारा था, "इलाहाबाद के गली-कूचे और गाँव से पूछिये कि हमने क्या किया है, गाँवों में खम्भा और बम्बा दोनों बोल रहे हैं कि मैंने क्या किया है। खेत और खलिहान में आने वाला पानी बोल रहा है कि मैंने क्या किया है। यह सड़कें और मिलें बोल रही हैं कि मैंने क्या किया है?" बहुगुणा को पूरा विश्वास था कि उन्होंने इलाहाबाद के लिए जो कुछ किया है उसी के आधार पर विजय भी मिलेगी। उनका कहना था, "वोट सड़कों के गुलों में नहीं हैं वोट लोगों के दिलों में हैं।"

अमिताभ बच्चन ने इलाहाबाद को मुम्बई बनाने का नारा दिया, उनकी पत्नी जया ने इलाहाबाद की बहू बनकर वोट की भीख माँगी और डॉ. हरिवंश राय बच्चन तथा तेजी बच्चन ने शहर से अपने पुराने सम्बन्धों की दुहाई दी। जातिवाद का नंगा नाच कांग्रेसी मैनेजरों ने खेला। परिणामस्वरूप बहुगुणा चुनाव हार गये। बहुगुणा की हार के पीछे एक बात और भी थी, वह थी श्रीमती गाँधी की हत्या। उनकी हत्या के कारण लोगों के दिलों में राजीव के प्रति सहानुभूति थी और अमिताभ बच्चन ने भी उन्हें अपनी माँ कहकर जनता की सहानुभूति ली और उसका भरपूर लाभ उठाया था।

बहुगुणा ने 15 दिसम्बर, 1986 को 'माया पत्रिका' को दिये गये एक साक्षात्कार में इस बात को स्वीकार भी किया था। उनके शब्द थे, "मुझे हराया श्रीमती इन्दिरा गाँधी की हत्या से पूरे देश में फैली सहानुभूति लहर ने। मैं श्रीमती गाँधी को लगने वाली गोली के कारण बहे उनके ख़ून से पराजित हुआ हूँ। अमिताभ बच्चन के लिए क्या कहूँ वह तो एक लड़का है। वैसे भी अब मेरा उसके लिए कुछ कहना शोभा नहीं देता।" उनका यह कथन किसी हद तक तो सत्य था किन्तु यह भी निश्चित है कि अमिताभ बच्चन के अलावा और कोई भी उनके समकक्ष होता तो उनसे चुनाव नहीं जीत सकता था। चुनाव प्रचार के दौरान एक बार उन्होंने कहा था, "भाई मैं नेता हूँ,

अभिनेता कैसे बनूँ।'' सत्य यह है कि अमिताभ के फ़िल्मी ग्लैमर ने इलाहाबाद को चकाचौंध कर दिया था। लोग राजनीतिक मूल्यों को भूलकर 'फ़िल्मी ग्लैमर' में बह गये जिससे बहुगुणा को गहरा सदमा पहुँचा था। शायद पहली बार उनका आत्मविश्वास डिगता नज़र आया था। उन्हें इस बात का आजीवन गम था। उन्होंने सर से गाँधी टोपी उतार दी और दुखी भाव से कहा, ''मेरे युग की राजनीति समाप्त हो गयी है।'' स्पष्ट है कि बहुगुणा इस हार से पीड़ित थे, लेकिन इस पीड़ा ने उनके अन्दर अवसाद का भाव नहीं उभरने दिया। राजनीतिक समर में निरन्तर सक्रिय रहना, इसका उदाहरण है। अमिताभ बच्चन को दो वर्षों में ही लोकसभा से त्यागपत्र देना पड़ा और फिर वे कभी इलाहाबाद नहीं आये। इस नगर के वासियों को आज भी दुख है कि उन्होंने बहुगुणा के साथ ऐसा क्यों किया?

अध्याय 16

बहुगुणा और लोकदल

21 अक्टूबर, 1984 को 'दलित मज़दूर किसान पार्टी' के गठन के साथ ही चौधरी चरण सिंह तथा बहुगुणा वैचारिक स्तर पर एक-दूसरे के काफ़ी क़रीब आ गये थे। 1984 का यह समझौता एक प्रकार से स्थायी था, क्योंकि दोनों जब तक जीवित रहे एक ही संगठन एवं विचारधारा से जुड़े रहे। 'दलित मज़दूर किसान पार्टी' में रहते हुए चौधरी और बहुगुणा एक-दूसरे पर अटूट विश्वास रखने लगे थे। सम्भवतः चौधरी चरण सिंह की किसानों एवं दलितों के प्रति संवेदना तथा बहुगुणा का धर्मनिरपेक्ष, समाजवादी एवं वामपन्थी दृष्टिकोण दोनों की नीति का आधार बन चुके थे। 1984 का आम चुनाव, चौधरी एवं बहुगुणा ने 'दलित मज़दूर किसान पार्टी' से लड़ा था परन्तु दल की करारी हार एवं कांग्रेस की भारी विजय ने दल के सामने एक नया प्रश्नचिह्न खड़ा कर दिया। दल के अध्यक्ष चौधरी चरण सिंह मजबूर हो गये कि वे दल को एक नया मोड़ दें।

दलित मज़दूर किसान पार्टी में चुनाव से पूर्व बहुगुणा केवल संसदीय परिषद के सदस्य थे, उन्हें संगठन में कोई पद नहीं दिया गया था परन्तु चुनाव के बाद सम्भवतः चौधरी चरण सिंह को अहसास हो गया था कि उनके बाद बहुगुणा ही एकमात्र नेता हैं जो दल को भली-भाँति संगठित कर सकते हैं। इसी मंशा से वे उन्हें दल का कार्यवाहक अध्यक्ष बनाना चाहते थे परन्तु इस़ पर आम राय नहीं बन सकी। अतएव चौधरी ने उन्हें दल का एकमात्र उपाध्यक्ष बनाने का निर्णय ले लिया। इससे पूर्व 'दलित मज़दूर किसान पार्टी' में चौधरी देवी लाल तथा सैयद मीर कासिम को उपाध्यक्ष बनाया गया था। चौधरी चरण सिंह की भावना का सम्मान करते हुए ही इन दोनों नेताओं ने अपने पद से त्यागपत्र दे दिया। चौधरी चरण सिंह ने अपनी भावना को उजागर करते हुए 18 मार्च, 1985 को इस आशय़ का एक पत्र बहुगुणा के पास भेजा था :

प्रिय बहुगुणा जी,

कल और परसों मैंने दल के कुछ प्रमुख सदस्यों से वार्ता की है कि किस प्रकार पार्टी को जन सेवा के लिए अब अधिक प्रभावशाली यन्त्र बनाया जाये।

देवी लाल, हेमवती नन्दन बहुगुणा, चौधरी चरण सिंह (बायें से दायें)

प्रारम्भ से मेरा विचार था कि अध्यक्ष के साथ-साथ एक कार्यवाहक अध्यक्ष भी होना चाहिए परन्तु हमारे सभी सहयोगियों ने महसूस किया कि मनोवैज्ञानिक रूप से ऐसा करना ग़लत होगा। लोग मानने लगेंगे कि दल का अध्यक्ष बिल्कुल काम नहीं करता इसलिए संगठन चले या न चले इसके लिए वह ज़िम्मेदार नहीं है। अतः काफ़ी चिन्तन के बाद यह निश्चित हुआ कि केवल एक ही उपाध्यक्ष होना चाहिए। और इस पद को ग्रहण करने के लिए आपसे आग्रह किया जाये।

श्री देवी लाल जी इस सभा में उपस्थित थे और मीर कासिम साहब ने दस दिनों पूर्व ही मुझसे कहा था कि वे कश्मीर लौटने का विचार कर रहे हैं।

यूँ तो मैं ही अध्यक्ष रहूँगा परन्तु आप ही को सारा भार उठाना होगा।

मेरे विचार से हमारे दल का सामाजिक व आर्थिक दर्शन, जैसा वह आज है, उसमें थोड़े से भी परिवर्तन की आवश्यकता नहीं है। हमारी सबसे बड़ी समस्या सुदृढ़ संगठन का अभाव है। अतः मेरा सुझाव है कि कृपया आप तत्काल इस कार्य में लग जायें और अधूरे काम को समाप्त करें। मुझे भय है कि देश संकटतम समय से बहुत दूर नहीं है।

–चौ. चरण सिंह

इसके उपरान्त 13-14 अप्रैल, 1985 को दिल्ली में राष्ट्रीय कार्यकारिणी की बैठक बुलायी गयी जिसमें संगठन को नया मोड़ देने पर गम्भीरता से विचार-विमर्श किया गया। बैठक में आम राय के आधार पर लोकदल को पुनर्जीवित करने का निर्णय लिया गया। दल का नाम बदलकर लोकदल कर दिया गया परन्तु पदाधिकारियों की स्थिति यथावत बनी रही।

चौधरी चरण सिंह अस्वस्थ रहने लगे थे फिर भी उन्हें दल के बारे में हमेशा चिन्ता बनी रहती थी। वे जानते थे कि उनके पश्चात दल में नेतृत्व की समस्या

उठ खड़ी होगी इसलिए वे किसी योग्य व्यक्ति को अपना उत्तराधिकारी बनाने की तलाश में थे। बहुगुणा को अपने बाद सबसे महत्त्वपूर्ण स्थान प्रदान कर उन्होंने एक तरह से सुनिश्चित कर दिया था कि उनके बाद लोकदल का नेतृत्व बहुगुणा करेंगे। प्रायः वह अपने समर्थकों से कहते भी थे कि यदि मेरे बाद कोई इस दल को चला सकता है तो वह बहुगुणा है। परन्तु चौधरी की इस सोच के विपरीत उनकी मृत्यु से पूर्व ही परिवारवाद का एक ज़बरदस्त मुद्दा खड़ा हो गया। चौधरी की अस्वस्थता की स्थिति में बहुगुणा कार्यवाहक अध्यक्ष के रूप में दल का काम देख रहे थे। परन्तु चौधरी चरण सिंह के कुछ समर्थक उन्हें गद्दी से उतारकर उनके बेटे अजीत सिंह की ताजपोशी करना चाहते थे। वे चाहते थे लोकदल के कार्यवाहक राष्ट्रीय अध्यक्ष अजीत सिंह बनें। जबकि चौधरी चरण सिंह चाहते थे कि लोकदल की लगाम बहुगुणा के ही हाथों में रहे। उन्होंने आजीवन परिवारवाद का विरोध किया था, इसलिए वे भला अमेरिका से हाल ही में भारत आये राजनीति में अपरिपक्व अपने बेटे को दल का नेतृत्व कैसे सौंप देते?

गम्भीर अस्वस्थता के कारण चौधरी चरण सिंह को अपने इलाज के लिए अमेरिका जाना पड़ा। वहाँ उनका इलाज चल ही रहा था तभी लोकदल के कुछ नेताओं ने अजीत सिंह को अध्यक्ष बनाने के लिए एक हस्ताक्षर अभियान शुरू कर दिया। इसका विरोध करते हुए चौ. देवी लाल ने 18 अप्रैल, 1986 को जनसत्ता में एक बयान दिया, जिसमें कहा गया था कि चरण सिंह का कोई भी शुभचिन्तक यह बात नहीं सोच सकता कि वे अमेरिका में स्वस्थ नहीं हो रहे हैं। कुछ लोग उनकी जगह अजीत सिंह को लाने की कोशिश में लगे हैं। यह बात ग़लत है कि चौधरी चरण सिंह अब पार्टी का नेतृत्व करने की स्थिति में नहीं रह पायेंगे। अजीत सिंह अच्छे आदमी हैं और पार्टी का काम करने के लिए स्वतन्त्र हैं अगर वे पार्टी का काम करने लगते हैं तो यह संगठन के लिए अच्छा ही है।

फ़िलहाल, 1986 का वर्ष लोकदल के लिए काफ़ी उथल-पुथल का वर्ष रहा। चौधरी चरण सिंह अमेरिका से तो वापस आ गये थे परन्तु उनके स्वास्थ्य में कोई विशेष सुधार नहीं हुआ। उनकी हालत बिगड़ती देखकर उन्हें पुनः राम मनोहर लोहिया अस्पताल में भर्ती किया गया। इस बीच कुछ लोगों ने अध्यक्ष पद के लिए चौ. चरण सिंह की पत्नी गायत्री देवी का नाम प्रस्तावित किया परन्तु उन्हें सफलता नहीं मिल सकी। पार्टी के निर्णयानुसार तीन सदस्यों की एक कमेटी बनायी गयी जिसने बहुगुणा को कार्यकारी अध्यक्ष तथा अजीत सिंह को महासचिव बनाये जाने का फ़ैसला किया। इस निर्णय के बाद राजनीतिक प्रेक्षकों की टिप्पणी थी कि जहाँ गायत्री देवी और उनकी बेटी सरोज वर्मा के चंगुल से पार्टी को बचा लिया गया वहीं अजीत सिंह के युवा समर्थकों की मंशा विफल होने से भी पार्टी टूटने से बच गयी। चौधरी चरण सिंह

के कारण लोकदल को जाटों की पार्टी माना जाता था और बहुगुणा इस बिरादरी के न थे इसलिए उन्हें पग-पग पर कठिनाई का सामना करना पड़ रहा था।

दल में सामूहिक नेतृत्व, परिवारवाद, राज्यसभा की उम्मीदवारी तथा अनुशासनहीनता के आरोप में निकाले गये नेताओं को लेकर राजनीतिक उठापटक शुरू हो गयी थी। अजीत सिंह की माँ गायत्री देवी स्वयं उत्तर प्रदेश के दो नेताओं, राजेन्द्र सिंह एवं रामेश्वर सिंह के निष्कासन को लेकर उनसे नाराज़ थीं। कई नेताओं के साथ इन दोनों को भी 6 वर्षों के लिए पार्टी से निष्कासित कर दिया गया। माँ-बेटे का विवाद इतना बढ़ गया था कि गायत्री देवी के स्तर पर एक बयान प्रसारित कर अजीत पर 'कॉकस' से घिरे होने का आरोप लगाया गया तथा माँ की शह पर उनके घेराव का प्रयास किया गया। बहुगुणा को यह झेलना पड़ रहा था।

बढ़ते विवादों को देखते हुए पार्टी का सामूहिक नेतृत्व चिन्तित हो उठा। उसका विचार था कि ज़्यादा अच्छा हो यदि परिवारवाद की सीमा माँ-बेटे तक ही सीमित रहे। इन दोनों को जो बातचीत करनी हो आपस में कर लें, पार्टी पर उसका कोई प्रभाव नहीं पड़ना चाहिए। सबसे बड़ी विडम्बना तो यह थी कि चौधरी चरण सिंह मृत्यु शैया पर थे और ये सब विवाद छिड़े हुए थे।

पार्टी में बढ़ती इस उच्छृंखलता को देखते हुए बहुगुणा को कड़ा रुख़ अपनाना पड़ा। गायत्री देवी के इशारे पर जब जाट नेता अजीत सिंह का घेराव करने के लिए उनके आवास पर पहुँचे तो बहुगुणा ने साफ़ कह दिया था कि यदि घेराव किया गया तो वे पार्टी से इस्तीफ़ा दे देंगे क्योंकि उन्हें पार्टी को जोड़ने के लिए कार्यकारी अध्यक्ष बनाया गया है न कि तोड़ने के लिए। अजीत सिंह पार्टी के महासचिव थे इसलिए बहुगुणा को हस्तक्षेप करना पड़ा। उन्होंने दृढ़ता के साथ अजीत विरोधी नेताओं को फटकारा और सलाह दी कि वे मृत्यु शैया पर पड़े चौधरी चरण सिंह का दर्शन करें और वापस लौट जायें। दल की समस्याओं के विषय में सभी पदाधिकारी मिल-बैठकर रास्ता निकाल लेंगे।

दरअसल, पार्टी से अनुशासनहीनता के आरोप में निलम्बित नेताओं ने पार्टी में उथल-पुथल पैदा कर रखी थी। पूर्व उपाध्यक्ष रामेश्वर सिंह तथा उत्तर प्रदेश के नेता विरोधी दल राजेन्द्र सिंह गायत्री देवी को अपने प्रभाव में लेकर उनका इस्तेमाल कर रहे थे। पूर्व सचिव रामविलास पासवान विंडसर प्लेस स्थित लोकदल कार्यालय पर प्रदर्शन कर अपनी निलम्बन वापसी का दबाव डाल रहे थे। हरियाणा के डॉ. दहिया भी इस पंक्ति में खड़े थे।

राजेन्द्र सिंह तो इस हद तक पहुँच गये थे कि 13 अगस्त, 1986 को उन्होंने प्रदेश (उत्तर प्रदेश) विधानसभा अध्यक्ष को चौधरी चरण सिंह के हस्ताक्षर का एक पत्र भी पेश कर दिया जिसमें कहा गया था कि उनका निष्कासन रद्द कर दिया गया है।

1987 में हरियाणा विजयोपरान्त इंडिया गेट, दिल्ली में लोकदल रैली में कर्पूरी ठाकुर, देवी लाल, हेमवती नन्दन बहुगुणा, लाल कृष्ण आडवाणी एवं मुलायम सिंह यादव

इस पत्र को लेकर कई दिनों तक विवाद चलता रहा क्योंकि चौधरी इतना बीमार थे कि वे हस्ताक्षर करने की स्थिति में ही न थे। गायत्री देवी के पार्टी में ज़बरदस्त दबाव के कारण रामेश्वर सिंह तथा राजेन्द्र सिंह का निष्कासन पार्टी को ससम्मान वापस लेना पड़ा। पार्टी में जो हलचल चल रही थी उससे राज्य भी अछूते न थे। प्रत्येक प्रान्त में इसकी प्रतिक्रिया हो रही थी। इस प्रतिक्रिया के फलस्वरूप ही बिहार विधानसभा में विरोधी दल के नेता कर्पूरी ठाकुर ने जुलाई, 1986 को कार्यकारी अध्यक्ष बहुगुणा को एक पत्र लिखा और उन्हें आगाह किया कि वे दल के शत्रुओं से सावधान रहें। उन्होंने अपने सहयोगियों का भी आह्वान किया कि वे धैर्य, संयम, निष्ठा, विश्वास एवं कर्मठता के साथ लोकदल को आगे बढ़ाने में मदद करें।

पार्टी में विवाद चल ही रहा था कि तभी 29 मई, 1987 को चौधरी चरण सिंह की मृत्यु हो गयी। उनकी मृत्यु के बाद पार्टी में एक नया विवाद फिर से उठ खड़ा हुआ, वह था अजीत सिंह को लोकदल अध्यक्ष बनाने का। 1 जून, 1987 को अजीत समर्थकों ने दिल्ली में एक सम्मेलन बुलाया और उसमें उन्हें पार्टी का अध्यक्ष घोषित कर दिया। उधर लोकदल कार्यकारिणी ने कार्यवाहक अध्यक्ष बहुगुणा को लोकदल का अध्यक्ष घोषित किया। बहुगुणा को दल के सभी वरिष्ठ नेताओं का समर्थन प्राप्त था। हरियाणा के देवी लाल, राजस्थान के नाथूराम मिर्धा, उत्तर प्रदेश के मुलायम सिंह यादव, बिहार के कर्पूरी ठाकुर ने बहुगुणा के नेतृत्व पर पूरा विश्वास किया था। राज्य स्तर पर अधिकांश नेता अजीत सिंह के साथ न जाकर बहुगुणा के साथ गये। इस राजनीतिक परिदृश्य के बाद लोकदल दो धड़ों में बँट गया—लोकदल (अजीत) तथा लोकदल (बहुगुणा)। दोनों घटकों में बहुगुणा का नेतृत्व सर्वोपरि रहा। उनकी अध्यक्षता में लोकदल ने दो विशेष सम्मेलन आयोजित किये। उसी वर्ष हरियाणा विधानसभा में उनके दल को ज़बरदस्त कामयाबी मिली। केरल में भी उन्होंने वाम मोर्चा की सरकार में हिस्सेदारी हासिल की।

अध्याय 17

संकट का दौर

बहुगुणा लोकदल को मज़बूत बनाने में लगे ही थे तभी अचानक 'बोफ़ोर्स काण्ड' ने देश के राजनीतिक परिदृश्य को झकझोर दिया। बोफ़ोर्स काण्ड देश का सर्वाधिक चर्चित काण्ड रहा है। इस काण्ड का जन्मदाता वित्तमन्त्री विश्वनाथ प्रताप सिंह को कहा जाता है। यह एक ऐसा विस्फोट था जिससे पूरे देश में सनसनी फैल गयी थी। राजीव गाँधी के विरुद्ध विपक्ष को एक अच्छा-ख़ासा मुद्दा मिल गया और लगभग सभी पार्टियों के नेता बोफ़ोर्स के पीछे हो लिए। बहुगुणा भी इससे अलग नहीं रह सकते थे। परन्तु राजीव गाँधी के भूतपूर्व मैनेजर विश्वनाथ प्रताप सिंह की अतीत की भूमिका के कारण वे उन्हें गले नहीं लगा पा रहे थे। उन्होंने उस समय विश्वनाथ प्रताप सिंह को 'विभीषण' कहकर सम्बोधित किया था। यूँ तो यह द्विअर्थी शब्द है, परन्तु अधिकांश लोग इसे 'घर का भेदी लंका ढावे' के मतलब से लेते थे और धोखेबाज़ के रूप में समझते हैं। देश के समाचार-पत्रों ने बहुगुणा द्वारा प्रयुक्त इस शब्द पर अलग-अलग प्रतिक्रिया व टिप्पणी प्रस्तुत की थी। 'ट्रिब्यून' ने 16 सितम्बर, 1987 के अंक में तो इस पर सम्पादकीय टिप्पणी लिखी जिसमें कहा गया था, ''समझ में नहीं आता कि बहुगुणा विपक्ष के साथ आने पर विश्वनाथ प्रताप सिंह का स्वागत कर रहे हैं या व्यंग्यात्मक भाषा में उनके क़दम पर छींटाकशी कर रहे हैं?'' 'नवभारत टाइम्स', दिल्ली और 'अमर उजाला' ने भी इस शब्द की अपने ढंग से अलग-अलग व्याख्या की।

विश्वनाथ प्रताप सिंह राजीव गाँधी सरकार से त्यागपत्र देने के बाद अपने राजनीतिक क़द को बढ़ाने के लिए बोफ़ोर्स काण्ड का पूरा-पूरा लाभ उठाना चाहते थे। इसलिए उन्होंने पूरे देश में घूम-घूमकर बोफ़ोर्स में दलाली की कहानी सुनायी। राजनीति में भ्रष्टाचार पर तीखे प्रहार किये। इसके साथ ही उन्होंने राजीव गाँधी सरकार से अपने त्याग पत्र का कारण भी लोगों को बताया और राजनीति से भ्रष्टाचार का उन्मूलन करने का संकल्प लेने की बात कहते हुए जनमत तैयार किया।

दरअसल, 1984 के आम चुनाव में कांग्रेस की अनपेक्षित जीत ने विपक्ष को बुरी तरह हताश कर दिया था। किन्तु 1989 के लोकसभा चुनाव से लगभग दो वर्ष पूर्व उभरे

चन्द्रशेखर एवं फ़ारुख़ अब्दुल्ला के साथ (1984)

हेमवती नन्दन बहुगुणा, एन.टी. रामाराव, चौधरी चरण सिंह, फ़ारुख़ अब्दुल्ला, ज्योति बसु एवं अटलबिहारी वाजपेयी (बायें से दायें) (1984)

बोफ़ोर्स काण्ड और विश्वनाथ प्रताप सिंह के खुलकर सामने आ जाने से कांग्रेस को उखाड़ फेंकने के लिए एक प्रभावशाली मुद्दा तैयार हो गया था। एक के बाद एक विपक्षी नेताओं ने विश्वनाथ प्रताप सिंह की पहल का स्वागत किया और उनके नेतृत्व में कांग्रेस के विरुद्ध एक राष्ट्रीय विकल्प तैयार करने की इच्छा ज़ाहिर की। 1977 का राजनीतिक दृश्य एक बार फिर से नज़र आने लगा।

बोफ़ोर्स के मसले पर अन्य विपक्षी नेताओं की भाँति बहुगुणा ने भी लोकदल अध्यक्ष की हैसियत से जाँच की माँग की और राजीव सरकार का त्यागपत्र माँगा। वे भी राष्ट्रीय विकल्प की खोज में थे परन्तु इस विकल्प का नेतृत्व विश्वनाथ प्रताप सिंह को सौंपने को तैयार न थे और न ही वे रीति-नीति तय किये बिना 1977 के प्रयोग को दोहराने के पक्ष में थे।

बहुगुणा और विश्वनाथ प्रताप सिंह दोनों इलाहाबाद की उपज हैं। विश्वनाथ प्रताप सिंह ने 1966 में राजनीति प्रारम्भ की थी जबकि बहुगुणा उनसे बहुत वरिष्ठ नेता थे। 1966 में बहुगुणा की पत्नी कमला ज़िला कांग्रेस कमेटी इलाहाबाद की अध्यक्ष थीं और उन्होंने ही विश्वनाथ प्रताप सिंह को पार्टी का सदस्य बनाया था। 1971 के लोकसभा चुनाव में फूलपुर संसदीय क्षेत्र से बहुगुणा ने विश्वनाथ प्रताप सिंह की उम्मीदवारी को प्रस्तावित किया था परन्तु श्रीमती गाँधी यहाँ से इलाहाबाद के ही जगपत दुबे को लड़ाना चाहती थीं। जगपत दुबे कई दशकों से प्रायः उनके प्रतिनिधि के रूप में इलाहाबाद में नियुक्त थे। बहुगुणा की ज़िद पर श्रीमती गाँधी ने विश्वनाथ प्रताप सिंह के नाम पर किसी प्रकार से अपनी सहमति दी थी और वे पहली बार जीतकर लोकसभा पहुँचे। बहुगुणा ने कभी भी प्रतिस्पर्धा के भय से योग्यता को दबाने का प्रयत्न नहीं किया। बाद में राजनीतिक जीवन का मूल्यांकन करते हुए वह कहा करते, "मैंने जिस किसी को उठाया उसी ने मेरी जड़ काटी। सत्य तो यह है कि राजनीति अत्यन्त कठोर खेल है और इसमें ऊपर उठने के लिए कुछ भी सम्भव होता है। परन्तु स्वतन्त्रता संग्राम से उभरे भारतीय नेताओं के मूल्यों एवं नयी पीढ़ी के राजनीतिक दृष्टिकोण में बहुत अन्तर है।" बहुगुणा का यह कथन विश्वनाथ प्रताप सिंह पर भी लागू होता था क्योंकि बहुगुणा और श्रीमती गाँधी के बीच मतभेद पैदा करने वालों में विश्वनाथ प्रताप सिंह का उल्लेखनीय योगदान था। 1980 में फूलपुर संसदीय क्षेत्र से कमला बहुगुणा को हराने का षड्यंत्र भी उन्होंने रचा था। फिर गढ़वाल उप-चुनाव के समय उन्होंने मुख्यमन्त्री की हैसियत से बहुगुणा को हराने के जो प्रयास किये वे सर्वविदित हैं। भला बहुगुणा यह सब कैसे भूल सकते थे? उन्होंने हमेशा विश्वनाथ प्रताप सिंह को एक दिग्भ्रमित नेता के रूप में स्वीकार किया और बार-बार इस बात को दोहराते रहे कि जो व्यक्ति उत्तर प्रदेश के मुख्यमन्त्री का भार नहीं सँभाल सका और हार मानकर त्यागपत्र दे दिया उसे किस प्रकार राष्ट्रीय नेतृत्व सौंपा जा सकता है? सारे विपक्ष द्वारा मान्यता दिये जाने के बाद भी वे विश्वनाथ प्रताप सिंह को अपना नेता मानने को तैयार नहीं थे।

6 अगस्त, 1988 को जनता पार्टी, लोकदल, कांग्रेस (एस), विश्वनाथ प्रताप सिंह का जन मोर्चा, तेलुगु देशम, असमगण परिषद, द्रविड़ मुनेत्र कड़गम ने मिलकर राष्ट्रीय मोर्चा बनाया। जन मोर्चा के नेताओं ने विपक्षी दलों पर विलय कर एक दल बनाने का दबाव डालना शुरू किया। इस मुहिम में कांग्रेस में फूट के नायक और कांग्रेस में मैनेजर कल्चर के जनक अरुण नेहरू विश्वनाथ प्रताप सिंह के प्रमुख सलाहकार थे।

राष्ट्रीय मोर्चा के गठन के प्रस्ताव को व्यापक समर्थन मिल रहा था और देश की जनता ने विश्वनाथ प्रताप सिंह को एक युगपुरुष के रूप में अपना नेता स्वीकार किया। अधिकांश विपक्षी नेता भी विलय के लिए उत्साहित थे जिसमें देवी लाल, बीजू पटनायक, जॉर्ज फर्नान्डिस, रामकृष्ण हेगड़े आदि प्रमुख थे। जनता पार्टी के अध्यक्ष चन्द्रशेखर, रामधन व कृष्णकान्त इसके बहुत अधिक पक्ष में न थे और इसका विरोध कर रहे थे। लोकदल अध्यक्ष बहुगुणा तो खुलकर विरोध में थे।

बोफ़ोर्स काण्ड में अमिताभ बच्चन व उनके भाई अजिताभ बच्चन का नाम उछला कि अमिताभ बच्चन ने लोकसभा से त्यागपत्र दे दिया और इलाहाबाद संसदीय क्षेत्र रिक्त हो गया। फलस्वरूप 1988 में इस क्षेत्र में उप-चुनाव हुआ। विश्वनाथ प्रताप सिंह विपक्ष के उम्मीदवार बनकर मैदान में उतर गये। उनके कट्टर समर्थक चौ. देवी लाल ने अपनी पूरी ताक़त झोंक दी थी। वे कई दिनों तक अपनी 'ग्रीन ब्रिगेड' के सैकड़ों कार्यकर्ताओं के साथ उनके समर्थन में इलाहाबाद में टिके रहे। देवी लाल ने खुलकर घोषित किया कि विश्वनाथ प्रताप सिंह ही राजीव गाँधी का विकल्प बनेंगे और विपक्ष के निर्विवाद नेता होंगे। क्षेत्रीय पार्टियाँ विलय के लिए तैयार न थीं, आन्ध्र प्रदेश के मुख्यमन्त्री एन.टी. रामाराव ने साफ़-साफ़ कह दिया था कि भविष्य में आयोजित किसी भी विलय कार्यक्रम में क्षेत्रीय पार्टियाँ भाग नहीं लेंगी। वे अपना स्वतन्त्र अस्तित्व बनाये रखेंगी। तेलुगु देशम, डी.एम.के. और असमगण परिषद भी इसी विचारधारा की पार्टियाँ थीं।

बहुगुणा लोकदल के अध्यक्ष तो थे किन्तु चौधरी चरण सिंह के मरणोपरान्त दल के प्रान्तीय नेता बहुत शक्तिशाली हो गये थे। उनके लिए राष्ट्रीय नेतृत्व की अवहेलना आम बात हो गयी थी। इसी कारण उन्होंने कभी भी दल का नेता होने का सम्मान नहीं दिया। प्रान्तीय नेता समझते थे कि केन्द्रीय नेता उन पर आश्रित हैं। हरियाणा विधानसभा चुनाव में अभूतपूर्व सफलता प्राप्त करने के पश्चात चौधरी देवी लाल अपने को विपक्ष का पितामह समझने लगे थे। उन्होंने दल की अध्यक्षता में फेरबदल की कोई बात नहीं की परन्तु उनकी मंशा थी कि दल में उनका ही निर्णय अन्तिम माना जाये। वह दल के संसदीय बोर्ड की सभाओं में हावी होने का प्रयत्न करते रहे और अध्यक्ष के होते हुए भी दल की भावी रणनीति और विचारों की घोषणा करते रहे। ऐसी स्थिति को देखते हुए बहुगुणा ने बयान दिया था, "देवी लाल तो स्वयं को इन्दिरा गाँधी से भी महान समझते हैं और मेरी ओर से निस्संकोच बयान जारी करते हैं।"

उन्होंने सभी विपक्षी नेताओं को चेतावनी देते हुए व्यंग्य कसा था कि वे देवी लाल से सतर्क रहें क्योंकि कहीं बाद में वे स्वयं ही नहीं समझ पायें कि इतने ऊँचे व्यक्ति का क्या करें?

विलय के प्रश्न पर उत्तर प्रदेश के मुलायम सिंह यादव और राजस्थान के नाथूराम मिर्धा ने विरोध किया और बहुगुणा के साथ राष्ट्रीय मोर्चा में लोकदल के स्वतन्त्र अस्तित्व की बात की। दिल्ली में जन मोर्चा, जनता पार्टी, लोकदल और कांग्रेस (एस) का संयुक्त अधिवेशन हुआ। मुलायम सिंह यादव ने सुबह बहुगुणा से भेंट की और आश्वासन दिया कि वह अधिवेशन में शामिल नहीं होंगे परन्तु बाद में पता चला कि देवी लाल और जॉर्ज फर्नान्डिस के प्रयत्न के उपरान्त वह झुक गये और उन्होंने सम्मेलन में भाग लिया। 28 जुलाई, 1988 को एक संयुक्त दल 'समाजवादी जनता दल' की घोषणा कर दी गयी। इसमें जन मोर्चा, जनता पार्टी, लोकदल व कांग्रेस (एस) का विलय हुआ। बाद में 11 अक्टूबर को इस गठबन्धन को बंगलौर में हुए एक अधिवेशन में 'जनता दल' का नाम दिया गया। चन्द्रशेखर ने 10 अक्टूबर को बहुगुणा से कहा था कि वे बंगलौर नहीं जायेंगे परन्तु अगले दिन समाचार-पत्रों से पता चला कि वे भी वहाँ गये और गठबन्धन में सम्मिलित हो गये।

अब विपक्ष में बहुगुणा अकेले रह गये थे। उनके सहयोगियों एवं शुभचिन्तकों ने जब उन्हें समझाने का प्रयत्न किया कि समय की आवाज़ को सुनकर उन्हें भी जनता दल में शामिल हो जाना चाहिए, तो उनका उत्तर था, "1977 में एक भूल की तो आज तक उसका भुगतान नहीं कर पा रहा हूँ, आप चाहते हैं एक बार फिर वही भूल दोहराऊँ। यह मुझसे नहीं होगा। देश मुझे माफ़ नहीं करेगा।" उनका साफ़ कहना था कि जब तक सैद्धान्तिक आधार पर समझौता नहीं होगा, ऐसे गठबन्धन बनते-टूटते रहेंगे। केवल सत्ता प्राप्ति के लिए किया गया विलय अधिक दिन तक नहीं चल सकता। उनका स्पष्ट मत था कि जनता पार्टी के प्रयोग से ग़ैर-कांग्रेसी पार्टियों को बहुत नुक़सान हुआ था और देश की राजनीतिक फ़िज़ाँ ख़राब हुई थी, परन्तु देश का नुकसान नहीं हुआ क्योंकि सभी कमियों के बावजूद जनता पार्टी में राष्ट्रीय आन्दोलन के मूल्यों में यक़ीन रखने वालों की एक लम्बी सूची थी। बहुगुणा कहते थे कि प्रस्तावित जनता दल में ऐसे नेताओं का वर्चस्व होगा जिनका गाँधी जी के राष्ट्रीय आन्दोलन के मूल्यों से कोई लेना-देना नहीं था। वे इस अवसरवादी प्रयोग को राष्ट्र की एकता-अखण्डता के लिए घातक मानते थे। एक दिन उन्होंने अपने लोदी कॉलोनी स्थित आवास में काफ़ी दुखी मन से कहा था, "जनता पार्टी में मोरारजी भाई, बाबू जगजीवन राम, चौधरी चरण सिंह, मधु लिमये, कर्पूरी ठाकुर, चन्द्रशेखर सरीखे नेता थे जो आपस में लड़ते ज़रूर थे, पर देश की एकता को लेकर वे कोई समझौता नहीं करते थे। नयी पार्टी पर विश्वनाथ प्रताप सिंह और अरुण नेहरू सरीखे मैनेजरों का क़ब्ज़ा होगा जो राजनीतिक स्वार्थ और सत्ता के लिए कोई भी ग़ैर-ज़िम्मेदाराना हरकत कर सकते हैं। इसमें चन्द्रशेखर की भी कोई हैसियत नहीं होगी।

इसलिए यदि जनता पार्टी ढाई वर्ष चली थी तो यह पार्टी एक साल में ख़त्म हो जायेगी। पर जाते-जाते ये लोग देश का इतना नुक़सान कर जायेंगे कि उसकी कल्पना नहीं की जा सकती। विश्वनाथ प्रताप सिंह पर प्रतिक्रिया व्यक्त करते हुए उन्होंने समाचार-पत्रों में बयान दिया था, "उन्हें अपना नेतृत्व सौंपकर विपक्ष सबसे बड़ी भूल कर रहा है।" इस पर विपक्षी नेताओं के साथ-साथ देशवासियों ने भी बहुगुणा पर आरोप लगाया कि वे स्वार्थवश विपक्ष की एकता के आड़े आ रहे हैं। कुछ लोगों का तो आरोप था कि वे कांग्रेस का खेल खेल रहे हैं। परन्तु बहुगुणा ने अपने निर्णयों के सही अथवा ख़राब होने की चिन्ता किये बिना सदैव अपनी अन्तरात्मा की आवाज़ पर फ़ैसले लिए थे। उन्होंने 1980 में श्रीमती गाँधी से उस समय संघर्ष किया जब वे पूर्ण बहुमत प्राप्त कर पाँच वर्षों के लिए केन्द्र में कांग्रेस की सरकार बना चुकी थीं। इसी प्रकार 1988 में जब विश्वनाथ प्रताप सिंह देश की राजनीति में छाये हुए थे, सभी छोटे-बड़े विपक्षी दल उनके नेतृत्व में चलने को तैयार थे, बहुगुणा एकमात्र ऐसे राष्ट्रीय नेता थे जिन्होंने उनके नेतृत्व का विरोध किया और उन्हें चुनौती दी। विश्वनाथ प्रताप सिंह के बारे में उनकी धारणा कभी नहीं बदली।

लोकदल के जनता दल में विलय के प्रश्न को लेकर जब देवी लाल ने उन्हें भला-बुरा कहना शुरू किया तो उन्होंने साफ़ शब्दों में कहा था, "वे अपने मन की करना चाहते हैं और जो भी उनके मार्ग में आता है उसे भला-बुरा कहते हैं। लोकदल का अध्यक्ष मैं हूँ किन्तु एकता सम्बन्धी निर्णय देवी लाल ने अपने ऊपर ले लिए हैं और मेरे नाम से घोषणाएँ कर रहे हैं। जो लोग विश्वनाथ प्रताप सिंह की तरह देवी लाल को उठा रहे हैं वे शीघ्र ही समझ जायेंगे कि ऐसे व्यक्ति का क्या करना चाहिए।"

बहुगुणा की राजनीतिक दूरदृष्टि का अन्दाज़ा आप इसी से लगा सकते हैं कि अपने जीवन के अन्तिम क्षणों में वे अमेरिका में बैठकर भारतीय राजनीति के उन पहलुओं पर रहस्योद्‌घाटन कर रहे थे जिनके बारे में कोई सोच भी नहीं सकता था। 16 मार्च को होने वाली अपनी शल्य चिकित्सा से एक दिन पूर्व उन्होंने टेलीफ़ोन पर न्यूयॉर्क से प्रकाशित 'इंडिया अब्राड' को दिये गये साक्षात्कार में अपनी राजनीतिक भावना को उजागर किया था। लगभग आधे घण्टे के इस साक्षात्कार में विश्वनाथ प्रताप सिंह के बारे में उनका दृष्टिकोण बिल्कुल साफ़ था। संवाददाता के अन्तिम प्रश्न–'विश्वनाथ प्रताप सिंह कैसे प्रधानमन्त्री होंगे?' का उत्तर देते हुए बहुगुणा ने कहा था, "वे राजनीति में बौने हैं और अगर वे प्रधानमन्त्री बन गये तो देश का विनाश हो जायेगा।" यह साक्षात्कार 17 मार्च के अंक में प्रकाशित हुआ था।

विश्वनाथ प्रताप सिंह तथा उनके समर्थकों के साथ 'हाँ' में 'हाँ' न मिलाने के कारण बहुगुणा का विपक्षी दिग्गजों द्वारा मुखर विरोध प्रारम्भ हो गया था। देवी लाल,

विश्वनाथ प्रताप सिंह आदि कहने लगे थे कि बहुगुणा अपना जनाधार खो चुके हैं। वे केवल 'पेपर टाइगर' हैं। सभी नामी-गिरामी नेता उनका साथ छोड़ चुके थे किन्तु कांग्रेस फॉर डेमोक्रेसी के अधिकांश साथी अभी तक उनके लिए मर-मिटने को तैयार थे। उनका यह अदम्य साहस ही था कि उन्होंने अकेले दम लोकदल को चलाते रहने का निर्णय लिया और 23 दिसम्बर, 1988 को चौधरी चरण सिंह के जन्मदिन पर उत्तर प्रदेश की राजधानी लखनऊ में लोकदल का राष्ट्रीय सम्मेलन एवं कार्यकर्ता रैली का आयोजन किया। सभी की आँखें बहुगुणा के इस आयोजन की ओर लगी थीं क्योंकि उन्हें उसकी सफलता पर सन्देह था। इसके विपरीत जब 23 दिसम्बर को बहुगुणा समर्थकों का जन-सैलाब लखनऊ की सड़कों पर उतरा तो बहुगुणा के प्रतिद्वन्द्वी आश्चर्यचकित रह गये। शायद ही कोई प्रान्त रहा हो जहाँ से भारी संख्या में प्रतिनिधि सम्मेलन में भाग लेने न आये हों। यहाँ तक कि देवी लाल की इच्छा के विपरीत हज़ारों लोग हरियाणा से भी आकर शामिल हुए। उत्तर प्रदेश के प्रत्येक ज़िले से हज़ारों-हज़ार बहुगुणा समर्थक जीप, बस, ट्रैक्टर, ट्रक, ट्रेन और आसपास से पैदल जुलूस बनाकर पहुँचे थे। उस समय पर्यवेक्षकों ने लगभग दो लाख लोगों के रैली में भाग लेने का अनुमान लगाया था। सभी समाचार-पत्रों ने एक ही आशय की लेखनी चलायी थी, वह थी, 'एक बार फिर बहुगुणा ने अपने आलोचकों को मुँहतोड़ जवाब दिया। उन्होंने अपना जनाधार दिखाकर सिद्ध कर दिया है कि वे अभी भी एक जनप्रिय नेता हैं।' कुछ समाचार-पत्रों ने तो यहाँ तक टिप्पणी की थी, 'बहुगुणा जैसे व्यक्तिगत करिश्मे वाले नेता कम ही देखने को मिलते हैं।'

इस सम्मेलन में बहुगुणा ने अपने राजनीतिक जीवन का अन्तिम सार्वजनिक भाषण दिया था जो उनकी नीतियों के साथ-साथ उनके सपनों के भारत का बोध कराता है। भाषण के कुछ मुख्य अंश इस प्रकार हैं :

''अगर उत्तर प्रदेश हिन्दुस्तान का धड़कता हुआ दिल है तो लखनऊ उत्तर प्रदेश का दिल है। यह एक ऐतिहासिक शहर है जहाँ 1857 की हमारी आज़ादी की पहली लड़ाई का पहला मोर्चा खुला था। यहाँ की रेज़ीडेंसी आज भी इस गौरवपूर्ण इतिहास की मूक साक्षी है। यह शहर अवध के आख़िरी नवाब वाजिद अली शाह की प्रिय राजधानी रहा, जिन्होंने जलावतन होना मंजूर किया, मौत को गले लगाना मंजूर किया लेकिन विदेशी हुकूमत के साये तले रहना मंजूर नहीं किया। लखनऊ और उत्तर प्रदेश महज़ एक शहर और एक प्रदेश नहीं है। वह एक छवि है जो हमारे राष्ट्रीय जीवन में हर ओर प्रतिबिम्बित हो रही है। आज का दिन न सिर्फ़ चौधरी चरण सिंह की जयन्ती का दिन है बल्कि यह पण्डित जवाहरलाल नेहरू की जन्म शताब्दी तथा महान देशभक्त और समाजवादी नेता आचार्य नरेन्द्र देव की जन्म शताब्दी का वर्ष है। ये दोनों नेता लखनऊ के प्यारे भी थे और उनके अतीत से भी जुड़े थे।

राजनीतिक ईमानदारी की सबसे पहली और बेहतरीन मिसाल आचार्य नरेन्द्र देव ने उस वक़्त क़ायम की थी जब समाजवादी दल कांग्रेस से अलग हुआ और उन्होंने उत्तर प्रदेश विधानसभा की अपनी सीट से फ़ौरन इस्तीफ़ा दे दिया।

हमने स्वराज की एक तस्वीर बना रखी थी, वह यह थी कि हमारे यहाँ न्याय और समता पर आधारित समाज की स्थापना होगी। हालाँकि हमें आज़ादी हासिल किये आज 40 साल बीत चुके हैं, लेकिन सही मायने में 'स्वराज' अभी तक हासिल नहीं हुआ है। इस समय हमें लड़ाई भ्रष्टाचार, मौक़ापरस्ती, फ़िरक़ापरस्ती, जातिवाद, प्रतिक्रियावाद और अहंकारी नेतृत्व के ख़िलाफ़ लड़ना है। तहज़ीब और शराफ़त के गुणों का विकास किये बग़ैर न तो हमारी संस्कृति फल-फूल सकती है और न ही हमारे राष्ट्र की एकता व अखण्डता को बनाये रखा जा सकता है। हमारे देश के वर्तमान विषैले वातावरण में ऐसे अनेक व्यक्ति हैं जो यह मानते हैं कि वे दूसरों से ज़्यादा बड़े और बेहतर देशभक्त हैं। श्रेष्ठता और अलगाव की ऐसी सम्भावनाएँ हमारे राजनीतिक ढाँचे और देश के सामने मतभेद और टूटने का ख़तरा पैदा करती हैं। उसी की व़जह से आगे चलकर सामूहिक राष्ट्रीय चेतना छिन्न-भिन्न हो सकती है।

आज हमारे देश को अनेक समस्याओं और चुनौतियों का सामना करना पड़ रहा है। स्वतन्त्रता के बाद हमारी संविधान सभा ने जो निर्देशक सिद्धान्त और उद्देश्य निर्धारित किये थे, उन्हें हमारे सत्ताधारी वर्ग ने गँदला कर बेमतलब बना दिया। लोकतन्त्र के जिस आदर्श के लिए हमने संघर्ष किया था, उससे हम आज भी बहुत दूर हैं। राजनीतिक और आर्थिक शक्ति के केन्द्रीयकरण की वजह से हमारे समाज की बहुधर्मी और बहुरंगी बुनियाद को ख़तरा पहुँचने लगा है। इससे संकीर्णता, कट्टरता और नकारात्मक को प्रोत्साहन मिलता है जिससे केन्द्र और राज्य के बीच विनाशात्मक संघर्ष और द्वन्द्व होने लगता है। केन्द्र और राज्य की शक्तियाँ परस्पर सहयोग की भावना से काम करने के बजाय, परस्पर-विरोधी शक्तियाँ बन रही हैं जिससे समाज और देश में तनाव की स्थितियाँ पैदा हो रही हैं। देश की अर्थव्यवस्था में चन्द घरानों की इजारेदारी क़ायम हो गयी है जिसके नतीजे के तौर पर उसमें ठहराव आ गया है। बेरोज़गारी बढ़ रही है। हमारे रुपये का भयावह रूप से अवमूल्यन हो चुका है, जिससे भीषण राष्ट्रीय क्षति पहुँची है। क़ीमतें दिन दूनी, रात चौगुनी रफ़्तार से बढ़ रही हैं।

राजनीतिक स्तर पर व्याप्त भ्रष्टाचार हर दूसरे प्रकार के दुराचारों के समर्थकों का स्रोत बन रहा है। कोई भी नेता या दल ऐसा नहीं है जो अदालतों से सज़ायाफ़्ता व्यक्तियों को राजनीतिक दलों में सदस्यता देने से इनकार करे। भ्रष्टाचारियों को दण्डित करने के लिए बड़े-बड़े क़ानूनों की ज़रूरत है।

विदेशी फर्में नहीं चाहतीं कि भारत आत्मनिर्भर हो, क्योंकि इससे उनके चंगुल से विशाल उपभोक्ता मण्डियों के निकल जाने का और उनके अपने उद्योगों को भारी क्षति पहुँचने का ख़तरा रहता है। इन विदेशी शक्तियों का हमारे देश पर भारी प्रभाव

और दबदबा है। हमारा देश बहुधर्मी, बहुभाषी और बहुनस्ली है। इस विविधता को स्वीकार करने में ही हमारे देश की अखण्डता और एकता की गारंटी है। इसे सुरक्षित रखने के लिए यह ज़रूरी है कि केन्द्र से लेकर नीचे ग्राम स्तर तक स्वायत्त और लोकतान्त्रिक संगठनों को सुलभ कराया जाये। ये ही वे एकमात्र साधन हैं, जिनसे हम एक असली धर्मनिरपेक्ष समाज की रचना कर सकते हैं और समाजवाद के रास्ते पर चल सकते हैं।

हमारे लिए गम्भीर चिन्ता का एक और विषय है कि अधिकांश राजनीतिक दलों में आन्तरिक लोकतन्त्र का दिनोदिन हनन होता जा रहा है, राजनीति में व्यक्तिनिष्ठा बढ़ती जा रही है और राजनीतिक कार्यकर्ताओं की हैसियत सिर्फ़ हुक्म बजाने वाले ग़ुलामों की-सी होकर रह गयी है। अगर इन राजनीतिक दलों के ही भीतर लोकतन्त्र का गला घोंटा जा रहा है तो इनसे यह उम्मीद कैसे कर सकते हैं कि ये दल हमारी लोकतान्त्रिक संस्थाओं का संरक्षण करेंगे।

देश की राजनीति को सही दिशा देने के लिए यह ज़रूरी है कि लोकतन्त्र और सामूहिक नेतृत्व के सिद्धान्तों को मान्य किया जाये। सभी राजनीतिक दलों को आन्तरिक चुनाव की अग्नि परीक्षा से गुज़रना होगा। यदि किसी दल में प्राथमिक सदस्यता नहीं है तो उसके सभी निर्वाचित विधायकों, निर्वाचन के लिए खड़े सभी उम्मीदवारों, केन्द्रीय और राज्य कार्यकारिणी के सदस्यों और ज़िला प्रमुखों आदि के द्वारा 'इलेक्टोरल कॉलेज' (निर्वाचन परिषद) का गठन कर उसमें आन्तरिक चुनाव कराये जा सकते हैं। बहरहाल, व्यक्तिनिष्ठ राजनीति का ख़ात्मा किसी-न-किसी ढंग से करना ही होगा। एक व्यक्ति एक पद, सभी सांसदों और विधायकों की सम्पत्ति की वार्षिक घोषणा और पार्टियों के आय और व्यय पर चुनाव आयोग की कड़ी निगरानी आदि सिद्धान्तों को मंजूर करना ही होगा। एक अभिनव भारत के निर्माण की ये अनिवार्य शर्तें हैं और मैं सभी दलों से अपील करता हूँ कि वे इन्हें स्वीकार करें।

हम हरिजनों और समाज के अन्य दुर्बल घटकों पर होते अत्याचारों की मुख़ालफ़त करते हैं। मैं व्यापक भूमि सुधार योजनाओं पर और उन्हें पूरी ईमानदारी से लागू करने पर ज़ोर देता हूँ। हम देश के संविधान द्वारा अनुसूचित जातियों और जनजातियों, पिछड़े वर्गों और स्त्रियों को प्रदत्त अधिकार उन्हें वास्तविक रूप से दिलाने के लिए प्रतिबद्ध हैं। हम शिक्षा प्रणाली की पुनर्रचना का समर्थन करते हैं ताकि उसके लाभ सभी को समान रूप से उपलब्ध हो सकें।

अन्तरराष्ट्रीय दृश्यपटल पर लौह और बाँस और ऐसी ही चीज़ों से बनी दीवारें ढह रही हैं। इस इलेक्ट्रॉनिक युग में हम लोगों को एक-दूसरे की प्रगति से अपरिचित रखकर अलग-अलग डिब्बों में बन्द नहीं रख सकते। अमेरिका आज सोवियत रूस और चीन की जनता तक पहुँच रहा है और चीन अमेरिकियों तक। इसलिए आइए इन अवरोधों और दीवारों को ढहा दें। अब वे बेमतलब हो गयी हैं।

हम मध्यम दूरी के आणविक प्रक्षेपास्त्रों की सन्धि का स्वागत करते हैं। विश्व की दो बड़ी शक्तियों ने आणविक शस्त्रास्त्रों को घटाने का निर्णय लेकर इतिहास में एक नये अध्याय का सूत्रपात किया है। आणविक युद्ध का अर्थ होता है हमारी समूची दुनिया का विनाश। जेनेवा समझौते ने अफ़गान समस्या के समाधान के लिए नयी उम्मीद पैदा कर दी है। साइप्रस, कम्पूचिया, पश्चिमी सहारा, अंगोला और नामीबिया की समस्याओं, समाधान के लिए चल रही वार्ताओं में प्रगति हो रही है। ईरान-इराक युद्ध के खात्मे ने भी खाड़ी प्रदेश में शान्ति की उम्मीदें बढ़ा दी हैं। उस क्षेत्र में शान्ति के लिए यह ज़रूरी है कि विदेशी शक्तियाँ अपनी फ़ौजें वहाँ से हटा लें।

संयुक्त राष्ट्र संघ ने अपनी असली भूमिका का कार्य शुरू कर दिया है। बड़ी शक्तियों ने समस्याओं के समाधान में उसकी भूमिका को मंजूर करना शुरू कर दिया है। हम इस प्रक्रिया का स्वागत एवं समर्थन करते हैं।

भारत-श्रीलंका समझौते ने संघर्ष और उलझनों को जन्म दिया है। भारत के सामने दुविधा है कि जिन लोगों ने पूरे विश्वास के साथ भारतीय शान्ति रक्षक दल को मंजूर किया था, उन्हें वह मँझधार में छोड़ नहीं सकता, लेकिन साथ ही वर्तमान परिस्थिति में भारतीय शान्ति सेना वहाँ पर अनियमित काल तक रखी भी नहीं जा सकती।

मैं युवकों का आह्वान करता हूँ कि वे आयें और जनता को सक्रिय व सचेत बनाने की भारी ज़िम्मेदारी को उठायें। यह आन्दोलन सीमित अर्थों वाला कोई राजनीतिक आन्दोलन नहीं होगा। यह आन्दोलन होगा सांस्कृतिक पुनर्नवीकरण का, आर्थिक पुनर्रचना का, मूल्य आधारित समाज व शासन व्यवस्था के पुनर्गठन और आत्मत्याग का। यह आन्दोलन होगा सामाजिक और आर्थिक विषमताओं को पाटने के लिए एक अभिनव राजनीति का। यह व्यवस्था बदल का, अभिनव आन्दोलन होगा। हमारे युवा वर्ग, किसान, मज़दूर, बुद्धिजीवी, वैज्ञानिक, तकनीशियन, कलाकार और हमारे स्वतन्त्रता संघर्ष में भाग लेने वाले हर तबके के सामने यह एक बहुत बड़ी चुनौती है। आज हमें स्वराज का अर्थ घर-घर जाकर समझाना होगा और उसे अपनी रोज़मर्रा की ज़िन्दगी में उतारना होगा। हम आत्मनिर्भरता के समर्थक हैं, हर प्रकार के अभावों से मुक्ति चाहते हैं और हम हर प्रकार के शोषण के ख़िलाफ़ हैं। हम चाहते हैं कि 'आठवीं योजना' हमारे देश की सबसे बड़ी सम्पदा, मानव संसाधनों पर आधारित हो। अब तक हमारे विकास का रुझान धनोन्मुखी रहा है जिससे विकास की दौड़ में भारत अनेक एशियाई राष्ट्रों से भी पिछड़ गया है। इस योजना को प्राथमिक तौर पर कृषि और पशुपालन पर ज़ोर देना चाहिए।

किसानों को कृषि उत्पादों पर लाभकारी मूल्य प्रदान किया जाना चाहिए। साम्प्रदायिक दुर्भावना भड़काने में लगे हुए असामाजिक तत्त्वों के ख़िलाफ़ न्यायालय में मुक़दमा चलाकर उन्हें कड़ी सज़ा देनी चाहिए।

पदासीन अथवा निवृत्त मन्त्रियों, गवर्नरों, राजदूतों की नाजायज़ रूप से कमाई सम्पदा की जाँच तथा दोषी करार दिये जाने वाले व्यक्तियों के ख़िलाफ़ कड़ी सज़ा तथा सम्बन्धित ग़ैर-क़ानूनी कमाई की ज़ब्ती की व्यवस्था के लिए क़ानून बनाया जाना चाहिए।

मैं एक सुनियोजित जन-सम्पर्क कार्यक्रम का आह्वान करता हूँ ताकि देश में सुदूर भागों में बसे गाँवों और झोंपड़ियों तक पहुँचा जा सके। आज विश्व में पूर्व और पश्चिम के बीच की दीवारें ढह रही हैं। आइए हम अपने देश के भीतर ही दीवारों को तोड़ डालें। यह एक महान और कठिन कार्य है। आइए हम सब मिलकर इसे उठायें।''

अन्तिम समय में उन्होंने कुछ पत्र-पत्रिकाओं को अपना साक्षात्कार भी दिया था जिसमें देश की राजनीति एवं विकास की सम्भावनाओं का एक जीता-जागता स्वरूप देखने को मिलता है। लखनऊ में बहुगुणा ने अपना जो अन्तिम साक्षात्कार दिया था उसके कुछ अंश इस प्रकार हैं :

''आज का भ्रष्ट शासन बदलना है, नया ज़माना लाना है, काश्तकार, दस्तकार को आज़ाद करना है। हिन्दुस्तान को अपने पैरों पर खड़ा करना है और दुनिया में अमन का पैग़ाम पहुँचाना है। साम्राज्यवादी ताक़तों की जो तरह-तरह की चालें दिखाई पड़ती हैं, मिडिल ईस्ट (मध्य एशिया) में फ़िलिस्तीनियों के ख़िलाफ़ जो दिखाई पड़ता है, हिन्द महासागर में तरह-तरह की जो फ़ौजी हरकतें चल रही हैं इन सभी चालों का हमें मुक़ाबला करना है। हिन्दुस्तान को नया हिन्दुस्तान बनाने के लिए कोशिश करनी है। मैं इसी रास्ते का मुसाफ़िर था, हूँ और रहूँगा। इस रास्ते में भटकाव है तो नफ़रत का, मज़हबी तास्सुब का, उसे मिटाने के लिए नया ज़माना लाना है।''

1985 में 'प्रिंस चार्मिंग' कहे जाने वाले राजीव गाँधी ने सत्ता की बागडोर फिर से सँभाल ली थी। इन्दिरा गाँधी की हत्या के बाद जनता की जो सहानुभूति राजीव को मिली उसे वे क़ायम रखने के प्रयास में थे, गाँव-देश का तो अनुभव था नहीं, परिस्थितियों ने उन्हें उस कुर्सी पर पहुँचा दिया था। इसीलिए शायद बहुगुणा कहा करते थे, ''राजीव जनता के बीच रहे नहीं, जनता ने उन्हें बुलाया नहीं, वे तो अपनी माँ की पुकार पर आये थे इसलिए उनका जनता से क्या सरोकार?''

बहुगुणा की राजीव से भी श्रीमती गाँधी की तरह कोई लड़ाई न थी, परन्तु वे उनकी कार्यपद्धति से सन्तुष्ट न थे, हमेशा अनुभवहीन प्रधानमन्त्री के रूप में उनकी गणना करते थे। बहुगुणा ने देश को प्रगति के रास्ते पर ले जाने के लिए समय-समय पर ढेर सारे पत्र राजीव गाँधी को लिखे थे और राष्ट्रीय एकता परिषदों की बैठकों में भी वे निरन्तर अपने सकारात्मक सुझाव देते रहे।

7 अप्रैल, 1986 को प्रधानमन्त्री राजीव गाँधी ने 'राष्ट्रीय एकता परिषद' की जो बैठक आयोजित की थी उसमें बहुगुणा ने मुखर होकर अपने विचार रखे थे। उनका दृष्टिकोण संकीर्ण दायरे में न होकर व्यापक स्तर पर राष्ट्रीयता से ओत-प्रोत था। उन्होंने साफ़ शब्दों में कहा था, ''हमने इस सभा के लिए निमन्त्रण इसलिए स्वीकार

किया है कि हम सभी राष्ट्रीय एकता के बारे में चिन्तित हैं। परन्तु हमें यह कहने में तनिक भी संकोच नहीं कि हमारा दृष्टिकोण शासक दल से भिन्न है। केवल सभाओं से समस्या का समाधान सम्भव नहीं है, हमें समाज के हर वर्ग की इच्छाओं तथा अपेक्षा को समन्वित कर चलना होगा। इसके लिए आर्थिक, सामाजिक और राजनीतिक नीतियों में ऐसी व्यापकता लानी होगी जो 'बहुजन हिताय और बहुजन सुखाय' हो। उदाहरण के लिए आज भी हमारी शिक्षा उच्चवर्गीय एवं उपनिवेशवादी है। सामाजिक एवं सांस्कृतिक क्षेत्र में ग्रामीण समाज को उपेक्षित किया जा रहा है। ग़रीबों के सामाजिक न्याय को अनसुना किया जा रहा है। भारत जैसे बहुधर्मी, बहुभाषी, बहुजातीय एवं आर्थिक दृष्टि से विषम समाज को यदि हमें राष्ट्रीय एकता के सूत्र में बाँधना है तो सर्वांगीण विकास के रास्ते की खोज करनी होगी।

विदेशी ताक़तों द्वारा फैलायी जा रही अस्थिरता को रोकने का हमारा प्रयास नगण्य है, सीमाओं पर अस्थिरता का माहौल है। कश्मीर, पंजाब, मिज़ोरम, असम, नागालैंड आदि में अशान्ति का वातावरण है। स्वस्थ प्रशासन के स्थान पर सैनिक व अर्धसैनिक बलों का प्रयोग जिस प्रकार दिन-प्रतिदिन बढ़ता जा रहा है वह जनता के लिए घातक है। आतंकवाद निन्दनीय है, परन्तु उसके समाधान में विपक्ष की अवहेलना उचित नहीं। आख़िर पंजाब समझौते में विपक्ष को विश्वास में क्यों नहीं लिया गया? वस्तुतः वास्तविक राष्ट्रीय एकता तभी सम्भव है जब हम अनेकता में एकता के सिद्धान्त को स्वीकार कर आगे बढ़ेंगे।''

बहुगुणा ने इस बैठक में शिक्षा, व्यापार, वाणिज्य आदि के ज्वलन्त प्रश्नों पर अपने महत्त्वपूर्ण सुझाव दिये थे। हिन्दू धर्म की मान्यताओं तथा सम्प्रदायवाद के ज़हर की समस्या के समाधान पर उनका मुद्दा था कि हमें हिन्दू तथा मुस्लिम दोनों की मान्यताओं पर कोई सीमारेखा खींचनी होगी। ''हमें धर्म के नाम पर कोई शिकवा-शिकायत नहीं, परन्तु आडम्बर को बढ़ावा न देकर उसका उन्मूलन करना होगा। क्या आवश्यकता है कि हमारे शीर्ष नेताओं के मन्दिर, मस्जिद एवं गिरजाघर में जाने पर मीडिया इतना अधिक प्रचार करे? हमारे धर्म का आडम्बर राजकीय समारोहों तक में प्रवेश कर गया है। उद्घाटन, शिलान्यास जैसे समारोह पूजा पद्धति से शुरू होते हैं। यहाँ एकांगी समाज एवं धर्म का बोध होता है। इसलिए मैंने अपने मुख्यमन्त्रित्व काल में ऐसी परम्पराओं पर रोक लगा दी थी और इसके परिणाम अच्छे निकले। किसी ने कोई विरोध नहीं किया। राजकीय परिसर में मन्दिर, मस्जिद एवं गिरजाघर के निर्माण की अनुमति ही नहीं दी जानी चाहिए। जहाँ कहीं भी साम्प्रदायिक दंगे हों उसके लिए प्रत्येक मुख्यमन्त्री सम्बन्धित अधिकारियों को ज़िम्मेदार ठहराये। उन पर अभियोग लगाकर उन्हें दण्डित किया जाये। हमें दंगों को रोकने के लिए पूर्ववर्ती एवं परवर्ती सुरक्षात्मक क़दम उठाने चाहिए। यदि संवेदनशील स्थान हमें पहले से पता हैं तो हम उन पर उचित निगरानी क्यों नहीं रखते। इलाहाबाद, मुरादाबाद, भिवंडी आदि के दंगे

हमारी आँख के सामने हैं। क्या उनमें गुप्तचर विभाग ने सतर्कता बरती? यदि नहीं तो क्यों? यदि बरती होती तो शायद दंगे न होते।''

पश्चिम बंगाल के मुख्यमन्त्री ज्योति बसु तथा समाज कल्याण मन्त्री के इस प्रश्न पर कि मुसलमानों की मदद कैसे की जाये? बहुगुणा ने सुझाव दिया था कि मुस्लिम अल्पसंख्यकों में से बहुसंख्यक ऐसे हैं जो परम्परागत शिल्पकार, कारीगर, बुनकर जैसे गृह उद्योगों से जुड़े हुए हैं। हमारी वित्तीय संस्थाएँ 90 प्रतिशत ऐसे लोगों की मदद वित्तीय सहायता देकर कर सकती हैं। इसके साथ ही राज्य स्तर पर समान शिक्षा, पुलिस के पदों पर भर्ती जैसे अनेक क़दम उठाये जा सकते हैं। पंजाब तथा जम्मू-कश्मीर जहाँ हिन्दू अल्पसंख्यक हैं, वहाँ पुलिस की भर्ती में हिन्दुओं की पर्याप्त भर्ती की जानी चाहिए। वे इस पक्ष में थे कि देश को अपनी सम्पूर्ण शक्ति एवं संसाधनों को जुटाकर बीभत्स मोड़ ले रही साम्प्रदायिकता को रोकना चाहिए ताकि धर्मनिरपेक्ष देश में ऐसी घटनाओं की पुनरावृत्ति न हो सके।

उन्होंने 27 मई, 1987 को तत्कालीन प्रधानमन्त्री राजीव गाँधी को लिखे गये अपने एक पत्र में भी कहा था, ''देश साम्प्रदायिकता की आग की लपटों में जल रहा है। गुजरात, उत्तर प्रदेश और बिहार और अब सीधे आपके प्रशासनिक उत्तरदायित्व का क्षेत्र दिल्ली भी बार-बार दंगों की लपटों में आ रहा है। घटनाचक्र और केन्द्रीय गृह मन्त्री तथा विभिन्न अधिकारियों के बयान बताते हैं कि प्रशासन स्थिति को क़ाबू करने में असफल रहा है। यह ऐसी स्थिति है जिससे हर राष्ट्रभक्त दुखी और चिन्तित है।

राष्ट्रीय एकता परिषद सुप्तावस्था में है। विपक्ष की भूमिका नगण्य बना दी गयी है। कर्फ़्यू के दौरान सरकारी तन्त्र सार्वजनिक कार्यकर्ताओं से वास्ता रखना ही नहीं चाहता। उनसे सहयोग लेने की कोई पहल भी नहीं करता, इच्छा भी नहीं रखता।

साम्प्रदायिकता की विभीषिका की जड़ें बेहद गहरी हैं। हमारा मत है कि उनसे लड़ने के लिए लगातार प्रयास करना चाहिए। परन्तु सरकार इस सम्बन्ध में समय-समय पर अग्निशमनक की तरह कार्रवाई करती रही है। कभी-कभी राष्ट्रीय एकता परिषद की बैठकें भी बुलायी जाती रही हैं। 7 अप्रैल, 1986 को हुई बैठक में एक उप-समिति बनायी गयी थी जिसके अध्यक्ष बाबू जगजीवन राम थे। उन्होंने इस उप-समिति की एक बैठक बुलाने के लिए पहल की थी। इसके विचारार्थ हमने एक प्रपत्र के माध्यम से साम्प्रदायिकता से लड़ने के लिए कुछ ठोस सुझाव दिये थे परन्तु बाबूजी का देहावसान हो गया और उनका स्थान रिक्त पड़ा है। आज तक उस उप-समिति की बैठक ही नहीं हो पायी।'' राष्ट्रीय एकता परिषद को इस तरह उपेक्षित और निष्क्रिय रखना इस बात का प्रमाण है कि सरकार इस उपयोगी फोरम को कितना बेजान बनाये हुए है।

हमारी माँग है–1. राष्ट्रीय एकता परिषद को सक्रिय कर स्थायी रूप से साम्प्रदायिकता का मुक़ाबला करने के लिए सर्वदलीय कार्यक्रम बनाया जाये।

2. सरकार तत्काल साम्प्रदायिक सद्भावना स्थापित करने के लिए सर्वदलीय स्तर का प्रतिनिधिमण्डल बनाकर दंगाग्रस्त क्षेत्रों की प्रशासनिक व्यवस्था पर विचार करे और वर्तमान साम्प्रदायिक तनावों से निपटने के लिए तात्कालिक रणनीति तैयार करे।

3. सरकार साम्प्रदायिकता से जुझारू लड़ाई लड़ने और द्रुतगामी कार्यक्रम बनाने के लिए राष्ट्रीय एकता परिषद से राय ले, और उसके परामर्श या सिफ़ारिश पर अमल करने का वचन दे।

4. दंगाग्रस्त क्षेत्रों की प्रशासनिक असफलता के लिए दोषी सभी स्तर के अधिकारियों को दण्डित करने के लिए एक राष्ट्रीय संहिता बनायी जाये, क्योंकि राष्ट्रीय एकता परिषद के श्रीनगर सम्मेलन में इस सम्बन्ध में लिए गये निर्णय सरकारी उदासीनता के चलते मृतप्राय हो चुके हैं।

5. फ़िलहाल दंगाग्रस्त क्षेत्रों में न्याय व्यवस्था क़ायम रखने में असफल और उसके लिए दोषी मन्त्रियों, मुख्यमन्त्रियों को तत्काल पदमुक्त किया जाये।

बहुगुणा के इन सुझावों तथा तत्परता से स्पष्ट है कि वे देश में साम्प्रदायिकता जैसे ज़हर को मिटाने के लिए कितने जागरूक थे।

राष्ट्रीय एकता परिषद के माध्यम से बहुगुणा ने जहाँ साम्प्रदायिकता को समाप्त करने के प्रयत्न किये वहीं राष्ट्रीय नेताओं को नीतिगत एवं न्यूनतम साझा कार्यक्रम के आधार पर जोड़ने का प्रयास किया। हालाँकि उन्हें सफलता नहीं मिली, विश्वनाथ प्रताप सिंह एवं चौ. देवी लाल उनके आड़े आये, उन्होंने लोकदल से उनके अस्तित्व को मिटाने तक की कोशिशें कीं परन्तु बहुगुणा ने हिम्मत नहीं हारी।

विश्वनाथ प्रताप सिंह एवं देवी लाल के कारण ही 1988 का वर्ष बहुगुणा के लिए काफ़ी संघर्षपूर्ण वर्ष रहा। दोनों नेताओं की मिलीभगत से लोकदल विखण्डित हो गया था। क्षेत्रीय पार्टियो में तेलुगु देशम, असमगण परिषद को छोड़कर विपक्ष की पार्टियाँ जनता पार्टी, लोकदल, कांग्रेस समाजवादी और जन मोर्चा ने मिलकर राष्ट्रीय मोर्चा का गठन कर लिया था। बहुगुणा जनता पार्टी के पूर्व अनुभव से घबराये हुए थे, वे इसके पक्ष में न थे। वे चाहते थे कि राष्ट्रीय मोर्चे में शामिल पार्टियाँ अपना स्वतन्त्र अस्तित्व बनाये रखें और न्यूनतम साझा कार्यक्रम संयुक्त कार्यप्रणाली के तहत काम करें। देवी लाल बहुगुणा की इस विचारधारा के प्रतिकूल बह रहे थे। फलस्वरूप लोकदल दो धड़ों में बँट गया। एक धड़े का नाम लोकदल (ब) दिया गया, जिसके राष्ट्रीय अध्यक्ष हेमवती नन्दन बहुगुणा तथा दूसरे के नेता चौ. देवी लाल स्वयं बने।

हालाँकि, चुनाव आयोग ने लोक़दल (ब) को राष्ट्रीय पार्टी के रूप में मान्यता दे दी थी, परन्तु राष्ट्रीय मोर्चे के अध्यक्षीय मण्डल ने देवी लाल को मोर्चे में शामिल कर लिया। यह सब कुछ एकपक्षीय हुआ क्योंकि न तो इसके बारे में बहुगुणा को पूर्वलिखित सूचना दी गयी और न ही बाद में उनके द्वारा लिखे गये पत्र का मोर्चे के अध्यक्ष एन.टी. रामाराव ने कोई उत्तर दिया। सम्भवतः यह केवल इसलिए हुआ

क्योंकि बहुगुणा विश्वनाथ प्रताप सिंह को नेता स्वीकार करने के लिए तैयार न थे। उन्हें विश्वनाथ प्रताप सिंह तथा चौधरी देवी लाल रास्ते का रोड़ा मान रहे थे।

बहुगुणा विपक्षी नेताओं के इस क़दम से काफ़ी क्षुब्ध थे। यही कारण था कि 12 फ़रवरी, 1989 को लखनऊ में आयोजित एक पत्रकार वार्ता में उन्होंने खुलकर अपने विचार रखे और मोर्चे की कार्यप्रणाली की आलोचना की।

उनका मत था कि राष्ट्रीय मोर्चे का गठन बड़े साफ़-सुथरे तरीक़े से हुआ था लेकिन उसे जिस गन्दे तरीक़े से चलाया जा रहा है वह बड़ी चिन्ता का विषय है। उन्होंने कहा था कि धर्मनिरपेक्ष और समाजवादी शक्तियों को बिखराकर मोर्चा कभी भी कांग्रेस को हटाने के प्रयत्नों में सफल नहीं हो सकता। जिस तानाशाही तरीक़े से मोर्चा चलाया जा रहा है वह उसके विनाश का संकेत देता है। हास्यप्रद है कि राष्ट्रीय मोर्चे की ओर से जो बात देवी लाल कहते हैं, उसे विश्वनाथ प्रताप सिंह दोहराते हैं। बाद में एन.टी. रामाराव भी उसी तर्ज़ में बोलते हैं, कि वह फ़ैसला कार्यकारिणी का है। राष्ट्रीय मोर्चे पर देवी लाल का प्रेत सवार है और वह ख़ुदकुशी की ओर बढ़ रहा है। देवी लाल किसी भी कार्यशैली में विश्वास नहीं रखते। ऐसी कार्यप्रणाली किसी भी दल के लिए विनाशकारी है। वे घर में 'डिक्टेटरशिप' करके बाहर जनतन्त्र स्थापित करना चाहते हैं। उन्होंने कहा कि मोर्चा अध्यक्ष द्वारा उन्हें निष्कासित किये जाने की न तो कोई सूचना दी गयी और न ही उनके द्वारा एन.टी. रामाराव को भेजे गये पत्र का उत्तर ही दिया गया। बहुगुणा का आरोप था कि नीति पर आधारित राजनीति और कार्यप्रणाली में संस्था के स्थान पर राष्ट्रीय मोर्चा व्यक्तियों को महत्त्व दे रहा है। यह इस बात से सिद्ध होता है कि चुनाव आयोग द्वारा लोकदल (ब) को राष्ट्रीय लोकदल मान लेने के उपरान्त भी देवी लाल के लोकदल को सही लोकदल मानकर राष्ट्रीय मोर्चा में शामिल कर लिया गया। विश्वनाथ प्रताप सिंह और सुब्रह्मण्यम स्वामी का आरोप कि कई भारतीय राजनेताओं का विदेशी बैंकों में खाता है, तथ्यपरक होना चाहिए। विश्वनाथ प्रताप सिंह मायाजाल फैलाने की बजाय देश की जनता के सामने सत्य को उजागर करें और यदि आरोप तथ्यपरक हैं तो उस नेता को मताधिकार से वंचित कर दिया जाये। बहुगुणा ने अपने 71 सूत्री कार्यक्रम में भी सुझाव दिया था कि दल के नेताओं की सम्पत्ति की जाँच हो और यदि वह उनकी आय से अधिक पायी जाये तो उन्हें मताधिकार से वंचित कर दिया जाये।

राष्ट्रीय मोर्चा से अलग किये जाने के बाद भी बहुगुणा का मनोबल नहीं टूटा। वे नीतिगत आधार पर राष्ट्रीय कार्यक्रमों के लिए एक प्लेटफ़ॉर्म बनाने में संलग्न रहे। वामपन्थी विचारधारा वाले नेताओं के सहयोग से उन्होंने राष्ट्रीय अभियान समिति को जन्म दे दिया।

12 जनवरी, 1989 को सात विपक्षी पार्टियों ने मिलकर इस अभियान समिति का गठन किया था। इन पार्टियों में लोकदल, सी.पी.एम., सी.पी.आई., कांग्रेस (एस),

फारवर्ड ब्लॉक, क्रान्तिकारी समाजवादी दल तथा जन मोर्चा शामिल थे। समिति का मुख्य उद्देश्य वामपन्थी जनतान्त्रिक कार्यक्रमों के माध्यम से देश की राजनीतिक स्थिति में आमूल परिवर्तन लाना था ताकि राष्ट्रीय एकता क़ायम हो और वर्तमान सरकार की ग़लत नीतियों का विरोध हो सके। इन पार्टियों का मत था कि समिति किसी गठबन्धन एवं मोर्चे से सम्बन्धित नहीं होगी।

इस समिति के गठन में भी बहुगुणा की महत्त्वपूर्ण भूमिका रही है। क्योंकि 1989 का वर्ष आते-आते उनकी विचारधारा ने एक नया मोड़ ले लिया था। वे सरकार बदल अथवा पार्टी विशेष की भावना के बदले व्यवस्था बदल पर अधिक ज़ोर देने लगे थे। इसका परिष्कृत स्वरूप ही हमें इस अभियान समिति की संकल्पना में देखने को मिलता है। इसलिए समिति के जो 15 सूत्री कार्यक्रम घोषित हुए थे वे व्यवस्था से सम्बन्धित थे। वे सूत्र इस प्रकार हैं : विघटनकारी सामुदायिक विभाजनकारी शक्तियों के विरुद्ध संघर्ष। केन्द्र-राज्य सम्बन्धों का प्रशासनिक, आर्थिक व राजनीतिक स्तर पर पुनर्गठन। ग़ैर-कांग्रेसी सरकारों के अभियानों एवं कार्यक्रमों से सहयोग। पिछड़ा वर्ग, अनुसूचित जाति एवं जनजाति, अल्पसंख्यकों, महिलाओं आदि से सम्बन्धित मुद्दों के लिए संघर्ष। उच्च स्तर पर व्याप्त भ्रष्टाचार तथा काला धन के ख़िलाफ़ अभियान। नागरिक स्वतन्त्रता, लोकतान्त्रिक अधिकार, आत्म-निर्भरता, योजना प्रक्रिया, औद्योगिक एकाधिकार, मूल्यवृद्धि, प्रभावकारी सार्वजनिक वितरण प्रणाली, काम का अधिकार, कृषि उत्पादन के लिए अधिक पारिश्रमिक, भूमि सुधार, भूमिहीन खेतिहर मज़दूरों के लिए न्यूनतम मज़दूरी, गाँवों में पेयजल, सड़क निर्माण, आवास, अशिक्षा जैसे मुद्दों के लिए संघर्ष करना।

बहुगुणा का कहना था कि अभियान समिति संगोष्ठियों, जनसभाओं, रैलियों तथा जनजागरण के माध्यम से पूरे देश में कार्य करेगी। समिति की प्रथम रैली कानपुर में 12 मार्च, 1989 को आयोजित होनी थी, जिसका संयोजक बहुगुणा को नियुक्त किया गया था। दुर्भाग्यवश बहुगुणा बीमार पड़ गये और उन्हें उपचार के लिए अमेरिका जाना पड़ा।

अध्याय 18

आख़िरी सफ़र

हेमवती नन्दन बहुगुणा बड़ी ज़िन्दादिली से लगभग पाँच दशक तक हिन्दुस्तान की राजनीति में एक देदीप्यमान नक्षत्र बनकर चमकते रहे। वे सत्ता में रहे हों या विपक्ष में कभी किसी से हार नहीं मानी और बड़ी से बड़ी ताक़त को झकझोर दिया। सिद्धान्तों के साथ समझौता करने के बजाय मिटना स्वीकार किया, राजनीतिक अवसरवादिता व सत्ता की राजनीति के वे प्रबल विरोधी थे। उनके नाम से विपक्षियों के दिलों में दहशत फैल जाती थी। बहुगुणा एक सच्चा इन्सान था, एक सच्चा दोस्त था तथा देश के लिए मर-मिटने वाला एक सच्चा सिपाही था।

बहुगुणा में प्रधान मन्त्री बनने के सभी गुण थे परन्तु उन्हें राजनीतिक द्वन्द्व के झटके लगते गये और वतन की माटी से जुदा होने की तिथि नज़दीक आती गयी। पिछले एक-दो दशकों में राजनीति भी ऐसी हो गयी थी कि उसमें सिद्धान्तप्रिय राजनीतिज्ञ का समायोजित हो पाना कठिन था। विश्वासपात्र राजनीतिज्ञों की कमी, स्वार्थपरक राजनीति, समर्पण तथा देशप्रेम की भावना का अभाव, बढ़ते हुए भ्रष्टाचार तथा कुर्सी के लिए सब कुछ करने के लिए तैयार रहने की राजनीतिक स्थिति ने बहुगुणा को भीतर-बाहर से तोड़ दिया था। उनका दम घुट रहा था। जिस व्यक्ति की साँस-साँस में आज़ादी की लहर दौड़ रही हो, जिसकी रग-रग में राष्ट्रीय भावना व्याप्त हो, जिसके मन में देश के प्रति अटूट प्रेम हो, जिसके लहू में राष्ट्रभक्ति बह रही हो, भला ऐसा व्यक्ति इस राजनीतिक परिवेश में दम घुटने की स्थिति को कितने दिन झेल सकता था।

बहुगुणा जिस समय जीवन के अन्तिम दौर में थे, सम्भवतः रह-रहकर उन्हें अपने अन्तिम क्षणों का अहसास हो रहा था। वे अपने आपको समेटने में लगे थे। हृदय की शल्य चिकित्सा के लिए अमेरिका जाने से पूर्व उन्होंने अपने तमाम कामकाज निपटाने के साथ ही अपने निजी पत्रों को तीन मूर्ति पुस्तकालय को सौंप दिया था। पुस्तकालय के निदेशक प्रो. रवीन्द्र कुमार को उन्होंने टेलीफ़ोन किया और बिना उनके आने की

प्रतीक्षा किये स्वयं काग़ज़ात लेकर वहाँ पहुँच गये। लगभग 60 डिब्बों में दिये गये दुर्लभ दस्तावेज़ आज भी वहाँ सुरक्षित हैं।

बहुगुणा ने जिस दिन इस देश की माटी को अन्तिम बार स्पर्श किया, उसे माथे से लगाया, उस दिन भी शायद उन्हें अहसास हो रहा था कि अब वे अपने देश की इस पवित्र माटी को फिर से न छू सकेंगे। धूल के इस चन्दन को शायद वे अपने माथे पर नहीं लगा सकेंगे। उन्हें अमेरिका जाते समय शायद जीवन के एक-एक क्षण याद आये होंगे। पहाड़ की धरती पर बीता बचपन एक बार फिर से याद आया होगा, याद आयी होगी उन्हें उस माँ की गोद जिसमें कभी वे खिलखिलाकर हँसे थे और रोये थे। वह माँ उनके सामने खड़ी रही होगी, जिसने उन्हें पाला था। पिता उनकी आँखों के सामने रहे होंगे, जिनकी बाँहों में जाने कितनी ही बार वे मचले थे। पहाड़ की माटी शायद उन्हें रह-रहकर याद आ रही थी।

स्कूल, कॉलेज और विश्वविद्यालय की उनकी हरफनमौला ज़िन्दगी, उन्हें एक बार हँसने को कहती तो एक बार रोने के लिए। जीवनसंगिनी के साथ बीते दिन, इलाहाबाद की धरती, जिसने उन्हें सजाया और सँवारा था, को याद कर शायद जाने कितनी बार वे गम में डूबे-उतराये होंगे। पहाड़ों की धरती पर पहली साँस लेने वाले इस सपूत ने सात समुद्र पार देश से 14 हज़ार किलोमीटर दूर अमेरिका की धरती पर अन्तिम साँस ली, पर यह कहना न भूला कि यदि ऑपरेशन की असफलता से उनकी मृत्यु हो जाये तो उनके पार्थिव शरीर को प्रयाग की उस पावन धरती, उस पावन संगम के तट पर जलाया जाये, जहाँ से उन्हें जीवन में शक्ति एवं साहस मिला था। उनकी भस्मी उस संगम के पवित्र जल में जाये जहाँ से देश की सांस्कृतिक एकता का स्वर निकलता है। जिसमें देश के करोड़ों लोगों के पाप का प्रक्षालन होता है, जहाँ का पवित्र जल उनकी, पहाड़ की धरती, उनकी जन्मस्थली की देन है। उनका पार्थिक शरीर उस पवित्र तीर्थ में जले, जिसे तीर्थराज कहते हैं, जो तपोभूमि है। हालाँकि उनका पैतृक श्मशान घाट श्रीनगर (उत्तराखण्ड) में अलकनन्दा के तट पर है, परन्तु उनकी इच्छा थी, कि उनका अन्तिम संस्कार संगम के तट पर ही हो।

बहुगुणा अपने जीवन में कभी प्रयाग की गंगा, प्रयाग के इस संगम को नहीं भूल पाये थे। वे कहीं भी रहते प्रत्येक माघ की अमावस्या को वे यहाँ स्नान के लिए अवश्य आते और माँ त्रिवेणी से आशीर्वाद लेते। कभी नहीं आ सके तो उनके लिए उस दिन संगम का जल भेजा जाता था। 1989 के महाकुम्भ में भी वे स्नान के लिए अपनी बीमारी के कारण नहीं आ सके थे फलस्वरूप उन्हें उस दिन का जल दिल्ली भेज दिया गया और रात 8 बजे उन्होंने अस्पताल में उस जल से स्नान किया था।

माँ गंगा अपने आत्मीय को भला कैसे भूल सकती थी। उसकी मनोकामना को पूरा करना उसका कर्तव्य था। तभी तो चौदह हज़ार किलोमीटर की दूरी से उन्हें लेकर आयी और हँसते-हँसते अपने सपूत को अपनी गोद में ले लिया।

70 वर्ष पूर्व जिस माँ ने अपने उद्‌गम में जिसे जन्म दिया था, पाला-पोसा था, उसे सदा सर्वदा के लिए आत्मसात कर लिया। आकाशमण्डल के देदीप्यमान एवं जाज्वल्यमान नक्षत्र का अस्त हो गया, वह मर कर भी अमर हो गया। 'बहुगुणा अमर हैं' के नारे से उस दिन सारा संगम तट गूँज उठा था।

देश के तमाम समाचार-पत्रों ने इस सपूत के निधन पर अलग-अलग टिप्पणियाँ की थीं। सारा इलाहाबाद शोकाकुल हो उठा था, वह दिन शायद वह दिन था, जब नेहरू, पुरुषोत्तम दास टण्डन, लाल बहादुर शास्त्री, फ़िरोज़, राम मनोहर लोहिया, इन्दिरा गाँधी की परम्परा में देश को समर्पित शहर ने एक और सपूत खो दिया था। पर हो ही क्या सकता था।

मौत तो सुनिश्चित होती है, आती है तो कोई-न-कोई बहाना लेकर। बहुगुणा की भी मौत का एक बहाना था। दरअसल 1988 की विपक्षी एकता को लेकर लड़ाई सतह पर आ गयी थी। बहुगुणा किसी भी क़ीमत पर लोकदल को विघटित करने के पक्ष में न थे। चौ. देवी लाल तथा उनके सहयोगी शरद यादव जैसे नेता इसके विरोध स्वरूप आरोपों को लगाने में शिष्टाचार की सारी सीमाएँ लाँघ गये थे। उन्हें मर्माहत किया, वे दुखी रहने लगे और अपने परिवार तथा इष्ट मित्रों के बीच प्रायः कहा करते थे, ''क्या राजनीति का इतना विकृत स्वरूप देखने के लिए मैंने इतना संघर्ष किया है।'' आश्चर्य तो यह था कि इस मर्माहत अवस्था में भी वे घुटने टेकने को तैयार न थे। उनका मानना था कि विपक्ष के जितने भी नेता हैं इन्दिरा गाँधी के घुटने के बराबर भी नहीं हैं। यदि मैंने सिद्धान्तों के आधार पर उनसे संघर्ष किया है तो अपने विचारों, सिद्धान्तों के विपरीत इनके दबाव में क्यों झुकूँ। यही कारण है कि उन्होंने अकेले ही संघर्ष का मन बना लिया था। वे रवीन्द्रनाथ ठाकुर के 'एकला चलो रे, एकला चलो रे' को जीवन में चरितार्थ करना चाहते थे।

उनके संकल्प के सामने किया भी क्या जा सकता था, बहुगुणा इसके आदी हो गये थे। 1945 में गम्भीर अस्वस्थता के कारण उन्हें जब क़ैद से मुक्त कर दिया गया तब भी डॉक्टरों तथा मित्रों ने उन्हें विश्राम की सलाह दी थी, पर उन्होंने यह कहकर टाल दिया था, ''विश्राम बहुगुणा के भाग्य में ही नहीं है।'' उन्होंने 1984 में दुबारा इसकी पुनरावृत्ति की। व्यस्तता बढ़ती गयी, चिन्ताएँ बढ़ीं और स्वास्थ्य गिरता गया।

चौधरी चरण सिंह ने जिस विश्वास के साथ उन्हें लोकदल की ज़िम्मेदारी सौंपी थी, उसे निभाने के लिए वे अपना सब कुछ भूल बैठे थे। व्यस्तता के कारण सुबह की सैर तक बन्द कर दी थी, हृदय की सामान्य कार्यशक्ति असन्तुलित हो गयी थी और पीठ में दर्द रहने लगा था। हालाँकि उसका सम्बन्ध हृदय से था परन्तु 'स्पांडलाइटिस' की बीमारी होने के कारण किसी का ध्यान इस ओर नहीं गया। उनकी आन्तरिक पीड़ा ने परिवार को भी दुखी कर रखा था। लखनऊ रैली उन पर जनता के विश्वास और आस्था की अन्तिम रैली थी। उसके बाद भी वे रुके नहीं और झुके नहीं। 19 जनवरी, 1989

को चार दिन के दौरे से जब वे दिल्ली पहुँचे तो बेहद थके हुए थे। रात-भर सो नहीं सके थे। उनकी पुत्रवधू सुधा ने ज़िद कर करोल बाग स्थित गंगाराम अस्पताल में उन्हें भर्ती कराया और चार दिन तक जाँच-पड़ताल के बाद 'स्पांडलाइटिस' का इलाज शुरू हुआ। डॉक्टरों ने आराम करने की सलाह दी थी। अस्पताल से वापस आने के बाद उनके स्वास्थ्य में कोई परितर्वन नहीं आया और उनके लिए पीठ के बल लेटना कठिन हो गया था। वे स्वयं कहते थे लक्षण दिल की बीमारी के हैं। दरअसल स्थिति 1984 से बदतर हो चुकी थी। दिल्ली स्थित 'एस्कॉर्ट्स हार्ट सेंटर' के चिकित्सकों का मत था कि उनका हृदय शल्य चिकित्सा के योग्य ही नहीं रह गया है।

आख़िर जब ईश्वर को ही मंजूर न था तो वो गोलियों के सहारे कितने दिन ज़िन्दा रह सकते थे? स्वाभिमान के लिए आजीवन लड़ने वाले बहुगुणा ने अपने जीवन को भी दाँव पर लगा रखा था। जनवरी के अन्त तक उनकी ऐसी हालत हो गयी थी कि वे अमेरिका जाने के लिए बाध्य हो गये।

मित्रों तथा चिकित्सकों की राय पर क्लीवलैंड अस्पताल जाने के लिए योजना बनी और 29 जनवरी, 1989 को वे अपने परिवारजनों के साथ अमेरिका के लिए रवाना हो गये। उनके शुभचिन्तकों तथा समर्थकों में आशा और हताशा दोनों झलकने लगी थीं। उनकी अस्वस्थता की ख़बर सारे देश में आग की लपटों की तरह फैल गयी थी। दवा, दुआ दोनों चल रही थीं, पर बहुगुणा का दिल कुछ और ही कह रहा था शायद। इसीलिए वे एकान्त में गम्भीर भाव से कहते, ''माई रोल इज़ ओवर।'' (मेरी भूमिका समाप्त हो गयी है)

अपने परिवार को ढाढस बँधाते और यह कहते कि 1984 की ही भाँति वे सकुशल वापस लौटेंगे साथ ही बहुगुणा यह भी कहते, ''1989 भारतीय राजनीति का अहम वर्ष है जो उसकी धारा को बदल देगा। यदि ईश्वर को मुझसे काम लेना होता तो वह मुझे इतना गम्भीर रूप से बीमारी में न डालता।'' उनकी अन्तरात्मा सम्भवतः मातृभूमि से अन्तिम विदा लेने के लिए संकेत दे रही थी। इसीलिए उनमें उत्साह एवं आशावादिता, दोनों दृष्टिगत नहीं हो रही थीं।

उनकी पत्नी कमला, पुत्र विजय, शेखर एवं पुत्री रीता विदेश में उनके साथ थे। भारत से विदा होते समय हवाई अड्डे पर भारी संख्या में लोग उन्हें विदा देने के लिए आये थे। विदा देने वालों में जवाहरलाल नेहरू विश्वविद्यालय के प्रोफ़ेसर देवेन्द्र कौशिक भी थे। वे कुछ दिनों पहले ही रूस यात्रा से स्वदेश लौटे थे। अपने संस्मरणों में उन्होंने लिखा है कि बहुगुणा लगभग एक घण्टे तक उनसे रूस में 'ग्लासनोस्ट' एवं 'पेरेस्त्रोइका' के अन्तर्गत चल रहे सुधारों पर चर्चा करते रहे और एक बार भी अपने स्वास्थ्य के प्रति चिन्ता नहीं दिखायी। इन शुभचिन्तकों को क्या पता था कि वे अपने लोकप्रिय नेता को विदेश के लिए नहीं, बल्कि अन्तिम विदा दे रहे हैं।

भारत सरकार के सहयोग से हवाई जहाज़ में पूरी सुविधा थी। सरकार के निर्देश पर सामान्य दर्जे से उनका आरक्षण प्रथम श्रेणी के दर्जे में स्थानान्तरित करा दिया गया था। लन्दन तथा न्यूयॉर्क में भारत के उच्चायुक्तों ने उनका स्वागत किया और उनकी हर सुख-सुविधा का ध्यान रखा। क्लीवलैंड पहुँचते-पहुँचते बहुगुणा काफ़ी थक चुके थे क्योंकि स्वास्थ्य के कारण उनके लिए यात्रा काफ़ी कष्टप्रद थी। बहुगुणा तथा उनके परिवार के लोग विश्व के इस जाने-माने चिकित्सा केन्द्र से जुड़े विश्राम-गृह में ठहरे। हर सुख-सुविधा के बावजूद वे तनावग्रस्त थे और सभी को इन्तज़ार था डॉक्टरों के निर्णय का।

60 वर्षीय फिज़ीशियन डॉ. शेल्डन ने दो घण्टे तक बहुगुणा के स्वास्थ्य की जाँच की और किसी निष्कर्ष तक न पहुँचने पर उन्होंने परामर्श के लिए सर्जन डॉ. लूप के पास भेज दिया। डॉ. लूप तथा शेल्डन ने आपसी सलाह के बाद ऑपरेशन न कराने की सलाह दी क्योंकि डॉक्टरों को सन्देह था कि शायद ही वे शल्य चिकित्सा से उन्हें पूरी तरह राहत दे सकें। वह दिन बहुगुणा के लिए सम्भवतः सबसे दुखद दिन था। वे पूरे दिन गम्भीर सोच में डूबे रहे और अगले दिन पुनः डॉ. शेल्डन से मिलने के लिए गये। डॉक्टर ने उन्हें सक्रिय राजनीति से अलग होकर विश्राम का जीवन जीने की सलाह दी। इस पर बहुगुणा ने कहा था, ''डॉक्टर, बहुगुणा वाज़ बॉर्न टु वर्क, नॉट टू ईट ऑमलेट्स एंड वॉच टेलीविज़न। इफ़ ही कैन नॉट वर्क ही विल डाई (बहुगुणा का जन्म काम करने के लिए हुआ है न कि ऑमलेट खाने तथा टेलीविज़न देखने के लिए। यदि वह काम नहीं कर सकेगा तो उसकी मृत्यु हो जायेगी)।''

दरअसल, बात यह थी कि बहुगुणा के दिल की मांसपेशियाँ काफ़ी कमज़ोर हो चुकी थीं। डॉक्टरों को सन्देह था कि ऑपरेशन के बाद भी शायद आशाजनक सुधार न हो। इसके साथ ही मौत का भी जोखिम बना हुआ था। डॉक्टर नहीं चाहते थे कि वे ख़तरा मोल लें परन्तु बहुगुणा इससे कब सन्तुष्ट होने वाले थे। वे हमेशा जोखिम से खेले थे। उन्होंने अपनी वाक्पटुता से डॉक्टरों के इरादे को ही बदल दिया। फलस्वरूप शेल्डन ने डॉ. लूप से बातचीत कर दो सप्ताह दवा चलाने के बाद 16 मार्च को ऑपरेशन की तिथि निश्चित कर दी।

बहुगुणा ने इस निर्णय से कुछ राहत की साँस ली थी, परन्तु उनका परिवार ऊहापोह की स्थिति में था। पत्नी कमला की राय थी कि दवा लेकर वापस लौट चलना चाहिए, फिर इमर्जेंसी आने पर ऑपरेशन के लिए तय किया जायेगा। बहुगुणा कभी हँसते, कभी झुँझलाते और कहते, कायर की मौत बार-बार होती है, बहादुर की एक बार। वे मानस की इन पंक्तियों को भी दोहराते, ''हानि-लाभ जीवन-मरण यश-अपयश विधि हाथ।'' बहुगुणा ने किसी की भी एक नहीं सुनी। ऐसा लगता है कि मौत की छाया उन्हें दिख रही थी। इसलिए शायद उन्होंने परिवार को सीख देना शुरू कर दिया था। उन्होंने कहा था, ''यदि मुझे कुछ हो जाये तो तुम लोग तात्कालिक लाभों की मत सोचना।

मेरे प्रतिद्वन्द्वी मेरे थे। तुम लोगों का उनसे कोई विरोध नहीं होना चाहिए। यदि कभी क़लम में ताक़त आ जाये और तुम्हारा विरोधी भी मदद के लिए आये तो बिना प्रश्न किये उसकी सहायता कर देना। मेरे मित्र, सहयोगी, कार्यकर्ता, जो उम्र में तुमसे बड़े हैं, कहीं भी मिलें तो उनके सम्मान में तुम्हारा हाथ पहले उठना चाहिए।''

बहुगुणा ने इस आशय की नसीहतों की एक लम्बी सूची परिवारजनों के समक्ष रखी थी। उन्होंने अपनी यह भावना भी व्यक्त की थी कि उनके बच्चे उनके न रहने पर भी पहाड़ों से पूर्ववत् सम्बन्ध बनाये रखें। उन्होंने परिवार के लोगों को अपनी अन्त्येष्टि विधिवत् शास्त्रीय ढंग से करने के भी निर्देश दे दिये थे। घर के नौकरों से लेकर राजनीति तक का कोई ऐसा पहलू न था जिसके बारे में उन्होंने निर्देश न दिये हों।

कमला से कहा था कि यदि उन्हें कुछ हो जाये तो वह भारत लौटकर लोकदल कार्यकारिणी की बैठक बुलाकर बहुमत के सामने अपना मस्तक झुका देंगी। किसी को कहीं जाने से रोकने की आवश्यकता नहीं है। यदि कमला उन्हें बुरा न सोचने के लिए कहतीं तो वह अनसुनी कर ध्यान से अपनी बात सुनने के लिए उन्हें बाध्य करते।

बहुगुणा ने अपनी तीनों सन्तानों की ओर मुख़ातिब होकर कहा था, ''मैं नहीं जानता कि यदि मैं न रहा तो तुममें से कोई राजनीति में आयेगा या नहीं। मेरी राय तो नहीं है, पर यदि कोई आना चाहे तो मेरी राय है कि दस वर्ष आगे की राजनीति करना, सिद्धान्त की राजनीति करना।''

उस रात किसी को नींद नहीं आयी थी। सुबह तीन बजे सभी लोग उठ गये और नहा-धोकर बहुगुणा को ऑपरेशन थियेटर ले जाने के लिए तैयार हुए। व्हील चेयर पर बहुगुणा को ऑपरेशन प्रतीक्षा कक्ष में ले जाया गया। इस बीच वे परिवारजनों के साथ बातें करते रहे। थोड़ी देर में 'व्हील चेयर' आया और ऑपरेशन कक्ष में ले जाने की तैयारी होने लगी। ऑपरेशन के लिए जाते समय उन्होंने एक बार अपनी पत्नी तथा बच्चों की ओर देखा और वे कमला का हाथ पकड़कर बोले, ''देशवासियों को मेरी शुभकामनाएँ देना।'' इसके बाद ही वे आँखों से ओझल हो गये। छह घण्टे तक शल्य क्रिया चलने के बाद दिन में दो बजे डॉ. लूप ने ऑपरेशन सफल होने की ख़बर दी। ख़बर सुनकर परिवार में ख़ुशी की लहर दौड़ गयी। पर क्या पता था यह सब मौत का खेल हो रहा है, असलियत कुछ और है। डॉक्टरों का अगले दिन भेंट कराने का वायदा था। सभी बहुत ख़ुश थे। अतिथि-गृह वापस आकर विजय ने फ़ोन द्वारा भारत में परिवारवालों को बहुगुणा के स्वास्थ्य की जानकारी दी। उनके होश में आने, सब कुछ नियन्त्रण में होने की ख़बर सुनते ही ख़ुशियाँ दुगुनी हो जाती थीं। पर मौत को इन्तज़ार था उस काली रात का, उस क्षण का, जिस क्षण उसे लेकर जाना था। 16 मार्च को रात के क़रीब 9 बजे थे, नर्स से ख़बर मिली कि ऑपरेशन के स्थान से रक्तस्राव हो रहा है किन्तु घबराने की कोई बात नहीं है। यह ख़बर मिले एक ही घण्टा हुआ था कि दुबारा फ़ोन आया कि परिवार का कोई सदस्य वहाँ पहुँच जाये।

बस फिर क्या था। दिल धड़कने लगा और घबराकर सभी वहाँ पहुँच गये। पता चला हालत अच्छी नहीं है। डॉ. लूप दुबारा ऑपरेशन की तैयारी में थे, अमेरिका की घड़ी में सूई रात का एक बजा रही थी। तभी भारत के सपूत हेमवती नन्दन बहुगुणा के प्राण-पखेरू उड़ गये। अमेरिका की धरती पर देश का एक सपूत खो गया। सदा-सदा के लिए देश से, देशवासियों से बिछुड़ गया, भारत का तिरंगा, भारत की माटी, भारत का जीवन दर्शन लेकर चलने वाले बहुगुणा ने स्वजनों, परिवारजनों तथा देशवासियों से अन्तिम विदा ले ली।

डॉ. लूप ने जिस समय यह हृदय-विदारक ख़बर दी उस समय लगा जैसे परिवार पर कोई विपत्ति का पहाड़ टूट पड़ा हो।

17 मार्च, उस दिन भारत में होली का पर्व था। देश-भर में फागुन का उत्सव मनाया जा रहा था, लोगों का चेहरा अबीर-गुलाल तथा रंग से रँग रहा था, बहुगुणा का पार्थिव शरीर भी उस दिन अमेरिका में और आत्मा भारत में अपने करोड़ों देशवासियों के साथ थी। जो कुछ होना था, हो गया था, बहुगुणा वर्तमान से अतीत में बदल गये थे। आज भी वह भयावह रात तथा संकट की घड़ी भूलने से भी भूल नहीं रही है। उनकी एक-एक बात आज तक कानों में गूँज रही है। वह रात, रोकर कटी, सवेरा हुआ और होने लगी भारत वापसी की तैयारी। भारत के विदेश मन्त्री के.के. तिवारी को फ़ोन किया गया। वाशिंगटन स्थित भारतीय दूतावास से दो अफ़सर पहुँचे और उन्होंने प्रधानमन्त्री राजीव गाँधी की ओर से शोक सन्देश दिया। प्रधानमन्त्री का निर्देश था, आगे की सारी ज़िम्मेदारी भारत सरकार की होगी। ओह! कितनी दुखद है विदेश की मौत, जहाँ अपना कोई भी न हो। दो दिन तक लगातार प्रयत्न के बाद मृत्यु सम्बन्धी सारे क़ागज़ात और पार्थिव शरीर परिवारवालों को मिला।

बहुगुणा के पार्थिव शरीर पर वही खादी का कुर्ता और पायजामा था, जिसे उन्होंने कभी देश को आज़ाद कराने के लिए पहना था। शरीर तो अब निर्जीव था, पर उनके चेहरे की मुस्कान इस बात का आभास करा रही थी कि बहुगुणा मरकर भी अमर हैं। अन्ततः बहुगुणा का शव ताबूत में रखकर हवाई अड्डे लाया गया। वहाँ से एयर इंडिया के विमान से न्यूयॉर्क और वहाँ कुछ घण्टों के पड़ाव के बाद भारत लाया गया।

20 मार्च की सुबह तीन बजे, जब बहुगुणा का शव एयर इंडिया के विमान से दिल्ली के इन्दिरा गाँधी अन्तरराष्ट्रीय हवाई अड्डे पर लाया गया तो वहाँ हर वर्ग के लोग मौजूद थे। केन्द्रीय मन्त्रियों में पी.वी. नरसिंह राव, दिनेश सिंह, उत्तर प्रदेश के मुख्यमन्त्री नारायण दत्त तिवारी और सी.पी.आई.एम. के महासचिव हरिकिशन सिंह सुरजीत सहित तमाम राष्ट्रीय नेता शव की प्रतीक्षा में खड़े थे।

शव को लेकर कमला बहुगुणा और उनके दोनों बेटे विजय और शेखर आये थे। सबसे पहले उसे लोदी कॉलोनी स्थिति उनके छोटे-से घर में ले जाया गया। लोगों को शायद यक़ीन न होगा कि बहुगुणा लोदी कॉलोनी के दो बेडरूम वाले

उस टाइप II फ़्लैट में रहते थे, जो भारत सरकार के बहुत जूनियर अधिकारियों को दिया जाता था।

बहुगुणा के घर से शव को क़रीब साढ़े सात बजे पण्डित गोविन्द बल्लभ पन्त मार्ग पर स्थिति लोकदल (ब) के कार्यालय में ले जाया गया, जहाँ भारी संख्या में पार्टी कार्यकर्ताओं ने उस पर फूलमालाएँ चढ़ायीं। उन्हें अन्तिम विदा देने आये पं. कमलापति त्रिपाठी, जिन्होंने बहुगुणा को जीवन-पर्यन्त पुत्रवत् देखा था, फूट-फूटकर रो पड़े थे। इस कारुणिक दृश्य के बाद क़रीब साढ़े आठ बजे उनके शव को सुरक्षा बल के विमान द्वारा इलाहाबाद ले जाया गया।

इलाहाबाद में उनके हज़ारों शुभचिन्तक, इष्ट मित्र तथा स्वजन प्रतीक्षा में थे। सैकड़ों की संख्या में लोग बमरौली हवाई अड्डे पहुँच चुके थे। अधिकांश की आँखों में आँसू थे। विमान की घरघराहट को सुनते ही एक अजीब-सा दृश्य उपस्थित हो गया था। जैसे ही विमान ने इलाहाबाद की धरती को छुआ, लोग दुखी मन से उस ओर दौड़ पड़े। 'बहुगुणा अमर रहें' के नारे लगने लगे। देखते-ही-देखते माहौल ग़मगीन हो गया। सेना के एक विशेष वाहन से शव को उनके आवास तक ले जाया गया। बमरौली से उनके आवास तक के मार्ग में भारी उथल-पुथल थी। कीठगंज निवासी 40 वर्षीय निसार ने तो अचानक सैनिक वाहन के नीचे आकर अपनी शहादत ही दे दी। वह नौजवान अपने प्रिय नेता के शव के पास था, अचानक पैर फिसला और नीचे गिरकर वाहन की चपेट में आ गया। उसे भी उसी दिन ससम्मान दफ़नाया गया। उत्तर प्रदेश सरकार ने तीन दिन का राजकीय शोक घोषित कर राजकीय सम्मान के साथ अन्त्येष्टि की घोषणा की थी। इलाहाबाद की धरती बहुगुणा की जन्मभूमि तो नहीं, लेकिन कर्मभूमि ज़रूर रही है। वे वहीं पढ़े-लिखे, राजनीति की और वहीं बस गये इसलिए अन्त्येष्टि इलाहाबाद में होना स्वाभाविक था। शव को उनके न्याय मार्ग स्थित घर में अन्तिम दर्शन के लिए रखा गया। 'बहुगुणा अमर रहें' के नारों के बीच उनके अन्तिम दर्शन के लिए सुबह से ही हर वर्ग के लोगों का ताँता लग गया था।

भारतीय राजनीति में ऐसे विरले ही लोग हैं जिनकी अन्त्येष्टि के वक़्त हर राजनीतिक दल के लोग हों और वे आपसी बातचीत में चर्चा करें, कि उनसे हमारे व्यक्तिगत सम्बन्ध थे। ज़ाहिर है कि अपनी पूरी ज़िन्दगी में बहुगुणा ने व्यक्तिगत रिश्तों को दलगत राजनीति से नहीं जोड़ा। हर दल और हर शहर में उनके अपने व्यक्तिगत रिश्ते थे।

ख्याति प्राप्त पत्रकार पी.डी. टण्डन उस दिन की याद करते हुए लिखते हैं, "मैंने तो कई लोगों के जनाज़ों में शिरकत की है, कई राजनीतिक हस्तियों की अस्थियों को विसर्जित होते देखा है मगर गाँधी, नेहरू और इन्दिरा को छोड़कर मैंने ऐसा सच्चा ग़म कभी नहीं देखा, जैसा उस दिन बहुगुणा के पार्थिव शरीर के बमरौली हवाई अड्डे

पर उतारने के समय दिखाई दे रहा था। कई लोग तो फूट-फूटकर सिर्फ़ इसलिए रो रहे थे कि अब उनका कोई नहीं बचा था।''

शव के अन्तिम संस्कार के लिए संगम के किनारे ही सारा इन्तज़ाम किया गया था, तीन फुट ऊँचे चबूतरे पर चिता बनायी गयी थी। बहुगुणा के शव को एक सैनिक वाहन पर रखकर उनके घर से शवयात्रा आरम्भ कर क़रीब-क़रीब पूरे शहर का चक्कर लगाते हुए संगम ले जाया गया। पूरे रास्ते हज़ारों लोग शव के साथ चल रहे थे, अपने प्रिय नेता के अन्तिम दर्शन के लिए पूरा इलाहाबाद ही उमड़ पड़ा था। प्रधानमन्त्री राजीव गाँधी चार बजे ही इलाहाबाद पहुँच गये थे, लेकिन उन्हें बताया गया कि भीड़ और रास्ते में रोक कर श्रद्धांजलि अर्पित करने वालों के कारण शवयात्रा डेढ़ घण्टे बाद संगम पहुँचेगी। प्रधानमन्त्री हवाई अड्डे के विशेष अतिथि कक्ष में बैठकर सवा घण्टे इन्तज़ार करते रहे। हवाई अड्डे पर उनकी अगवानी बहुत सादगी से हुई। मुख्यमन्त्री नारायण दत्त तिवारी उन्हें लेने के लिए वहाँ आये थे। राजीव गाँधी के साथ अन्य नेताओं में मोहसिना क़िदवई, वीर बहादुर सिंह, ज़ेड. आर. अंसारी, हरि कृष्ण शास्त्री, ग़ुलाम नबी आज़ाद, भागवत झा आज़ाद, के.एन. सिंह, बलराम सिंह यादव और कल्पनाथ राय भी इलाहाबाद आये थे।

उत्तर प्रदेश मन्त्रिमण्डल के तमाम सदस्य पहले से ही वहाँ मौजूद थे। संगम पर अपार जनसमूह उमड़ रहा था। वहाँ पहुँचकर राजीव गाँधी, विपक्षी नेता चन्द्रशेखर, हरिकिशन सिंह सुरजीत, अजीत सिंह, रामधन, मनीराम बागड़ी आदि के साथ बैठे। बाद में वे इन विपक्षी नेताओं के साथ चितास्थल पर गये और अन्तिम श्रद्धांजलि अर्पित की। अन्त्येष्टि के समय विश्वनाथ प्रताप सिंह, आरिफ़ मोहम्मद ख़ान, जनेश्वर मिश्र एवं मुलायम सिंह सहित दर्जनों वरिष्ठ नेता उपस्थित थे। क़रीब छह बजे जब सूर्य अस्ताचल में प्रवेश कर रहा था, बहुगुणा के बड़े बेटे विजय ने अपने पिता की चिता को अग्नि दी और थोड़ी देर बाद ही भारतीय राजनीति के एक सक्रिय व्यक्ति का शरीर पंचतत्त्व में विलीन हो गया।

प्रसिद्ध पत्रकार उदयन शर्मा ने 'रविवार' में प्रकाशित अपने लेख में उस समय इस महान नेता के निधन पर इस प्रकार टिप्पणी की थी : ''हेमवती नन्दन बहुगुणा एक बेहद दुखी और हताश व्यक्ति के रूप में इस संसार से विदा हुए। यह भारतीय लोकतन्त्र का ही करिश्मा है कि जो व्यक्ति प्रधानमन्त्री पद के लिए विरोध पक्ष का सर्वश्रेष्ठ 'मैटीरियल' था उसका विपक्ष ने न तो कोई इस्तेमाल किया और न ही उस व्यक्ति के महत्त्व को समझा। बहुगुणा भारतीय राजनीति के उन चन्द राजनीतिज्ञों में से थे जो आर्थिक-सामाजिक समस्याओं को सिर्फ़ समझते ही नहीं थे, वरन् उनके निदान की बात भी करते थे कि किस समस्या का हल क्या है। इसलिए अक्सर धारा के विरुद्ध जाकर कमज़ोर तबकों और अल्पसंख्यकों की तरफ़ से आवाज़ उठाने की हिम्मत रहती थी। वे बिना किसी की परवाह किये अल्पसंख्यकों की हिमायत करने

का माद्दा रखते थे। इसका कारण बहुत सीधा था, उनके दिमाग़ में हिन्दुस्तान का नक़्शा स्पष्ट था और इसीलिए वह स्वयं को छोटे-छोटे दायरों में बन्द राजनीति के हिस्सेदार नहीं बना पाते थे।

बहुगुणा पर पत्रकारों और राजनीतिज्ञों का एक बड़ा समूह अक्सर महत्वाकांक्षी और अवसरवादी होने का आरोप लगाता रहा है। मज़ेदार बात यह है कि यह आरोप वे पत्रकार या वे राजनीतिज्ञ ही लगाते रहे हैं, जो स्वयं बार-बार अवसरवादी और महत्वाकांक्षी साबित हुए। बहुगुणा की आलोचना करने वाले यह भी भूल गये कि वे एकमात्र कांग्रेसी मुख्यमन्त्री थे, जिन्होंने इमर्जेंसी के ख़िलाफ़ पत्र लिखकर अपना विरोध प्रकट किया था।

बहुगुणा अक्सर एक बात कहते थे, मेरी परेशानी यह है कि मैं चीज़ों को समझता हूँ और उनका मतलब जानता हूँ।

दरअसल बहुगुणा की मृत्यु स्वाभाविक क़तई नहीं थी, यह सभी जानते हैं कि वे राजा विश्वनाथ प्रताप सिंह को भारतीय राजनीति के लिए अभिशाप मानते थे, किन्तु देवी लाल और विश्वनाथ प्रताप सिंह ने इस बुज़ुर्ग का लगातार अपमान किया, उससे वह बहुत आहत थे। वे इन दोनों से और ख़ासकर विश्वनाथ प्रताप सिंह से उत्तर प्रदेश के मैदान में लड़ना चाहते थे, क्योंकि विश्वनाथ प्रताप सिंह ने अपने मित्रों के माध्यम से उन्हें बेहद अपमानित किया था इसीलिए उन्होंने लखनऊ में रैली कराके अपनी शक्ति का प्रदर्शन भी किया था, लेकिन इस रैली के कारण ही उन्हें मौत का आलिंगन करना पड़ा।

जब वे इस रैली के लिए भाग-दौड़ कर रहे थे, तो मैंने उनसे पूछा था कि आप बिना वजह अपना शरीर क्यों भस्म कर रहे हैं? आप हार्ट पेशेंट हैं और आपके पास अरुण नेहरू या विश्वनाथ प्रताप सिंह की तरह अपार धन स्रोत भी नहीं हैं, फिर भी तकलीफ़ क्यों? इसका जो उत्तर उन्होंने दिया, उसने मुझे झकझोर दिया था। उनके चेहरे पर दर्द और क्रोध दोनों थे। वे उस अपमान से मृत्यु बेहतर मान रहे थे, इसीलिए यह कहना कोई पाप नहीं है कि इस व्यक्ति की मृत्यु का एक कारण एक अवसरवादी राजा और देवी लाल की राजनीति भी थी।

मेरे और उनके रिश्ते सिर्फ़ पत्रकार और राजनेता के ही नहीं थे, हम दोनों मित्र भी थे और स्नेह में बाप-बेटे की तरह थे, एक-दूसरे से मत-विभिन्नता होने पर भी न तो कोई बात मैंने उनसे छिपायी और न उन्होंने। चाहे उस बात से मैं सहमत न रहा हूँ या वे। मेरा मानना था कि वे एक पारम्परिक कांग्रेसी थे और कांग्रेस से बाहर वे कभी भी 'एडजस्ट' नहीं हो पाये जबकि उन्होंने पूरी ईमानदारी से ऐसा करने की कोशिश की। इसी ऊहापोह के कारण 1979 में वे पुनः कांग्रेस में चले गये थे, पर कांग्रेस के नये 'कल्चर' में भी वे फिट नहीं हो सके।

पूर्व प्रधानमन्त्री राजीव गाँधी, हरकिशन सिंह सुरजीत, एन.डी. तिवारी एवं अन्य बहुगुणा जी की अन्त्येष्टि पर (संगम इलाहाबाद)

हरिद्वार में शोक सभा में पुत्र विजय बहुगुणा

यह भी इत्तफ़ाक़ ही था कि 1980-81 में जिस कांग्रेसी नेता ने उन्हें सर्वाधिक अपमानित किया उसी शख़्स ने उन्हें 1987-88 में विपक्ष की राजनीति में अपमानित किया। इतना ही नहीं 'प्रो अमेरिकी' और 'प्रो आर.एस.एस. प्रेस' के वे दुश्मन नम्बर एक थे। इस लॉबी ने भी उनके सिद्धान्तों और उनके विरुद्ध घृणा अभियान जारी रखा, लेकिन इन दुविधाओं के बावजूद देश का कमज़ोर और अल्पसंख्यक वर्ग उनसे बेहद-बेहद प्यार करता था, लखनऊ रैली की सफलता ने यह साबित कर दिया था।

बहुगुणा की मृत्यु के बाद उन राजनीतिज्ञों की लिस्ट और छोटी हो गयी जो एक ग़रीब के घर में पैदा होकर राजनीति में इतना ऊँचा जा सके। इलाहाबाद में अन्तिम संस्कार के समय भी उनके चेहरे पर एक मुस्कान थी, मानो वे अपने आलोचकों से कह रहे थे, 'ख़ुश रहो अहले वतन, हम तो सफ़र करते हैं।'

बहुगुणा के साथ भारतीय राजनीति का एक अद्‌भुत चरित्र ख़त्म हो गया है, एक ऐसा व्यक्तित्व जिसकी क्षमताएँ ही उसके लिए अभिशाप बन गयीं।''

चिन्तन के आयाम

बहुगुणा राजनेता ही नहीं चिन्तक भी थे। एक अरसे तक वे भारतीय राजनीति की मूल धारा में रहे। उनकी राजनीतिक शिक्षा–दीक्षा छात्र एवं मज़दूर आन्दोलन में हुई थी। वे सत्ता के केन्द्र में रहे, केन्द्र की परिधि पर रहे एवं सत्ता से टकराये भी–इस प्रक्रिया में उन्होंने इस देश की शक्ति, सीमा और समस्याओं को गहराई से समझा था। उनका राजनीतिक चिन्तन अनुभव की आँच में पककर सामने आया था। उनके चिन्तन में किसी फिसलन की गुंजाइश नहीं थी। 1980 के दशक में हालात बदलने की उनकी व्याकुलता के कारण उन्होंने जो राजनीतिक निर्णय लिए उनपर उनकी कई बार कटु आलोचना भी हुई परन्तु उनकी सिद्धान्तप्रियता राजनीतिक अवसरवादिता से टकराती रही। वे दीर्घकालीन राजनीति के पक्षधर थे, इसलिए वे जिनके साथ नहीं चल पाते थे, वही उनके विरोधी हो जाते थे। विभिन्न राजनीतिक मुद्दों पर उनके विचार यहाँ प्रस्तुत हैं, जिनसे राजनीति में दिलचस्पी रखने वालों को बहुगुणा को समझने में सहायता मिलेगी।

संकट के बादल

देश को आज़ादी मिलने के बाद से हमारी सरकारें आर्थिक स्वतन्त्रता के लिए प्रयत्नशील रहीं। बेरोज़गारी तथा ग़रीबी दूर करने, समाज के हर वर्ग को न्याय दिलाने के उनके संकल्प के सामने अनेक समस्याएँ थीं। पण्डित नेहरू देश को अन्तरराष्ट्रीय वैज्ञानिक क्षितिज पर देखना चाहते थे। आत्मनिर्भरता के साथ ही उनका प्रयास था कि वैज्ञानिक तथा आधुनिक प्रौद्योगिकी की दुनिया में हम किसी से पीछे न रहें। नेहरू की ही नीति का अनुसरण उनके बाद आने वाली पीढ़ी के नेताओं ने किया।

पिछले 70 वर्षों में सत्ता और विकास के बीच ही कुछ राज्यों में हमेशा संकट के बादल मँडराते रहे। ये राज्य हैं–पंजाब, कश्मीर तथा असम। यहाँ की समस्याएँ अन्य राज्यों की तुलना में कुछ भिन्न रहीं, जिनके लिए सत्ता पक्ष तथा विपक्ष के नेताओं को बराबर प्रयत्नशील रहना पड़ा। बहुत बार इन समस्याओं के विषय में सबका दृष्टिकोण कभी एक समान रहा तो कभी उसमें मत वैभिन्न्य भी दिखाई दिया। इन राज्यों की समस्याएँ क्या थीं? उनके मूल कारण क्या थे? हेमवती नन्दन बहुगुणा का यहाँ की समस्याओं के प्रति क्या दृष्टिकोण था? इसकी चर्चा हम यहाँ करेंगे।

पंजाब समस्या की जटिलता का अन्दाज़ा तो आप इसी से लगा सकते हैं कि श्रीमती इन्दिरा गाँधी को प्रधानमन्त्री की कुर्सी पर रहते हुए ही जान से हाथ धोना पड़ा।

कश्मीर, पाकिस्तान एवं भारत के बँटवारे में उलझकर रह गया, जबकि असम नागरिकता के सवाल को लेकर निरन्तर विवादास्पद बना रहा। इन तीनों राज्यों की समस्याओं का हल खोजने में बहुगुणा सतत प्रयत्नशील रहे।

पंजाब समस्या

1983 तक पंजाब में आतंकवाद अपनी चरम सीमा पर पहुँच चुका था। निहित राजनीतिक स्वार्थों ने पंजाब के जन-जीवन को अस्त-व्यस्त कर दिया था। राष्ट्र के भीतर राष्ट्र बनाने का प्रयत्न किया जा रहा था। देश के प्रायः सभी राजनीतिक दल व राजनेता इसके लिए चिन्तित थे। भला ऐसी परिस्थिति में बहुगुणा कैसे शान्त रह सकते थे। राष्ट्रीय एकता एवं अखण्डता की सुरक्षा के लिए वे बराबर प्रयत्नशील रहे। उनकी स्पष्ट धारणा थी कि पंजाब की समस्या का हल तभी सम्भव है जब राष्ट्रीय स्तर के नेता वहाँ स्वयं जायें और जनता से प्रत्यक्ष संवाद स्थापित करें। सभी पक्ष इसको गम्भीरता से लें।

14 अप्रैल, 1983 को लोकसभा सदन में बोलते हुए उन्होंने कहा, "स्वराज की लड़ाई में हम आशा के साथ आये थे और आज भी आशा पर जीवित हैं। हम इस बात को मानकर चलते हैं कि समस्त त्रुटियों के बाद भी हमारा देश बलवान और शक्तिशाली है और इस देश में रहने वाले मज़बूत हैं। मैं पंजाब के गाँव-गाँव में घूमा हूँ, सिक्ख कहीं भी नहीं कहते हैं कि हिन्दुओं को मार दो। जब कोई आदमी मारा जाता है तो सरकार रेडियो पर क्यों कहती है कि सिक्ख ने हिन्दू को मारा। मैं प्रार्थना करता हूँ कि मीडिया को ठीक करें, उसका दुरुपयोग न होने दें। आन्दोलनकारियों की कोई भी माँग स्वीकार करनी हो तो उसकी घोषणा सदन में करनी चाहिए।"

जन-सम्पर्क के उद्देश्य से उन्होंने 23 जून, 1983 को पंजाब में दो-दिवसीय सद्भावना यात्रा की जिसमें उन्हें अकाली दल के अध्यक्ष सन्त हरचन्द सिंह लोंगोवाल सहित हज़ारों लोगों का समर्थन मिला। दिल्ली से फगवाड़ा पहुँचने पर उनका ज़ोरदार स्वागत हुआ। वहाँ से वे एक लम्बे क़ाफ़िले के साथ चेहरू, करतारपुर, राजा मण्डी होते हुए अमृतसर पहुँचे। वे जहाँ भी गये छात्रों, महिलाओं, मज़दूरों, किसानों का समूह उमड़ पड़ा। अमृतसर के ऐतिहासिक मंजी साहिब दीवान में उपस्थित हज़ारों की भीड़ को उन्होंने लगभग एक घण्टे सम्बोधित किया था। पंजाब के गौरवपूर्ण इतिहास व बलिदान का स्मरण दिलाते हुए उन्होंने कहा था, "पंजाब राजनीतिक चेतना की भूमि रही है। यहाँ के लोग युगों से देश की आज़ादी के लिए संघर्ष करते आये हैं। पंजाब का इतिहास देशभक्ति का इतिहास है, कुर्बानियों का इतिहास है, पंजाब ने आधुनिक भारत के निर्माण में महत्त्वपूर्ण भूमिका निभाई है। पंजाब ने बाबा खड़क सिंह से लेकर भगत सिंह, लाला लाजपत राय, डॉ. किचलू, गोपीचन्द भार्गव, भीमसेन सच्चर से लेकर सरदार प्रताप सिंह कैरों तक न जाने कितनी

महान हस्तियों को पैदा किया है। यहीं है जलियाँवाला बाग़ जिसकी धरती सैकड़ों हिन्दू, सिक्ख और मुसलमानों के साझे रक्त से सींची हुई है। जब देश में स्वाधीनता संघर्ष की गति धीमी पड़ रही थी, तब जलियाँवाला के बलिदान ने देश में एक नया जोश पैदा किया, एक नयी दिशा प्रदान की। लेकिन आज वही पंजाब जल रहा है। ...मैं हिंसा और नफ़रत के सख़्त ख़िलाफ़ हूँ। मेरी राय है कि जो भी लोग खालिस्तान की माँग करते हैं वे देशद्रोही हैं।''

सन्त लोंगोवाल को सम्बोधित करते हुए वे बोले, ''दुर्भाग्य से हिन्दुओं और सिक्खों के बीच शक का ज़हर घुल गया है, आप सन्त हो इसलिए आपको यह ज़हर पीना पड़ेगा। मेरा आपसे निवेदन है कि अपने धर्मयुद्ध को जारी रखते हुए थोड़ी सतर्कता बरतें।'' संत लोंगोवाल ने भी अपने भाषण में कहा था, ''पंजाब की निगाहें बहुगुणा पर लगी हुई हैं तथा आशा है कि वह देश को नयी दिशा एवं प्रेरणा प्रदान कर सकेंगे।''

बहुगुणा दुर्ग्याणा में अमृतसर के हिन्दू नेताओं तथा पत्रकारों से सम्पर्क करने के पश्चात जब जालन्धर पहुँचे तो वहाँ धारा 144 लगा दी गयी थी। शासन ने उन्हें सभा नहीं करने दी, पर उन्होंने पत्रकार सम्मेलन के माध्यम से अपनी बात कही। वे 'पंजाब केसरी' के सम्पादक श्री रमेश चन्द्र तथा 'वीर प्रताप' के सम्पादक श्री वीरेन्द्र के घर भी गये और वहाँ हिन्दू नेताओं से बातचीत की। होशियारपुर में उन्होंने जनसभा को सम्बोधित किया।

इस यात्रा की सबसे बड़ी विशेषता यह रही कि कुछ समाचार-पत्रों तथा सरकार के लगातार सफलता पर सन्देह व्यक्त किये जाने एवं अनर्गल प्रचार के बावजूद इसे शानदार सफलता मिली।

इसके पश्चात 30 जून को दिल्ली में विपक्षी नेताओं का सम्मेलन हुआ। इसमें जो प्रस्ताव पारित किये गये वे इस बात का संकेत देते हैं कि उस समय का विपक्ष राष्ट्र की विभिन्न समस्याओं पर एकमत होकर एक मज़बूत राय रखता था। सम्मेलन में मुख्य रूप से जम्मू-कश्मीर चुनाव के दौरान चुनाव आयोग के रवैये, पाण्डिचेरी में राष्ट्रपति शासन, गुजरात में बाढ़ और तूफ़ान तथा पंजाब के मामले पर चर्चा की गयी और प्रस्ताव पारित हुए। विपक्ष की इस सभा में बहुगुणा के अलावा शामिल होने वालों में से प्रमुख थे—गुरचरण सिंह तोहरा (अकाली दल), बाबू जगजीवन राम (कांग्रेस ज), चौ. चरण सिंह (लोकदल), डॉ. फ़ारुख़ अब्दुल्ला (नेशनल कॉन्फ्रेंस), डी.के. बरुआ (कांग्रेस एस), राजेश्वर राव एवं एम. फारूक़ी (सी.पी.आई.), ई.एम.एस. नम्बूदरीपाद, हरिकिशन सिंह सुरजीत (सी.पी.आई.एम.), के.बी. रघुनाथ रेड्डी (डी.एस.पी.), चित्त बसु (फारवर्ड ब्लॉक), एस.ए. हाशमी (जनवादी दल), त्रिदिव चौधरी (आर.एस.पी.आई.), आर.एस. गवई (आर.पी.आई.-ग), बी.डी. खोबरागड़े (आर.पी.आई.-क), रत्तू भाई अदानी (राष्ट्रीय कांग्रेस) एवं एन.टी. रामाराव (तेलुगु देशम)। कॉन्स्टिट्यूशन क्लब में आयोजित इस बैठक में कुल मिलाकर विपक्षी दलों के 45 प्रतिनिधियों ने भाग लिया था।

सम्मेलन के बाद 15 जुलाई, 1983 को हेमवती नन्दन बहुगुणा ने प्रधानमन्त्री इन्दिरा गाँधी को एक पत्र लिखकर उन्हें विपक्ष की बैठक में लिए गये निर्णयों से अवगत कराते हुए पंजाब के बारे में पारित प्रस्ताव पर अमल करने की सलाह दी थी। पत्र की मूल प्रति इस प्रकार है :

अनूदित पत्र

माननीय प्रधानमन्त्री जी,

यह पत्र मैं आपको इसलिए लिख रहा हूँ क्योंकि 30 जून को पंजाब के सम्बन्ध में आहूत विपक्षी दलों की सभा के उद्देश्यों के बारे में कांग्रेस के वरिष्ठ नेताओं ने अनुचित टिप्पणी की है। मैं आपको बताना चाहता हूँ कि विपक्षी दलों के प्रतिनिधियों, जिनमें जम्मू-कश्मीर तथा आन्ध्र प्रदेश के मुख्यमन्त्री भी शामिल थे, ने दिल्ली में हुई इस बैठक में सर्वसम्मति से यह स्वीकार किया है कि पंजाब की बिगड़ती हुई स्थिति को देखते हुए वहाँ की समस्या का तात्कालिक समाधान आवश्यक है।

द्विपक्षीय व त्रिपक्षीय समझौता वार्ता के तहत तीन महत्त्वपूर्ण विषयों जैसे धर्म, नदी-जल बँटवारा, केन्द्र-राज्य सम्बन्धों पर कुछ समझौते भी सम्भव हुए हैं। केवल सीमा सम्बन्धी विषय पर सहमति शेष है। 30 जून को दिल्ली में हुई हमारी इस बैठक में खालिस्तान तथा उग्रवादी गतिविधियों की स्पष्ट शब्दों में भर्त्सना की गयी है। साथ ही पंजाब समस्या के समाधान हेतु अपनी ओर से कुछ प्रस्ताव भी पारित किये गये हैं। अन्य विषयों के साथ-साथ सीमा सम्बन्धी विषयों के समाधान हेतु भी हमारे कुछ प्रस्ताव हैं। हमारा विचार है कि 'आदान-प्रदान' की भावना से इस समस्या का समाधान सम्भव है। इस सभा में निम्नलिखित प्रस्ताव पारित किया गया है :

विभिन्न विषयों पर सरकार तथा अकाली नेताओं व विपक्षी दलों के मध्य हुई त्रिपक्षीय वार्ता के फलस्वरूप मतभेद काफ़ी कम हो गये हैं। भारत सरकार ने सिक्खों की धार्मिक माँगों को पहले ही स्वीकार कर लिया है। इसलिए अब जबकि सात ऐतिहासिक गुरुद्वारों की प्रबन्धन कमेटियों ने इस प्रस्ताव का अनुमोदन कर दिया है कि 'अखिल भारतीय गुरुद्वारा अधिनियम' लागू कर दिया जाये, तो फिर इसे स्वीकार कर लेने में कोई कठिनाई नहीं होनी चाहिए। केन्द्र-राज्य सम्बन्ध के पुनर्निर्धारण हेतु आयोग का गठन किया जा चुका है। 'नदी-जल विवाद' को अन्तरराज्यीय जल विवाद अधिनियम 1956 के तहत 'ट्रिब्यूनल' को सौंप दिया जाये।

अब केवल पंजाब व हरियाणा के बीच चण्डीगढ़ तथा अन्य सीमा सम्बन्धी विवाद के विषय में हल खोजना शेष है। सभा का विचार है कि इस समस्या का विवेकपूर्ण समाधान सम्भव है। इस सभा का स्पष्ट मत है कि त्रिपक्षीय तथा 'आदान-प्रदान' की भावना में पंजाब के कुछ क्षेत्र हरियाणा को स्थानान्तरित कर दिये जाने चाहिए। हरियाणा को एक नयी राजधानी बनाने के लिए पर्याप्त मुआवज़ा मिलना चाहिए। अन्य सभी सीमा सम्बन्धी दावों तथा प्रतिदावों को 'ट्रिब्यूनल' के सुपुर्द किया जा सकता है।

इस सभा में उपस्थित अकाली दल ने भी इस प्रस्ताव का समर्थन किया है। 30 जून को दिल्ली की बैठक में भाग लेने वाले सभी दल राष्ट्रीय समस्याओं के समाधान हेतु सरकार का पूर्ण सहयोग करने के लिए तैयार हैं।

कृपया हमें सूचित करें कि हम किस प्रकार ऐसा कर सकते हैं। मेरा विचार है कि अविलम्ब आपको इस पर विचार करना चाहिए।

भवदीय

(हेमवती नन्दन बहुगुणा)

दिल्ली सम्मेलन के पश्चात जुलाई में अकाली दल के कुछ नेताओं एवं सन्त लोंगोवाल द्वारा दिये गये आपत्तिजनक बयान समाचार पत्रों में छपे। बहुगुणा ने 14 जुलाई, 1983 को सन्त लोंगोवाल को एक पत्र लिखा जो अत्यन्त महत्त्वपूर्ण है :

प्रिय लोंगोवाल जी,

30 जून की सभा के पश्चात विपक्ष की आवाज़ ने भारत के लोगों को पंजाब की तात्कालिक समस्या सुलझाने में सहायता दी है। परन्तु दुर्भाग्य से अकाली नेतृत्व के एक वर्ग द्वारा दिये गये कुछ ऐसे वक्तव्य जैसे 'सिक्ख एक राष्ट्र हैं' आदि केवल पंजाब को साम्प्रदायिक आधार पर बाँटने में सहयोगी होंगे। ऐसे बयानों से वातावरण और दूषित होगा। इस स्थिति का लाभ सत्ता दल को वोट का खेल खेलने में मिलेगा।

आपके नाम से भी समाचार-पत्रों में छपे कुछ बयान, जैसे–"इस देश में सिक्खों के लिए कोई स्थान नहीं है, सिक्ख एक राष्ट्र है" आदि, पढ़कर आश्चर्य हुआ। मुझे विश्वास है कि पत्रकारों ने या तो आपकी बात नहीं समझी या फिर ग़लतबयानी की है।

मैं सदा से दोनों सम्प्रदायों (सिक्ख व हिन्दू) के बीच परम्परागत शान्ति, सद्भाव एवं भाईचारे के लिए कृतसंकल्प हूँ। इसलिए मैं विनम्रतापूर्वक आपसे कहना चाहता हूँ कि इस प्रकार के बयान उन लोगों के लिए लाभकारी हैं जो नहीं चाहते कि पंजाब में शान्ति क़ायम हो और वहाँ की समस्या का वैसा समाधान न हो जैसा कि आपका दल चाहता है।

मेरी आपसे अपील है कि आप उन सभी लोगों, जो पंजाब समस्या का न्यायिक समाधान चाहते हैं, को सुझाव दें कि प्रेम, दया व भाईचारे का सन्देश फैलायें और साथ ही पंजाब की माँगों पर प्रकाश डालें।

मैं आपका ध्यान इस तथ्य की ओर आकृष्ट करना चाहता हूँ कि पूरे विश्व में 'वेटिकन' को छोड़कर एक भी ऐसा उदाहरण नहीं है जहाँ राज्य अथवा राष्ट्र का अन्तिम लक्ष्य धर्म है। यदि ऐसा होता तो इस्लाम और ईसाई धर्म के अनेक देश न होते। इसी प्रकार यदि धर्म एक राष्ट्र का आधार बन सकता तो फिर 1971 में पाकिस्तान न टूटता। इन विचारों में कोई मौलिकता नहीं है। मुझे आपके विचारों के प्रति भी कोई सन्देह नहीं है क्योंकि हाल ही में जून में आपसे हुई भेंट में मुझे आपके विचार जानने का अवसर मिला था।

मेरी आपसे अपील है कि आप अपने प्रभाव का प्रयोग करें ताकि पंजाब में शान्ति एवं सद्भाव स्थापित हो सके और सत्ता दल को किसी प्रकार साम्प्रदायिक भावनाओं को उभारकर भय फैलाने अथवा बँटवारा करवाने का हथियार न मिल पाये।

जैसा कि आप जानते हैं कि हममें से कुछ लोग, जो पंजाब की वेदना को महसूस करते हैं, 21 व 22 जुलाई को पंजाब आ रहे हैं। आशा है कि उस अवसर पर हमें आपसे विचार-विमर्श करने का अवसर मिलेगा।

मैं आपसे आग्रह करता हूँ कि ऐसा कुछ नहीं होना चाहिए जिससे हमारे महान देश की अखण्डता की रक्षा करते हुए पंजाब समस्या का शान्तिपूर्ण हल असम्भव हो जाये।

भवदीय

(हेमवती नन्दन बहुगुणा)

बहुगुणा वोट की राजनीति नहीं वरन् देशहित को सर्वोपरि मानते थे। इसलिए विपक्ष में होते हुए भी उन्होंने पंजाब समस्या के सन्दर्भ में राष्ट्र की एकता व अखण्डता पर किये जा रहे प्रहार का सख़्त विरोध किया था। सदन में 14 अप्रैल, 1983 के अपने भाषण में भी उन्होंने अकाली दल के नेतृत्व को विघटनकारी तत्त्वों से सावधान रहने की अपील की थी। उन्हीं दिनों कुछ सिक्ख उग्रवादी एक भारतीय विमान को उड़ाकर पाकिस्तान ले गये थे जिस पर उनकी प्रतिक्रिया थी, "चार गुमराह सिक्ख जवान गड़बड़ करते हैं और जहाज़ को उड़ा ले जाते हैं यह ठीक नहीं है। अकाली दल को इस कृत्य को बहुत बुरा बताना चाहिए था।"

1, अगस्त को लोकतान्त्रिक समाजवादी पार्टी (सी.एफ.डी.) ने बहुगुणा की अध्यक्षता में एक प्रस्ताव पारित किया जिसमें पंजाब में आतंकवाद की भर्त्सना की गयी। साथ ही यह घोषित किया गया कि लोकतान्त्रिक समाजवादी पार्टी किसी भी ऐसी माँग का समर्थन नहीं करेगी जिसमें किंचित मात्र भी अलगाववाद की झलक दिखाई देगी। अकाली दल ने 30 जून की बैठक में पारित प्रस्ताव का समर्थन किया था इसलिए यह उसका कर्तव्य है कि वह पंजाब में साम्प्रदायिक उत्तेजना को रोकने और शान्ति तथा सौहार्द स्थापित करने में सम्पूर्ण रूप से सक्रिय हो।

वे सदन में पंजाब समस्या पर निरन्तर अपने विचार प्रस्तुत करते रहे। उनके विचारों में वेदना एवं चिन्ता की झलक मिलती है। 27 जुलाई, 1983 को उन्होंने सदन में पंजाब पर बहस भी की थी, इस चर्चा में इन्दिरा गाँधी उपस्थित नहीं थीं जिस पर बहुगुणा ने ज़बरदस्त टिप्पणी की थी। उन्होंने कहा था कि उन्हें सबसे अधिक दुख प्रधानमन्त्री के सदन में उपस्थित न होने का है। उनका मतलब था कि जिस समय पंजाब जैसी समस्या पर चर्चा हो तो प्रधानमन्त्री को सदन में उपस्थित रहना चाहिए। उनकी अनुपस्थिति इस बात की सूचक है कि सरकार इस समस्या को गम्भीरता से नहीं ले रही है। उन्होंने प्रायः पंजाब से सम्बन्धित सभी समस्याओं पर विचार व्यक्त किये थे।

अन्तरराज्यीय जल विवाद की समस्या पर बोलते हुए उन्होंने सरकार की ढुलमुल नीति पर कड़ा प्रहार किया। उनका कहना था कि इस मामले में एकतरफ़ा निर्णय कभी मान्य नहीं हो सकता। अपनी बात को प्रमाणित करते हुए उन्होंने कहा कि आपात्काल के दौरान केन्द्रीय मन्त्रिमण्डल ने पंजाब–हरियाणा जल विवाद पर एकतरफ़ा फ़ैसला कर दिया था। उस समय ज्ञानी जैल सिंह पंजाब के मुख्यमन्त्री थे और उन्होंने केन्द्र को पत्र लिखा कि फ़ैसला ग़लत है। इसके बाद भी केन्द्र सरकार ने कोई क़दम नहीं उठाया। आम चुनाव के बाद 1977 में जनता सरकार के तत्कालीन मुख्यमन्त्री प्रकाश सिंह बादल ने ज्ञानी जी के पत्र की संस्तुति की और मोरारजी देसाई की सहमति से जल विवाद से सम्बन्धित एक याचिका सर्वोच्च न्यायालय में दाख़िल कर दी। 1980 में पंजाब के मुख्यमन्त्री दरबारा सिंह और हरियाणा के मुख्यमन्त्री भजनलाल ने कोर्ट से मुक़दमा वापस लेकर प्रधानमन्त्री इन्दिरा गाँधी को मध्यस्थ मानकर एक निर्णय लिया जो अकाली दल को मान्य न हुआ। इसे दरबारी निर्णय की संज्ञा देते हुए बहुगुणा ने कहा, ''आप क़ानून के मुताबिक़ फ़ैसला करो 'रूल ऑफ़ मैन ख़त्म करो, रूल ऑफ़ लॉ चालू करो' (व्यक्ति का राज्य ख़त्म करो, क़ानून का राज्य प्रारम्भ करो)।''

चण्डीगढ़ विवाद पर कांग्रेस की नीति की भर्त्सना करते हुए बहुगुणा ने प्रश्न पूछा कि यदि मद्रास के विभाजन के बाद मद्रास तमिलनाडु को और महाराष्ट्र के विभाजन पर बम्बई महाराष्ट्र को दे दिया गया तो फिर पंजाब का बँटवारा होने पर चण्डीगढ़ पंजाब को क्यों नहीं दिया गया? राजधानी का प्रश्न बँटवारे के दिन क्यों नहीं तय किया गया? उन्होंने कहा कि प्रश्नों को लटकाने से स्थिति सुधरती नहीं बल्कि और भी बिगड़ जाती है।

कुछ अकाली नेताओं द्वारा कही गयी 'दोहरे राष्ट्र' की बात की निन्दा करते हुए उन्होंने 14 जुलाई को सन्त लोंगोवाल को लिखे गये अपने पत्र के कुछ अंश सदन में पढ़े और सरकार को चेतावनी दी कि यदि इस समस्या को अधिक लटकाया गया तो स्थिति भयावह हो सकती है। वे बोले, ''मैं एक बात कहना चाहता हूँ–धक्का देकर दूर दीवार तक मत भेजो, ऐसा न हो कि बाद में पछताना पड़े। मेरी राय है कि खालिस्तान के ख़िलाफ़ लड़ो लेकिन जब आधा फ़ीसदी आदमी भी खालिस्तान की माँग नहीं कर रहा है तो हम स्वयं उसका प्रचार क्यों करें'' उनका मन्तव्य यह था कि सिक्ख उग्रवादियों से अधिक सरकार खालिस्तान का मुखर विरोध करके उसका प्रचार कर रही थी। उनका कहना था, ''प्रत्येक मंच पर प्रधानमन्त्री द्वारा खालिस्तान की माँग पर टिप्पणी नहीं की जानी चाहिए क्योंकि इससे स्थिति सुधरने के स्थान पर बिगड़ती जायेगी। आवश्यकता इस बात की है कि बड़े नेता पंजाब जाकर सिक्ख-हिन्दू सौहार्द स्थापित करने-कराने में सहयोग दें।''

बहुगुणा जब तक जीवित रहे पंजाब के सौहार्द एवं शान्ति बनाये रखने का रास्ता खोजते रहे। 22 और 23 नवम्बर, 1983 को विपक्षी नेताओं की बंगलौर में हुई

बैठक में भी पंजाब की स्थिति पर चिन्ता व्यक्त की गयी थी। नेताओं का मत था कि जल्द ही पंजाब में भाईचारे का वातावरण क़ायम होना चाहिए।

30 जून के सम्मेलन के बाद प्रधानमन्त्री को भेजे गये प्रस्तावों पर कोई ध्यान नहीं दिया गया। स्थिति दिनोदिन बदतर होती गयी। स्वर्ण मन्दिर के प्रमुख प्रभारी जत्थेदार प्रताप सिंह तथा 'हिन्द समाचार ग्रुप' के मुख्य सम्पादक रमेश चन्द्र जैसे बड़े लोगों की हत्या कर दी गयी। भिंडरांवाले ने अकाल तख्त का आदेश मानने से इनकार कर दिया। बहुगुणा इन सब घटनाओं को लेकर काफ़ी चिन्तित थे। सम्मेलन में विपक्षी दलों के नेताओं में एक प्रतिनिधिमण्डल को पंजाब भेजने का निर्णय हुआ था परन्तु ऐसा सम्भव नहीं हो सका और इससे बहुगुणा भी काफ़ी दुखी थे। 16 मई, 1984 को आहूत पत्रकार वार्ता में उन्होंने अपनी वेदना प्रकट करते हुए कहा कि 30 जून को पारित जो प्रस्ताव सरकार को भेजे गये हैं, वही पंजाब में शान्ति का मार्ग प्रशस्त कर सकते हैं। वे इस मत के भी हो गये थे कि पंजाब में सर्वदलीय सरकार बननी चाहिए ताकि सर्वमान्य हल निकाले जा सकें।

इसके विपरीत श्रीमती गाँधी ने 4 जून, 1984 को 'ऑपरेशन ब्लू स्टार' की घोषणा की जिस पर अन्तरराष्ट्रीय स्तर पर व्यापक प्रतिक्रिया हुई। सम्भवतः वही क्षण था जिसने श्रीमती गाँधी की हत्या के दिन को जन्म दिया।

ऑपरेशन ब्लू स्टार को सीधे-सीधे धार्मिक स्थल पर अतिक्रमण माना गया और श्रीमती गाँधी आतंकवादियों के निशान पर चढ़ गयीं। हेमवती नन्दन बहुगुणा के सम्बन्ध श्रीमती गाँधी से अच्छे न थे, परन्तु वे व्यक्तिगत रूप से उनसे एक लम्बे अर्से से जुड़े होने के कारण हमेशा उनकी गतिविधियों पर निगाह रखते और सुझाव देते रहते थे।

जून 1984 को 'दैनिक भास्कर' को दिये गये विशेष साक्षात्कार में उन्होंने स्पष्ट कहा था कि पंजाब की वर्तमान समस्या में सैनिक कार्रवाई करना मजबूरी थी। लेकिन समस्या के इस सीमा तक पहुँचने में एकमात्र सरकार दोषी है। उनका सुझाव था कि सिक्ख समाज के आहत दिल को जोड़ने के लिए प्रधानमन्त्री स्वयं प्रायश्चित्त करें। वे उनकी सभी न्यायोचित माँगों पर अपना निर्णय घोषित करें। हिन्दू, सिक्ख अविश्वास को समाप्त करने के लिए ठोस क़दम उठायें। 31 जुलाई को चण्डीगढ़ में सी.एफ.डी. के प्रान्तीय सम्मेलन में बोलते हुए उन्होंने पंजाब की जनता से हिंसात्मक रवैये को छोड़ देने की अपील की थी।

श्री बहुगुणा ऑपरेशन ब्लू स्टार के निर्णय से काफ़ी खिन्न थे और उन्होंने आशंका व्यक्त की थी कि घटना के दूरगामी परिणाम हो सकते हैं। अन्ततोगत्वा वही हुआ। 31 अक्टूबर, 1984 को लगभग 5 माह बाद श्रीमती गाँधी को जान से हाथ धोना पड़ा। दरअसल धर्म और राजनीति दोनों का सम्बन्ध बड़ा नाजुक है। इस नाजुक रिश्ते के प्रति बड़ी सावधानी बरतने की आवश्यकता होती है। श्रीमती गाँधी के इस निर्णय से विपक्षी नेता प्रसन्न न थे, परन्तु उन्होंने देशहित में खुलकर विरोध नहीं किया। श्रीमती गाँधी की

हत्या से बहुगुणा को बहुत बड़ा आघात पहुँचा था। राजनीतिक प्रतिस्पर्धा अपनी जगह थी परन्तु राजनीतिक जीवन में उन दोनों ने कई दशक साथ काम किया था।

श्रीमती गाँधी की हत्या के बाद राजीव गाँधी ने सत्ता की बागडोर तो सँभाली परन्तु उनकी हत्या पर देश में काफ़ी प्रतिक्रिया हुई और देश के कई भागों में दंगे हो गये। फलस्वरूप सिक्खों के जान-माल का संकट पैदा हो गया। हज़ारों सिक्ख मारे गये और देश भर में भय का वातावरण व्याप्त हो गया।

इस स्थिति पर क़ाबू पाने के लिए विपक्ष ने महत्त्वपूर्ण पहल की। शीर्षस्थ विपक्षी नेताओं, जिनमें चौधरी चरण सिंह, जगजीवन राम, एल.के. आडवाणी, हेमवती नन्दन बहुगुणा, चन्द्रशेखर, नम्बूदरीपाद, सी. राजेश्वर राय, शरद पवार, इन्द्रजीत गुप्त, त्रिदिव चौधरी, चित्त बसु, चन्द्रजीत यादव एवं के.पी. उन्नीकृष्णन आदि शामिल थे, ने प्रधानमन्त्री राजीव गाँधी से मिलकर लगभग एक घण्टे तक बातचीत की। बाद में एक संयुक्त बयान जारी कर दोनों वर्गों से शान्ति एवं सौहार्द की अपील की।

अपील में श्रीमती गाँधी की दर्दनाक हत्या को देश के लिए दुखद क्षति बताते हुए देश में हो रही विवेकहीन हिंसा को तत्काल रोकने का आग्रह किया गया था। उनका कहना था कि चन्द दिशाहीन लोगों के गम्भीर अपराध के लिए पूरी सिक्ख क़ौम को उत्तरदायी मानकर उन्हें हिंसा और अपमान का शिकार बनाना भारतीय सहिष्णुता की परम्परा के विपरीत है। भारतीय इतिहास में सिक्खों की गौरवशाली भूमिका रही है। देश के प्रत्येक नागरिक का प्रथम कर्तव्य है कि वह राष्ट्र की एकता एवं अखण्डता की रक्षा करे।

7 अप्रैल, 1986 को लोकदल उपाध्यक्ष की हैसियत से राष्ट्रीय एकता परिषद की बैठक में श्री बहुगुणा ने स्पष्ट रूप से कहा था कि लोकतन्त्र में हिंसा और आतंकवाद का कोई स्थान नहीं है और कठोरता से उसका दमन किया जाना चाहिए।

'राजीव-लोंगोवाल' समझौते पर टिप्पणी करते हुए उन्होंने कहा था कि इस समझौते से पूर्व विपक्षी दलों की उपेक्षा की गयी है। हरियाणा तथा राजस्थान, जिनका पंजाब-विवाद से सीधा सम्बन्ध है, उन्हें भी वार्ता में सम्मिलित नहीं किया गया। हरियाणा एवं राजस्थान की जनता की न्यायोचित माँगों की उपेक्षा आतंकवाद के दबाव में नहीं की जानी चाहिए। केन्द्र सरकार को एकपक्षीय तरीक़े से इन दोनों प्रान्तों से सम्बन्धित निर्णय लेने का कोई अधिकार नहीं होना चाहिए यदि उनकी सही माँगों को नज़रअन्दाज़ किया गया तो वे कोई भी क़दम उठाने के लिए बाध्य हो सकते हैं। इस प्रकार देखा जाये तो पंजाब समझौता अपने आप में अन्तर्विरोधाभास से ग्रस्त है। ऐसा स्पष्ट रूप से परिलक्षित भी हो रहा है। उन्होंने राष्ट्रीय सहमति के लिए प्रयास करने का सुझाव दिया था।

बहुगुणा जीवन-पर्यन्त पंजाब के लिए चिन्तित रहे। पंजाब की जनता का भी उन पर विश्वास बना रहा। वे वहाँ की समस्या को देश की प्रमुख समस्या मानते और सत्तारूढ़ दल से मतभेद के बावजूद समय-समय पर बराबर सुझाव देते रहे।

कश्मीर

कश्मीर भारत का अभिन्न अंग है। यहाँ की मूल समस्या इसके इतिहास से जुड़ी हुई है। इतिहास के पन्ने उलटे जायें तो चौदहवीं सदी में कश्मीर का इतिहास धार्मिक संघर्षों का इतिहास रहा है। इस सदी में यहाँ इस्लाम का ज़बरदस्त प्रभाव था। कालान्तर में 1589 में मुग़ल शासनकाल में भी यहाँ हिंसात्मक रक्तपात के साक्ष्य मिलते हैं। औरंगज़ेब की मृत्यु के बाद कश्मीर पर अफ़गानों का क़ब्ज़ा हो गया। यहाँ की जनता ने 67 वर्षों तक उनके दमन व शोषण को सहा। अफ़गान शासनकाल में उत्पीड़ित यहाँ की जनता उसके बाद भी मुक्त नहीं हुई और 1819 से 1846 तक सिक्ख शासकों के हाथ की कठपुतली बनी रही। बाद में डोगरा शासक के रूप में जम्मू की बागडोर सँभालने वाले महाराजा गुलाब सिंह ने यहाँ सामन्तवादी व्यवस्था को सुदृढ़ किया। 1834 में लामाओं के स्वतन्त्र राज्य लद्दाख को कश्मीर का अंग बनाया गया। 1839 में राजा रणजीत सिंह की मृत्यु के बाद अंग्रेज़, डोगरा तथा सिक्खों के बीच हुए संघर्ष में यहाँ की जनता एक लम्बे अन्तराल तक पिसती रही। डोगरा, अंग्रेज़ों की कूटनीति का शिकार बने और 1846 में गुलाब सिंह और अंग्रेज़ों के बीच मैत्री सन्धि हुई। फलस्वरूप सौ वर्षों तक जम्मू-कश्मीर में उनका अखण्ड साम्राज्य रहा। सबसे दुखद तो यह था कि 1857 की क्रान्ति में डोगराओं ने अंग्रेज़ों का साथ दिया। 1846 से 1947 तक कश्मीर में डोगरा राज्य रहा।

1932 में शेख अब्दुल्ला ने जम्मू-कश्मीर मुस्लिम कॉन्फ्रेंस को जन्म दिया और 1934 में यह संस्था दो भागों में विभाजित हो गयी। मुस्लिम कॉन्फ्रेंस के अगुवा गुलाम अब्बास तथा मुस्लिम नेशनल कॉन्फ्रेंस के नेता शेख अब्दुल्ला बने। शेख को जहाँ पं. जवाहरलाल नेहरू तथा अब्दुल गफ़्फ़ार खाँ का समर्थन था वहीं जिन्ना ने मुस्लिम कॉन्फ्रेंस को समर्थन दिया। उधर डोगरा साम्राज्य के शासक राजा हरि सिंह ने नेहरू का कश्मीर में प्रवेश तक प्रतिबन्धित कर रखा था। उस समय तक मुस्लिम कॉन्फ्रेंस का डोगरा राजा तथा मुस्लिम लीग से और भारतीय राष्ट्रीय कांग्रेस से सम्बन्ध स्थापित हो चुका था।

भारत की आज़ादी के साथ ही कश्मीर भारत-पाक बँटवारे की राजनीति में उलझ गया। डोगरा राजा हरि सिंह को भारत के साथ आने अथवा पाक के साथ जाने का तत्काल निर्णय लेने का निर्देश दिया गया था। परन्तु उनकी स्वतन्त्र रूप से राज्य करने की मंशा ने विवाद को काफ़ी उलझा दिया। जून 1947 में चार दिन के कश्मीर दौरे पर गये लॉर्ड माउंटबेटन ने राजा हरि सिंह के लिए निर्णय का समय निश्चित किया था, परन्तु वे निर्णय नहीं ले सके।

आज़ादी के तत्काल बाद अनिश्चितता की स्थिति में अफ़गान एवं पाक सैनिक कश्मीर में प्रवेश कर गये। यही नहीं 23 अक्टूबर, 1947 को पाकिस्तान सेना व मुजाहिदीनों ने जनरल तारिक के नेतृत्व में मुज़फ़्फ़राबाद पर क़ब्ज़ा कर लिया। घबराये हुए राजा हरि सिंह ने 24 अक्टूबर को भारत से सहायता माँगी और उसी दिन सेना

श्रीनगर पहुँच गयी। अफ़गान मुजाहिदीनों एवं पाक के मनसूबे तो गिरे, पर कश्मीर का मुद्दा उलझ गया। भारत ने 13 अगस्त, 1948 को संयुक्त राष्ट्र संघ में कश्मीर पर अपने दावे की अपील की। नतीजे में आयोग एवं जाँच-पड़ताल तथा 'प्लेबिसाइट' द्वारा वहाँ की जनता की इच्छा पर बँटवारा करने के निर्णय हाथ आये।

अपील में इतना अवश्य हुआ कि युद्ध विराम और पाक सेनाओं की वापसी शुरू हो गयी। 1949 से 1952 तक राष्ट्र संघ की सुरक्षा परिषद इस मामले के हल हेतु अपने प्रतिनिधि भेजती रही पर नतीजा कुछ नहीं निकला।

भारत-सन्धि के साथ ही हरि सिंह ने शेख अब्दुल्ला को जम्मू–कश्मीर का आपातकालीन प्रशासक नियुक्त किया। बाद में 4 मार्च, 1948 को मन्त्रिमण्डल गठित कर शेख को प्रधानमन्त्री का दर्जा दे दिया गया। 19 जून, 1949 को कर्ण सिंह, हरि सिंह के उत्तराधिकारी बने और 1951 में संवैधानिक तौर पर 75 सदस्यों वाली संविधान सभा काम करने लगी जिसे केन्द्र सरकार ने जुलाई, 1952 में एक समझौते के तहत मान्यता दे दी। उधर वहाँ के एक सशक्त संगठन प्रजा परिषद ने 'एक देश में दो विधान, एक देश में दो निशान, एक देश में दो प्रधानमन्त्री नहीं चलेंगे' के नारों के साथ आन्दोलन शुरू कर दिया जिसका तत्कालीन जनसंघ ने समर्थन किया।

1952 में शेख अब्दुल्ला तथा पं. जवाहरलाल नेहरू के बीच दिल्ली में हुए समझौते के तहत यह निर्णय लिया गया कि मार्च 1947 के बाद अशान्ति के कारण जो लोग पाकिस्तान चले गये थे अगर वे वापस लौटते हैं तो उनकी नागरिकता के अधिकार बरकरार रखे जायेंगे। इसके लिए जम्मू-कश्मीर तथा भारत के संविधान में विशेष प्रावधान किया गया। साथ ही धारा-370 के तहत भारतीय संविधान में कश्मीर को विशेष दर्जा दिया गया ताकि वहाँ के परम्परागत मूल्यों तथा रहन–सहन को सुरक्षित रखा जा सके। कश्मीर में शेख अब्दुल्ला का वर्चस्व तो था ही परन्तु वे भीतर-ही-भीतर भारत के साथ तालमेल न रखकर अमेरिका के इशारे पर चल रहे थे। अप्रैल 1952–1953 के बीच दिये गये उनके भाषणों में स्पष्ट रूप से पृथकतावादी झलक देखने को मिलती है। उनका मन्तव्य था कि भारत अथवा पाकिस्तान के साथ उनका रहना अनिवार्य नहीं है। 9 अगस्त, 1953 को शेख अब्दुल्ला गिरफ़्तार कर लिए गये और बख्शी ग़ुलाम मोहम्मद प्रधानमन्त्री की गद्दी पर बैठे।

इसी बीच जनमत संग्रह मोर्चे की गतिविधियों पर रोक लगा दी गयी। 1971 में भारत-पाक युद्ध के उपरान्त शिमला समझौते के अन्तर्गत दोनों देशों ने द्विपक्षीय वार्ता अथवा किसी अन्य शान्तिप्रिय ढंग से झगड़े सुलझाने का निर्णय लिया।

भारत सरकार, तत्कालीन मुख्यमन्त्री सैयद मीर कासिम तथा अन्य नेताओं के सहयोग से कांग्रेस तथा शेख अब्दुल्ला के बीच एक समझौता हुआ। 25 फ़रवरी, 1975 को शेख पुनः मुख्यमन्त्री बने। 15 जुलाई, 1975 को उन्होंने 'जनमत संग्रह मोर्चे' का नेशनल कॉन्फ्रेंस में विलय कर दिया, परन्तु 8 माह के अन्दर ही श्रीमती गाँधी तथा

उनके बीच मतभेद बढ़ गये। उस समय सदन में बहुमत कांग्रेस का था और उसने अपना समर्थन वापस ले लिया। फलस्वरूप शेख अब्दुल्ला की सरकार गिर गयी परन्तु जून 1977 के चुनाव में नेशनल कॉन्फ्रेंस ने 42 में से 39 सीटें जीतीं और शेख ने पुनः सरकार बनायी।

इसी वर्ष केन्द्र में जनता सरकार सत्तारूढ़ हुई। सुब्रह्मण्यम स्वामी, अशोक मेहता सरीखे जनता पार्टी के नेताओं ने कश्मीर में लगी धारा-370 की आलोचना शुरू कर दी जिससे कश्मीर में हलचल मच गयी। 8 सितम्बर, 1982 को शेख अब्दुल्ला का निधन हो गया और उनके पुत्र फ़ारुख़ अब्दुल्ला ने इन्दिरा गाँधी के सहयोग से गद्दी सँभाली।

कश्मीर के इस ऐतिहासिक सिंहावलोकन से स्पष्ट है कि 'कश्मीर' हमेशा से अस्थिर रहा है। वर्तमान में जो कुछ हो रहा है वह अतीत का ही परिणाम है। आज़ादी के बाद शेख अब्दुल्ला, बख्शी ग़ुलाम मोहम्मद, शमशुद्दीन, ग़ुलाम मोहम्मद सादिक, मीर कासिम तथा जी.एम. शाह सरीखे नेता मुख्यमन्त्री की हैसियत से कश्मीर के संरक्षक रहे परन्तु विवाद बजाय सुलझने के उलझता रहा।

कश्मीर समस्या के बारे में जो लोग चिन्तित रहते थे उनमें से हेमवती नन्दन बहुगुणा भी एक थे। उन्होंने सदन के भीतर तथा बाहर बराबर कश्मीर मुद्दे को हल करने की बात को कई बार उठाया। 'पुनर्वास विधेयक बिल' के बारे में उनकी अपनी अलग ही सोच थी। इस बिल को लेकर उन्होंने शेख अब्दुल्ला की तीखी आलोचना की थी। जिसका परिणाम था कि शेख ने बहुगुणा को 8 जून, 1982 को एक पत्र भेजा। इस पत्र में कहा गया था कि वे पुनर्वास विधेयक बिल को पहले भली-भाँति समझें तब वे निश्चय ही उनकी विचारधारा से सहमत हो जायेंगे। बहुगुणा के लिए उन्होंने 'अ सॉल्लम प्लेज रिडीम्ड' तथा 'दि कमिटमेंट' नाम की दो पुस्तिकाएँ भी भेजी थीं। यही नहीं शेख ने बहुगुणा की अहमियत को समझते हुए उन्हें कश्मीर आने तथा साथ बैठकर मुद्दे पर बातचीत करने का भी आमन्त्रण दिया था।

बहुगुणा ने शेख अब्दुल्ला को इस सम्बन्ध में जो पत्र भेजा था वह काफ़ी दिलचस्प है परन्तु उसकी ओर शायद ही किसी का ध्यान गया हो। पत्र में उन्होंने पुनर्वास विधेयक पर स्पष्टता से अपना मत रखते हुए उसका विरोध किया था। उनके और शेख अब्दुल्ला के बीच कुछ इस तरह पत्राचार हुआ।

दिनांक : 18 जून, 1982

प्रिय बहुगुणा साहब,

हाल ही में मैंने समाचार–पत्रों में आपका बयान देखा जिसमें आप द्वारा पुनर्वास विधेयक का विरोध किया गया है। पहले तो मेरे प्रति आपकी सद्भावना के लिए आभार व्यक्त करना चाहता हूँ।

ऐसा प्रतीत होता है कि आपकी टिप्पणी 'पुनर्वास विधेयक' की पृष्ठभूमि व उद्देश्य को जाने बगैर की गयी है इसलिए स्वाभाविक रूप से मेरा अनुमान है कि इस विधेयक

बायें से दायें : सयूयद मीर कासिम (दूसरे स्थान पर), हेमवती नन्दन बहुगुणा (तीसरे स्थान पर), शरद पवार (छठवें स्थान पर), फ़ारुख़ अब्दुल्ला (आठवें स्थान पर), बाबू जगजीवन राम (दसवें स्थान पर), एन.टी. रामाराव (ग्यारहवें स्थान पर) श्रीनगर कॉन्क्लेव कश्मीर में (1986)

के सम्बन्ध में जानकारी के अभाव में कुछ लोगों द्वारा की जा रही आलोचना से आप प्रभावित हुए हैं। आपके अवलोकनार्थ मैं दो प्रकाशन, 'सौलम प्लेज रीडीम' व 'द कमिटमेंट' संलग्न कर रहा हूँ, जिससे इस विधेयक की संवैधानिक एवं क़ानूनी स्थिति के साथ–साथ इसकी सामाजिक एवं ऐतिहासिक पृष्ठभूमि स्पष्ट हो जायेगी। मेरी इच्छा थी कि इस विषय पर मैं स्वयं आपसे विचारों का आदान–प्रदान करता परन्तु कुछ समय से मेरा स्वास्थ्य ठीक नहीं है।

यदि आप कुछ समय निकाल कर मिलने आयें तो हम बैठकर इस विधेयक के सन्दर्भ में आपके सन्देह और आशंकाओं को वार्ता के माध्यम से दूर कर सकते हैं। मुझे आशा है कि आप स्वस्थ होंगे।

सादर।

भवदीय

(एस. एम. अब्दुल्ला)

बहुगुणा ने कुछ इस तरह उत्तर दिया :

प्रिय अब्दुल्ला साहब,

मुझे आशा है कि आपके स्वास्थ्य लाभ के लिए मेरे द्वारा पूर्व में भेजा गया पत्र आपको प्राप्त हुआ। दिनांक 18 जून, 1982 पत्र संख्या सी.एम.एस./सी.एन. एफ./4/82 द्वारा आपका भेजा गया पत्र तथा संलग्नक प्राप्त हुआ, धन्यवाद। सभी जानते हैं कि संसदीय लोकतन्त्र, धर्मनिरपेक्षता व समाजवाद की साझा मान्यताओं के कारण मैं आपका और नेशनल कॉन्फ्रेंस का बहुत सम्मान करता हूँ। पुनर्वास विधेयक के सम्बन्ध में मेरा सन्देह इस बात से जागृत हुआ कि यह क़ानून जम्मू–कश्मीर के उन नागरिकों के लिए बनाया गया है जो 1947 में उत्पन्न अशान्तिकाल में या फिर भय से पाकिस्तान चले गये थे। 'द कमिटमेंट' के तीन दशक बीत चुके हैं। इतना लम्बा समय बीत जाने के बाद जिन लाभार्थियों के लिए यह आश्वासन दिया गया था वे सम्भवतः या तो अब नहीं रहे होंगे या उनका स्थान एक नयी पीढ़ी ने लिया होगा जिनका जन्म एवं पालन–पोषण पाकिस्तान अधिकृत जम्मू–कश्मीर में हुआ है। मैं इस निष्कर्ष पर पहुँचा हूँ कि यह विधेयक उन लोगों के लिए बनाया गया जिन्हें समय अन्तराल के कारण सम्भवंत अब उसमें कोई दिलचस्पी नहीं होगी।

विनम्रता से मेरा सुझाव है कि अपना पक्ष समझाने के लिए आपकी सरकार इस विधेयक को जनता एवं राजनीतिक पार्टियों के बीच में प्रसारित करे। पूर्व में भी यह सुझाव मैं आपको एवं आपके मन्त्री श्री डी. डी. ठाकुर को दे चुका हूँ।

मैं महसूस करता हूँ कि इस विषय पर आपके पूर्णतः स्वस्थय हो जाने पर आपसे चर्चा करना उचित होगा।

मैं क्षमा चाहूँगा कि आपकी अस्वस्थता के दौरान मैं आपसे मिलने नहीं आ सका परन्तु मेरा प्रयास होगा कि मैं शीघ्र आपसे मिलकर इस विधेयक के सन्दर्भ में अपने विचार आपसे साझा करूँ।

मैं आपका आभारी हूँ कि आपने मेरा स्मरण किया।

आपके शीघ्र स्वास्थ्य लाभ की कामनाओं के साथ।

सादर।

भवदीय

(एच.एन. बहुगुणा)

जनाब, शेख अब्दुल्ला

श्रीनगर, जम्मू–कश्मीर

बहुगुणा को अल्पसंख्यकों का निर्विवादित समर्थक एवं हिमायती माना जाता था। परन्तु शेख अब्दुल्ला को लिखे उनके पत्रों से यह स्पष्ट होता है कि वे एक ऐसे राष्ट्रवादी थे जो अपने विचारों की अभिव्यक्ति को अपने निजी एवं राजनीतिक सम्बन्धों से प्रभावित नहीं होने देते थे।

दिनांक 13 दिसम्बर, 1982 को पूर्व मुख्यमन्त्री महाराष्ट्र श्री शंकरराव चव्हाण ने बहुगुणा को पुनर्वास विधेयक पर उनके बयान के सम्बन्ध में एक पत्र लिखा तथा उस विषय पर उनके मत को जानने की इच्छा व्यक्त की। उनका आरोप था कि बहुगुणा ने विधेयक का समर्थन किया है। इस पर बहुगुणा ने उन्हें खरा जवाब देते हुए 19 दिसम्बर, 1982 को एक पत्र लिखा–

प्रिय श्री चव्हाण,

आपका पत्र दिनांक 13 दिसम्बर, 1982 प्राप्त हुआ, धन्यवाद। मुझे प्रसन्नता है कि आपने अपने सन्देहों को दूर करने के लिए मुझे पत्र लिखा है।

आपने लिखा है कि मैं कश्मीर पुनर्वास विधेयक का समर्थक हूँ। मेरा निवेदन है कि कृपया उस अख़बार की कटिंग भेजने की कृपा करें जिसमें मेरा कथित बयान छपा है। सत्यता तो यह है कि मैंने सार्वजनिक रूप से इस विधेयक का विरोध किया है और मेरा बयान राष्ट्रीय समाचार–पत्रों में छपा है।

मैंने यह अवश्य कहा है कि शेख साहब के साथ मेरे अच्छे सम्बन्ध हैं। इसके बावजूद मैंने स्पष्ट शब्दों में पुनर्वास विधेयक का विरोध किया है और इस सन्दर्भ में मैंने उन्हें भी एक पत्र लिखा है। आज शेख साहब हमारे बीच नहीं हैं। उन्होंने मुझे समझाने का प्रयास किया था तथा विधेयक से सम्बन्धित प्रकाशन भी मुझे भेजे थे परन्तु मैं सन्तुष्ट नहीं हुआ। मुझे आश्चर्य है कि ऐसा कौन–सा समाचार–पत्र आपको प्राप्त हुआ जिसमें पूर्णतया विपरीत समाचार छपा है।

श्री शंकर राव चव्हाण भवदीय
मुख्यमन्त्री, महाराष्ट्र (एच.एन. बहुगुणा)

फ़ारुख़ अब्दुल्ला के शासनकाल में इन्दिरा गाँधी तथा फ़ारुख़ के बीच बढ़ती दूरी को लेकर वे काफ़ी चिन्तित रहते थे क्योंकि उनकी धारणा थी कि कश्मीर की समस्या को सुलझाने में फ़ारुख़ नयी भूमिका अदा कर सकते हैं। 1983 में कश्मीर विधानसभा चुनावों में सम्भवतः बहुगुणा ही एकमात्र ऐसे राष्ट्रीय नेता थे जो डॉ. फ़ारुख़ के निमन्त्रण पर उनकी पार्टी नेशनल कॉन्फ्रेंस के समर्थन में वहाँ चुनाव प्रचार के लिए गये थे। चुनाव में श्रीमती गाँधी से सीटों के तालमेल को लेकर फ़ारुख़ के मतभेद गहरे हो गये। फलस्वरूप दोनों अलग-अलग चुनाव लड़े और चुनाव में फ़ारुख़ की विजय हुई। श्रीमती गाँधी इसे बर्दाश्त नहीं कर सकीं और नेशनल कॉन्फ्रेंस के 12 सदस्यों को अलग कर 21 जुलाई, 1984 को जी.एम. शाह को वहाँ का मुख्यमन्त्री बना दिया। उस समय जगमोहन (वर्तमान में भाजपा के लोकसभा सदस्य) वहाँ के राज्यपाल थे। उन्होंने सरकार बनाने का जो निर्णय लिया उसे असंवैधानिक मानकर उनकी आलोचना की गयी क्योंकि क़ानूनी तौर पर जम्मू-कश्मीर में दलबदल पर प्रतिबन्ध था। देश में इस घटना का विरोध हुआ। सभी विपक्षी दलों ने इसे बहस का मुद्दा बनाया। वस्तुस्थिति यह थी कि जगमोहन को सदन भंग कर देना चाहिए था। 1977 में भी ऐसी स्थिति आ चुकी थी और शेख अब्दुल्ला के सुझाव पर सदन भंग कर पुनः चुनाव कराया गया था। जगमोहन के निर्णय का परिणाम यह हुआ कि कश्मीर की जनता का भारतीय जनतन्त्र एवं क़ानून से विश्वास उठ-सा गया।

जम्मू–कश्मीर में चुनाव प्रक्रिया को लेकर कांग्रेस पार्टी एवं नेशनल कॉन्फ्रेंस एक दूसरे पर आरोप लगाते रहे। नेशनल कॉन्फ्रेंस का आरोप था कि कांग्रेस पार्टी तथा उनके गठबन्धन की पीपल्स कॉन्फ्रेंस, जमात–ए–इस्लामी तथा अन्य ने व्यापक स्तर पर गुण्डागर्दी एवं बूथों पर क़ब्ज़ा करने का काम किया है। इसके विपरित कांग्रेस ने चुनाव आयोग पर आरोप लगाया कि उनके द्वारा नेशनल कॉन्फ्रेंस और राज्य सरकार द्वारा की गयी धाँधली से सम्बन्धित शिकायतों को नज़रअन्दाज़ किया गया तथा जिन बूथों पर पीठासीन अधिकारियों द्वारा मारपीट एवं बूथ पर क़ब्ज़ा करने की शिकायत की गयी थी उन स्थानों पर भी चुनाव आयोग ने पुनः मतदान के निर्देश नहीं दिये।

19 जुलाई, 1984 को आन्ध्र प्रदेश, कर्नाटक, बंगाल तथा त्रिपुरा के मुख्यमन्त्रियों के साथ एक प्रतिनिधिमण्डल, जिसमें बहुगुणा, चरण सिंह, चन्द्रशेखर, अटल बिहारी वाजपेयी, राजेश्वर राव, नम्बूदरीपाद, नृपेन चक्रवर्ती भी शामिल थे, ने राष्ट्रपति ज्ञानी जैल सिंह को एक ज्ञापन देकर राज्यपाल के निर्णय पर भारी विरोध प्रकट किया। उन्होंने राज्यपाल के निर्णय को असंवैधानिक बताया था और राज्यपाल को तत्काल वापस बुलाने तथा जी.एम. शाह सरकार को बर्ख़ास्त करने की माँग की थी।

उनका तर्क था कि जम्मू–कश्मीर में दल–बदल क़ानून है जिसके अनुसार यदि कोई विधायक एक पार्टी से दूसरी पार्टी में जाता है तो उसकी सदस्यता स्वतः ही समाप्त मानी जाती है और क्योंकि जी.एम. शाह के नेतृत्व में कांग्रेस पार्टी ने 12 विधायकों के दल–बदल से सरकार बनायी थी इसलिए वो ग़ैर–क़ानूनी थी। उन्होंने राज्यपाल पर आरोप लगाया कि संविधान एवं क़ानून के रक्षक होते हुए भी उन्होंने एकपक्षीय ग़ैर–क़ानूनी निर्णय लिया है इसलिए जी. एम. शाह सरकार को बर्ख़ास्त करते हुए राज्यपाल को तत्काल पद मुक्त किया जाना चाहिए।

उन्हीं दिनों कई राष्ट्रीय समाचार–पत्रों ने जम्मू–कश्मीर की स्थिति के सन्दर्भ में लिखा था कि असम, पंजाब, जम्मू–कश्मीर गम्भीर राजनीतिक संकट के दौर से गुज़र रहे थे। वहाँ क़ानून व्यवस्था पूर्णतः भंग थी और ऐसी परिस्थिति में फ़ारुख़ सरकार की बर्ख़ास्तगी आवश्यक हो गयी थी। उन्होंने लिखा कि फ़ारुख़ अब्दुल्ला के मुख्यमन्त्रित्व काल में भितरघात एवं विध्वंसात्मक गतिविधियाँ तेज़ हो गयीं और उसमें पाकिस्तान के उग्रवादियों का भी हाथ था। पाकिस्तान के स्वतन्त्रता दिवस 14 अगस्त को घाटी के कुछ स्थानों पर पाकिस्तान के झण्डे भी लहराये गये तथा स्पोर्ट्स स्टेडियम व अन्य स्थानों पर बम विस्फोट भी किये गये। इसके 15 दिनों के उपरान्त उग्रवादियों द्वारा सिविल लाइन्स श्रीनगर में स्थित डाक–तार विभाग के सैटेलाइट स्टेशन को भी उड़ाने का प्रयास किया गया।

13 अक्टूबर, 1983 में सबसे बुरी घटना शेर–ए–कश्मीर स्टेडियम में भारत और वेस्ट इंडीज़ के बीच खेले गये क्रिकेट मैच के दौरान हुई। वहाँ उपस्थित दर्शकों ने, पुलिस की उपस्थिति में, खेल के दौरान उपद्रव मचाया और पुलिस चुपचाप देखती रही। वे भारतीय सेना को धिक्कारते रहे, बीच–बीच में खेल के मैदान में घुसकर वेस्ट इंडीज़ के खिलाड़ियों को गले लगाया और भारतीय खिलाड़ियों के साथ दुर्व्यवहार किया। स्टेडियम में पाकिस्तान के झण्डे भी लहराये गये। खेल की समाप्ति के बाद भारतीय टीम के कप्तान कपिल देव ने कहा कि ऐसे विरोध का सामना तो उन्हें पाकिस्तान में भी नहीं करना पड़ा।

कुछ ही महीनों में जे.के.एल.एफ. व अन्य संगठनों की सक्रिय भूमिका के कारण खाड़ी में ख़तरनाक परिस्थितियाँ उत्पन्न हो गयी थीं, साथ ही साम्प्रदायिक दंगों ने सामान्य जीवन को अस्त–व्यस्त कर दिया था। अन्ततोगत्वा 12 मार्च, 1986 को जनता के दबाव के कारण कांग्रेस पार्टी ने जी.एम.शाह सरकार से समर्थन वापस ले लिया और जम्मू–कश्मीर में राज्यपाल शासन लागू कर दिया गया।

प्रधानमन्त्री का पद सँभालने के उपरान्त राजीव गाँधी ने सीमावर्ती राज्यों के विवादित विषयों को सुलझाने का प्रयास किया। इसके अन्तर्गत 7 नवम्बर, 1986 को राजीव गाँधी–फ़ारूख़ समझौता सम्पन्न हुआ। फ़ारुख़ को एक बार पुनः कांग्रेस व नेशनल कॉन्फ्रेंस की गठबन्धन सरकार का मुख्यमन्त्री बनाया गया।

मार्च 1987 में सम्पन्न हुए आम चुनाव में इस गठबन्धन को प्रचण्ड बहुमत मिला परन्तु शीघ्र ही 8 जनवरी, 1990 को फ़ारुख़ को पुनः त्यागपत्र देना पड़ा।

1980 के दशक में भारतीय राजनीति में महत्त्वपूर्ण परिवर्तन हुआ। 1980 के लोकसभा चुनाव में प्रचण्ड बहुमत से वापस सत्ता में आने के उपरान्त श्रीमती इन्दिरा गाँधी ने कठोरता के साथ ग़ैर–कांग्रेसी प्रदेश सरकारों को बर्ख़ास्त करना शुरू कर दिया। उनके निशाने पर आन्ध्र प्रदेश, कर्नाटक, बंगाल, जम्मू–कश्मीर व त्रिपुरा की सरकारें थीं। उनके इस कृत्य ने पूरे देश में केन्द्र व राज्य सम्बन्धों तथा भारत के संविधान में संशोधन किये जाने पर परिचर्चा को जन्म दिया। परिस्थितियाँ संकेत कर रही थीं कि देश में केन्द्र और राज्यों में एक ही दल की सरकार का दौर समाप्त हो चुका था। अलग–अलग राज्यों में क्षेत्रीय पार्टियाँ सत्ता में आ रही थीं, परन्तु इस यथार्थ को स्वीकार करने के स्थान पर श्रीमती गाँधी ने राज्य सरकारों से टकराव का मार्ग अपनाया और उन्हें बर्ख़ास्त करने का षड्यन्त्र रचा।

1984 का लोकसभा चुनाव आते–आते विपक्षीय पार्टियों ने एकजुट होना प्रारम्भ कर दिया। चुनाव से लगभग 1 वर्ष पूर्व से विपक्षीय पार्टियों ने संयुक्त बैठकें प्रारम्भ कर दीं। 1983 में आन्ध्र प्रदेश के मुख्यमन्त्री एन. टी. रामाराव ने विजयवाड़ा में एक विपक्षीय सम्मेलन आयोजित किया। इसके बाद 13 जून, 1983 को दिल्ली सम्मेलन, 05 से 07 अक्टूबर, 1983 में श्रीनगर सम्मेलन तथा 13 जनवरी से 15 जनवरी, 1984 को कलकत्ता सम्मेलन आयोजित किया गया।

5, 6, 7 अक्टूबर, 1983 को श्रीनगर में विपक्षीय दलों का एक ऐतिहासिक सम्मेलन हुआ। प्रथम बार कश्मीर में इतनी बड़ी संख्या में विपक्षीय पार्टियाँ एकजुट हुईं। चर्चा लोकतान्त्रिक ढाँचे में केन्द्र–राज्य सम्बन्ध पर मुख्यतः केन्द्रित थी। भाजपा एवं लोकदल के राष्ट्रीय लोकतान्त्रिक गठबन्धन (एन.डी.ए.) के अनुपस्थिति के बावजूद विपक्षी पार्टियों का यह एक प्रभावशाली प्रदर्शन माना गया। 18 राजनीतिक दलों के 50 नेताओं ने इस सम्मेलन में भाग लिया, जिसके कारण सीमान्त राज्य होते हुए भी कश्मीर राष्ट्रीय राजनीतिक मुख्यधारा में आ गया। इस सम्मेलन में प्रमुख प्रतिभागियों में ज्योति बसु मुख्यमन्त्री, पश्चिम बंगाल, रामकृष्ण हेगड़े मुख्यमन्त्री, कर्नाटक, एन.टी.रामाराव, मुख्यमन्त्री, आन्ध्र प्रदेश, नृपेन्द्र चक्रवर्ती मुख्यमन्त्री, त्रिपुरा, श्री जगजीवन राम, चन्द्रशेखर, हेमवती नन्दन बहुगुणा, ई.एम.एस नम्बूदरीपद (सी.पी.आई.एम.), प्रकाश सिंह बादल (अकाली दल), आई. के. गुजराल (संयुक्त मोर्चा), राजेश्वर राव (सी.पी.आई), के.एस. गावी (आर.पी.आई), उन्नीकृष्णन (कांग्रेस एस.), चित्त बसु (फारवर्ड ब्लॉक) व अन्य महत्त्वपूर्ण राष्ट्रीय नेता थे। साथ ही मणिपुर एवं मेघालय के पूर्व मुख्यमन्त्रियों ने भी सम्मेलन में भाग लिया।

विपक्षी दलों के इस महासम्मेलन से एन.डी.ए. के नेता अटल बिहारी वाजपेयी और चरण सिंह ने किनारा किया था। सम्मेलन से दो दिन पूर्व एन.टी. रामाराव व फ़ारुख़ अब्दुल्ला ने इन दोनों नेताओं को मनाने का काफ़ी प्रयास किया था परन्तु

वे नहीं माने। उनकी ओर से एन.डी.ए. के महासचिव वी. के. मेहरोत्रा ने प्रेस भेंटवार्ता में आरोप लगाया कि कुछ प्रतिभागी दलों के विरोध के कारण एन.डी.ए. के नेताओं को जानबूझकर विलम्ब से आमन्त्रित किया गया। इसलिए उनका प्रतिभाग लेने का प्रश्न ही नहीं उठता। समाचार–पत्रों ने अपनी ओर से लिखा कि सम्भवतः संकेत हेमवती नन्दन बहुगुणा और सैयद मीर कासिम की ओर था।

कश्मीर समस्या तथा विपक्षी नेता के रूप में हेमवती नन्दन बहुगुणा के प्रयास को नज़रअन्दाज़ नहीं किया जा सकता। 5 से 7 अक्टूबर, 1983 को कश्मीर में आयोजित विपक्षी नेताओं के सम्मेलन में बहुगुणा ने महत्त्वपूर्ण भूमिका अदा की थी। इस सम्मेलन के अध्यक्ष फ़ारुख़ अब्दुल्ला थे। इस सम्मेलन में सर्वसम्मति से पारित प्रस्ताव में स्पष्ट रूप से कहा गया कि केन्द्र को राज्यों के साथ अपने सम्बन्धों को संविधान के अनुकूल पुनः व्याख्यायित करना चाहिए ताकि प्रान्तों में विपक्ष की चुनी हुई सरकारों को अवैधानिक एवं मनमाने ढंग से गिराया न जा सके। इसके लिए यदि आवश्यक हो तो संविधान की कुछ धाराओं को संशोधित कर देना चाहिए। विपक्षी नेताओं का मत था केन्द्र तथा प्रान्तों में एक ही पार्टी की सत्ता होने का युग समाप्त हो चुका है। इसीलिए केन्द्र तथा प्रान्तों के बीच, अधिकारों का विकेन्द्रीकरण होना आवश्यक है। कश्मीर की समस्या का समाधान भी सत्ता के विकेन्द्रीकरण पर निर्भर माना गया था। केन्द्र-राज्य सम्बन्धों पर आगे चर्चा की जायेगी।

असम

पंजाब एवं कश्मीर की ही भाँति असम की भी समस्या काफ़ी जटिल थी। वहाँ के लोग सामाजिक, राजनीतिक एवं आर्थिक सत्ता के अस्तित्व को क़ायम रखने, बंगलादेशियों के अनावश्यक प्रवेश तथा चुनाव में उनकी भागीदारी को लेकर एक लड़ाई लड़ रहे थे। वहाँ के छात्र ऐसे किसी भी प्रकार के समझौते को स्वीकार करने के पक्ष में न थे जिससे उनके प्रान्त की अस्मिता को ख़तरा हो। विदेशी घुसपैठियों को वहाँ से हटाने का निर्णय उनका अन्तिम निर्णय था। वहाँ के आन्दोलनकारी छात्रों ने समस्या के हल हेतु कुछ मुद्दे तय किये थे जिनकी चर्चा करने से पूर्व इस अंचल के इतिहास को जानना आवश्यक है।

दरअसल असम समस्या कैसे शुरू हुई, इसका एक लम्बा इतिहास है। असम, जिसमें नागालैंड, अरुणाचल वग़ैरह भी थे, आदिवासियों का इलाक़ा था। अकबर रहा हो या अंग्रेज़ कोई भी उन्हें दबा नहीं सका। वहाँ अहोम क़बीले का शासन था, जो 1200 साल तक चला। 1852 में बर्मा ने वहाँ हमला किया और उन्हें हरा दिया। अहोम के राजा ने ईस्ट इंडिया कम्पनी से मदद माँगी और बाद में बर्मी सेनाओं को वहाँ से जाना पड़ा। इसके बदले में राजा ने ईस्ट इंडिया कम्पनी को ब्रह्मपुत्र का इलाक़ा दे दिया,

जहाँ की ज़मीन उपजाऊ ही नहीं बल्कि खनिजों से भरपूर है। वहाँ के लोग चाय, जूट आदि की खेती करने लगे और साथ ही वहाँ तेल की खोज शुरू हो गयी। उस समय असम के लोग आदिवासी थे और सारी दुनिया से कटे हुए थे।

ईस्ट इंडिया कम्पनी यानी कि अंग्रेज़ों ने न सिर्फ़ बंगाली मज़दूरों और किसानों को वहाँ आबाद किया बल्कि बाबुओं और अन्य दफ़्तरी कामकाज के लिए पढ़े-लिखे बंगालियों को भी वहाँ लाकर आबाद किया। धीरे-धीरे वे असम की सामाजिक एवं आर्थिक ज़िन्दगी पर हावी हो गये मगर आज़ादी के बाद आदिवासियों में अन्दर चेतना पैदा होने लगी और वे बंगालियों का विरोध करने लगे।

1918 से 1946 तक असम के नेता बराबर केन्द्र सरकार का ध्यान पूर्वी बंगाल के घुसपैठियों की ओर आकर्षित करते रहे परन्तु कोई ध्यान नहीं दिया गया। आज़ादी के बाद भी यही क्रम जारी रहा। दरअसल, असम की पूरी तरह से उपेक्षा की गयी थी। यहाँ तक कि 1836 में अंग्रेज़ों ने उनकी राज्य भाषा असमिया के स्थान पर बंगला भाषा को प्रतिष्ठापित कर दिया था। फलस्वरूप अपनी ही मातृभूमि में असमी अपनी मातृभाषा को राज्य भाषा पद पर प्रतिष्ठित करने के लिए लड़ते रहे। एक लम्बे संघर्ष के बाद 1870 में असमिया भाषा न्यायालय तथा शिक्षण संस्थाओं में प्रवेश पा सकी। ऐसा इसलिए हुआ था क्योंकि बंगाली बाबू अंग्रेज़ों से मिलकर असम में अपना राज्य प्रतिष्ठापित रखना चाहते थे।

1953 में असम में कांग्रेस का अधिवेशन हुआ था उस समय असम प्रदेश कांग्रेस अध्यक्ष देवेश्वर शर्मा ने कहा था कि असम में विदेशी आ रहे हैं। 1955-56 में असम में वी.पी. चालिहा की सरकार बनी। देवकान्त बरुआ, मोइन-उल-हक चौधरी और फ़ख़रुद्दीन अली अहमद जो बाद में भारत के राष्ट्रपति बने, चालिहा सरकार में मन्त्री थे। इन तीनों के मन्त्रिमण्डल में रहने के बाद भी चालिहा से नहीं बनती थी।

फ़ख़रुद्दीन अली अहमद पर आरोप लगाया गया कि वे विदेशियों को असम में शरण दे रहे हैं। इससे पूर्व शादउल्ला पर भी यह इल्ज़ाम लगाया गया था। 1957 में फ़ख़रुद्दीन अली अहमद को कांग्रेस संसदीय मण्डल का सदस्य बनाकर केन्द्र में बुला लिया गया और बरुआ तथा मोइन-उल-हक चौधरी को मन्त्रिमण्डल से निकाल दिया गया। इस प्रकार चालिहा तो सन्तुष्ट हो गये लेकिन घुसपैठियों की समस्या का कोई हल नहीं निकल पाया। अलबत्ता 1974 में जब शरत चन्द्र सिन्हा की सरकार बनी तो कहा गया था कि तमाम शरणार्थी वापस चले गये हैं, अब शरणार्थियों का कोई मामला नहीं है। परन्तु असमी इस प्रश्न पर बराबर संघर्ष करते रहे। उनकी माँग थी कि–1951 से पूर्व असम में रहने वालों के लिए लोकसभा तथा विधानसभा की सीटों के लिए आरक्षण हो, नौकरियों तथा शिक्षा में इसका पालन किया जाये और 25 मार्च, 1971 से असम में अनधिकृत तौर पर प्रवेश करने वाले विदेशियों को वापस भेजा जाये। इसके अतिरिक्त भारत तथा बंगलादेश की सीमा को तार से रेखांकित कर

प्रवेश पर प्रतिबन्ध लगाने, सीमा मार्ग के साथ ही स्थान-स्थान पर विशेष सीमावर्ती गाँवों में ऐसे कर्मियों की तैनाती करने का सुझाव था जो अनधिकृत प्रवेश पाने वालों की पहचान कर सकें।

केन्द्र सरकार के सामने ये सभी बिन्दु अत्यन्त महत्त्वपूर्ण थे, परन्तु उनमें से विदेशियों को निकाल बाहर करना एक कठिन काम था। सरकार तथा केन्द्रीय नेताओं की अपनी अलग मान्यताएँ एवं विचार थे। असम के नेताओं का मानना था कि एक ओर सरकार कह रही है कि बातचीत का दरवाज़ा अभी बन्द नहीं हुआ, दूसरी ओर आन्दोलन कर रहे छात्रों तथा नेताओं की गिरफ़्तारी का सिलसिला जारी रहा। पूरे असम में आतंक का बोलबाला था।

हेमवती नन्दन बहुगुणा असम की समस्या को हल करने पर बराबर ज़ोर देते रहे। जनवरी 1980 से बहुगुणा ने उत्तर–पूर्वी प्रान्तों के सन्दर्भ में श्रीमती गाँधी को कई पत्र लिखे थे जिन्हें नज़रअन्दाज़ कर दिया गया। यदि उस समय उनकी चेतावनी को गम्भीरता से लिया गया होता तो सम्भवतः 1982 के पश्चात उत्पन्न इस क्षेत्र में संकट को बचाया जा सकता था। 10 मई, 1981 को अपने एक पत्र में बहुगुणा ने श्रीमती गाँधी को पिछले पत्रों में उठाये गये मुद्दों की याद दिलाई थी। उनका आरोप था कि जनवरी 1980 में उनका ध्यान आकृष्ट करने पर भी सरकार द्वारा उचित ध्यान न देने के कारण पूर्वोत्तर राज्यों, विशेषकर असम की जनता में तेज़ी से पृथक्तावादी भावना प्रवेश कर रही है। असम व अन्य उत्तर–पूर्वी राज्यों में बढ़ रही गरीबी की ओर भी उन्होंने प्रधानमन्त्री का ध्यान आकृष्ट किया।

मिजोरम के प्रति केन्द्र की नीति पर प्रहार करते हुए उन्होंने श्रीमती गाँधी को स्मरण कराया कि 30 जनवरी, 1980 को एक पत्र के माध्यम से उन्होंने सुझाव दिया था कि प्रधानमन्त्री को तत्काल श्री लाल डेंगा से वार्ता प्रारम्भ करनी चाहिए ताकि पूर्वोत्तर का एकमात्र ऐसा राज्य जहाँ स्थायी सरकार और शान्ति क़ायम है वहाँ अशान्ति पैदा न हो। उन्होंने खेद व्यक्त किया कि सूझ-बूझ को ताक पर रख कर जिस प्रकार दलबदल द्वारा लाल डेंगा की सरकार को गिराकर नयी सरकार का गठन किया गया वह दुर्भाग्यपूर्ण था क्योंकि उसके कारण मिजोरम की राजनीति में अनिश्चय व अस्थिरता का समावेश हो गया। एक संवेदनशील क्षेत्र के प्रति इन्दिरा गाँधी के इस व्यवहार की उन्होंने निन्दा की थी। विपक्ष में होते हुए भी राष्ट्रीय प्रश्नों पर वे सदैव अपने सुझाव व टिप्पणी प्रधानमन्त्री को भेजते रहे। वे सीमान्त क्षेत्र में अस्थिरता को देश की अखण्डता के लिए ख़तरनाक मानते थे, इसलिए चिन्तित थे।

बहुगुणा असम में निष्पक्ष चुनाव तन्त्र के पक्षधर थे। इसके लिए लोकसभा में पेश किये जाने वाले विधेयक का उन्होंने स्वागत किया था। 12 अप्रैल, 1980 को प्रधानमन्त्री श्रीमती गाँधी गुवाहाटी गयी हुई थीं। वहाँ के लोगों को यह आशा थी कि प्रधानमन्त्री उनकी भावनाओं को सम्मान देने के लिए कुछ घोषणाएँ करेंगी। परन्तु उनके हाथ निराशा लगी।

उम्मीदों के प्रतिकूल वहाँ के लोगों पर वही समझौता लादा जा रहा था, जो आठ वर्ष पूर्व असम के राज्यपाल एल.पी. सिंह ने वहाँ की जनता के समक्ष रखा था।

बहुगुणा तथा असम के प्रतिनिधि नेताओं के बीच बराबर सम्पर्क बना रहता था। वहाँ के नेता, वहाँ के सांसद बराबर अपनी समस्याओं को उनके पास भेजते रहते थे। असम की समस्या से ही सम्बन्धित एक पत्र वहाँ के सांसद रॉबिन काकोटी ने 19 जनवरी, 1983 को बहुगुणा के पास भेजा था जिसे उन्होंने तत्कालीन प्रधानमन्त्री श्रीमती इन्दिरा गाँधी को भी भेजा था और यह आग्रह किया था कि वह असम समस्याओं को गम्भीरता के साथ लें। बहुगुणा ने पत्र में विदेशी नागरिकों के बारे में चल रही अन्तिम चक्र की वार्ता के विफल होने पर गहरी चिन्ता व्यक्त की थी।

18 मार्च, 1983 को विरोधी दलों के प्रमुख नेता हेमवती नन्दन बहुगुणा, शरद पवार, रतुभाई अडानी, शरत चन्द्र सिन्हा, देवकान्त बरुआ, अहमद हुसैन आदि ने एक संयुक्त हस्ताक्षरित ज्ञापन राष्ट्रपति को सौंपा था जिसमें अनुचित हथकण्डे अपनाकर गठित की गयी विधानसभा को भंग करने तथा राज्यपाल को हटाने की माँग की गयी थी। उनकी माँग थी कि चुनाव आयुक्त को निर्देश दिये जायें कि विधानसभा चुनाव के सम्बन्ध में ऐसे नियम बनाये जायें कि भविष्य में लोकतान्त्रिक प्रक्रिया का इतने बड़े पैमाने पर उल्लंघन न हो सके।

14 मार्च, 1983 को बहुगुणा ने असम के बारे में सदन में भाषण दिया था, जिसमें उन्होंने प्रधानमन्त्री के सदन में उपस्थित न होने पर चिन्ता व्यक्त की थी। उन्होंने प्रश्न उठाया था कि क्या कारण है कि असम, पंजाब, कश्मीर जैसे प्रान्तों की समस्या पर जब भी चर्चा होती, वे अनुपस्थित रहती हैं। नेहरू जी ऐसा कभी नहीं किया करते थे और गम्भीर मुद्दों पर वे बराबर सदन में उपस्थित रहते थे। उन्होंने तथ्यों के हवाले से प्रस्तुत किया कि सरकार तथा शासन विदेशी घुसपैठियों के मुद्दे की हमेशा उपेक्षा करता रहा है। उन्होंने जानना चाहा कि इस सम्बन्ध में नेहरू-लियाकत अली तथा बाद में इन्दिरा-मुजीब समझौते का क्या हुआ?

उन्होंने कहा कि "आज स्थिति यह है कि मणिपुर, नागालैंड, मिज़ोरम सेना के नियन्त्रण में हैं और अब सरकार चाह रही है कि असम में भी सेना तैनात की जाये। लोकतन्त्र में ऐसा करना उचित नहीं हैं क्योंकि इसके गम्भीर परिणाम हो सकते है। इसलिए असम की समस्या के हल हेतु स्थायी एवं प्रभावशाली क़दम उठाये जाने चाहिए।"

6 अप्रैल, 1983 को लोकतान्त्रिक समाजवादी पार्टी के अध्यक्ष की हैसियत से बहुगुणा ने एक प्रेस बयान जारी करते हुए इस बात के लिए गहरी चिन्ता व्यक्त की थी कि सरकार असम में अपना कर्तव्य निर्वाह करने में विफल रही है। बहुगुणा का स्पष्ट मत था कि यदि क्षेत्रीयता को बढ़ावा दिया जाता रहा और उसे रोका न गया तो उसके परिणाम घातक होंगे। मेघालय, अरुणाचल तथा नागालैंड में उसके परिणामों को हम भुगत चुके हैं। 1965 के बाद वहाँ 10 लाख शरणार्थी आये हैं।

त्रिपुरा के लोग भी उग्र आन्दोलन करने पर आमादा हैं। पूर्वोत्तर में फैली नफ़रत की आग को हम सेना के ज़रिये दबाने की कोशिश करते रहे हैं पर इसे दबाया नहीं जा सकता। वहाँ का बच्चा-बच्चा सेना से नफ़रत करता है यहाँ तक कि दुकानदार भी सैनिकों के हाथ अपना सामान बेचना पसन्द नहीं करते।

बहुगुणा असम समस्या के बारे में बराबर सचेष्ट रहे। अप्रैल, 1983 में पूरे असम का उन्होंने पाँच दिन का दौरा किया था। इस दौरे की अवधि में उन्होंने तमाम समस्याओं की जानकारी प्राप्त करने के बाद सरकार के सामने विस्तृत ब्योरा रखा था। वे असम की जनता पर थोपे गये चुनाव के विरोधी थे और 1 अगस्त, 1984 को डी.एम.के.पी. की राष्ट्रीय कार्यकारिणी में इसके विरोध में एक प्रस्ताव भी पारित किया गया था। बाद में 1986 में राष्ट्रीय एकता परिषद की बैठक में अन्य विषयों के साथ उन्होंने असम के मुद्दे को भी उठाया था। उनका कहना था कि सरकार द्वारा प्रशासन तन्त्र के अधिकार क्षेत्र में बराबर सेना तथा अर्धसैनिक बलों का प्रयोग बढ़ता जा रहा है। सरकार का इस दिशा में रुझान लोकतन्त्र तथा राष्ट्रीय एकता के लिए शुभ संकेत नहीं है।

14 अगस्त, 1985 को तत्कालीन प्रधानमन्त्री राजीव गाँधी ने एक समझौते के तहत असम की समस्या को हल करने का प्रयास किया था। यह समझौता ही 'असम अकॉर्ड' के नाम से जाना गया। इस समझौते के तहत 1966 को आधार मानकर 1971 तक असम में प्रवेश पाने वालों को छोड़कर बाक़ी को बाहर निकालने की बात स्वीकार की गयी। 1966 से 1971 के बीच आये नागरिकों को 10 वर्ष के उपरान्त ही वोट देने का अधिकार प्रदान किया गया। इसी के आधार पर चुनाव के लिए नयी मतदाता सूची तैयार कर चुनाव कराने का निर्णय लिया गया। 1983 का चुनाव हिंसा के वातावरण में सम्पन्न हुआ था। असम के आन्दोलनकारियों ने इसका बहिष्कार किया था फिर भी कांग्रेस ने बंगाली, हिन्दुओं, मुसलमानों एवं नेपाली नागरिकों की सहायता से चुनाव जीतकर सरकार बना ली। सर्वोच्च न्यायालय से इसे वैधता भी मिल गयी थी परन्तु विशेष्य परिस्थितियों के मद्देनज़र और 'अकॉर्ड' की सफलता के लिए इस सरकार को बर्ख़ास्त कर दिया गया।

इस 'अकॉर्ड' से जहाँ अनेक राजनीतिक एवं आर्थिक समस्याओं को सुलझाने हेतु निर्णय लिए गये वहीं इसने आशंकाओं तथा विवादों की भी पोटली खोली थी। मुख्य रूप से जातिगत आधार पर तीन तरह के विचार सामने आये। उनमें से एक वर्ग तो ऐसा था जो 'अकॉर्ड' का समर्थन कर रहा था, दूसरा विरोध पक्ष में तथा तीसरा निरपेक्ष विचारधारा रखता था। प्रथम में असमी हिन्दू, द्वितीय में बंगाली हिन्दू, प्रवासी मुस्लिम एवं नेपाली तथा तीसरी विचारधारा में आदिवासी, असमी मुस्लिम, बंगाली मुस्लिम आदि थे।

प्रथम वर्ग इसलिए प्रसन्न था कि समझौता उसके साथ हुआ था, दूसरा इसलिए भयभीत एवं आशंकित था क्योंकि 1983 के चुनाव में उसने कांग्रेस की जीतने में मदद

की थी। उन्हें इस बात का भी डर था कि कहीं विदेशी नागरिकों की पहचान के समय वे नौकरशाही द्वारा परेशान न किये जायें। तीसरे वर्ग ने समझौते का न तो समर्थन किया और न ही विरोध। परन्तु उनके मन में था कि असम के मूल निवासी होने के बावजूद समझौते में उनकी इच्छाओं को ध्यान में नहीं रखा गया।

28 सितम्बर, 1985 के 'ब्लिट्ज़' में प्रकाशित बहुगुणा के एक साक्षात्कार से स्पष्ट है कि असम के बारे में उनकी क्या धारणा थी। उनके ही शब्दों में यह बात समझ लीजिए, "आज़ादी के पहले असम और बंगाल के बीच कोई सीमा बन्दी नहीं थी। लोग आज़ादी से एक दूसरी जगह आ-जा सकते थे। देश के बँटवारे के समय लोगों से पूछा नहीं गया था, कोई जनमत संग्रह नहीं कराया गया। समझ लीजिए कि बँटवारे के बाद विदेशियों के मुद्दे को एक राजनीतिक हथियार बना लिया गया।"

बहुगुणा असम समस्या को कांग्रेस द्वारा पैदा की हुई मानते थे। उन्होंने कहा था, "अगर मैं यह कहूँ कि यह मसला सरकार का या साफ़ शब्दों में समझ लीजिए कांग्रेस का पैदा किया हुआ है तो अन्यथा न होगा।" 14 मई, 1983 को लोकसभा में दिये गये भाषण में उन्होंने साफ़ शब्दों में कह दिया था कि 'आसू' जिसमें ज़्यादातर छात्र हैं और असमगण परिषद से बातचीत की जाये और उनसे साफ़-साफ़ कह दिया जाये कि विदेशी नागरिकों का मसला कोई मसला नहीं है। "यह राजनीतिक दूरदर्शिता का तकाजा है। नेहरू-लियाकत तथा नेहरू-नून समझौतों और बाद में शेख मुजीब के साथ हुए समझौते में यह साफ़-साफ़ तय हो गया था कि जो लोग भारत में आ चुके हैं वे आ चुके हैं, अब 1965 के बाद आने वालों को विदेशी करार देना, उन्हें वोट डालने के अधिकार से वंचित रखना या बेदख़ल कर देने की बात कहाँ तक उचित है? 1965 के भारत-पाक युद्ध के बाद या उससे पहले 1964 में कलकत्ता, राउरकेला, जमशेदपुर में हुए साम्प्रदायिक दंगों के बाद आशंकित हिन्दू उस समय के पूर्वी पाकिस्तान से भागकर भारत में आये थे। 1965 के बाद हिन्दू ही ज़्यादातर भागकर आये थे और अब उन्हें निकाले जाने की आवाज़ उठायी जा रही है। मुमकिन है, कुछ मुसलमान भी निकाले जायें। जहाँ तक मेरा ख़याल है अगर विदेशियों के नाम पर लोग निकाले गये तो उनमें तीन हिन्दू होंगे तो एक मुसलमान। बंगलादेश ऐसे लोगों को वापस लेने को तैयार नहीं है। बंगाल ने भी अपने दरवाज़े बन्द कर दिये हैं। कोई प्रदेश उन्हें लेने को तैयार नहीं है। अगर ऐसा हुआ भी तो दूसरे प्रदेशों की आबोहवा उनके अनुकूल नहीं होगी। दण्डकारण्य में कुछ बंगाली शरणार्थियों को बसाया गया था। लेकिन वे वहाँ नहीं रह सके, भाग खड़े हुए।"

1983 में तीन पत्रों के माध्यम से बहुगुणा ने राष्ट्रीय नागरिक रजिस्ट्रर (एन.आर.सी.) का मुद्दा भारत के गृहमन्त्री श्री पी.सी. सेठी के साथ उठाया था। इस मुद्दे की गम्भीरता की ओर उनका ध्यान आकृष्ट करते हुए उन्होंने जानना चाहा था कि यदि

विश्व के कई देशों ने अपने नागरिकों को सामाजिक सुरक्षा कार्ड प्रदान किया है तथा वह कार्ड उनके पहचान–पत्र के रूप में कार्य करता है तो ऐसी कौन–सी क़ानूनी बाध्यताएँ हैं जिनके कारण भारत सरकार को उत्तर पूर्वी राज्यों में एन.आर.सी. एवं फ़ोटो सहित मतदाताओं का पहचान–पत्र बनाने से उसे रोकती है। इस सम्बन्ध में उनके द्वारा भेजे गये पत्र इस प्रकार हैं–

दिनांक : 4 मई, 1983

प्रिय श्री सेठी,

राष्ट्रीय नागरिकता रजिस्ट्रर (एन.आर.सी.) के सन्दर्भ में लोकसभा में प्रश्न यू.एस. क्यू. सं. 8830 के लिए आपके द्वारा दिया गया उत्तर देखा। यह असामान्य प्रतीत होता है कि 1951 में तैयार किया गया राष्ट्रीय नागरिकता रजिस्ट्रर रखरखाव व नवीनीकरण के अभाव में अव्यावहारिक हो गया है। आपका उत्तर कि सरकार को यह जानकारी नहीं है कि किन देशों में एन.आर.सी. बनाये गये हैं आश्चर्यचकित करता है।

मेरे विचार में इस सम्बन्ध में चुनाव आयोग, जो पूरे विश्व की स्थितियों से अवगत है, आपको जानकारी दे सकता है। कई देशों में जैसे अमेरिका (यू.एस.ए.) में सभी नागरिकों को सामाजिक सुरक्षा कार्ड उपलब्ध कराया गया है और वह प्रत्येक कार्य के लिए उनका पहचान–पत्र भी माना जाता है। मेरा विचार है कि एन.आर.सी. के पक्ष एवं विपक्ष में सभी तर्कों को ध्यान में रखते हुए सरकार द्वारा नीतिगत फ़ैसला लिए जाने की आवश्यकता है।

उचित समझें तो विपक्षी दलों को भी विश्वास में लें।

शुभकामनाओं के साथ

भवदीय

(एच. एन. बहुगुणा)

श्री पी. सी. सेठी
गृहमन्त्री
भारत सरकार

पाँच महीने के बाद पी.सी.सेठी ने एक संक्षिप्त उत्तर भेजा जिस पर बहुगुणा ने पुनः 19 अक्टूबर, 1983 को दूसरा पत्र लिखा–

प्रिय सेठी,

लगभग 5 माह पूर्व पत्र संख्या डी.एस.पी–पी./8/274 दिनांक 4 मई, 1983 के माध्यम से मैंने सुझाव दिया था कि 1951 के रजिस्टर के आधार पर राष्ट्रीय नागरिकता रजिस्ट्रर तैयार किये जाने की आवश्यकता है। मुझे खेद है कि 1951 का रजिस्ट्रर उचित रखरखाव के अभाव में अव्यावहारिक हो गया है।

यह स्पष्ट नहीं है कि ऐसी कौन–सी क़ानूनी बाधाएँ हैं कि 1981 की जनगणना के आधार पर यह रजिस्टर तैयार नहीं किये जा सकते। क्या आप इस सन्दर्भ में

कोई जानकारी देने की कृपा करेंगे? क्या मैं जान सकता हूँ कि उत्तर–पूर्वी क्षेत्रों में मतदाताओं के फ़ोटो सहित पहचान–पत्र तैयार करने के सन्दर्भ में क्या प्रगति है? साथ ही जानना चाहूँगा कि उत्तर–पूर्वी क्षेत्र में कौन–कौन–से राज्यों को सम्मिलित किया गया है?

मेरा आग्रह है कि 1951 की तर्ज़ पर पूरे देश में नागरिक रजिस्ट्रर तैयार करने के सन्दर्भ में आप पुनः विचार करें, अन्यथा कम–से–कम सीमान्त प्रदेशों के लिए यह रजिस्ट्रर तैयार किया जाना चाहिए। मुझे बताया गया है कि विश्व के कई देशों में इसका चलन है।

मुझे खेद है कि आपके विभाग द्वारा एक साधारण से पत्र का उत्तर देने में 5 माह का समय लगा। मुझे विश्वास है कि इस बात को आप संज्ञान में लेंगे।

सादर।

भवदीय
(एच. एन. बहुगुणा)

श्री पी. सी. सेठी
गृहमन्त्री
भारत सरकार

श्री पी.सी.सेठी ने द्वितीय पत्र को नज़रअन्दाज़ कर उसका उत्तर नहीं दिया जिस पर 8 जून, 1984 को बहुगुणा ने तीसरा पत्र भेजा।

दिनांक : 8 जून, 1984

प्रिय श्री सेठी,

कृपया स्मरण करें कि 4 मई, 1983 को मेरे द्वारा भेजे गये पत्र में मैंने राष्ट्रीय नागरिक रजिस्ट्रर का 1951 की तर्ज़ पर नवीनीकरण करने का विषय उठाया था।

3 अक्टूबर, 1983 को आपका उत्तर मिलने के पश्चात् मैंने पुनः 19 अक्टूबर को आपको पत्र लिखकर उत्तर–पूर्वी क्षेत्र के मतदाताओं के लिए फ़ोटो सहित पहचान–पत्र के सन्दर्भ में जानकारी चाही थी।

मैं आभारी रहूँगा यदि आप उपरोक्त दो विषयों पर वर्तमान परिस्थिति से मुझे अवगत कराने का कष्ट करें।

सादर।

भवदीय
(एच. एन. बहुगुणा)

श्री पी. सी. सेठी
गृहमन्त्री
भारत सरकार

उपरोक्त पत्राचार से यह स्पष्ट है कि उत्तर–पूर्वी क्षेत्र विशेषकर असम के राजनीतिक एवं सामाजिक जीवन से जुड़े इस अहम मुद्दे पर जानबूझकर केन्द्र सकार निर्णय लेने से बच रही थी। राष्ट्रीय नागरिकता रजिस्ट्रर (एन.आर.सी.) के सन्दर्भ में बहुगुणा का स्पष्ट मत था कि इसे तैयार करना नितान्त आवश्यक है ताकि प्रामाणिक नागरिकों को उनके वैध हक़ प्राप्त हो सकें।

असम के बारे में केन्द्र सरकार की नीति को लेकर बहुगुणा की जो आशंकाएँ थीं, वे निर्मूल न थीं। यदि 'असम अकॉर्ड' में वहाँ के मूल निवासियों तथा समय-समय पर आने वाले शरणार्थियों की भी भावना को ध्यान में रखा गया होता तो सम्भवतः 'बोडोलैंड' एवं शरणार्थियों की समस्याएँ गम्भीर मोड़ न ले लेतीं।

केन्द्र-राज्य सम्बन्ध

हेमवती नन्दन बहुगुणा अपने एक लम्बे राजनीतिक जीवन के अनुभव की पराकाष्ठा पर पहुँच चुके थे। उन्हें जहाँ संगठनात्मक अनुभव थे, वहीं प्रान्त एवं केन्द्र की सरकारों में रहने का अवसर मिला था। वे इस निष्कर्ष पर पहुँच चुके थे कि यदि देश को सही रास्ते पर ले चलना है, उसे समृद्ध बनाना है तो हमें केन्द्र और प्रान्त की सरकारों के बीच कडुवाहट नहीं बल्कि मुखर सम्बन्ध विकसित करने होंगे। वे नहीं चाहते कि केन्द्र, प्रान्तों में बनी विपक्ष की सरकारों के साथ सौतेला व्यवहार करे। ऐसा करना विकास के मार्ग में अवरोध उत्पन्न करना होगा।

1983 तक विपक्षी पार्टियों को स्पष्ट हो गया था कि यदि प्रान्तों में ग़ैर–कांग्रेसी सरकारों को बर्ख़ास्तगी से बचाना है तो विपक्ष को एकजुट होना पड़ेगा। वे महसूस कर रहे थे कि श्रीमती गाँधी की दोषपूर्ण नीतियों के कारण भारत की एकता व अखण्डता ख़तरे में है। अगले एक वर्ष तक विपक्षीय दलों ने कई स्थानों पर एकत्रित होकर विचार–विमर्श किया व प्रस्तुत परिस्थितियों का एकजुट होकर मुक़ाबला करने की रणनीति बनायी। इस क्रम में जून 1983 से जनवरी 1984 के बीच विपक्ष ने 4 सम्मेलन आयोजित किये। पहला सम्मेलन विजयवाड़ा आन्ध्र प्रदेश में, दूसरा दिल्ली फिर श्रीनगर व आख़िरी सम्मेलन कलकत्ता में आयोजित किया गया।

13 जून, 1983 को आयोजित विजयवाड़ा कॉनक्लेव में 16 राजनीतिक दलों से 45 प्रमुख नेताओं ने भाग लिया। आन्ध्र प्रदेश के मुख्यमन्त्री एन.टी. रामाराव इस सम्मेलन के आयोजक थे तथा मुख्य प्रतिभागियों में जगजीवन राम (कांग्रेस जे.), चरण सिंह (लोकदल), चन्द्रशेखर (जनता दल), हेमवती नन्दन बहुगुणा (डी.एस.पी.), फ़ारुख़ अब्दुल्ला (एन.सी.), ई.एम.एस. नम्बूदरीपाद व हर किशन सिंह सुरजीत (सी. पी.आई.एम.), राजेश्वर राव (सी.पी.आई.), डी. के. बरुवा (कांग्रेस एस.), गुरुचरण सिंह तोहड़ा (अकाली दल), चित्त बसु (फारवर्ड ब्लॉक), आर.एस. गवई (आर.पी.आई.) व अन्य महत्त्वपूर्ण नेता थे। विजयवाड़ा प्रस्ताव तैयार करने में बहुगुणा व उनके दल डी.एस.पी. की बड़ी भूमिका थी।

सम्मेलन के बारे में पूछे जाने पर बहुगुणा ने पत्रकारों को रोचक जवाब दिया। विपक्षीय एकता के प्रयासों पर टिप्पणी करते हुए उन्होंने कहा, "यह प्रेम मिलाप जैसी शुरुआत है जिसमें मन में सवाल तो है पर कोई पूछता नहीं।" स्पष्ट है कि सभी में एकजुट होने की इच्छा तो थी परन्तु आपस में अविश्वास व व्यक्तिगत अहम् दुर्गम बाधाओं की तरह आड़े आ रहा था। वामपन्थियों व भारतीय जनता पार्टी की निश्चित विचारधारा के कारण उनके लिए किसी भी गठबन्धन का हिस्सा होना सम्भव नहीं था। जिस पर बहुगुणा ने कहा था, "हम समाजवादी व धर्मनिरपेक्ष शक्तियों के लिए हमेशा दरवाज़ा खुला रखेंगे।" उनका प्रयास था कि कांग्रेस एवं भाजपा के अलावा सभी राजनीतिक दल एक मंच पर हों।

विजयवाड़ा में जम्मू–कश्मीर में चुनाव आयोग की भूमिका पुड्डुचेरी में राष्ट्रपति शासन लागू किये जाने व अन्य महत्त्वपूर्ण विषयों पर प्रस्ताव पारित किये गये। पिछले तीन दशकों के राजनीतिक दृश्य पर चिन्ता व्यक्त करते हुए प्रस्ताव पारित हुआ कि भारत की एकता व अखण्डता को ऐसा ख़तरा कभी नहीं था जैसा वर्तमान परिस्थितियों में उत्पन्न हुआ है। केन्द्र में शासन कर रहे राजनीतिक दल द्वारा जनता की अत्यन्त महत्त्वपूर्ण समस्याओं का समय से स्वीकारणीय हल नहीं निकाला गया जिसके कारण यह ख़तरनाक स्थिति उत्पन्न हुई है। 'विजयवाड़ा कॉनक्लेव' का समापन हैदराबाद में आयोजित विपक्ष की एक जन महारैली से हुआ।

द्वितीय सम्मेलन 23 जून, 1993 को दिल्ली में आयोजित किया जिसमें मुख्य रूप से पंजाब समस्या पर चर्चा हुई। सम्मेलन में पारित प्रस्ताव में खालिस्तान की माँग की निन्दा की गयी तथा अकाली दल द्वारा स्पष्ट शब्दों में खालिस्तान की माँग को नकारे जाने तथा हिंसा एवं साम्प्रदायिक नफ़रत फैलाने वालों के विरोध पर सहमति व्यक्त की गयी। केन्द्र सरकार से माँग की गयी कि अविलम्ब पंजाब व हरियाणा के बीच राजधानी विवाद व अन्तरराजीय पानी के बँटवारे के विवाद का हल निकाला जाय तथा अखिल भारतीय गुरुद्वारा अधिनियम बनाया जाय। इस प्रस्ताव में केन्द्र सरकार पर आरोप लगाते हुए कहा गया कि यदि विपक्ष के सुझावों को स्वीकार किया गया होता तो पंजाब की समस्या का हल निकाला जा सकता था।

अन्य विषयों पर भी दिल्ली कॉनक्लेव में प्रस्ताव पारित किये गये। पुड्डुचेरी की सरकार की बर्ख़ास्तगी को केन्द्र सरकार का एक पक्षपाती, तानाशाही व निन्दनीय कृत्य कहा गया। केन्द्र–राज्य सम्बन्धों को पुनःपरिभाषित करने व केन्द्र में सत्तारूढ़ दल कांग्रेस व चुनाव आयोग द्वारा अपनी शक्ति का दुरुपयोग करने की निन्दा करते हुए उसकी पुनरावृत्ति रोकने की माँग की गयी। सभी लोकतान्त्रिक शक्तियों से आग्रह किया गया कि संविधान की मूल भावना तथा संवैधानिक संस्थाओं को बचाने के लिए लोकमत संग्रह करें ताकि केन्द्र सरकार की लोकतन्त्र विरोधी कार्यवाही को रोका जा सके। सभी दलों ने संकल्प किया कि वे भारत को खण्डित करने वाले प्रभावों को रोकने के लिए संघर्ष कर भारत के बहुभाषी व बहुसांस्कृतिक स्वरूप को सुरक्षित कर, सुदृढ़ करेंगे।

पूर्व में श्रीनगर कॉनक्लेव का विस्तृत ब्योरा दिया गया है। 5, 6 व 7 अक्टूबर, 1983 को आयोजित यह सम्मेलन भी सफल एवं महत्त्वपूर्ण था। 18 राजनीतिक दलों के शीर्ष नेतागण 5 मुख्यमन्त्री इसमें शामिल हुए। लम्बी परिचर्चाओं के दौरान उपस्थित नेताओं ने श्रीमती इन्दिरा गाँधी के नेतृत्व की केन्द्र सरकार पर जमकर प्रहार किया। चन्द्रशेखर ने तो इन्दिरा गाँधी को 'नकली गाँधी' की संज्ञा दे डाली। एन.टी.आर. ने तो संविधान में संशोधन द्वारा केन्द्र सरकार के अधिकारों को केवल विदेश नीति, रक्षा, मुद्रा एवं संचार तक सीमित करने का सुझाव दिया परन्तु वामपन्थी दल इतनी व्यापक कटौती के पक्षधर नहीं थे। उनके अनुसार ऐसा करना देश के एकीकृत विकास में बाधा उत्पन्न कर सकता है।

एक मत से घोषणा हुई कि लोकतन्त्र में एक शक्तिशाली केन्द्र और कमज़ोर राज्य तर्कहीन हैं, इसलिए राज्य सरकारों को अधिक स्वायत्तता तथा राजस्व में बड़ी हिस्सेदारी दी जानी चाहिए। राज्यपाल द्वारा अपने अधिकारों के दुरुपयोग किये जाने की कड़ी निन्दा की गयी। इस सम्मेलन में राज्यपाल की नियुक्ति एवं उनकी भूमिका पर प्रस्ताव पारित किये गये। अन्य महत्त्वपूर्ण प्रस्तावों में देश में जगह–जगह केन्द्रीय सुरक्षा बल की तैनाती, राज्य सरकारों की बर्ख़ास्तगी, योजना आयोग को वैधानिक दर्जा व राष्ट्रीय विकास परिषद को संवैधानिक दर्जा दिये जाने, केन्द्र–राज्य सम्बन्धों के पुनरावलोकन हेतु केन्द्र–राज्य परिषद का गठन, राज्य सरकारों को राजस्व में अधिक हिस्सेदारी, उच्च न्यायालयों में न्यायधीशों की नियुक्ति प्रक्रिया तथा शासकीय दल द्वारा मीडिया का दुरुपयोग रोकने जैसे विषय सम्मिलित थे।

इस प्रकार भारत के संघीय ढाँचे में केन्द्र–राज्य सम्बन्धों एवं अन्य महत्त्वपूर्ण विषयों पर गम्भीर विचार किया गया था। केन्द्र एवं राज्य सरकारों के बीच विश्वास स्थापित किये जाने की आवश्यकता पर बल दिया गया। ऐसा प्रतीत होता है कि भारत की एकता के महत्त्व को रेखांकित करने में विपक्ष सफल हुआ। इस सम्मेलन में बहुगुणा की अहम् भूमिका रही।

7 अक्टूबर को श्रीनगर कॉनक्लेव का समापन इक़बाल पार्क में एक बड़ी जनसभा से हुआ। इस सभा को सम्बोधित करते हुए बहुगुणा ने प्रधानमन्त्री इन्दिरा गाँधी द्वारा राज्य सरकारों व राजनीतिक नेताओं के प्रति तानाशाही रवैया अपनाने तथा चुनाव आयोग को अपने पक्ष में इस्तेमाल करने जैसे हथकण्डों की कड़ी आलोचना की। 1981 गढ़वाल उपचुनाव का हवाला देते हुए उन्होंने कहा कि कांग्रेस की केन्द्र व राज्य सरकारों द्वारा व्यापक स्तर पर अपनी शक्ति व धन–बल के दुरुपयोग के बावजूद उन्होंने वह चुनाव जीतकर जनता की ताक़त का एहसास दिलाया था। उन्होंने कहा कि गढ़वाल चुनाव जैसे हथकण्डे जम्मू–कश्मीर के चुनाव में भी प्रयोग किये गये। चुनाव प्रक्रिया में अनावश्यक हस्तक्षेप राजनीतिक वातावरण को दूषित करता है तथा राज्यों में अनिश्चितता उत्पन्न कर वहाँ के विकास को प्रभावित करता है।

ऐसी ही परिस्थितियों के कारण जम्मू–कश्मीर में पर्यटन बुरी तरह प्रभावित हो रहा है और ग़रीब जनता भुगत रही है। श्रीनगर कॉनक्लेव केन्द्र–राज्य सरकारों के बीच सम्बन्धों के सन्दर्भ में बहुत महत्त्वपूर्ण थी।

15 से 17 जनवरी 1984 को अन्तिम सम्मेलन कलकत्ता में आयोजित हुआ। यह सम्मेलन चार बिन्दुओं के घोषणा–पत्र के लिए जाना जाता है। यह घोषणाएँ केन्द्र–राज्य सम्बन्धों, देश की राजनीतिक स्थिति तथा एकजुट होकर ग़ैर–कांग्रेसी सरकारों पर केन्द्र के असंवैधानिक दबाव पर केन्द्रित थीं। सर्वसम्मति से निर्णय हुआ कि केन्द्र में सत्तारूढ़ कांग्रेस सरकार के अनाचार व कुशासन के विरुद्व देशव्यापी आन्दोलन आयोजित किये जायेंगे।

उधर दिल्ली में बहुगुणा के प्रयास से समान विचारधारा के कुछ दलों ने 'संयुक्त मोर्चा' का गठन किया। इस मोर्चे में चन्द्रशेखर (जनता पार्टी), एच. एन. बहुगुणा (डी.एस.पी.), शरद पवार (कांग्रेस एस.), चन्द्रजीत यादव (जनवादी पार्टी) व रतुभाई अडानी (राष्ट्रीय कांग्रेस) सम्मिलित हुए। 23 अक्टूबर, 1983 को संयुक्त मोर्चे ने एक प्रस्ताव के माध्यम से जम्मू–कश्मीर में सुनियोजित तरीक़े से सरकार गिराने के षड्यन्त्र के विरुद्व श्रीमती गाँधी की आलोचना के साथ उन्हें इसके दुष्परिणाम के प्रति चेताया था तथा पंजाब की समस्या के समाधान के लिए केन्द्र सरकार को सुझाव भी भेजे थे।

एक अन्य प्रस्ताव के द्वारा श्रीनगर में सम्पन्न हुए क्रिकेट मैच के दौरान कुछ अराजक तत्त्वों द्वारा भारत विरोधी प्रदर्शन की निन्दा भी की गयी।

1983 में श्रीनगर सम्मेलन में बहुगुणा द्वारा दिया गया भाषण उनके मन्तव्य की पुष्टि करता है। सती साहनी द्वारा लिखित 'सेंटर स्टेट रिलेशन', में उनके भाषण की विस्तृत चर्चा की गयी है। निष्कर्ष रूप में बहुगुणा ने अपने अभिभाषण में कहा था कि भारतीय संविधान के भाग एक में स्पष्टतः लिखा है कि भारत राज्यों का संघ होगा। संविधान के निर्माताओं, राजनीतिक पण्डितों तथा विशेषज्ञों ने भी इसी तथ्य को स्वीकार किया है इसके बावजूद विडम्बना है कि राष्ट्र का केन्द्रीकरण करने का प्रयास किया जा रहा है। संघीय संविधान की सबसे प्रमुख आवश्यकता है कि संघ एवं प्रान्तों के बीच अधिकारों का स्पष्टतः विभाजन हो और दोनों अपने-अपने क्षेत्र में स्वतन्त्र हों। प्रारम्भ में जब केन्द्र एवं राज्यों में कांग्रेस पार्टी की सरकारें थीं उस समय भी अन्दर ही अन्दर स्वायत्तता के लिए दबी हुई आवाज़ें उठती रहीं, परन्तु दलीय अनुशासन के आधार पर उसे दबा दिया जाता रहा। मनमाने ढंग से कांग्रेसशासित राज्यों के भी मुख्यमन्त्री बदले जाते रहे, सरकारें बदलती रहीं, राष्ट्रपति शासन लागू होता रहा और सदन भी भंग किये गये। परन्तु राष्ट्रीय स्तर पर यह अहम मुद्दा बनकर नहीं उभर सका। कालान्तर में 1977 में जनता पार्टी की सरकार और फिर 1980 में कांग्रेस की सरकार ने जब विरोधी पार्टियों की राज्य सरकारों को बर्ख़ास्त किया तब तो पूरे देश में सनसनी-सी फैल गयी। वर्षों से दबा हुआ केन्द्र-राज्य सम्बन्धों का मुद्दा

उभरकर सामने आ गया। इसके सम्बन्ध में नये सिरे से बहस शुरू हो गयी। बहस में राज्यपाल की संस्था, जिसका केन्द्र खुलकर दुरुपयोग करता था, पर भी विचार–मन्थन होने लगा।

श्रीनगर सम्मेलन में बहुगुणा द्वारा प्रस्तुत सुझाव पत्र में केन्द्र-राज्य सम्बन्धों का शायद ही कोई पहलू ऐसा था जिस पर उन्होंने स्पष्ट विचार प्रस्तुत न किया हो। एक अहम मुद्दे को उठाते हुए उन्होंने कहा था कि वित्तीय संसाधनों के बँटवारे को लेकर एक नये सिरे से बहस शुरू होनी चाहिए ताकि केन्द्र स्व-विवेक पर आधारित अनुदान के लिए राज्यों को अपने इर्द-गिर्द चक्कर काटने के लिए बाध्य न कर सके।

सम्भवतः यही कारण है कि 1977 में जब केन्द्र में जनता सरकार बनी तो उन्होंने सरकार में शामिल होने के बावजूद कई प्रान्तों की सरकारों को गिराये जाने का प्रबल विरोध किया। उनकी इच्छा के विपरीत जनता सरकार ने निर्णय लिया और जिन प्रान्तों में कांग्रेस की सरकारें थीं उन्हें बर्ख़ास्त कर दिया गया। परिणाम कुछ अच्छे नहीं निकले। 1980 में इन्दिरा गाँधी ने प्रधानमन्त्री के पद पर आसीन होते ही उसी राजनीतिक हथकण्डे का उपयोग किया जिसे जनता पार्टी की सरकार ने किया था। उन्होंने जनाधार खो देने का आरोप लगाते हुए विपक्ष की नौ प्रान्तों की सरकारों को गिरा दिया। बहुगुणा बराबर इस नीति का विरोध करते रहे और इसे जनतन्त्र के लिए घातक कहते रहे।

विपक्ष के विरोध के बावजूद श्रीमती गाँधी ने 1984 में भी दो और राज्यों की निर्वाचित सरकारों, जम्मू-कश्मीर में फ़ारुख़ अब्दुल्ला और आन्ध्र प्रदेश में एन.टी. रामाराव को बर्ख़ास्त करा दिया। फ़ारुख़ अब्दुल्ला के स्थान पर जी.एम. शाह को जम्मू-कश्मीर का मुख्यमन्त्री बनाया गया। इसके विरुद्ध विपक्ष ने आवाज़ उठायी परन्तु उसका कोई ठोस परिणाम नहीं निकला।

16 अगस्त, 1984 को आन्ध्र प्रदेश के राज्यपाल श्री रामलाल ने दिल्ली दरबार के इशारे पर विधिवत गठित सरकार के मुख्यमन्त्री श्री एन.टी. रामाराव की सरकार को बर्ख़ास्त करके उन्हीं के दल के बाग़ी वित्त मन्त्री भास्कर राव की सरकार को शपथ दिलायी, उससे पूरे देश में तहलका मच गया। उससे एक ओर जहाँ जनता में कांग्रेस की साख गिरी, वहीं विपक्ष को एक अच्छा मुद्दा मिल गया। राज्य सरकारों की बर्ख़ास्तगी से विरोधी दलों में अभूतपूर्व एकजुटता पैदा हुई थी। पूरे देश में व्यापक आन्दोलन, प्रदर्शन, बन्द तथा आलोचनात्मक प्रतिक्रिया की बाढ़ आ गयी। उसके लिए राष्ट्रपति के समक्ष न्याय की अपील की गयी। इस घटना ने सत्तारूढ़ दल कांग्रेस को देश की जनता के सामने एक तरह से कठघरे में खड़ा कर दिया।

एन.टी.आर. के शासन पर अनेक आरोप थे। वे हृदय रोग के कारण प्रशासन पर नियन्त्रण भी नहीं रख पा रहे थे परन्तु पूर्ण बहुमत प्राप्त सरकार को जिस तरीक़े से हटाया गया वह अनुचित और विवादास्पद था। इसके विरुद्ध आवाज़ को बुलन्द करने

के उद्देश्य से सबसे पहले विपक्ष ने 20 अगस्त को हैदराबाद के निजाम कॉलेज ग्राउंड में एक मंच से विशाल जनसभा को सम्बोधित किया। अन्य नेताओं सहित बहुगुणा भी इस सभा में शामिल हुए थे। 22 अगस्त को लोकसभा में इस विषय पर छह घण्टों तक चर्चा हुई। स्थिति यहाँ तक पहुँच गयी कि अपने दल की नीति के विरोध में बिहार से कांग्रेस के सांसद कमलनाथ झा ने अपने दल से त्याग पत्र दे दिया और विपक्ष की ओर जाकर बैठ गये। सभी विपक्षी सांसदों ने लोकसभा अध्यक्ष श्री बलराम जाखड़ से अपील की कि वह उन्हें सदन में अपना वक्तव्य देने की अनुमति प्रदान करें, परन्तु अध्यक्ष ने जब समय के अभाव की बात कहकर इस माँग को टालने की कोशिश की तो बहुगुणा ने खड़े होकर अपने बोलने का समय उनको देने का प्रस्ताव किया। कुछ समय तक हंगामा हुआ परन्तु जाखड़ तैयार न हुए जिस पर मुस्लिम लीग के अलावा सभी विपक्षी सदस्यों ने सदन से वॉकआउट कर दिया।

इसके उपरान्त एक सर्वदलीय विपक्षी 'संघर्ष समिति' गठित की गयी जिसने व्यापक स्तर पर जनतन्त्र बचाने के लिए योजना तैयार की। एन.टी.आर. और फ़ारुख़ अब्दुल्ला ने इसे 'भारत बचाने के लिए युद्ध' (वॉर फॉर सेविंग इंडिया) की संज्ञा दी। 23 अगस्त को संयुक्त विपक्ष ने दिल्ली के रामलीला ग्राउंड में एक विशाल जनसभा का आयोजन किया। इस सभा में अटल बिहारी वाजपेयी, चन्द्रशेखर, फ़ारुख़ अब्दुल्ला आदि के साथ-साथ बहुगुणा ने भी अपने विचार व्यक्त किये थे। विपक्ष ने 25 अगस्त से विजयवाड़ा से छह दिनों का जन विरोध कार्यक्रम करने की घोषणा की और 42 राष्ट्रीय एवं क्षेत्रीय नेताओं ने 22 सितम्बर को भारत बन्द का आह्वान किया।

सारांश में यह कहा जा सकता है कि केन्द्र के लिए स्थिति नियन्त्रण से बाहर होती जा रही थी। यूँ तो इन्दिरा गाँधी ने लगातार बयान दिये कि राज्यपाल ने स्वतः निर्णय लिया और उन्हें उसकी पूर्व जानकारी नहीं थी परन्तु उनकी कार्यप्रणाली से परिचित देशवासी इस बात को स्वीकार करने के लिए तैयार नहीं हुए। अन्ततोगत्वा राज्यपाल श्री रामलाल को इस्तीफ़ा देना पड़ा और डॉ. शंकर दयाल शर्मा आन्ध्र प्रदेश के नये राज्यपाल बने। चुनावी वर्ष होने के कारण कांग्रेस के लिए स्थिति को तत्काल नियन्त्रित करना आवश्यक हो गया। इसलिए 31 दिनों के वनवास के बाद 16 सितम्बर, 1984 को एन.टी.आर. बहाल कर दिये गये। 20 सितम्बर को शून्य के बदले 161 मत प्राप्त कर उन्होंने सदन में अपना बहुमत सिद्ध कर दिया। विपक्ष की जीत हुई। इस पर बहुगुणा की प्रतिक्रिया थी कि यदि पूरे विपक्ष ने इसी प्रकार फ़ारुख़ अब्दुल्ला का समर्थन किया होता तो उनकी लड़ाई भी जीती जा सकती थी।

इस घटना के बाद आगामी लोकसभा के चुनावों में कांग्रेस के विरुद्ध विपक्षी एकता के लक्ष्य को लेकर एन.टी.आर. ने काफ़ी प्रयास किया परन्तु एक नेतृत्व, एक चिह्न और एक कार्यक्रम के अन्तर्गत विपक्ष को एक मंच पर लाना स्वप्न मात्र रह गया। बहुगुणा की लोकतान्त्रिक समाजवादी पार्टी एवं चरण सिंह के लोकदल का विलय हुआ

विपक्षी सम्मेलन (1983-84)

हैदराबाद सम्मेलन में चन्द्रशेखर और एन.टी. रामाराव के साथ

विपक्ष के वरिष्ठ नेताओं के साथ (1984)

और नवगठित दल, दलित मज़दूर किसान पार्टी ने चुनाव में एन.टी.आर. की तेलुगु देशम पार्टी से गठबन्धन कर आन्ध्र प्रदेश में चुनाव लड़ने का निर्णय लिया।

एन.टी. रामाराव प्रकरण के बाद देश के सभी बुद्धिजीवियों ने केन्द्र-राज्य सम्बन्धों पर गम्भीरता से विचार करना शुरू कर दिया। 'दि मैसूर इकोनॉमिक रिव्यू' के सम्पादक एच.वी.आर. अत्री ने 9 अक्टूबर, 1984 को बहुगुणा से केन्द्र-राज्य सम्बन्धों पर अपनी मासिक पत्रिका के लिए एक लेख माँगा था। बहुगुणा ने इस विषय पर अपने जो विचार भेजे थे उसके कुछ प्रमुख अंश इस प्रकार हैं :

"संविधान ने भारतवर्ष को एक गणतान्त्रिक राज्य का दर्जा प्रदान किया है। इस देश की सामाजिक व सांस्कृतिक विविधता को स्वतन्त्रता आन्दोलन ने एक सूत्र में बाँधा था। कई दशकों तक केन्द्र तथा प्रदेश में एक ही दल, कांग्रेस का राज्य होने के कारण कोई विवाद नहीं हुआ। अब जबकि कई प्रदेशों में दूसरे दलों की सरकारें स्थापित हो चुकी हैं तो यथार्थ के आधार पर केन्द्र-राज्य सम्बन्धों की पुनर्व्याख्या अत्यन्त आवश्यक हो गयी है। अगर ऐसा नहीं किया गया तो राष्ट्र की एकता व अखण्डता ख़तरे में पड़ सकती है। भारतवर्ष तब तक सुदृढ़ नहीं हो सकता जब तक यहाँ सुविकसित एवं शक्तिशाली राज्यों का गठन नहीं किया जाता। उनका विचार था कि रक्षा, विदेश नीति, मुद्रा, आर्थिक नियोजन, बीमा, आयात, खनिज आदि केन्द्रीय सरकार के नियन्त्रण में होने चाहिए परन्तु कुछ अन्य विषयों पर अधिकारों का पुनर्निर्धारण आवश्यक है।

भारतीय संविधान की धारा-74 के अन्तर्गत जिस प्रकार राष्ट्रपति केन्द्रीय मन्त्रिमण्डल के सुझाव पर कार्य करता है उसी प्रकार धारा-200 का संशोधन किया जाये ताकि विधानसभा द्वारा पारित विधेयक को सभाध्यक्ष द्वारा स्वीकृति मिलने के बाद उसे क़ानून का दर्जा दिया जा सके। इसके साथ-साथ राज्यपाल भी राज्य मन्त्रिमण्डल से बाध्य हों। यदि इसमें संविधान का उल्लंघन होता है तो न्यायालय को दख़ल देने का अधिकार होना चाहिए।

स्वतन्त्रता के बाद इक्कीस प्रान्तों में 67 बार राष्ट्रपति शासन लागू किये जाने पर चिन्ता व्यक्त करते हुए बहुगुणा ने सुझाव दिया कि धारा 356 और 357 में संशोधन किया जाना चाहिए ताकि केवल राज्यपाल की रिपोर्ट और प्रधानमन्त्री की इच्छा से किसी भी राज्य सरकार को बर्ख़ास्त न किया जा सके। यदि क़ानून व्यवस्था पूर्ण रूप से नष्ट न हो गयी हो अथवा कोई सरकार अल्पसंख्यकों तथा अनुसूचित जाति व जनजाति की रक्षा करने में अक्षम हो तो उस परिस्थिति में संसद के दोनों सदनों की सहमति एवं अन्तरराज्यीय परिषद की सलाह से ही राष्ट्रपति शासन लागू किया जाना चाहिए। इसके तीन माह के अन्दर ही चुनाव हो जाना चाहिए। धारा-365 जिसके अन्तर्गत राष्ट्रपति को राष्ट्रपति शासन क़ायम करने का अधिकार है, तत्काल समाप्त किया जाना चाहिए।

धारा-263 के अन्तर्गत राज्यों के बीच तालमेल स्थापित करने के लिए राष्ट्रपति को अन्तरराज्यीय परिषद का गठन करना था परन्तु ऐसा नहीं किया गया। बहुगुणा ने ऐसा किये जाने पर बल दिया। उनका मत था कि इस धारा को इस प्रकार संशोधित किया जाये कि केन्द्र और राज्य के बीच अच्छा तालमेल बैठाया जा सके। आवश्यकता है कि ऐसी परिषद का गठन किया जाये जिसके सदस्य सभी राज्यों के मुख्यमन्त्री तथा अध्यक्ष प्रधानमन्त्री हों। महत्त्वपूर्ण विषयों पर आपसी सहमति प्राप्त करने का प्रयत्न किया जाना चाहिए और यदि मतभेद हों तो बहुमत से निर्णय लिया जाना चाहिए।

राष्ट्रीय महत्त्व के सभी विधेयक संसद में पेश किये जाने से पहले सुझाव हेतु अन्तरराज्यीय परिषद में भेजे जाने चाहिए। योजना आयोग को संवैधानिक इकाई योजना आयोग के सहायतार्थ राज्य योजना आयोग भी बनाने होंगे। जिस प्रकार केन्द्र-राज्य को अधिकार सौंपेगा, उसी प्रकार राज्य को स्थानीय निकायों को अधिकार सौंपने होंगे ताकि संविधान के अनुकूल राष्ट्र निर्माण का स्वप्न साकार किया जा सके।''

इसके अतिरिक्त बहुगुणा ने कृषि, उद्योग, सम्पत्ति, अधिकार, अफ़सरशाही, चुनाव आयोग तथा नगरपालिका की कार्यप्रणाली पर भी महत्त्वपूर्ण सुझाव दिये। उनका मन्तव्य था कि राज्यों में क्षेत्रीय दलों का उदय केन्द्र और राज्यों की बीच टकराव की स्थिति पैदा कर सकता है। इसमें न्यायपालिका को एक अहम भूमिका निभानी होगी। उनका स्वतन्त्र होना आवश्यक है। न्यायाधीशों की नियुक्ति, स्थानान्तरण व नगरपालिकाओं के प्रशासन में सरकार का कोई दखल नहीं होना चाहिए। इस कार्य के लिए सर्वोच्च न्यायालय के मुख्य न्यायाधीश सहित वरिष्ठ न्यायाधीशों की एक परिषद गठित करनी होगी। राज्य स्तर पर भी ऐसी ही समिति स्थापित करनी होगी ताकि सर्वोच्च न्यायालय, उच्च न्यायालयों के सहयोग सै निष्पक्ष रूप से कार्य कर सके। राष्ट्रपति चाहे तो केन्द्रीय और राज्य सरकार से सलाह ले सकता है परन्तु अन्ततोगत्वा उसे सर्वोच्च न्यायालय के सुझाव को ही मान्यता देनी होगी। मुख्य चुनाव आयुक्त का चयन सरकार द्वारा न होकर उच्चतम न्यायालय द्वारा किया जाये। इसके चयन के लिए वह किसी उच्च न्यायालय के न्यायाधीश बनने की योग्यता पूरी करता हो।

देश में लगभग पिछले एक दशक से क्षेत्रवाद व क्षेत्रीय पार्टियों का प्रभाव विवादास्पद राजनीतिक मुद्दा बना हुआ था। इसे राष्ट्रीय एकता व अखण्डता के लिए महान ख़तरा समझा जा रहा है। देखा जाये तो बीसवीं सदी के आठवें दशक तक जम्मू-कश्मीर में नेशनल कॉन्फ्रेंस, तमिलनाडु में द्रविड़ मुनेत्र कड़गम, अन्नादूरै द्रविड़ मुनेत्र कड़गम, आन्ध्र प्रदेश में तेलुगु देशम, असम में असमगण परिषद तथा जाति एवं धर्म पर आधारित कई दल सुदृढ़ क्षेत्रीय राजनीतिक दलों के रूप में उभरकर सामने आये हैं। इनके बढ़ते प्रभाव तथा गम्भीर प्रभावों को देखते हुए ही बहुगुणा जैसे नेताओं ने एक राष्ट्रीय बहस छेड़ी थी।

23 मार्च, 1986 को बहुगुणा का एक लेख 'दे आर प्रोडक्ट ऑफ़ निगलेक्ट' शीर्षक से 'न्यूज़ इंडिया' में प्रकाशित हुआ था। इस लेख में बहुगुणा ने बड़ी गम्भीरता से इस विषय पर विचार कर कुछ मौलिक व्याख्या प्रस्तुत की थी। उनका कहना था कि सर्वमान्य है कि भारतीय राजनीति में अनेक धाराएँ जैसे जातीय, भाषाई, धार्मिक आदि समाहित हैं। इस देश की सबसे अनोखी बात यह है कि वह सभी सामाजिक व सांस्कृतिक परम्पराओं को राष्ट्रीय धारा में समेटे हुए है। महात्मा गाँधी ने क्षेत्रीय व भाषाई भावनाओं का उपयोग स्वतन्त्रता-संग्राम आन्दोलन को सुदृढ़ करने के लिए किया। विदेशी शासन का विरोध उन्होंने सत्याग्रह व अहिंसा के हथियार से किया। फलस्वरूप एक नया शस्त्र 'जन शक्ति' पैदा हुई और वही भारत की एकता का प्रतीक बनी। उत्तर पश्चिम प्रान्त के 'खुदाई ख़िदमतगार' जम्मू-कश्मीर की 'नेशनल कॉन्फ्रेंस', 'दि स्टेट्स पीपुल्स पार्टी' तथा अन्य क्षेत्रीय पार्टियों ने राष्ट्रीय आन्दोलन में समन्वित रूप से कार्य किया। परिणामस्वरूप अनेक ऐसे नेताओं का उत्कर्ष हुआ जो कि प्रत्येक क्षेत्र का प्रतिनिधित्व करने के साथ-साथ राष्ट्र की आकांक्षाओं के भी प्रतीक बने।

स्वतन्त्रता के बाद अखिल भारतीय कांग्रेस के निर्देशन में भाषाई प्रान्तों का गठन हुआ। परन्तु नयी सरकार की विभिन्न क्षेत्रों के प्रति प्रभावहीन एवं तर्कहीन सामाजिक, आर्थिक एवं प्रशासनिक नीति उन इलाक़ों की आकांक्षाओं को पूरा न कर सकी। केन्द्र का प्रान्तीय प्रशासन में बढ़ता हुआ हस्तक्षेप, दूर स्थित क्षेत्रों की उपेक्षा, वोट प्रधान क्षेत्रों व राज्यों के प्रति पक्षपात की नीति ने जहाँ एक ओर हिंसा तथा अलगाववादी प्रवृत्ति को जन्म दिया वहीं अन्य स्थानों पर वह क्षेत्रीय पार्टियों के उत्कर्ष के लिए उत्तरदायी हुई।

उन्होंने लिखा कि आज का राजनीतिक दृश्य वर्षों की उपेक्षा का परिणाम है। जहाँ तक व्यक्तिप्रधान राजनीति का सवाल है गाँधी के समय में ग्राम, ज़िला एवं प्रान्तीय स्तर के अनेक नेता थे जो कि देश के हर क्षेत्र का प्रतिनिधित्व करते थे। परन्तु उस व्यवस्था के टूट जाने के बाद क्षेत्रवाद का बढ़ना स्वाभाविक है। चुनाव में काले धन का प्रयोग, केन्द्र सरकार का राज्यों पर हावी होने का प्रयत्न भी क्षेत्रवाद को बढ़ाने के लिए उत्तरदायी रहा है। उनका कहना था कि नेशनल कॉन्फ्रेंस जम्मू-कश्मीर की भावनाओं का तथा डी.एम.के. और ए.आई.डी.एम.के., ब्राह्मणवाद के विरोध का प्रतीक है। तेलुगु देशम की लोकप्रियता बढ़ने के अन्य कारणों में एन.टी. रामाराव की सरकार को बर्ख़ास्त करना, जनादेश का अपमान था और परिणाम यह हुआ कि एन.टी. रामाराव और शक्तिशाली व लोकप्रिय हो गये।

धर्म एवं जातीय आधारों पर गठित पार्टियाँ इसलिए असफल होती हैं क्योंकि वे स्वयं को राष्ट्रीय मुख्यधारा में सम्मिलित नहीं कर पातीं। इनके अलावा अनेक कथित राष्ट्रीय दल भी हैं जिनका प्रभाव कुछ ही क्षेत्रों में सीमित है। अगर हमें एक आत्मनिर्भर एवं शक्तिशाली राष्ट्र बनाना है तो राष्ट्रीय भावना एवं जनतान्त्रिक

परम्पराओं से प्रेरित राष्ट्रीय एवं क्षेत्रीय पार्टियों को सुनिश्चित कार्यक्रम के आधार पर एक होना पड़ेगा।

केन्द्र-राज्य सम्बन्धों के साथ ही बहुगुणा चुनाव सुधार प्रक्रिया के बारे में काफ़ी चिन्तित थे क्योंकि लोकतन्त्र में चुनी हुई सरकारों का विशेष महत्त्व है। चुनाव प्रक्रिया के माध्यम से जनता अपने प्रतिनिधियों को चुनकर विधानसभा तथा लोकसभा में भेजती है। उनसे देशहित में काम करने की अपेक्षा रखती है। आज़ादी के बाद हमारे सामने सबसे पहली समस्या शिक्षा की थी। अशिक्षा के कारण अधिकांश मतदाता चुनाव प्रणाली की प्रक्रिया में सही तरीक़े से मताधिकार का प्रयोग नहीं कर पाते थे। उनके अधिकारों का सही प्रयोग हो, इसी उद्देश्य से चुनाव चिह्न प्रक्रिया अपनायी गयी थी। आज़ादी के 50 वर्ष बाद आज देश में शिक्षा का प्रतिशत बढ़ा है लोगों में जागरूकता भी आयी है परन्तु चुनाव प्रणाली अपेक्षाकृत ख़र्चीली हो गयी है। भ्रष्टाचार, गुण्डागर्दी के साथ ही बूथ कैप्चरिंग जैसी समस्याएँ उत्पन्न हुई हैं। धन, बल के प्रयोग से बचने के लिए आवश्यक हो गया है कि चुनाव प्रक्रिया में सुधार हो।

अब समस्या यह है कि चुनावों की स्वच्छता बनाये रखने के लिए कौन-से उपाय अपनाये जायें। संविधान की धारा-324 के द्वारा चुनावों का निरीक्षण, संचालन एवं मतदाता सूची की तैयारी का अधिकार चुनाव आयोग को प्राप्त है। संविधान ने कार्यपालिका के हाथों में इतनी शक्ति छोड़ दी है कि यदि उसमें संशोधन न किया गया तो वर्तमान परिस्थितियों में चुनाव आयोग के लिए निष्पक्ष व स्वतन्त्र रूप से कार्य करना सम्भव न होगा।

गढ़वाल चुनाव के कटु अनुभव के बाद बहुगुणा ने दृढ़ता से चुनाव सुधार के लिए आवाज़ उठायी थी। उन्होंने 6 जुलाई, 1983 को धारा-324 में संशोधन हेतु एक विस्तृत प्रस्ताव तैयार किया था जो 12 अगस्त, 1983 को लोकसभा में 'प्राइवेट मेम्बर बिल' के रूप में विचार हेतु पेश किया गया।

इस संविधान संशोधन की प्रस्तावना में ही कहा गया था कि कार्यपालिका, चुनाव की तिथियों के निर्धारण, मतदाता सूचियों की तैयारी, मतदान अधिकारियों की नियुक्ति, पुलिस की नियुक्ति आदि में जिस प्रकार का अपना दबदबा बना लेती है उससे स्पष्ट है कि निष्पक्ष चुनावों का होना सम्भव नहीं है। यह नितान्त आवश्यक है कि संविधान का संशोधन कर चुनाव आयोग को स्वायत्तशासी बनाया जाये ताकि वह कार्यपालिका के हस्तक्षेप से मुक्त होकर निष्पक्ष चुनाव कराने में सक्षम हो सके। प्रस्ताव में बहुगुणा का सुझाव था कि धारा-324 में संशोधन कर उसमें ऐसे नये प्रावधान किये जाने चाहिए, जिनसे मुख्य चुनाव आयुक्त और चुनाव आयोग के अधिकारों में वृद्धि होने के साथ ही वे कार्यपालिका एवं विधायिका के दबाव व हस्तक्षेप से मुक्त हो सकें। मुख्य चुनाव आयुक्त/आयुक्तों की नियुक्ति राष्ट्रपति द्वारा सर्वोच्च न्यायालय के सुझाव पर की जानी चाहिए। इस प्रकार के पद/पदों के लिए सर्वोच्च न्यायालय के सारे

न्यायाधीश अथवा उनके द्वारा नामित न्यायमूर्तियों की समिति को नाम प्रेषित करने का अधिकार दिया जाना चाहिए, जिसका नाम प्रस्तावित हो वह सर्वोच्च न्यायालय में कार्यरत अथवा अवकाशप्राप्त न्यायमूर्ति हो या फिर सर्वोच्च न्यायालय में न्यायमूर्ति के पद पर नियुक्ति की योग्यता रखता हो। इसी प्रकार क्षेत्रीय चुनाव आयुक्तों की नियुक्ति भी समिति तथा मुख्य चुनाव आयुक्त की सलाह पर होनी चाहिए। इस पद के लिए उच्च न्यायालय के पीठासीन अथवा अवकाशप्राप्त न्यायमूर्तियों में से ही चयन किया जाना चाहिए। उनका सुझाव था कि प्रान्तीय आयुक्तों की नियुक्ति विभिन्न प्रान्तों के उच्च न्यायालयों में तदर्थ गठित न्यायाधीशों की समितियों द्वारा की जानी चाहिए। इन पदों पर ऐसे न्यायाधीशों की नियुक्ति हो जो कम-से-कम पन्द्रह वर्षों से न्यायाधीश के पद पर कार्यरत रहे हों। इसी क्रम में ज़िला निर्वाचन अधिकारियों की नियुक्ति एक ऐसी समिति द्वारा की जाये जिसके सदस्य मुख्य निर्वाचन अधिकारी, प्रान्तीय निर्वाचन अधिकारी व उस प्रान्त के उच्च न्यायालय का प्रशासनिक न्यायाधीश हो। इस पद पर भी ऐसे व्यक्ति की नियुक्ति की जाये जो इस प्रान्त में कम-से-कम दस वर्षों तक क़ानूनी अफ़सर रह चुका हो।

अवकाश के उपरान्त मुख्य चुनाव आयुक्त अथवा चुनाव आयुक्त को शासन द्वारा कोई पद नहीं दिया जाना चाहिए। मुख्य चुनाव आयुक्त का कार्यकाल छह वर्षों का हो और उन्हें सर्वोच्च न्यायालय के न्यायाधीशों पर लागू नियमावली के तहत ही निष्कासित किया जा सके। मुख्य चुनाव आयुक्त का वेतन भारत के मुख्य न्यायाधीश के बराबर होना चाहिए। क्षेत्रीय एवं प्रान्तीय आयुक्तों का वेतन मुख्य चुनाव आयुक्त की सलाह पर राष्ट्रपति ही निर्धारित करे। चुनाव आयोग में नियुक्तियाँ आन्तरिक स्तर पर की जायें परन्तु उनके लिए निर्धारित नियमों की संस्तुति राष्ट्रपति द्वारा अनिवार्य होगी। प्रस्ताव में कहा गया था कि :

चुनाव की तिथि चुनाव आयोग द्वारा निर्धारित की जायेंगी परन्तु यदि केन्द्रीय मन्त्रिमण्डल अथवा प्रान्तीय मन्त्रिमण्डल चुनाव की माँग करेगा तो चुनाव उस तिथि पर प्राप्त मतदाता सूची के आधार पर किया जायेगा। उप चुनाव की अवधि सीट खाली होने से तीन माह की होगी। यदि क़ानून व्यवस्था विपरीत हो तो संसद की संस्तुति ली जानी चाहिए। इसके साथ ही चुनाव आयोग की रिपोर्ट संसद के समक्ष प्रत्येक दो वर्षों बाद क़ानून मन्त्री द्वारा चर्चा हेतु पेश की जानी चाहिए।

बहुगुणा ने आवाज़ तो उठायी परन्तु विपक्ष में होने के कारण यह प्रस्ताव विधेयक का रूप न प्राप्त कर सका। जून 1985 को चुनाव आयोग ने राष्ट्रीय राजनीतिक दलों से चुनाव सुधार सम्बन्धी सुझाव आमन्त्रित किये थे। उस समय बहुगुणा लोकसभा के सदस्य तो नहीं थे परन्तु लोकदल के उपाध्यक्ष की हैसियत से उन्होंने एक विस्तृत प्रस्ताव 15 जून, 1985 को आयोग के पास भेजा था। इसमें उपर्युक्त विचारों के अतिरिक्त ऐसे कई नये सुझाव भी सम्मिलित थे जो चुनाव

सम्बन्धी मूलभूत त्रुटियों को दूर कर सत्ताधारी दल द्वारा किये जाने वाले चुनाव आयोग के दुरुपयोग को दूर करने में सक्षम थे।

चुनाव के दिन की व्यवस्था को वे प्रशासन की पकड़ से मुक्त करना चाहते थे। इसलिए वे प्रतिनिधि नियम में ऐसा संशोधन चाहते थे जिससे चुनाव आयोग अधिकारियों को चुनाव कराने तथा तत्सम्बन्धी व्यवस्था के लिए सीधा निर्देश देने का अधिकार प्राप्त कर सके। यदि इनमें से कोई अपने दायित्वों की अवहेलना करे तो उसे पूर्व निर्धारित दण्ड संहिता के तहत आयोग द्वारा सज़ा दी जाये। मतदाता सूची भी आयोग द्वारा ग़ैर-सरकारी कर्मचारियों या गणकों को सीधे सौंपी जाये, साथ ही राजनीतिक दलों की मतदाता सूची प्रदान करने के उपरान्त उसमें कोई संशोधन न किया जाये। सूचना जारी होने के बाद मतदान केन्द्र का स्थान नहीं बदला जायेगा। ऐसे व्यक्ति, जो भारतीय दण्ड संहिता के अन्तर्गत दण्डित हैं या जिन पर मुक़दमे चल रहे हों उन्हें प्रत्याशी अपना चुनाव प्रतिनिधि नहीं बना सकते, यदि बनाते हैं तो जन प्रतिनिधि अधिनियम के अन्तर्गत उसकी उम्मीदवारी अमान्य घोषित होगी।

पुलिसकर्मियों को अपने दिन-प्रतिदिन के कार्यक्षेत्र में चुनाव व्यवस्था के लिए उपयोग में नहीं लेना चाहिए। क़ानून व्यवस्था हेतु सी.आर.पी.एफ., बी.एस.एफ. या सेवानिवृत्त भूतपूर्व सैनिक प्रयोग में लाये जायें। मतदान पेटी को संगृहीत करने में लगे वाहनों का रजिस्ट्रेशन नम्बर व आवागमन के मार्गों का मानचित्र मान्यता प्राप्त दलों को चुनाव से चार दिन पूर्व दे देना चाहिए। इसके अतिरिक्त मतदान पेटियों की सुरक्षा, दूरदर्शन, रेडियो के दुरुपयोग को रोकने और मान्यता प्राप्त राजनीतिक दलों को बराबर समय आवंटित करने, चुनावी व्यय कम करने, मतदान अधिकारियों के आचरण, पीठासीन अधिकारी की डायरियाँ तथा पर्यवेक्षकों की रपट के निरीक्षण, मतपत्रों के दुरुपयोग रोकने, चुनाव से पूर्व कर्मचारियों के स्थानान्तरण की नीति, जाली वोट रोकने, उम्मीदवार को अयोग्य ठहराये जाने तथा चुनावी प्रक्रिया से जुड़े अन्य सभी पहलुओं पर उन्होंने सकारात्मक सुझाव दिये थे।

बहुगुणा ने लिखा था, ''जहाँ हम उपर्युक्त मुद्दे, चुनाव आयोग एवं सरकार के समक्ष स्वीकृति हेतु प्रेषित कर रहे हैं वहीं इस बात का वायदा करते हैं कि चुनावी संविधान को लागू करने, परम्पराओं को मज़बूत कर आगे बढ़ाने, स्वच्छ एवं निष्पक्ष चुनाव के ज़रिये लोकतान्त्रिक व्यवस्था को सुदृढ़ करने वाले ढाँचे को बनाने में हम सहयोग एवं समर्थन करते रहेंगे।''

1984 के लोकसभा चुनाव में बहुगुणा ने मतदाताओं के नाम अपनी अपील में कहा था, ''वर्तमान युग में परिवर्तन का सबसे बड़ा हथियार सरकारी तन्त्र है। चुनाव से लोकहित तभी सम्भव है जब चुनाव जन-शक्ति के सहयोग से सम्पन्न हो। अमीर के धन से लड़ा हुआ चुनाव ग़रीब के हित साधन वाली सरकार नहीं बना सकता। राजसत्ता को काले धन के चंगुल से छुड़ाना होगा।'' उन्होंने नारा दिया था, ''जनता का धन नहीं तो जनता का मत नहीं।''

राजनीति में काले धन के बढ़ते प्रभाव से चिन्तित बहुगुणा ने अक्टूबर, 1987 में एन.टी. रामाराव द्वारा चुनाव सुधार के सम्बन्ध में आहूत सर्वदलीय बैठक के लिए भी ठोस सुझाव भेजे थे। साथ ही उन्होंने पहले दोनों प्रस्तावों की प्रतियाँ भी सभी सदस्यों को भेजी थीं। उन्होंने इस बात पर विशेष बल दिया था कि भारत सरकार को सभी चुनावों का ख़र्च वहन करना चाहिए परन्तु राजनीतिक दलों द्वारा उसके उपयोग का ऑडिट 'चुनाव आयोग' की देखरेख में होगा। इस कार्य में आयोग का सहयोग मान्यता प्राप्त राजनीतिक दलों के प्रतिनिधियों की एक 'सलाहकार परिषद' करे। उन्होंने अपील की थी कि इस सम्बन्ध में एक लघु सर्वदलीय समिति बनाकर सभी दलों द्वारा दिये गये सुझावों का मन्थन किया जाये। समिति का दायित्व होगा कि एक माह के अन्दर अपना अन्तिम प्रस्ताव तैयार कर ले।

बहुगुणा द्वारा समय-समय पर दिये गये सुझावों से स्पष्ट है कि वे चुनाव प्रक्रिया में आमूल परिवर्तन चाहते थे। उन्हें इस बात का अहसास था कि चुनाव प्रक्रिया लोकतन्त्र की नींव है। यदि नींव ही मज़बूत नहीं होगी तो लोकतन्त्र का महल कैसे मज़बूत रह सकता है।

विदेश नीति

हेमवती नन्दन बहुगुणा की जीवनी अधूरी रह जाती है यदि हम इसमें उनके विदेश नीति सम्बन्धी विचारों को नहीं सम्मिलित करते। अन्तरराष्ट्रीय राजनीतिक क्षितिज पर उनकी अपनी एक विचारधारा थी जिसकी आज के परिवेश में अपनी एक उपयोगिता है। यहाँ विस्तृत चर्चा सम्भव नहीं है परन्तु संक्षेप में उनके विचारों को रखने का प्रयास किया जा रहा है।

आज़ादी के बाद भारत के सामने एक तो स्वावलम्बी बनने की समस्या थी और दूसरे वह दुनिया के अन्य देशों के सामने विज्ञान एवं तकनीकी क्षेत्र में अपने आपको समृद्धशाली बनाना चाहता था। उसके सामने समस्या थी कि वह पड़ोसी देशों के साथ कौन-सी नीति अपनाये, जिससे उसके सम्बन्धों में सामंजस्य बना रहे। पं. जवाहरलाल नेहरू के नेतृत्व में भारत ने शान्ति का रास्ता अपनाया था। सत्य और अहिंसा गाँधीजी का नारा था, उसी को हमने पंचशील के रूप में आगे बढ़ाया। गुटनिरपेक्षता, निःशस्त्रीकरण तथा उदारवादी नीति के माध्यम से हम आगे बढ़े।

हेमवती नन्दन बहुगुणा भी विदेश नीति के मामले में गाँधी और नेहरू के रास्ते से अलग न थे। बहुगुणा गुटनिरपेक्षता, निःशस्त्रीकरण एवं मानव अधिकारों जैसे सिद्धान्तों के आजीवन पोषक थे। वे शान्ति एवं विकास को एक-दूसरे का पूरक मानते थे। वे 'ग्लोबलाइज़ेशन' की प्रक्रिया में विश्व सन्दर्भित आर्थिक व्यवस्था चाहते थे। ऐसी अर्थव्यवस्था, जो मानव कल्याण के लिए हो और विकासशील देशों के बीच तालमेल रख सके। यह व्यवस्था ऐसी हो जो शोषणवादी व्यवस्था से परे हो। वे शान्ति के समर्थक थे परन्तु उनकी एक सीमा थी, उनका मानना था कि शान्ति का अर्थ यह नहीं है

कि अपनी सीमा ख़तरे में हो और हम चुपचाप बैठे रहें। यदि पाकिस्तान अणुबम बनाता है तो भारत को भी उससे बचाव का रास्ता खोजना होगा। स्थिति के अनकूल हमें भी अपनी प्रतिक्रिया के लिए स्वतन्त्र होना पड़ेगा। वे चाहते थे कि हम पड़ोसी देशों के प्रति मात्र बड़प्पन की भावना न रखें अपितु उनके साथ सहयोगी तथा पारिवारिक भाईचारे की भावना स्थापित करें। इससे दोनों एक-दूसरे के विकास में सहयोग प्रदान कर सकेंगे और तभी हम भारतीय उपमहाद्वीप में शक्तिशाली राष्ट्रों का हस्तक्षेप रोक सकेंगे।

हिन्द महासागर में अमेरिका के बढ़ते प्रभाव को देखकर बहुगुणा काफ़ी चिन्तित थे। वे कहते, ''अमेरिका, जिसका सैन्य आधार सऊदी अरब से दीगो गार्सिया तक विस्तृत है, वह एशिया के लिए ख़तरनाक सिद्ध हो सकता है। हमें किसी को भी इस क्षेत्र में खेल खेलने का मौक़ा नहीं देना चाहिए। वे किसी भी प्रकार के 'पावर ब्लॉक', वर्ग भेद तथा नवीन उपनिवेश के विरोधी थे। वे नहीं चाहते थे कि कोई भी देश अपनी सीमाओं के बाहर किसी दूसरे देश से सैनिक अड्डे स्थापित करे। उनका विचार था कि भारत द्वारा जो भी विदेश नीति अपनायी जाये, वह भारतीय हितों तथा यहाँ की जनभावना के अनुकूल हो।''

श्रीलंका की समस्या के बारे में उनका स्पष्ट मत था कि उसके आन्तरिक मामले में हमें हस्तक्षेप नहीं करना चाहिए। यही कारण है कि 1982 की लोकसभा में बोलते हुए उन्होंने कहा था जैसा हम सब जानते हैं कि स्वतन्त्रता आन्दोलन से महात्मा गाँधी तथा जवाहरलाल नेहरू ने प्रवासी भारतीयों को बराबर सलाह दी थी कि वे जिस किसी भी देश में रह रहे हैं, उसे ही अपना वतन मानें। इस बात का स्मरण करते हुए हमें कोई ऐसा काम नहीं करना चाहिए जिससे इस बात का संकेत मिले कि हम दूसरे देश में पृथक्तावादी गतिविधियों को प्रोत्साहन दे रहे हैं। वे तमिलनाडु की सरकार द्वारा श्रीलंका के उग्रवादी तमिल संगठनों को संरक्षण एवं सहयोग देने का विरोध करते रहे। वे कहते, ''हमारा देश स्वयं ही अनेक समस्याओं से घिरा हुआ है। पूर्वोत्तर में मिज़ोरम, नागालैंड, असम आदि में हम जाति सम्बन्धी समस्याओं का सामना कर रहे हैं। उत्तर-पश्चिम की समस्या को ग़लत ढंग से धर्म से जोड़ने का प्रयत्न किया जा रहा है। हम उन देशों की निन्दा कर रहे हैं जो इस समस्या को हवा देते हैं और फिर हम उसी की पुनरावृत्ति करें तो कहाँ तक न्यायोचित है? यह बात सच है कि हम हमेशा से मानव अधिकार के लिए संघर्षरत रहे हैं परन्तु प्रश्न यह है कि यदि हम आज किसी प्रकार का हस्तक्षेप करते हैं तो फिर क्या कल पाकिस्तान में बलूची, पख़तूनी, सिन्धी आदि के हक़ों के लिए भी हस्तक्षेप करेंगे।''

उनका कहना था, ''क्या हम ग़लत परम्पराओं को जन्म नहीं दे रहे हैं? क्या भविष्य में हमारे पड़ोसी देश भी इसकी पुनरावृत्ति नहीं करेंगे? क्या हम भविष्य में महत्त्वाकांक्षी देशों के लिए इस क्षेत्र में खेल खेलने का मार्ग नहीं खोल रहे हैं? हमें श्रीलंका में हो रही

निर्मम हत्याओं की निन्दा करनी चाहिए परन्तु इस बात का भी ध्यान रखना है कि जाति विशेष के लोगों को समाप्त कर देने का प्रयास भी न हो। एक अच्छे पड़ोसी के नाते हमें वहाँ की सरकार को सुझाव देना चाहिए कि वे ऐसी स्थिति को समाप्त करें किन्तु इस समस्या में हमें मध्यस्थता की भूमिका अदा करने का कोई अधिकार नहीं है।''

''पिछले कुछ वर्षों से भारतीय उपमहाद्वीप में यह ख़तरा और गहराया है। अमेरिकी सरकार द्वारा हिन्द महासागर में विभिन्न क्षेत्रों में अपने सैनिक अड्डों के निर्माण से स्थिति विस्फोटक एवं चिन्ताजनक हो गयी है। स्वयं पूर्व अमेरिकी राष्ट्रपति रिचर्ड निक्सन ने हाल ही में रहस्योद्घाटन किया है कि एक समय भारत-पाक युद्ध 1971 के दौरान भारत के विरुद्ध अमेरिका ने आणविक हथियारों के इस्तेमाल का निर्णय लिया था। 'सीटो' के सक्रिय सदस्य के नाते अमेरिकी सरकार ने पड़ोसी देश पाकिस्तान को जिस तरह हथियारों से लैस किया है उससे हमारे राष्ट्र की सुरक्षा को बड़ा ख़तरा पैदा हो गया है। अमेरिका के पाक-शस्त्रीकरण के मंसूबों को चीन सरकार का भी खुला समर्थन प्राप्त होने से सुरक्षा के ख़तरे और तीव्र हो गये हैं। हथियारों की बढ़ती होड़ एवं आणविक हथियारों के प्रयोग पर सम्पूर्ण रोक होनी चाहिए। श्री गोर्वाचोव की आणविक हथियार निषेध घोषणा स्वागत योग्य है।

जिस वर्तमान भू राजनीतिक स्थिति में भारत, रूस अपने को पाते हैं, उसमें भारत-रूस मैत्री, दोनों देशों की सुरक्षा, स्वातन्त्र्य एवं विश्वशान्ति के लिए ऐतिहासिक आवश्यकता है। राष्ट्रीय सहमति पर आधारित इन रिश्तों को और भी सुदृढ़ रखना आज की आवश्यकता है। इस क्षेत्र में दोनों के सामरिक सुरक्षा उद्देश्य एक हो गये हैं। कई अवसरों पर भारत की विदेश नीति के निर्धारक रूस और अमेरिका की महाशक्ति प्रवृत्तियों की एक साथ तुलना करने की नादानी करते हैं। ऐसे प्रयासों से निस्सन्देह अमेरिका के विस्तारवाद के मंसूबों को ही बल मिला है। हमारी मान्यता है कि विदेश नीति राष्ट्र हितों के मूल्यांकन के आधार पर ही निर्धारित और निर्देशित होनी चाहिए।'' वे इस बात के पक्षधर थे कि हमें अपने आन्तरिक मामलों को विदेशी राष्ट्रों के समक्ष नहीं लाना चाहिए। ऐसा एक उदाहरण उनके सामने उस समय आया जब श्रीमती गाँधी ने रूस के राष्ट्रपति ब्रेज़नेव से भारत के वामपन्थी दल की नीतियों की शिकायत की थी। पत्रकारों द्वारा माँगी गयी प्रतिक्रिया के जवाब में 10 अक्टूबर, 1982 को बहुगुणा ने कहा था कि ऐसा करना राष्ट्रविरोधी है। क्या ब्रेज़नेव ने रूसी असन्तुष्टों के बारे में श्रीमती गाँधी से चर्चा की है?

तिब्बत की समस्या के बारे में बहुगुणा का अपना विचार था। जुलाई 1987 में 'असेम्बली ऑफ़ तिब्बत पीपुल्स डेपुटीज़' के चेयरमैन नियामा संजोपा ने बहुगुणा से दिल्ली में मिलकर उनसे तिब्बत में दिनोंदिन बढ़ते चीनी प्रभाव की बात कही थी। बहुगुणा ने प्रधानमन्त्री से मिलकर न केवल उन्हें इस समस्या से अवगत कराया बल्कि साफ़ शब्दों में कहा था कि जिस प्रकार से चीनी तिब्बत में आकर बसे हैं उससे वहाँ

के मूल निवासियों की अस्मिता ख़तरे में पड़ गयी है। उन्होंने सुझाव दिया था कि इस मामले पर विचार हेतु सभी राष्ट्रीय दलों की बैठक बुलायी जानी चाहिए ताकि इस प्रश्न पर राष्ट्रीय सहमति बनायी जा सके। उनका मत था कि अन्तरराष्ट्रीय फोरम में इस पर बहस होनी चाहिए।

बहुगुणा की चीन एवं तिब्बत के बारे में चिन्ता वाज़िब थी क्योंकि तिब्बत तथा अरुणाचल प्रदेश की सीमाएँ जुड़ी हुई हैं। चीन केवल तिब्बत तक सीमित न था। 1986 में बहुगुणा ने प्रधानमन्त्री राजीव गाँधी द्वारा भारत-चीन सम्बन्धों में सुधार के लिए की जाने वाली यात्रा के समय एक पत्र लिखकर उन्हें आगाह किया था कि वे बातचीत के दौरान इस बात का ध्यान रखें कि चीनी मैकमोहन लाइन का उल्लंघन करके अरुणाचल प्रदेश के गाँवों में प्रवेश कर रहे हैं। चीनी घुसपैठियों के बारे में शिकायत है कि वे लुम्फ आदि गाँवों में घुसकर वहाँ के किसानों को डरा-धमकाकर करों की वसूली कर रहे हैं, ताकि अपना क़ब्ज़ा सिद्ध कर सकें। इतना ही नहीं उन्होंने अधिकृत क्षेत्रों में हेलीपैड भी बना लिए हैं। उन्होंने यह भी आगाह किया था कि तिब्बत के सीमावर्ती गाँवों के वासियों को भारतीय सीमा में जबरन प्रवेश कराया जा रहा है और वे अपनी भेड़-बकरियों को लेकर इन इलाक़ों में क़ब्ज़ा जमा रहे हैं। वे यह सिद्ध करने के प्रयास में हैं कि इन क्षेत्रों में तिब्बत का नियन्त्रण है। हेलीपैड बनाने के मुद्दे पर विदेश मन्त्री ने लोकसभा तथा राज्यसभा में विरोधात्मक तथा भ्रम पैदा करने वाले बयान दिये थे, जिस पर बहुगुणा ने प्रधानमन्त्री से जानना चाहा था कि आख़िर प्रतिरक्षा मन्त्री इस मुद्दे पर क्यों चुप हैं? उन्होंने बयान क्यों नहीं दिया।

कर्नल रांबूका द्वारा फिजी में जनतान्त्रिक प्रणाली की अवहेलना करने तथा भारतीय मूल के लोगों पर अत्याचार करने पर बहुगुणा ने अपनी तीखी प्रतिक्रिया व्यक्त की थी। उनका कहना था कि भारतीय मूल के निवासियों के साथ ऐसा व्यवहार करना राष्ट्र संघ के चार्टर में निर्धारित मूल्यों के विपरीत है। फिजी किसी धर्म एवं जाति विशेष का नहीं बल्कि सभी का है। पूरे विश्व को उसकी निन्दा करनी चाहिए। भारत तथा राष्ट्रमण्डलीय देशों को भी इसमें अहम भूमिका निभानी होगी। भारत को तत्काल जन-समर्थन प्राप्त कर डॉ. बवांद्रा के पक्ष में बयान देना चाहिए, साथ ही एक व्यापक अभियान के माध्यम से विश्व में एक राय बनानी होगी। वे फ़िलिस्तीनी आन्दोलन तथा उसके नेता यासिर अराफात के समर्थक थे। वे इज़रायल को अमेरिका की कठपुतली मानते थे।

दक्षिण अफ्रीका में व्याप्त गोरे-काले भेदभाव के वे विरोधी थे। इसीलिए उन्होंने 17 सितम्बर, 1982 को दिल्ली में आयोजित अन्तरराष्ट्रीय अधिवक्ता संघ के सम्मेलन में तीन दक्षिणी अफ्रीका के प्रतिनिधियों के शामिल होने और श्रीमती गाँधी द्वारा सम्मेलन का उद्‌घाटन किये जाने पर आपत्ति प्रकट की थी। बहुगुणा ने उस समय यह कहकर श्रीमती गाँधी का विरोध किया था कि उन्होंने भारत द्वारा दक्षिण अफ्रीका के प्रति

अपनायी जा रही परम्परागत नीति का उल्लंघन किया है। उन्हें इस बात पर भी गौर करना चाहिए कि इस सम्मेलन के समन्वयक बैंक ऑफ़ अमेरिका के उप-चेयरमैन थे जिन्होंने अपने भाषण में विकासशील देशों में बहुराष्ट्रीय कम्पनियों के प्रवेश हेतु उनकी सुरक्षा की गारंटी के साथ ही भारत के आर्थिक एवं श्रम सम्बन्धी क़ानूनों में परिवर्तन करने पर बल दिया था। बहुगुणा का स्पष्ट मत था कि ऐसे सम्मेलन का उद्घाटन कर प्रधानमन्त्री ने साम्राज्यवादी व्यवस्था विरोधी नीति के विपरीत कार्य किया है। दक्षिण अफ्रीका तथा बहुराष्ट्रीय कम्पनियों के प्रतिनिधियों वाले इस सम्मेलन को देश में आयोजित करने की अनुमति क्यों दी गयी? ऐसा करना ही ग़लत था। क्या हमारी विदेश नीति बदल गयी है? आख़िर इसके पीछे क्या उद्देश्य है? ऐसे जाने कितने प्रश्न उठते रहे, और बहुगुणा की चिन्तन धारा अविरल गति से बढ़ती रही, एवं भारतीय राजनीति में कभी भी इस रणनीति के मँजे हुए खिलाड़ी का नाम आयेगा तो लोग उनके विचारों पर ग़ौर करेंगे और उन्हें मान्यता देंगे।

बहुगुणा : एक दृष्टि

हेमवती नन्दन बहुगुणा पाँच दशकों तक भारत के राजनीतिक क्षितिज पर छाये रहे। उनकी जीवनी ही इस बात का प्रमाण है, फिर भी जाने कितनी अनकही कहानियाँ यत्र-तत्र बिखरी पड़ी हुई हैं। कभी-कभी किसी महान व्यक्तित्व को क़लम के माध्यम से बाँधना कठिन-सा हो जाता है। चलते-चलते हम इतना ही कह सकते हैं कि वे भारत को एक समृद्धशाली राष्ट्र के रूप में देखना चाहते थे इसीलिए उन्होंने अपने अन्तिम भाषण में कहा था, "स्वतन्त्रता के बाद हमारी संविधान सभा ने जो निर्देशक सिद्धान्त और उद्देश्य तय किये थे उन्हें हमारे सत्ताधारी वर्ग ने गन्दा कर बेमतलब बना दिया है। लोकतन्त्र के जिस आदर्श के लिए हमने संघर्ष किया था उससे हम आज भी बहुत दूर हैं। राजनीतिक एवं आर्थिक केन्द्रीयकरण की वजह से हमारे समाज की बहुधर्मी, बहुभाषी और बहुनस्ली बुनियाद को ख़तरा पहुँचने लगा है। इससे संकीर्णता, कट्टरता और नकारात्मकता को प्रोत्साहन मिलता है जिससे केन्द्र और राज्य के बीच विनाशात्मक संघर्ष एवं द्वन्द्व शुरू होने लगता है। केन्द्र और राज्य की शक्तियाँ परस्पर सहयोग की भावना से काम करने की बजाय परस्पर विरोधी शक्तियाँ बनकर काम कर रही हैं जिससे समाज एवं देश में तनाव की स्थितियाँ पैदा हो रही हैं।"

बहुगुणा की समग्र दृष्टि अर्थव्यवस्था पर केन्द्रित थी। वे देश पर लद रहे क़र्ज़ से चिन्तित थे। इसीलिए कहते थे, "देश की अर्थव्यवस्था पर चन्द घरानों की इजारेदारी क़ायम हो गयी है जिसके नतीजे के तौर पर उसमें ठहराव आ गया है। बेरोज़गारी बढ़ रही है। 1960 से उपभोक्ता मूल्य सूचकांक कई गुना ज़्यादा बढ़ चुके हैं और जनता की क्रय शक्ति घटती जा रही है। इजारेदार कम्पनियाँ, बहुराष्ट्रीय कम्पनियाँ, दलाल और बिचौलिए मुनाफ़े की भरपूर फ़सल काट रहे हैं। किसानों की हालत सबसे ज़्यादा शोचनीय है उनकी कमाई को बिचौलिए, बहुराष्ट्रीय कम्पनियाँ एवं दलाल लूट ले जाते हैं। ये तत्त्व कृषि उत्पादों के व्यवसाय से करोड़ों रुपये का मुनाफ़ा कमाते हैं और फिर भी ज़्यादा मुनाफ़ा कमाने के लिए उस धन को होटलों, मनोरंजन गृहों यहाँ तक कि कैसीनो, जुआघरों जैसे तुरन्त मुनाफ़ा देने वाले धन्धों में लगाते हैं। ये लोग न केवल किसानों को धोखा देने के लिए क़ीमतों में हेरा-फेरी करते हैं अपितु उपभोक्ताओं को भी लूटते हैं। बिचौलिए की यह शोषणकारी संस्कृति इस समय न

केवल हमारी अर्थव्यवस्था पर बल्कि हमारे मूल राजनीतिक ढाँचे पर हावी हो रही है। इससे हमारे सामाजिक मूल्य विकृत हो गये हैं और स्वराज्य का हमारा स्वप्न चकनाचूर हो रहा है। हमारे बजट का घाटा दिन-प्रतिदिन भयावह होता जा रहा है। काला धन जोड़ने में व्यस्त राजनीतिक तत्त्व सरासर उपनिवेशी तरीक़े से हमारी राष्ट्रीय सम्पदा की लूट-खसोट कर रहे हैं।''

देश के आज़ाद होने के बाद से बहुगुणा हमेशा देश की स्थितियों का मूल्यांकन किया करते थे। वे क्षेत्रीयवाद, जातिवाद, आतंकवाद, आर्थिक एवं राजनीतिवादों के प्रति बेहद चिन्तित रहते थे। अशिक्षा, बेरोज़गारी, ग़रीबी की रेखा के नीचे जीवन निर्वाह करने वाले करोड़ों लोगों के लिए तो उनका जीवन अर्पित था। वे चाहते थे देश की जनता को हम सामाजिक, आर्थिक एवं राजनीतिक न्याय दे सकें, उन्हें विचारों की स्वतन्त्रता हो। वे व्यक्तिगत सम्मान तथा राष्ट्रीय एकता के पोषक थे। वे समाजवादी तथा धर्मनिरपेक्ष संसदीय लोकतन्त्र के हिमायती थे। उनका स्पष्ट मत था कि नेतृत्व में भटकाव के कारण हमने जो स्वराज्य का संकल्प लिया था, वादा किया था, उसे पूरा नहीं कर सके। वे संसदीय संस्थाओं–लोकसभा तथा राज्यसभा की कार्यप्रणाली से क्षुब्ध थे। इसी प्रकार राज्यों की विधानसभाओं के बारे में उनका मत था कि वे अपने संघीय ढाँचे के अनुकूल कार्यवाही नहीं कर रही हैं। स्थानीय निकाय अथवा पंचायती राज संस्थाएँ संसदीय लोकतन्त्र की नींव हैं और जनता तथा लोकतन्त्र के बीच की कड़ी हैं, उनमें गतिरोध उत्पन्न हो गया है। आज़ादी से पूर्व स्थानीय निकायों की अपनी एक स्वायत्तता थी। ब्रिटिश साम्राज्य ने भी उनकी महत्ता को समझा था परन्तु अब तो वे सरकारी तन्त्र के अधीन-सी हो गयी हैं।

जहाँ तक शिक्षा का प्रश्न है वह केन्द्र तथा प्रान्तीय सरकारों की मशीनरी के अधीन क़ैद है। देश के विश्वविद्यालयों की स्वायत्तता की लगाम भी सरकारी मशीनरी के पास है। ब्रिटिश राज्य में भी कुलपति का चयन शिक्षाविदों के माध्यम से हुआ करता था। आज भी कार्यकारिणी परिषद और कोर्ट के सदस्यों तक के चयन में सरकार का हस्तक्षेप है। कुलाधिपति, रेक्टर अथवा विजिटर कभी कुलपति की नियुक्ति करते थे। दुर्भाग्य है कि आज शिक्षा विभाग अथवा शिक्षा मन्त्रालय इसकी नियुक्ति करता है। चयन प्रक्रिया नाममात्र की रह गयी है। इसी प्रकार सहकारी समितियाँ भी सरकारी मशीनरी के नियन्त्रण में हैं। आज़ादी के आन्दोलन के दिनों में भी कोऑपरेटिव हमेशा चुने गये प्रतिनिधियों द्वारा संचालित होती थी। आज उसके विपरीत है।

बहुगुणा का मानना था कि संसदीय लोकतन्त्र एक जीवन धारा है। आज उसके मूल को शासकीय तन्त्र के अधीन रखकर सर्वोपरि नहीं रख सकते हैं। लोकतन्त्र का वास्तविक परीक्षण इस बात पर निर्भर करता है कि वास्तव में सरकार ने मूल से लेकर शिखर तक क्या किया है। उनका मानना था कि संसद तथा विधानसभा में बदलाव, दाँव-पेंच तथा काले धन के प्रयोग से प्रभावित चुनावों ने व्यवस्था तथा स्वरूप को

लोकतान्त्रिक व्यवस्था के प्रतिकूल बना दिया है। राष्ट्रीय राजनीति में दिन-प्रतिदिन कमज़ोरियाँ आती रही हैं। जिस कारण राजनीतिक तथा संसदीय लोकतन्त्र को जीवित रखने वाले मूल्यों में गिरावट आती जा रही है। यदि हमें वास्तव में संसदीय लोकतन्त्र, उसकी कार्यप्रणाली को सफल बनाना है तो इसके लिए अनेक सावधानियाँ बरतनी होंगी।

उनका सुझाव था कि इसके लिए सर्वप्रथम संसदीय ढाँचे को सक्षम एवं समर्थ बनाकर केन्द्र तथा राज्य के सम्बन्धों का मूल्यांकन करना होगा। इसके लिए एक नये तरीक़े से विस्तृत आधार बनाना होगा। केन्द्र को राज्यों के साथ समान बर्ताव करना होगा। वे 1977 में जनता पार्टी तथा 1980 में श्रीमती इन्दिरा गाँधी द्वारा विपक्ष की सरकारों को बर्ख़ास्त करने के ख़िलाफ़ थे। उनका मानना था कि केन्द्र सरकार द्वारा चुनी हुई सरकारों को गिराये जाने के अधिकार में कटौती करनी होगी। ऐसा तब तक नहीं होना चाहिए जब तक कि क़ानून और व्यवस्था बिल्कुल ध्वस्त न हो जाये, अथवा सरकार अल्पसंख्यकों, पिछड़ी अनुसूचित जाति, जनजाति के हितों की रक्षा में विफल हो और राज्यपाल सदन को निरस्त करने अथवा भंग करने की समुचित रिपोर्ट दें। इसी प्रकार से राज्य सरकार को भी सामान्यतया किसी स्थानीय निकाय की इकाई को निरस्त अथवा भंग नहीं करना चाहिए। इसके लिए राष्ट्रीय स्तर पर एक आचार संहिता तैयार की जानी चाहिए जो सभी राजनीतिक दलों को मान्य हो।

यदि किसी कारणवश विधानसभा भंग कर दी जाती है और उप-चुनाव अनिवार्य है तो लोकसभा, विधानसभा अथवा राज्य विधान परिषद जहाँ कहीं भी उप-चुनाव वांछित हों, तीन माह से अधिक समय दुबारा चुनाव कराने में नहीं लेना चाहिए। यदि कहीं चुनाव किये गये हैं, तो चुनाव की समाप्ति के बाद चार सप्ताह के अन्दर वहाँ चुनाव करा देना चाहिए। यह तभी सम्भव है जब चुनाव आयोग राज्य की मशीनरी पर चुनाव कराने के लिए निर्भर न करे।

सिद्धान्ततः संवैधानिक तरीक़े से चुनाव आयोग एक स्वायत्तशासी संस्था है, पर उसे सरकार पर निर्भर रहना पड़ता है। इसका सीधा हल यह है कि आयोग स्वतन्त्र रूप से चुनाव कराने में सक्षम हो, उसके अपने संसाधन हों, ताकि वह स्वयं चुनावों का प्रबन्ध एवं संचालन कर सके। उनका मानना था कि इसके लिए राज्य सरकार के अधीन ज़िला स्तर पर जितना भी चुनाव सम्बन्धी स्टाफ है उसे बजट सहित आयोग को स्थायी रूप से स्थानान्तरित कर देना होगा। चुनाव के समय आयोग सरकार से अवकाशप्राप्त सेना तथा नागरिक सेवाओं के अधिकारियों एवं कर्मचारियों की भर्ती कर लें। कुछ कर्मचारी, 'बेरोज़गार बैंक' से भी नियुक्त किये जा सकते हैं जैसे कि समय-समय पर जनगणना आयुक्त अथवा राज्य सरकार द्वारा चुनाव के समय होम गार्ड आदि के माध्यम से किया जाता रहा है। इससे सरकारी मशीनरी तथा जनता का

भी कार्य प्रभावित नहीं होगा, क्योंकि चुनाव से एक माह पहले सरकारी तन्त्र चुनाव में व्यस्त हो जाता है और जनता का कामकाज ठप्प हो जाता है। चुनाव में वैधानिक व्यवस्था होनी चाहिए कि कोई भी सरकारी कर्मचारी निष्पक्ष एवं निर्भय तरीक़े से विश्वसनीयता के साथ अपने-अपने कार्य का निर्वाह करे अन्यथा दण्डित होने के साथ उसे पेंशन का जोखिम उठाना पड़ेगा। इसी प्रकार ग़ैर-सरकारी कर्मचारियों के लिए भी व्यवस्था हो कि यदि वे विश्वसनीयता भंग करते हैं, ग़लत काम करते हैं तो उन्हें भविष्य में सार्वजनिक क्षेत्र में नौकरी के लिए अनुपयोगी पाया जायेगा। इसके अलावा 6 माह की क़ैद का भी विधान होना चाहिए।

चुनाव का ख़र्च राज्य सरकार वहन करे अथवा क़ानून संशोधन की स्थिति में प्रत्याशी, उसके मित्र अथवा पार्टी पर ज़िम्मेदारी सौंपनी चाहिए। राजनीतिक पार्टियों को अपना लेखा-जोखा सार्वजनिक करना होगा। इसके लिए आयोग को चाहिए कि वह एक सलाहकार परिषद का गठन करे जिसमें 'अटार्नी जनरल' तथा सभी पार्टियों के सदस्य हों। आयोग सभी राजनीतिक पार्टियों के खातों की जाँच करने हेतु एक ऑडीटर की नियुक्ति करे जो वार्षिक लेखा-जोखा कर अपनी रिपोर्ट भारत के महालेखाकार के पास भेजे और उसे सदन में बहस के लिए रखा जाये। चुनाव की अवधि केवल तीन सप्ताह की होनी चाहिए ताकि ख़र्च को कम किया जा सके।

विधानसभाओं के चुनाव लोकसभा चुनाव के साथ होने चाहिए। स्थानीय निकायों की इकाइयों तक के चुनाव चुनाव आयोग की देख-रेख में होने चाहिए ताकि चुनाव समय से हो सकें और लोकतन्त्र को क़ायम रखने के लिए जनता की मूल से शिखर तक सहभागिता बन सके।

बहुगुणा, विश्वविद्यालय, सहकारी संस्थाओं को पूरी तरह से राज्य तन्त्र से मुक्त रखने के पक्ष में थे। भारत के प्रशासनिक ढाँचे के बारे में उनकी सोच थी कि यहाँ का प्रशासन साम्राज्यवादी चरित्र पर आधारित है। देश में आवश्यकता है ऐसे प्रशासन, ऐसी सरकार की जिसमें जनता के लोगों की सहभागिता हो। लोकसभा हो चाहे गाँव पंचायत हो, चाहे देश की परिषद, महापालिका अथवा स्थानीय इकाइयाँ जिनका नियन्त्रण पुलिस स्तर तक के लोगों अथवा स्थानीय ज़िम्मेदार अधिकारियों, कर्मचारियों में होता है, स्थानीय मुद्दों के लिए ज़िम्मेदार हैं। इनका ढाँचा जो अंग्रेज़ों द्वारा शासक वर्ग के लिए तैयार किया गया है निश्चय ही स्वराज को लोगों के घर-घर तक पहुँचाने में कामयाब नहीं हो सका। यही कारण है कि भारत में लालफीताशाही नेताओं तथा जनता के बीच एक दूरी पैदा करती है। ये दोनों जन समस्याओं से दूर रहकर कार्य करते हैं इसलिए आवश्यकता है कि हम ऐसा सौहार्दपूर्ण ढाँचा तैयार करें जो लोकतन्त्र के अनुकूल हो और जिसे हर स्तर पर स्थानीय अधिकारियों की मदद से जनता की देख-रेख एवं नियन्त्रण में रखा जा सके।

भारत एक विशाल देश है और केन्द्र सरकार की शासन क्षमता से बाहर है। लोकतन्त्र एवं स्वायत्तता के हिमायती लोगों को जानना चाहिए कि गाँव की सत्ता राज्य मुख्यालय से नहीं चल सकती। सत्ता का पूरी तरह से विकेन्द्रीकरण ऐसा होना चाहिए कि समाज का अन्तिम व्यक्ति भी सुरक्षा-सुविधा प्रशासनिक लाभ का अनुभव कर सके तभी सच्चे अर्थों में स्वराज सामान्य व्यक्ति तक पहुँच सकेगा।

बहुगुणा राष्ट्रभक्ति के पोषक थे। उनका मानना था कि जब तक सभी सांसदों में देशभक्ति की भावना जाग्रत नहीं होती तब तक देश का कल्याण नहीं है। उन्होंने जाने कितनी बार 'भारत बचाओ' का नारा देकर देश की जनता तथा शासन तन्त्र को आगाह किया था।

भ्रष्टाचार के बारे में बहुगुणा का स्पष्ट मत था कि पहले ढूँढ़ना पड़ता था कि कौन बेईमान है और आज ढूँढ़ना पड़ रहा है कि कौन ईमानदार है। गंगोत्री से गंगासागर तक सफ़ाई की ज़रूरत है। सफ़ाई ऊपर से शुरू करनी पड़ेगी। राजनेताओं की सम्पत्ति का मूल्यांकन कर भ्रष्ट नेताओं के विरुद्ध कार्रवाई करनी होगी। यह तो गाँव का भी आदमी जानता है कि इमारत की मज़बूती के लिए नींव की चुनाई नीचे से की जाती है और सफ़ाई ऊपर से की जाती है यदि व्यवस्था ठीक करनी है तो ऊपर से करनी होगी। आज़ादी की लड़ाई के मायने नहीं बदले हैं। शहीदों के स्मारक ईंट पत्थर सीमेंट से नहीं बनते हैं, वे बनते हैं उनकी त्याग की भावना को ग्रहण करके, ग़रीबी और अत्याचार से लड़कर। जब तक पैसा ऊपर पसीना नीचे रहेगा स्वराज घर-घर नहीं पहुँचेगा। हमें परिवर्तन के लिए राज्य बनाना है, राज्य करने के लिए राज्य नहीं बनाना, बदलें तो हालत बदलें। बहुगुणा की दृष्टि, उनके दर्शन, उनकी विचारधारा, उनके चिन्तन पर जितना ही मन्थन किया जाये, थोड़ा है। इक्कीसवीं सदी क भारतीय चिन्तन में उनके विचार उभर कर राष्ट्रीय संवाद का रूप ले रहे हैं। किसान, मज़दूर, ग़रीब, उपेक्षित वर्गों, महिला सशक्तीकरण सहित भ्रष्टाचार, लालफीताशाही, केन्द्र–राज्य सम्बन्ध विकेन्द्रीयकरण, सूक्ष्म छोटे मध्यम एवं कुटीर उद्योगों की महत्ता पर्यावरण आदि विषयों पर मन्थन एवं आवश्यक क़ानूनी प्रावधान किये जा रहे हैं। हर गुज़रते वर्ष के साथ बहुगुणा के विचार और प्रासंगिक होते नज़र आ रहे हैं।

❑❑

प्रख्यात हस्तियों के साथ

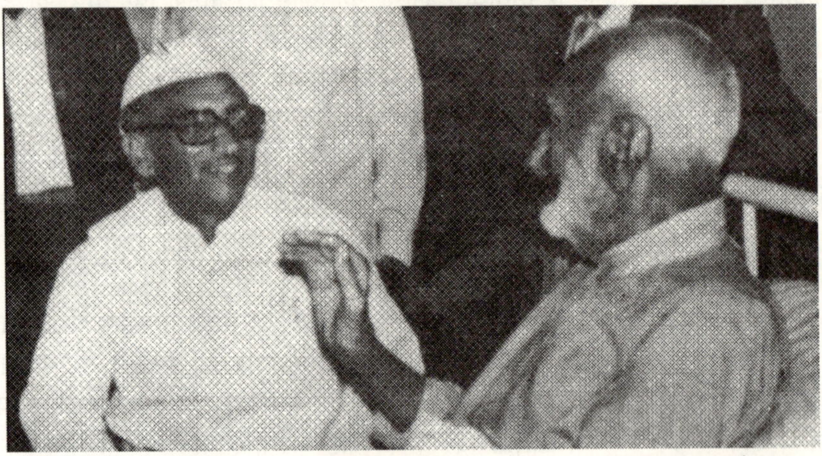

महान स्वतन्त्रता संग्राम सेनानी ख़ान अब्दुल गफ्फ़ार ख़ान का हालचाल लेते हुए बहुगुणा जी

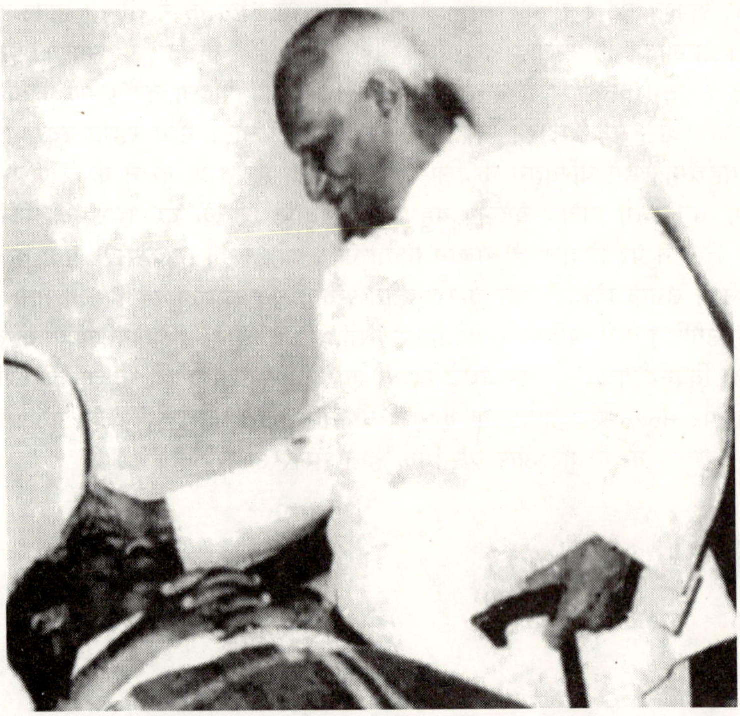

राष्ट्रपति श्री वी.वी. गिरि विलिंगडन हॉस्पिटल में बहुगुणा का हालचाल लेते हुए (1975)

मदर टेरेसा का स्वागत करते हुए

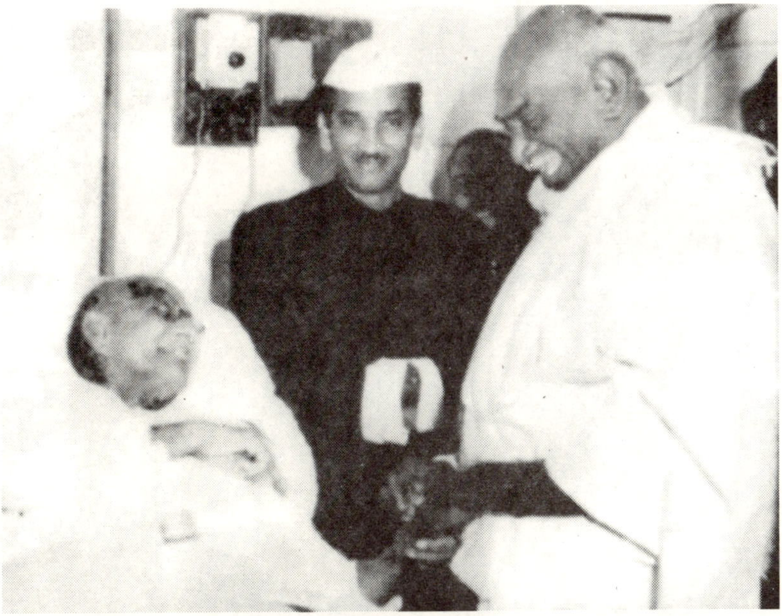

श्री के. कामराज के साथ श्री जयप्रकाश नारायण का हाल पूछते हुए बहुगुणा

प्रसिद्ध स्वतंत्रता संग्राम सेनानी वीर चंद्र सिंह गढ़वाली से वार्ता करते हुए
हेमवती नन्दन बहुगुणा एवं कमला बहुगुणा

1975 : सुविख्यात स्वतंत्रता संग्राम सेनानी श्री वी.वी. केसकर को ताम्रपत्र प्रदान करते हुए

परिवार के साथ कुछ यादगार क्षण

पुत्री रीता के साथ (1975)

(अन्तिम चित्र) अमेरिका में क्लीवलैंड/परिवार के साथ (मार्च 1989)

अपने भाई-बहनों व उनके परिवारों के साथ (1978)

जीवनसंगिनी कमला के साथ

भाई हृदय नन्दन, पुत्रवधू विनीता, पुत्र शेखर व विजय, भाई की पत्नी मीणा व बगल में बैठी बड़ी बहू सुधा के साथ

बद्रीनाथ मन्दिर के दर्शन के उपरान्त

अनुक्रमणिका

ध

न

प